ANTIFRAGILE
Things That Gain from Disorder

反脆弱

从不确定性中获益

（Nassim Nicholas Taleb）
［美］纳西姆·尼古拉斯·塔勒布 著
雨珂 译

中信出版集团 | 北京

图书在版编目（CIP）数据

反脆弱 /（美）纳西姆·尼古拉斯·塔勒布著；雨珂译.-- 2 版 .-- 北京：中信出版社, 2020.6（2025.6重印）

书名原文：Antifragile
ISBN 978-7-5217-1397-8

Ⅰ.①反… Ⅱ.①纳…②雨… Ⅲ.①世界经济—通俗读物 Ⅳ.① F11-49

中国版本图书馆 CIP 数据核字（2020）第 029720 号

Antifragile:Things That Gain from Disorder by Nassim Nicholas Taleb
Copyright © 2012 by Nassim Nicholas Taleb
Simplified Chinese translation edition © 2020 by CITIC Press Corporation
ALL RIGHTS RESERVED

本书仅限中国大陆地区发行销售

反脆弱

著　者：[美]纳西姆·尼古拉斯·塔勒布
译　者：雨珂
出版发行：中信出版集团股份有限公司
　　　　　（北京市朝阳区东三环北路 27 号嘉铭中心　邮编　100020）
承 印 者：北京通州皇家印刷厂

开　本：787mm×1092mm　1/16　印　张：29.25　字　数：450 千字
版　次：2020 年 6 月第 2 版　　　印　次：2025 年 6 月第 34 次印刷
京权图字：01-2009-2009
书　号：ISBN 978-7-5217-1397-8
定　价：79.00 元

版权所有·侵权必究
如有印刷、装订问题，本公司负责调换。
服务热线：400-600-8099
投稿邮箱：author@citicpub.com

献给
莎拉·约瑟芬·塔勒布

目 录

章节概要与阅读导图　　　　　　　　　　VII
前　言　　　　　　　　　　　　　　　　XI

第一卷　反脆弱性：介绍

第一章　达摩克利斯之剑和九头蛇怪　　005
　　　生活中的一半事物未被命名　　　　005
　　　请砍我的头　　　　　　　　　　　007
　　　反脆弱性的原型　　　　　　　　　010
　　　领域独立就是领域依赖　　　　　　013

第二章　随处可见的过度补偿和过度反应　015
　　　如何在赛马比赛中取胜　　　　　　017
　　　论暴乱、爱和其他意料之外压力受益者的
　　　　反脆弱性　　　　　　　　　　　022

第三章　猫与洗衣机　　　　　　　　　029
　　　压力源即信息　　　　　　　　　　032
　　　针对儿童的犯罪　　　　　　　　　036

第四章	杀死我的东西却让其他人更强大	041
	反脆弱性的层级	041
	错误，谢谢你	047
	为何整体厌恶个体	051
	杀不死我的，会杀死其他人	052

第二卷　现代化与对反脆弱性的否定

第五章	露天市场与办公楼	063
	两种职业	063
	自下而上的变动	068
	远离极端斯坦	071
	12 000 年	074

第六章	告诉他们我爱随机性	081
	饥饿的驴	083
	一枚名叫"稳定性"的定时炸弹	086
	在这里，我们把什么叫作现代化？	089

第七章	天真的干预	092
	干预和医源性损伤	093
	大规模的神经过敏	106
	国家无能反而更好	110
	将催化剂与起因混为一谈	113

| 第八章 | 预测是现代化的产物 | 116 |

第三卷　非预测性的世界观

第九章	胖子托尼与脆弱推手	127
	懒惰的朋友	127
	愚蠢的人和不愚蠢的人	131

目录

第十章　塞内加的不利因素和有利因素　136

第十一章　千万别嫁给摇滚明星　145
　　破损的包裹无法恢复原状　145
　　塞内加的杠铃　147

第四卷　可选择性、技术与反脆弱性的智慧

第十二章　泰勒斯的甜葡萄　161
　　期权与非对称性　163
　　泰勒斯主义和亚里士多德主义　168

第十三章　教鸟儿如何飞行　176
　　苏联－哈佛鸟类学系　183
　　副现象　186

第十四章　当两件事不是"同一回事"时　192
　　压力在哪里？　193
　　绿色木材谬误　197
　　混为一谈　201

第十五章　失败者撰写的历史　207
　　医疗领域的案例　220
　　反"火鸡"问题　225
　　江湖郎中、学者和爱出风头的人　229

第十六章　混乱中的秩序　232
　　生态与游戏　232
　　反脆弱性的（杠铃式）教育　234

第十七章　胖子托尼与苏格拉底辩论　240
　　《欧蒂弗罗篇》　241
　　胖子托尼对话苏格拉底　242

　　　　　　　　定义性知识的优越性　　　　　　245
　　　　　　　　愚蠢的人和不愚蠢的人的区别　　251
　　　　　　　　第四卷小结　　　　　　　　　　253

第五卷　非线性与非线性

第十八章　一块大石头与一千颗小石子的区别　　261
　　　　　　　　发现脆弱性的简单法则　　　　　262
　　　　　　　　更多就是不同之处　　　　　　　271
　　　　　　　　小的可能是丑陋的，但肯定不那么脆弱　　273
　　　　　　　　预估与预测　　　　　　　　　　278
　　　　　　　　强调"效率"的地方偏偏缺乏效率　　281

第十九章　炼金石与反炼金石　　　　　　　285
　　　　　　　　如何识别谁将破产　　　　　　　285
　　　　　　　　如何失去祖母　　　　　　　　　290
　　　　　　　　现在来谈炼金石　　　　　　　　292

第六卷　否定法

第二十章　时间与脆弱性　　　　　　　　　307
　　　　　　　　从西蒙尼德斯到詹森　　　　　　307
　　　　　　　　学习做减法　　　　　　　　　　310
　　　　　　　　越活越年轻：林迪效应　　　　　315
　　　　　　　　一些心理偏差　　　　　　　　　318
　　　　　　　　建筑和不可逆转的新事物狂热征　　322
　　　　　　　　把科学变成新闻　　　　　　　　327
　　　　　　　　应该会消失的东西　　　　　　　330
　　　　　　　　先知与现在　　　　　　　　　　331
　　　　　　　　恩培多克勒的狗　　　　　　　　333

第二十一章　医疗、凸性和不透明　　　　　335
　　　　　　　　如何在急诊室中辩论　　　　　　337

	医源性损伤的首要原则：经验主义	338
	医源性损伤的第二原则：非线性反应	340
	埋藏证据	343
	大自然的不透明逻辑	347
第二十二章	**活得长寿，但不要太长**	**356**
	预期寿命和凸性	356
	如何吃掉自己	367

第七卷　脆弱性与反脆弱性的伦理

第二十三章	**切身利害：反脆弱性和牺牲他人的** **可选择性**	**375**
	汉穆拉比	380
	空谈者的免费选择权	382
	古人和斯蒂格利茨综合征	393
	选择权、反脆弱性与社会公平	399
	反脆弱性与大公司的伦理	403
第二十四章	**给职业戴上伦理光环**	**409**
	专业人士和集体	411
	大数据与研究者的选择权	419
	集体的专制	421
结　语		**423**
后　记	**从复活到复活**	**427**

章节概要与阅读导图

第一卷　反脆弱性：介绍

第一章　解释为什么我们在课堂上会忽略"反脆弱性"一词，脆弱性—强韧性—反脆弱性就好比达摩克利斯—凤凰—九头蛇怪。领域依赖性。

第二章　我们在哪里发现了过度补偿的问题。除经济学之外，对某事的痴迷是最具反脆弱性的。

第三章　有机体和机械体之间的区别。

第四章　整体的反脆弱性往往取决于各组成部分的脆弱性。为什么死亡对生命来说是必要的？错误会使集体受益。为什么我们需要冒险者。谈谈现代化迷失的要点。向创业者和冒险者致敬。

第二卷　现代化与对反脆弱性的否定

普罗克拉斯提斯之床。

第五章　从两兄弟的状况看不同种类的随机性。瑞士何以不受从上而下的控制。平均斯坦与极端斯坦之间的区别。城邦制国家、由下至上的政治体系，以及市政噪声的稳定效用。

第六章　喜欢随机性的系统。解释了为稳定有机体和复杂的系统（政治、经济等）而进行过度干预所产生的影响。唯知识论的缺陷。美国的外交政策与伪稳定。

第七章　概述天真的干预和医源性损伤，它们是现代化的产物中最容易被忽视的。噪声和信号，以及对噪声的过度干预。

第八章　预测是现代化的产物。

第三卷　非预测性的世界观

第九章　胖子托尼对脆弱性有敏锐的嗅觉，尼罗的长时间的午餐，揩脆弱推手的油水。

第十章　特法特教授拒绝服用他自己开的药，我们以塞内加和斯多葛学派为切入点，解释为什么一切反脆弱性事物所拥有的有利因素大于不利因素，因此总是能从波动性、错误和压力（基本非对称性）中受益。

第十一章　什么可以混合，什么不可以混合。生活中的杠铃策略有助于任何事物从脆弱转变为反脆弱。

第四卷　可选择性、技术与反脆弱性的智慧

偏爱秩序的教育与偏爱无序的创新之间的矛盾。

第十二章　泰勒斯与亚里士多德，可选择性的概念，它允许你不知道发生了什么事情——因为概念混淆，它一直被人误解。亚里士多德如何忽略了这一点。私生活中的可选择性。在什么条件下自由探索优于设计制作。理性的漫游者。

第十三章　增长背后的不对称回报，除此之外，别无其他。苏联－哈佛派谬见，或教鸟儿如何飞行的效应。副现象。

第十四章　绿色木材谬误。认识论和试错之间的矛盾，以及在整个历史中的作用。知识能否创造财富，如果能，那么是哪些知识？当两件事情不是一回事时。

第十五章　改写技术的历史。在科学领域，历史是如何被失败者改写的，我是如何在自己的工作中看到这一点的，以及我们如何推而广之。生物学知识是否伤害了医疗技术的发展？运气的隐性作用。什么成就了一位优秀的创业家？

第十六章　如何对付足球妈妈？漫游者的教育。

第十七章　胖子托尼和苏格拉底的辩论。为什么我们不能做我们无法解释的事，为什么我们要解释我们所做的事情？酒神式思维。愚蠢的人和不愚蠢的人的处世之道。

第五卷　非线性与非线性

第十八章　凸性、凹性和凸性效应。为什么规模会带来脆弱性。

第十九章　炼金石。深入了解凸性。房利美是怎么破产的。非线性。识别脆弱性和反脆弱性的启发法。凸性偏见、詹森不等式，以及它们对无知的影响。

第六卷　否定法

第二十章　新事物狂热征。通过否定法展望未来。林迪效应：旧事物比新事物多存活的时间与旧事物本身已存活的时间成正比。恩培多克勒的瓷砖。为什么非理性认知比理性认知更具优势。

第二十一章　医疗和非对称性。医疗问题的决策规则：为什么病得很重的人有凸性回报，而健康的人有凹性效应的风险。

第二十二章　减法医疗。介绍个体与环境的随机性之间的匹配性。为什么我不想永生。

第七卷　脆弱性和反脆弱性的伦理

第二十三章　代理问题是脆弱性的转移。切身利益。信守承诺，或言行一致。罗伯特·鲁宾问题、约瑟夫·斯蒂格利茨问题和阿兰·布林德问题，都关乎代理问题与过滤性选择问题。

第二十四章　伦理倒置。群体会犯错误，而个人可能知道真相。人们是如何陷入一些观念中而不可自拔的，以及如何让他们获得自由。

结　语

后　记　尼罗动身去黎凡特观摩阿多尼斯复活的庆典时，发生了什么事？

前　　言

如何爱上风

风会熄灭蜡烛，却能使火越烧越旺。

随机性、不确定性和混沌也是一样，因此你要利用它们，而不是躲避它们。你要成为渴望得到风儿吹拂的火。这总结了我对随机性和不确定性的明确态度。

我们不只是希望从不确定性中存活下来，或仅仅是战胜不确定性。除了从不确定性中存活下来，我们更希望像罗马斯多葛学派的某一分支一样拥有最后的决定权。我们的使命是驯化、主宰，甚至征服那些看不见的、不透明的和难以解释的事物。

那么，该怎么做呢？

反脆弱性

有些事物能从冲击中受益，当暴露在波动性、随机性、混乱和压力、风险和不确定性中，它们反而能茁壮成长和壮大。不过，尽管这一现象无处不在，我们还是没有一个词能够用来形容脆弱性的对立面。所以，不妨叫它反脆弱性（antifragile）吧。

反脆弱性超越了复原力或强韧性。复原力能让事物抵抗冲击，保持原状；反脆弱性则让事物变得更好。它具有任何与时俱进事物的特质：进化、文化、观念、革命、政治制度、技术创新、文化和经济的成功、企业的生存、美食食谱（比如，鸡汤或加入一滴干邑葡萄酒的鞑靼牛排），还有城市、文化、法律制度的兴起、赤道雨林的生长和细菌耐药性的提升等。反脆弱性决定了有生命的有机体或复杂体（比如人体）与无生命的机械体（比如办公桌上的订书机）之间的区别。

反脆弱性偏好随机性和不确定性，这意味着——这一点非常关键——它也偏好错误，准确地说是某一类错误。反脆弱性有一个特性，即它能够很好地帮助我们应对未知的事物，让我们不需要了解事情本身也可以放手去做，而且可以做好。我还可以说得更直白一些：由于有了反脆弱性，人类其实更擅长行动而不是空想。我宁愿做愚钝但具有反脆弱性的人，也不做极其聪明但脆弱的人。

我们不难发现周围存在一些偏好压力和波动性的事物，如经济系统、你的身体、你的营养（糖尿病和许多类似的现代疾病似乎在很大程度上源于饮食缺乏随机性，即缺乏偶尔挨饿带来的压力）、你的心灵，甚至还有极具反脆弱性的金融合约——它们本质上就是要从市场的波动中获益。

反脆弱性使我们更好地理解了脆弱性。正如不减少疾病我们就无法改善健康，不减少损失我们就无法增加财富，反脆弱性和脆弱性是同一波谱上的不同波段。

非预测性

掌握反脆弱性的机制后，我们就可以在充满不确定性的商业、政治、医学和整个生活中（未知因素占主导地位的地方，随机性、不可预测性、不透明性或不完全理解性占主导的情况下）做出非预测性决策，建立一个可以提供广泛指导的系统。

弄清楚某物是否脆弱，远比预测它是否会受到其他事物的伤害要容易得多。脆弱性是可以衡量的，但风险却难以衡量（除了赌场和所谓的风险管理专家）。这就为我之前提到的"黑天鹅"问题找到一个解决办法。"黑天鹅"问题就是我们无法计算出带来重大损失的罕见事件的风险，也无法预测其是否会发生。但我们可以观察到事物对波动性所导致的伤害的敏感度，这远比预测这些伤害是否会发生要容易得多。因此我建议我们彻底改变目前的预测、预言和风险管理方法。

在每一个领域或应用方面，我们都提出了通过降低脆弱性或利用反脆弱性，从脆弱性走向反脆弱性的规则。而且，我们几乎总能使用一个简单的不对称测试来检测反脆弱性和脆弱性：从随机事件（或一定冲击）中获得的有利结果大于不利结果的事物就是反脆弱的，反之则是脆弱的。

剥夺反脆弱性

最重要的是，如果反脆弱性是所有幸存下来的自然（和复杂）系统的特征，那么剥夺这些系统的波动性、随机性和压力源反而会伤害它们。它们将会变弱、死亡或崩溃。我们一直在通过压制随机性和波动性来削弱经济、我们的健康、政治生活、教育，甚至几乎所有的东西……正如在床上躺一个月（最好是手上有一本未删节版的《战争与和平》或者《黑道家族》全部86集的碟片）会导致肌肉萎缩，复杂系统在被剥夺压力源的情况下会被削弱，甚至被扼杀。现代的结构化社会大多正以自上而下的政策和机制（被称为"苏联-哈佛派谬见"）伤害着我们：它们的所作所为实际上侵犯了系统的反脆弱性。

这是现代化的悲剧，正如极为焦虑、过度保护子女的父母。那些试图帮助我们的人往往会对我们造成最大的伤害。

如果说一切自上而下的东西都会使我们变得脆弱，并且阻碍反脆弱性和成长，那么一切自下而上的事物在适量的压力和混乱下反而能够蓬勃发展。发现（或创新，或技术进步）的过程本身就取决于能增进反脆弱性的自由探索和积极的冒险，而非正规的教育。

以牺牲他人的利益为代价获利

社会最大的脆弱性制造者和最大的危机制造者，正是那些置身事外、不承担后果的人。一些人以牺牲他人利益为代价获得反脆弱性，也就是说，他们从波动性、变化和混乱中获得有利结果（或获得收益），而将他人暴露于损失或伤害的不利因素下。这种以别人的脆弱为代价获取自身反脆弱性的行为是很隐蔽的——由于苏联－哈佛派知识分子圈无视反脆弱性，因而此类非对称性（到目前为止）很少有人能够识别，更别提传授了。

此外，我们发现在2008年金融危机期间，由于日益复杂的现代制度和政治事务，这些"危及他人的重大风险"很容易被隐瞒。过去，甘冒风险的人才能位高权重，他们必须为自己的不当行为承受损失，而英雄则是那些为了他人的利益承受损失的人，如今，情况却完全相反。我们正目睹一群反面"英雄"人物的涌现，他们多为政府官员、银行家，或者只知道借他人名气自抬身价，参加达沃斯会议的成员，以及权力过大的学者。这群人不会承受真正的损失，也不受问责制的约束。他们将整个系统玩弄于股掌之中，而公民却要为其买单。

历史上从未有过如此多的非冒险者，也就是施加重大控制力而个人却不承担风险的人。

他们忘记了一条最主要的道德法则：你不应该为了获得反脆弱性，而利用别人的脆弱性。

"黑天鹅"问题的解决方案

我想快乐地生活在一个我不了解的世界里。

"黑天鹅"事件可能会造成广泛、严重的后果，其是不可预知的不定期发生的大规模事件。某些观察者完全没有预料到它们的发生，这种人通常被称为"火鸡"，因为他们对这些事件完全没有预期，并会受到这些事件的伤害。我已经说过，历史其实大部分源于"黑天鹅"事件，但我们关心的却是如何微调我们对普通事件的了解，因此我们不断地开发模型、理论或表述方式，可是，这些东西不可能跟踪"黑天鹅"事件，或者衡量这些冲击的发生概率。

"黑天鹅"事件绑架了我们的思维，让我们感到自己"差不多"或"几乎"预测到了它们，因为它们都是可以进行回溯性解释的。由于存在可预测性错觉，我们没有意识到这些"黑天鹅"事件对生活的影响。现实生活远比我们记忆中的生活更加错综复杂——我们的头脑倾向于将历史以更平稳和更线性的状态呈现出来，这导致我们低估了随机性。一旦我们看到随机事件，就会心生畏惧并反应过度。在逃避这种恐惧以及对秩序的渴求中，一些人类建立的系统往往会打乱事物的隐性逻辑，或者打乱不那么明显的逻辑，结果导致"黑天鹅"事件的发生，而人们从中几乎得不到任何收益。你寻求秩序，得到的不过是表面的秩序；而你拥抱随机性，却能把握秩序、掌控局面。

复杂系统内部充满着难以察觉的相互依赖关系和非线性反应。"非线性"是指当你把药品的剂量增为两倍，或将工厂的员工数量增为两倍时，所得效果并非初始效果的两倍，而是要么更多，要么更少。在费城待两个星期的愉快指数并不是待一个星期的两倍——对此我深有体会。把反应绘制成图的话，你得到的并不是一条直线（"线性"），而是一条曲线。在这种环境下，简单的因果关系错位了，通过观察单个部分是很难看清整个局势的走向的。

| XV |

人造的复杂系统往往会引发失控的连锁反应，它会降低甚至消除可预测性，并导致特大事件。因此，现代世界的技术性知识可能会不断地增加，但矛盾的是，它也会使事情变得更加不可预测。现在，由于人为因素的增加，以及我们逐渐地远离先祖和自然的模式，加上林林总总的设计复杂性削弱了强韧性，"黑天鹅"的影响因而进一步加强了。此外，我们成了一种新型疾病的受害者，即新事物狂热征，它使我们建立起面对"黑天鹅"事件时会表现得极其脆弱的系统，却自以为实现了所谓的"进步"。

"黑天鹅"问题有一个恼人方面，这实际上也是一个很核心的并在很大程度上被忽略的问题，即罕见事件的发生概率根本是不可计算的。我们对百年一遇洪灾的了解远低于 5 年一遇的洪灾，其模型的误差在涉及小概率事件时会成倍增长。事件越罕见，越难以追踪，我们对其发生频率的了解就越少。然而，事件越罕见，参与预测、建模和在会议上用花哨的演示文件陈述其计算方程式的"科学家"们却显得越有信心。

得益于反脆弱性，大自然是管理罕见事件的最好专家，也是管理"黑天鹅"事件的高手；几十亿年来，它成功地演变进化到今天，而无须任何由常春藤盟校培养出来的，并由某个研究委员会任命的主任给出命令和控制指令。不仅仅是"黑天鹅"事件的解决方案，了解反脆弱性还会使我们从理智上不那么害怕接受一个事实："黑天鹅"事件对历史、技术、知识以及所有事情的发展来说都是不可或缺的。

仅有强韧性还不够

大自然不只是"安全"的，它还能积极地进行破坏和更替、选择和重组。每当随机事件发生时，仅仅拥有"强韧性"显然还不够好。从长远来看，哪怕只有一点点瑕疵的东西也会被无情的岁月摧毁，但我们的地球却已经运转了大约 40 亿年，很显然，仅仅依靠强韧性是完全无法办到的：

你得需要多完美的强韧性才能阻止一个裂缝最终引发整个系统的崩溃。鉴于不可能存在这样完美的强韧性，我们需要一个能够不断利用（而非逃避）随机事件、不可预测的冲击、压力和波动实现自我再生的机制。

从长远来看，反脆弱性往往能从预测误差中受益。如果根据这个理念下结论，那么很多从随机性中受益的事物如今应该主宰世界了，而受随机性伤害的事物应该消失了。嗯，其实现实也确实如此。我们一直有这样的错觉，认为这个世界的运转有赖于规划设计、大学研究和政府机构的资金支持，但是我们有显著——非常显著——的证据表明，这只是一个错觉，我称这种行为为"教鸟儿如何飞行"。技术是反脆弱性的结果，是冒险者们通过自由探索和反复试错产生的，但这些籍籍无名的小人物的设计过程却大多不为人所知。许多东西都是由工程师和能工巧匠们发明的，不过，历史却是由学者撰写的，我希望我们能修正对增长、创新以及诸如此类事情的历史诠释。

（某些）事物的可预测性

脆弱性是相当容易衡量的，但风险却很难衡量，尤其是与罕见事件相关的风险。[①]

我说过我们可以估算甚至衡量脆弱性和反脆弱性，但我们无法计算风险、冲击和罕见事件的发生概率，无论我们有多么复杂、成熟的模型。如今，我们实行的风险管理仅仅是对未来发生事件的研究，只有一些经济学家和其他狂人才会做出有违经验事实的断言，称能够"衡量"这些罕见事件未来的发生概率，当然也会有愚蠢的人听信他们，而无视经验事实与此类断言的历史准确率。但是，脆弱性和反脆弱性是一个物体、一个茶几、一个公司、一个行业、一个国家、一个政治制度当前属性的一部分。我们

---

① 除了赌场和一些界定狭窄的领域（人为的情况和结构）。

可以识别和看到脆弱性，甚至在很多情况下还可以测量它，或至少能以较小的误差测量相对脆弱性，而对风险的测量相较而言（到目前为止）则并不可靠。你没有任何可靠的依据证明某个未来的事件或冲击的发生概率比另一个事件更高（除非你喜欢自我欺骗），但你能很有信心地说，当某一事件发生时，某一个物体或结构比另一个物体或结构更脆弱。你很容易判断出，在温度突然变化的情况下，你的祖母要比你更脆弱；发生政变时，一些军事独裁国家要比瑞士更脆弱；危机来临时，银行比其他部门更脆弱；发生地震时，一些建造结构不牢固的现代建筑要比古老的查特雷斯大教堂更脆弱。关键的是，你甚至可以预测哪一个人会存活更长的时间。

我无意讨论风险（这涉及预测，又很局限），我主张使用脆弱性的概念，它不带有预测性，并且与风险不同，它是一个有趣的词，可以描述一个与其完全相反的不受局限的概念：反脆弱性。

衡量反脆弱性有一个使用精简规则的极佳方式，它使我们能够跨领域（从个人健康到社会建设）地识别反脆弱性。

在实际生活中，我们已在不知不觉中探究反脆弱性了，并有意识地抗拒它，特别是在知性世界中。

脆弱推手

我们的想法是，不要去干扰我们不明白的事情。但是，有些人的主张却恰好相反。脆弱推手属于那些通常西装革履，甚至周五也会如此穿着的人，他们是听到你的笑话后依然冷若冰霜的人，而且由于常常坐在桌前办公，或乘坐飞机、研读报纸，他们年纪轻轻就会颈椎有恙。他们经常参与一种奇怪的仪式，这种仪式通常被称为"会议"。除了这些特质，他们还默认看不到的东西就是不存在的，或者他们不理解的东西就是不存在的。从根本上说，他们往往将未知的一切误认为是不存在的。

脆弱推手往往深陷苏联－哈佛派谬见，即不科学地高估科学知识的

前 言

能量。秉持这种谬见的人就是所谓的天真的理性主义者、合理化者，他们有时也被叫作合理理性主义者，因为他们认为事情背后的原因是可以自动显现的。我们不要混淆"合理化"与"理性"这两个概念——它们几乎完全相反。在物理学之外的复杂领域里，事物背后的原因往往很难让我们看清，对脆弱推手来说更是如此。自然事物可不会在用户手册里宣传自己，但这个特性并不构成障碍：根据他们脑中对"科学"的界定，一些脆弱推手会聚在一起写用户手册。

正是因为这些脆弱推手的存在，现代文化对生活中神秘的、难以解释的、尼采称为"酒神式思维"的事物越来越倾向于选择无视的态度。

或者我们可以把尼采的话翻译成不那么具有诗意的，但仍然非常有见地的布鲁克林白话，也就是本书人物胖子托尼所称的"骗局"。

总之，脆弱推手（医疗、经济、社会领域的规划者）会促使你卷入政策和行动等各类人为的事情之中，这些事情带给你的利益虽小但是能看得到，而副作用可能十分严重却看不到。

我们可以看到，医学界的脆弱推手会否认人体自愈的自然能力，而进行过度干预，给病人开可能有严重副作用的药物；政策脆弱推手（干预主义者和社会规划者）把经济误当作需要他们来修理的洗衣机，结果反而把经济搞垮了；心理学脆弱推手用药物治疗孩子，以"提高"他们的智力并"稳定"他们的情绪；足球妈妈脆弱推手；金融界脆弱推手让人们使用"风险"模型却破坏了银行系统（然后他们还会再次使用它们）；军事脆弱推手搅乱了复杂系统；预测脆弱推手则让你冒更大的风险。脆弱派的例子可谓数不胜数。[①]

事实上，政治话语中往往缺乏一个概念。政治家在他们的演讲、目标和承诺中往往着眼于"复原力""强韧性"等保守概念，却从未提到过反

---

① 哈耶克并没有将价格形成机制的想法应用到风险和脆弱性的讨论中。在哈耶克看来，政府官员效率低下，但还称不上脆弱推手。本讨论以脆弱性和反脆弱性为切入点，可以看作价格形成机制的一个衍生讨论。

脆弱性，并且在此过程中遏制了成长和发展的机制。我们发展到今天，并非得益于复原力这样局限性的概念，更非得益于政策制定者，而是得益于一些甘愿冒险、甘愿承担失误后果的人，他们是值得社会去鼓励、保护和尊重的人。

简单的地方更复杂

与人们的观点相反，一个复杂的系统并不需要复杂的管理机制和法规，以及错综复杂的政策。事实上，越简单越好。复杂机制会导致意想不到的连锁反应。由于缺乏透明度，干预会导致不可预测的后果，接着是对结果中"不可预测"的部分致歉，然后再度出手干预来纠正衍生影响，结果又派生出一系列"不可预测"的反应，每一个都比前一个更糟糕。

然而，在现代生活中，简单的做法一直难以实现，因为它有违某些努力寻求复杂化以证明其工作合理性的人所秉持的精神。

少即是多，而且通常更有效。因此，我会制定极少量的技巧、指令和禁令来说明，如何生活在一个我们并不明白的世界里，或者，更确切地说，如何才能不害怕周旋于我们显然不明白的事情之中，以及更重要的是，我们应该以什么样的态度与这些事情共舞。我们怎么才能正视自己的无知，不因作为人类感到羞愧，而是感到积极和自豪？但是，这可能需要我们做出一些结构性的改变。

我建议我们制定一个路线图以修正我们的人造系统，简简单单地让一切顺其自然地发展。

但简单并非那么容易达到。史蒂夫·乔布斯就认识到："你必须努力理顺你的思维，才能使其简单明了。"阿拉伯人用一句话来形容清晰明了的散文：没有清晰的理解，就写不出清晰的文章。

启发法是经验法则的简化，它使事情变得简单而易于实施。其主要的优点是，使用者知道它们是不完美的，只是权宜之计，因此，他们很少被

前 言

这些启发法的力量愚弄。一旦我们忘记这点，这些经验就会陷我们于危险之中。

关于本书

发现反脆弱性这一想法的过程也是非线性的。

有一天，我突然意识到，脆弱性——事实上它仍缺少技术性定义——可以被表述为不喜欢波动性的事物，而不喜欢波动性的事物往往也不喜欢随机性、不确定性、混乱、错误、压力等。想想那些脆弱的东西，比如说，观察一下你家客厅里的物体，如玻璃相框、电视机，更便于拿来说明的例子是橱柜里的瓷器。如果你给它们贴上"脆弱"的标签，那么你一定希望它们能处于一个和平、宁静、有序和可预测的环境中。一个脆弱的物体可能无法从地震或者你好动的侄子的拜访中受益。此外，不喜欢波动性的事物往往也不喜欢压力、伤害、混乱、事故、无序、"不可预测的"后果、不确定性，以及十分重要的时间。

反脆弱性的定义从一定程度上讲是从脆弱性的明确定义中推导出来的。反脆弱性的事物喜欢波动性等，也喜欢时间。事实上，非线性能够帮我们做出有效的和有用的判断：一切做出非线性反应的事物在某个随机性压力下要么是脆弱的，要么是反脆弱的。

奇怪的是，虽然脆弱的事物厌恶波动性，厌恶波动性的事物又都很脆弱，但这个明显的特性却被完全排斥在科学和哲学话语之外，完全排斥。研究事物对波动性的敏感度是一个陌生的工作，我成年后的大部分时间，大概有20年左右，都用于此，我在下面会对此做进一步解释。我这个职业的关注点是识别"喜欢波动"或"厌恶波动"的事物，所以我要做的就是将这个理念从我一直从事的金融领域扩展到不同领域——从政治学到医学再到晚餐计划，并将其应用到在不确定性下进行决策的更广泛情境。

与波动性相关的职业有两类。第一类包括学者、报道作家与评论员，他们研究未来事件,并撰写图书和论文;第二类是实践者,他们不研究未来事件,但是会尝试了解事物对波动性的反应(但实践者往往忙于实践,无暇著书立说或演讲授课,也不关心方程式、理论或者学术委员会颁发的荣誉会员称号)。这两类人之间的差异非常集中:正如我们所看到的,了解某个事物是否会被波动性伤害(是否脆弱)要比预测有害事件的发生(比如会发生超大规模的"黑天鹅"事件)更容易。但是,只有实践者(或者做事情的人)才能自然地领会这一点。

(相当快乐的)混乱家庭

让我们来进行一个技术性评论。我们一直在说,脆弱性和反脆弱性意味着从与波动性相关的某些东西中获得潜在的害处或益处。某些东西指的是什么呢?简单地说,就是广义的混乱家庭的成员。

> 广义的混乱家庭(或群体):(1)不确定性,(2)变化性,(3)不完美、不完全的知识,(4)机会,(5)混沌,(6)波动,(7)混乱,(8)熵,(9)时间,(10)未知性,(11)随机性,(12)动荡,(13)压力,(14)错误,(15)分散的结果,(16)无知。

不确定性、混乱和未知性是完全等价的:反脆弱性系统(在某种程度上)从上述所有事物中获益,而脆弱的系统则会从中受损,即使一些哲学家会告诉你说:"它们显然不是一回事。"这些哲学家虽然身处不同大学的不同教学楼,但你会发现他们有一个共性,即他们一生中从未承受过真正的风险,或者更糟糕的说法是,他们从未真正生活过。

为什么会提到时间呢?时间在功能上与波动性相类似:时间越长,发生的事件就越多,也更混乱;如果你可以承受有限的伤害,对小错误具有反脆弱性,那么时间会带来最终令你受益的错误或反错误。这就是你的祖母称为经验的东西。脆弱的东西则会被时间击垮。

只有一本书

这使得写作这本书成为我的核心工作。我只有一个核心想法，每次都带着它走向下一步。最终这一步——也就是这本书——更像是一个大的跳跃。我与我的"实践自我"（我作为实践者的灵魂）重新连接起来，这将我从事实践工作与"波动性研究"工作的整段历史，与我对随机性和不确定性的知识和哲学兴趣结合起来，而在此之前这两者各行其道。

我出版的几本书并非针对各类主题所写的有起始日和到期日的独立文章；相反，它们就好像从一个核心概念延伸出的互不重叠的章节，是一系列关注同一类主题的文集，内容涉及不确定性、随机性、概率、混乱，以及如何生活在一个我们不明白的世界，即一个充满看不见的元素和属性，以及随机性和复杂性的世界；也就是说，如何在不透明的情况下做决策。这里的规律是，随机抽取一本书（比如说本书）的某一章节，再抽取另一本书（如《随机漫步的傻瓜》）的某一章节，两者之间的距离应该与一本厚书之间各章节间的距离一样。这一规律使得这一系列文集的内容能跨越不同领域（科学、哲学、商业、心理学、文学、自传等）整合在一本书中，而不会变得杂乱无章。

所以，本书与《黑天鹅》一书的关系是：尽管两本书的出版时间有先后（事实上，这本书进一步推进了《黑天鹅》中的概念，自然地得出了既定结论），但本书更像是主体，而《黑天鹅》如同备注——一种理论备注，甚至可能是一份初级的附录。为什么呢？因为《黑天鹅》是为了说服我们重视一种可怕的情况，并努力解决它。而本书的起点是，人们并不需要认识到：（1）"黑天鹅"主宰着社会和历史（以及人类，因为通过事后的理性化推断，人类认为自己能够理解"黑天鹅"）；（2）我们并不知道发生了什么，特别是在严重的非线性情况下。让我们直接讨论实践问题吧。

没有胆量，就没有信念

为符合实践者的精神，本书的写作规则如下：我对我所说的全部负责。

本书中的每一个句子都是我用自己的职业知识写就的，我只写了我做过的事情，我建议他人承担或规避的风险也是我一直承担或规避的风险。如果我错了，那么首先受到伤害的便是我自己。我在《黑天鹅》中已经对银行体系的脆弱性提出过警告，并打赌它会崩溃（尤其是当我的观点无人理会时）；如果不这么做，我会觉得自己是不道德的。这种个人约束应该用于各个领域，包括医疗、技术创新和生活中的简单事务。这并不意味着一个人的个人经验就足以构成推导出理念结论的充分样本，只是说，一个人的个人经验是其观点的真实性和真诚性的背书。经验是不会受过滤式选择的影响的，而研究工作却会受影响，尤其是所谓的"观察性"研究，因为存在大量的数据，研究者在观察过去的模型时会陷入叙述谬误的陷阱。

此外，在写作过程中，如果我不得不在图书馆搜寻写作主题，并将其作为写作的一部分，那么我会觉得这是堕落和不道德的。这条标准可以作为一种筛选方式，并且是唯一的筛选方式。如果主题无法引起我的兴趣，不足以让我出于自己的好奇心或自己的目的独立进行图书查阅，且以前也从没有这样做过，那么我就根本不应该写它。这并不意味着图书馆（实体和虚拟的）一无是处，而意味着它们不应该是任何想法的起源。学生付学费在大学里写有关某个主题的论文时，必须从图书馆获取知识，作为自我提升的一种练习；一个专业人员则靠写作获得报酬，他写的东西也会被他人认真对待，因此他应该使用一个更有效的筛选方式。只有经过提炼的想法，即那些经过长久的时间积淀仍留在我们脑中的想法才是可以接受的，它们也大多来自现实的想法。

现在是时候重振一个不为人熟知的哲学概念了，那就是信念承诺，它

前　言

要求我们摒弃空头支票，秉持某一个信念，并甘愿为其承担风险。

如果你看到了什么

现代社会已经用法律条文取代了道德，但法律有可能被一个高明的律师玩弄于股掌之中。

因此，我要揭示某些人是如何进行系统"套利"的，他们更确切地说是转移了脆弱性，这无异于盗取了反脆弱性。我会对此类人直言抨击（对于诗人和画家，我们在此不予考虑，这种豁免是出于一种道德责任）。我揭露脆弱推手依据的第一条伦理原则是：

如果你看到欺诈而不揭露欺诈，那么你就是同谋。

对傲慢者友好无异于对友好者傲慢，对任何邪恶行为宽容无异于纵容这种行为。

此外，许多作家和学者在酒后都会私下里说些与他们在论文著作中所写的完全不同的实话。他们写的东西确确实实是假的、杜撰的。许多社会问题都来自"其他人都是这样做的"这种论点。所以，如果在喝下3杯黎巴嫩白葡萄酒后，我私下称某人是危险的，是受伦理指责的脆弱推手，那么在写作本书时，我也有义务剖析他的行为。

在其他人尚未发声之前率先用文字公开揭露某人或某个机构的欺诈行为是需要付出一定的成本的，但这种成本不足以成为拖延揭露行为的借口。数学科学家伯努瓦·曼德布罗特在阅读《黑天鹅》的校样后，打电话给我平静地说："我应该以什么语言跟你说'祝你好运'呢？"结果证明，我不需要任何好运，我对各种各样的攻击具有反脆弱性：核心脆弱推手代表团对我的攻击越多，我的理念就传播得越广，因为这会促使人们阅读我的观点。现在，我只是后悔没有进一步直言不讳。

妥协就是纵容。现代格言中我唯一遵循的就是乔治·桑塔耶拿所说的：人只有在以不折不扣的诚意评判世界、评判他人的时候……才能获得切切实实的自由……这不只是一个目的，也是一项义务。

消除僵化

第二条伦理原则。

我有义务让自己经受科学程序的检验，这只是因为我要求别人也做到这一点，别无其他目的：当我阅读医学或其他科学的实证声明时，我希望这些声明能够先经过同行审查机制，也就是一种事实检查机制的审查，这样，我使用的方法的严谨性就能得到检查。另外，逻辑性陈述，或由数学推理支持的观点，则不需要经过这样的审查：它们可以而且必须站得住脚。所以，我还在专业学术杂志或网站上发布这些书的技术性注释（这些注释仅限于需要证明的陈述或更详细的技术性论据）。但为了真实性，也为了避免追逐名利（把知识储备变成一场体育竞赛是对知识的贬低），我禁止自己出版这些注释以外的任何东西。

在做了20多年交易员和商人后，我开始从事一个"陌生的职业"，踏入人们所说的学术圈。不得不说，其实这就是生活中反脆弱性概念背后的驱动力，也是自然和非自然的异化之间的区别。商业是自然的、有趣的、惊险的、生动的，而目前专业化的学术则与这些沾不上边儿。那些认为学术界"更安静"，因此我将从动荡而冒险的商业生活过渡到平静舒缓的学术环境的人可能要吃惊了：在商业世界中，新的问题和恐慌每天都会出现，取代和消除前一天的棘手问题、怨恨和冲突。用一根钉子取代另一根钉子，你会惊异于怎么会有这么多种不同的钉子。但是，学术界（尤其是社会科学领域）则不同，学者们好像总是互不信任；他们生活在琐碎的执着、嫉妒和冰冷的仇恨中，龃龉会发展成为积怨，随着时间的推移，在这种整天与电脑屏幕打交道的孤独中和不可改变的环境中，他们越来越僵化。更不要提我在从商的时候从未见过的那种妒忌程度……我的经验是，金钱和交易净化了关系；而"认可"和"信用"等概念和抽象的事物则围绕着学者们，一种没完没了的竞争氛围就此形成。

商业、公司、黎凡特露天市场（虽然没有大规模的企业）是激发人们最优秀才华和品质的场所，它们能促使大多数人更宽容、诚实、有爱心、信任他人和豁达。作为我家乡为数不多的基督教成员，我可以保证，商务，特别是小买卖，是通向宽容的门，也是唯一的一扇门，在我看来，它是通往任何形式的宽容的门。它胜过理性化举措和讲座，就像任何具有反脆弱性的自由探索，它能产生的错误很小而且会被迅速遗忘。

我希望能对自己身为人类感到高兴，希望生活在大家都热爱自己命运的环境中，但在我进入学术界之前，我从来都没想到，这就是商业（与孤独的学术生涯结合）的一种形式。生物学作家和自由主义经济学家马特·里德利让我领会到，我骨子里腓尼基商人（或更确切地说，迦南人）的特质才是我真正的才华源头。[①]

组织结构

本书由 7 卷组成。

[①] 再次重申，这不是复原力。我习惯了每次会议演讲结束后都面对这样的提问："那么，强韧性和反脆弱性之间的差异是什么呢？"或更无知的，甚至更恼人的提问："反脆弱性不就是复原力吗？"对我的答案，他们的反应通常是——大叫"啊！"并摆出一副"为什么你不早说呢"的表情（当然，我在前面已经说过了）。即使是最早引用我写过的有关界定和识别反脆弱性的科学论文的人也完全忽略了一点：将反脆弱性与强韧性混为一谈，而且这还是一位仔细研读了我的定义的科学家。所以，这值得重新解释一下：强韧性或复原力在波动性和无序性面前既不会受损也不会受益，而反脆弱性则会从中受益。但我们需要一些努力来让这个概念深入人心。人们口中的许多强韧或坚韧的事物仅止于强韧或坚韧，殊不知，比之更强的叫作反脆弱性。

为什么要分"卷"呢？小说家和散文家罗尔夫·多贝利在阅读我的"道德标准"和"否定阐述法"两个章节后的第一反应是，每章都可以独立成书，并作为短篇或中篇论文发表。那些负责写书籍内容简介的人得为这本书写 4~5 个独立简介。但是，我认为这些章节不能独立看待；它们每个都谈到一个核心观点的应用，或对其进行深入探讨，或将其推广到不同领域：进化、政治、业务创新和科学发现、经济学、伦理学、认识论和普通哲学。所以，我希望称它们为"卷"，而非"章节"或"部分"。"卷"对我来说不是能给予读者一种阅读体验的加长版的杂志文章；对于那些为了从文章中引用观点而阅读，而非出于享受和好奇而阅读，也不是仅仅因为喜欢而阅读的人来说，他们一定会感到沮丧，因为他们无法快速浏览书稿并用一句话做总结，再将这句话与他们熟知的一些现有话语相联系。此外，本书与教科书的写法截然相反——它混合了自传式的反思、比喻，还有更多的哲学和科学调查。我用我的整个灵魂和我在冒险业务中获得的所有经验来写概率的问题；我以我得到的所有教训来写这本书，因此我的想法与自己的经历是分不开的。这种个人文集的形式非常适用于谈论不确定性这类话题。

本书顺序如下。

前言以表格的形式介绍了"脆弱类—强韧类—反脆弱类"三元结构，为世界万物在脆弱性频谱上的位置绘制了一幅完整的地图。

第一卷为"反脆弱性：介绍"，提出了事物的一个新属性，讨论了进化和有机体是最自然的反脆弱性系统。本卷还分析了群体反脆弱性和个体脆弱性之间的权衡。

第二卷为"现代化与对反脆弱性的否定"，描述了当我们遏制系统（主要是政治系统）的波动性时，会发生什么情况。该卷讨论了所谓集权制国家这个发明，以及治疗者所造成的伤害，也就是那些试图帮助你的人最终却严重地伤害了你。

第三卷为"非预测性的世界观"，介绍了胖子托尼和他对脆弱性的直观检测，并提出了罗马哲学家和行动者塞内加著作中根深蒂固的根本非对称性。

第四卷为"可选择性、技术与反脆弱性的智慧"，呈现了世界的神秘特性，分析了事物背后为何总是有某种非对称性，而不是人类的"智慧"，以及可选择性是如何推动人类进化的。这与我称为苏联－哈佛派的理念完全相反。胖子托尼与苏格拉底就我们怎么做无法解释的事情进行了辩论。

第五卷为"非线性与非线性"，阐述了炼金石及其对立面：如何将铅变成黄金，以及将黄金变成铅。其核心技术性内容由两章构成（这是本书的技术性支柱），这两章剖析了脆弱性（它是非线性的，更具体地说，具有凸性效应），并显示了某类凸性战略的优势。

第六卷为"否定法"，显示了减法较之加法所呈现的智慧和有效性（"无为"胜过"有为"）。介绍了凸性效应的概念。当然，第一个应用领域就是医疗领域。我只从认识论和风险管理方法的角度来看医疗领域，这是一个全新的视角。

第七卷为"脆弱性与反脆弱性的伦理"，从脆弱性转移的角度讨论伦理，即是否一方获得了利益，而另一方受到了伤害，并指出这一问题的产生源于没有"切身利益"。

这本书分为三个层面。

首先是文学和哲学表述，以比喻和图表来说明问题，尽可能少用或不用技术性论点，我仅在第五卷借助技术性讨论阐述了凸性论点。（已经领会文章主旨的读者可跳过这些，因为我在其他地方也提炼了这些观点。）

其次，使用了图表和更多的技术性讨论，但没有复杂的推理。

最后，本书提供了更详细论据的数据，均以技术性论文和笔记的形式呈现（千万不要将我的图表和比喻误当作证明；请记住，个人随笔并非科学文件，但科学文件就是科学文件）。所有这些数据集中在一起，就像一本可以自由取阅的电子图书。

三元结构，或根据三个特性绘制世界万物的分布图

现在，经过一定的努力后，我们的目标是用一条线索将读者脑中看似割裂的元素联系起来，如老加图、尼采、米利都的泰勒斯、城邦制度的效力、手工业者的可持续性、发现的过程、不透明的片面性、金融衍生品、抗生素的耐药性、自下而上的系统、苏格拉底过度理性化的倾向、教鸟儿如何飞行、新事物狂热征、达尔文的进化论、詹森不等式的数学概念、可选择性和选择权理论、古人的启发法、约瑟夫·迈斯特和埃德蒙·伯克的作品、维特根斯坦的反理性主义、经济机构的欺骗性理论、自由探索和反复试错、恐怖组织成员的死亡进一步加重了恐怖主义阴霾、手工业者行会的辩解、中产阶级的道德缺陷、古老的方法（和营养学）、医源性损伤的概念、宏伟事物的光荣概念、我对凸性理念的痴迷（以及我对凹性的恐惧）、2008年的银行和经济危机、对冗余的误解、游客和漫游者之间的区别等等。所有这些要用单独的，我确信也是简单的一条线索串联起来。

怎么串联呢？我们可以先看看事物（几乎所有相关的事物）如何被划归为三大类，也就是我所说的三元结构。

三元结构的组合

在前言中我们看到，我的想法是关注脆弱性，而不是预测和计算未来的概率。脆弱性和反脆弱性是一个频谱上不同波段的概念，我们的任务是绘制一幅风险地图。（这就是所谓的"现实世界的解决方案"，虽然只有学者和其他非现实世界的运营商才会使用"现实世界的解决方案"这种表达方式，而不是简单的"解决方案"。）

三元结构根据特征将事物分为三类（见表0-1）。

前 言

脆弱类　强韧类　反脆弱类

回想一下，脆弱的事物喜欢安宁的环境，而反脆弱的事物则从混乱中成长，强韧的事物并不太在意环境。请读者思考一下三元结构的定义，看看如何在各个领域中应用这一理念。简单地说，在特定主题下，当你讨论一个事物或一个政策时，你的任务是考虑应该将其划归为三元结构中的哪一类，以及你做什么才能改善其情况。例如：中央集权制国家归属于三元结构的最左边，即脆弱类；而城邦制国家的分权式系统则归属于最右边，即反脆弱类。通过了解后者的特性，我们可以远离大国的那种不良的脆弱性。再来看看错误。在左栏的脆弱类中，错误是罕见的，但是一旦发生，后果则是极其严重的，也是不可逆的；而右栏的错误则是微小和良性的，甚至是可逆的，并能被迅速克服。它们还含有丰富的信息。因此，自由探索和反复试错的某些系统会具有反脆弱性的属性。如果你希望拥有反脆弱的特质，那么就将自己置于"喜欢错误"的情况下，也就是"厌恶错误"的右边，你应当乐于犯众多的小错，承受小的伤害，我们将这个过程和方法称为"杠铃"策略。

我们再来看看健康问题。加法都归于脆弱类，减法则归于反脆弱类。通过试错的方式减少所服药物，或其他一些非自然的压力源，比如谷元粉、果糖、镇静剂、指甲油，或类似的物质，会比服用更多药物更加具有强韧性。要知道，这些药物都有未知的副作用，尽管药厂声称有"证据"或"伪证据"来证明它们的效力。

读者可以看到，这一分类图可以不受限制地应用到各个领域和人类的追求中，如文化、卫生、生物、政治制度、技术、城市组织、社会经济生活，以及读者或多或少直接感兴趣的其他事物上。我甚至还将做决定和漫游者都放入了这张图中。因此，一个简单的方法可以引导我们了解基于风险的政治哲学和医疗决策。

行动中的三元结构

请注意，脆弱类和反脆弱类是相对的而不是绝对的。在三元结构表右栏的事物总是比左栏的事物有更强的反脆弱性。例如，技术工人比小企业更具反脆弱性，而摇滚明星比技术工人更具反脆弱性。债务总是将你置于三元结构的左栏，使你的经济状况濒临崩溃。而且，事物的反脆弱性一般以某个压力水平为限。对肌体的打击往往会让身体受益，但以一定程度为限，被人从"巴别塔"上扔下来可不会让身体受益。

黄金强韧性。中间一列的"强韧类"并不等同于亚里士多德的"黄金平衡点"（通常被错贴上"黄金均值"的标签）。比如，慷慨是挥霍和吝啬中间的平衡点——可能是这样，但并不一定。反脆弱性一般都是我们想要的，但也并不总是如此，因为在有些情况下，反脆弱性的成本极高，非常高。此外，我们也很难说强韧性一定是我们想要的——引用尼采的话来说，长生不老简直是要人命的事。

最后，读者在了解这个新词后，希望从中得到的东西可能会过多。如果反脆弱性的指定范围相当模糊，仅针对某些伤害或波动，并只能确保在一定风险范围内发挥作用，那么这种反脆弱性同时也具有脆弱性。反脆弱性是针对一个给定情况而言的。一个拳击手的身体可能是强韧的、硬朗的，并通过一场场的赛事不断变得更好，但是，他被女友甩了之后，却成了一个感情脆弱、容易流泪的人。而你的祖母可能有着或者曾经有过相反的特质——身体虚弱，但是个性强硬。我还一直记得黎巴嫩内战中一个鲜明的形象：一名身材瘦小的老太太，一名寡妇（总是身着黑衣），厉声训斥在一场战斗中震碎她家窗户玻璃的敌方士兵。他们用枪指着她，只要一颗子弹就能要了她的命，但他们显然被她震住了，吓得退缩了。她与拳击手的情况恰恰相反：身体脆弱，但性格坚强。

现在，让我们看看这个三元结构表。

前　言

表 0-1　核心三元结构：在风险下的三类状态

	脆弱类	强韧类	反脆弱类
希腊神话	达摩克利斯之剑，坦塔罗斯之石	凤凰	九头蛇怪
纽约和布鲁克林的都市生活	约翰博士	尼罗·图利普	胖子托尼，叶夫根妮娅·克拉斯诺娃
"黑天鹅"	受负面"黑天鹅"事件影响		受正面"黑天鹅"事件影响
企业	纽约：银行体系		硅谷："快速失败""保持愚蠢"
生物和经济系统	有效，优化	冗余	遗传密码的简并（功能冗余）
错误	厌恶错误	错误只是信息	喜欢错误（因为它们很微小）
错误	不可逆的、严重（但罕见）的错误，崩溃		产生可逆的小错误
科学/技术	指导性研究	机会主义研究	随机自由探索（反脆弱的自由探索和反复试错）
二分法	研究事件，衡量它们的风险，事件的统计特性	研究事件的风险，风险的统计特性	修正风险敞口
科学	理论	现象	启发法，实用技能
人体	衰退，"老化"，骨骼肌衰老	产生毒物而免疫，恢复健康	毒物兴奋效应，过度生长
思维方式	现代	中世纪的欧洲	古代地中海地区
人际关系	友谊	亲缘关系	痴迷
古代文化（尼采）	阿波罗	狄俄尼索斯	阿波罗和狄俄尼索斯的综合体
伦理	弱的	高贵	强的
伦理	未涉及切身利害	切身利害	躬身入局
监管	章程规则	原则	德行
系统	集中的随机性源		分散的随机性源
数学（函数）	非线性—凹性，或凹性—凸性	线性，或凸性—凹性	非线性—凸性
数学（概率）	左偏（或负偏态）	低波动性	右偏（或正偏态）

（续表）

	脆弱类	强韧类	反脆弱类
期权交易	做空波动性	平滑波动	做多波动性
知识	显性	隐性	带凸性的隐性
认识论	正确和错误		愚蠢的人和不愚蠢的人
生活和思维	游客，个人的和智力的		拥有一个大型私人图书馆的漫游者
财务依赖性	公司雇用关系，受贪欲诱惑的人	牙科医生，皮肤病学家，缝隙市场工作者，微薄工资赚取者	出租车司机，技术工人，妓女
学习	课堂	现实生活，学习是痛苦的	现实生活和图书馆
政治体系	集权制国家，集权式		城邦制国家，分权式
社会体系	意识形态		神话
	后农业社会的现代化定居模式		游牧部落和狩猎部落
知识	学术界	专业知识和技能	博学
科学	理论	现象学	循证现象学
心理健康	创伤后综合征		创伤后成长
做决策	基于模型的概率决策	基于启发法的决策	凸性经验法则
思想者	柏拉图，亚里士多德，阿威罗伊	早期斯多葛学派，尼可米迪亚的曼斯尔，波普尔，伯克，维特根斯坦，约翰·格雷	罗马斯多葛派，尼采，黑格尔，雅斯贝尔斯
经济生活	经济理论膜拜者	人类学家	宗教
经济生活（对经济生活的影响）	官僚		企业家
声誉（职业）	学者，企业高管，教皇，主教，政治家	邮政雇员，卡车司机，列车长	艺术家，作家
声誉（阶级）	中产阶级	最低工资人员	吉卜赛人，贵族，古人
医药	正面阐述法，加法式处理法（给药）		负面阐述法，减法式处理法（减少消费物品，如香烟、碳水化合物）
哲学/科学	理性主义	经验主义	怀疑，减法式经验主义

前言

（续表）

	脆弱类	强韧类	反脆弱类
	可分离的		整体论的
经济生活		所有者经营	
金融	期权空头		期权多头
知识	正面科学	负面科学	艺术
压力	长期压力		急性压力，加上一段时间的复苏
做决策	"有为"的艺术		"无为"的艺术（被忽略的机会）
文学	电子阅读器	书本	口述传统
商业	行业	小企业	技术工人
食品	食品公司		饭店
金融	负债	权益	风险资本
金融	公共债务	没有救助的私人债务	可转债
一般情况	大型	小而专	小而不专
一般情况	单一模式		杠铃模式
冒险	马科维茨	凯利定律	运用有限赌注的凯利定律
法律体系	成文法，法典		习惯法，平衡法
监管	法规实施细则		启发法监管
金融	银行，经济理论专家管理的对冲基金	对冲基金（部分）	对冲基金（部分）
商业	代理问题		负责人经营
噪声—信号	仅有信号		随机共鸣，模拟退火算法
模型错误	在错误下呈凹性		在错误下呈凸性
教育	足球妈妈	街头生活	杠铃模式，父母的图书馆，街头斗殴
体格训练	有组织的体育活动，健身器材		街头斗殴
都市生活	罗伯特·摩西，勒·柯布西耶		简·雅各布斯

XXXV

第一卷

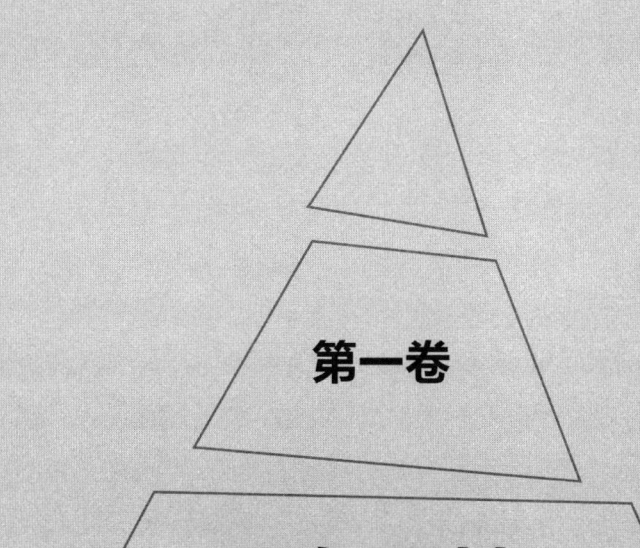

反脆弱性：介绍

ANTIFRAGILE

Things That Gain from Disorder

本书前两章介绍并阐述了反脆弱性。第三章介绍了有机体与机械体之间，比如你的猫和洗衣机之间的差别。第四章简述了某些人的反脆弱性是如何产生于其他人的脆弱性的，以及为什么错误会让一些人而非另一些人受益。这类事情就是人们所说的进化，有关进化的著作可以说是汗牛充栋。

第一章

达摩克利斯之剑和九头蛇怪

> - 请砍我的头。
> - 眼中的色彩通过什么魔法变成口中的色彩。
> - 如何在迪拜举重。

生活中的一半事物未被命名

设想一下,你到邮局去给远在中西伯利亚的表兄邮寄一箱香槟酒作为礼物。为避免包裹在运输途中受损,你通常会打上"易碎"或"小心轻放"的红字钢印。那么我问你,你是否思考过"易碎"的反义词是什么?

几乎所有人都会回答,"易碎"的反义词就是"强韧""坚韧""结实",诸如此类。但是强韧、结实的物品虽不会损坏,但也不会变得更牢固,所以你无须在装有它们的包裹上写任何字——你何曾见过哪个包裹上用粗重的绿色打上"牢固"两字?从逻辑上说,与"易碎"包裹截然相反的包裹上应该标注"请乱扔乱放"或者"无须小心"的字样。包裹里的东西不但不会受损,还会从颠簸和各类撞击中受益。总而言之,对"易碎"的包裹来说,最好的情况就是安然无恙;对"牢固"的包裹来说,安然无恙是最好的,这也是保底的结果。因此,"易碎"的反义词是在最糟的情况下还能安然无恙。

反脆弱

我们之所以将此类包裹冠以"反脆弱性"之名，是因为《牛津英语词典》中找不到一个简单的非复合词来描述"脆弱"或"易碎"的对立面，不造新词难以准确地表述这一概念。或许，我们通常并未意识到"反脆弱性"的存在，好在它天生就是我们祖先行为的一部分，是我们生物机制的一部分，也是所有迄今能生存下来的系统的普遍特征。

图 1–1　邮寄包裹的人在包裹上写上了"请乱扔乱放"的字样，主动要求制造压力和混乱

要了解这个概念在我们头脑中有多么陌生，不妨在你的下一次聚会、野餐、游行前的集会上问上一圈，看看有多少人了解"脆弱"的反义词（不要忘记反复说明你指的是确切的反义词——具有截然相反的特征和结果）。你听到的答案除了"强韧"之外可能还有坚不可摧、结实、牢固、复原力强、坚固、防某些东西（比如防水、防风、防锈）——除非他们听说过本书。事实上，不仅是个人，许多学科领域也未将此概念弄清楚。这是我看到的所有同义词和反义词字典普遍犯的错误。

换种方式来看。由于正面的反义词是负面，而不是中性，因此正脆弱性的反义词就是负脆弱性（所以我们称其为"反脆弱性"），而不是强韧、坚固、坚不可摧等中性词。事实上，用数学公式来写，反脆弱性其实就是在脆弱性前面加了一个"负号"。

这个盲点似乎普遍存在，在我们所知的主要语言，无论是现代语、古语、口语或术语中，并没有"反脆弱性"一词。甚至俄语（苏联时期）和标准的布鲁克林英语似乎也从未提到过"反脆弱性"一词，而是将其与强韧性等词混为一谈。

可以说，我们生活中的一半事物——非常有趣的一半事物——都还没有被妥善命名。

请砍我的头

如果我们没有一个统一的词来描述反脆弱性，那么我们可以通过一个神话来说明问题，即用一个很有说服力的隐喻来表现历史的智慧。有一则流传于罗马的古希腊神话，说的是西西里岛的暴君狄俄尼索斯二世命令阿谀奉承的朝臣达摩克利斯参加奢华的宴会，但在他的头上悬着一把剑——剑是用马尾上的一根毛悬于房梁之上的。要知道，马尾毛在压力下终会被扯断，接下来的一幕无疑是鲜血四溅、惨叫惊天，还有古代的救护车火速赶来。达摩克利斯是脆弱的——那把宝剑当头落下只不过是时间问题。

还有一则古代传说，是希腊流传的古闪米特族和埃及传说，说的是凤凰这种传说中身穿霓裳羽衣的鸟儿。每次它被焚毁，都会从灰烬中重生，并恢复到新生的状态。凤凰正是我的家乡贝鲁特的古代象征。根据传说，贝鲁特斯（贝鲁特的历史名）在其近500年的历史中曾被摧毁7次，也重建了7次。这个传说还是可信的，因为我自己就见证了它的第8次重建。当时我已到了懂事的年龄，残酷的内战将贝鲁特中区（贝鲁特斯古城）第8次彻底摧毁，而后，我也亲眼看到了该城的第8次重建。

重建后的贝鲁特新城比以往更美了。有趣也很有讽刺意味的是，在公元551年的贝鲁特大地震中被埋葬的罗马法学院在这次重建过程中也被挖掘了出来，这就好像是历史的一个赏赐（当然，其间不乏考古学家和房地产开发商的公开对骂）。贝鲁特城不是凤凰，但它印证了存在超越"强韧"的概念。这就引出了第三个神话隐喻：九头蛇怪。

在希腊神话中，九头蛇怪是一种住在阿尔戈斯附近勒拿湖中的生物，长着数不清的头。每次有一个头被砍，就会重新长出两个头来，其危害可想而知。九头蛇怪就是反脆弱性的代表。

达摩克利斯之剑代表了权力和成功带来的副作用：只要你想掌握重权就不得不面临这种持续的危险，因为定有人会积极致力于推翻你的统治。就像悬在达摩克利斯头上的剑一样，这种危险将是无声的、无情的、突如其来的。它会在长时间的平静后突然降临，也许是在人们习惯于甚至忘记它的存在时出其不意地降临。当你拥有更多的东西以致失败的成本更高时，"黑天鹅"事件便会与你不期而遇。这或许是成功（成长）的成本，或许是对你过分辉煌的一个不可避免的惩罚。到头来，重要的还是悬挂宝剑的那根绳子的牢固度，而非享用盛宴的人的财富和权力。不过，幸运的是，对那些愿意倾听忠言的人来说，还是有机会的，因为有些弱点是可以识别、可以衡量，也是可以追踪的。关键在于，在很多情况下，我们是可以衡量那根绳子的牢固度的。

此外，想想这种荣衰会给社会带来什么样的影响。达摩克利斯之剑落下后，享用饕餮美食的宾客倒下了，随之将产生所谓的连带损害，危及他人。这就好像一个大型机构的崩溃将会对社会造成影响一样。

复杂精密的机制，特别是某些类型的精密机制，也会带来脆弱性，从而使社会受到"黑天鹅"事件的伤害。由于社会往往会从复杂性中受益，于是便出现了越来越"尖端"的精密机制，社会的专业化程度也越来越高，但恰恰因为这样，社会也变得更加脆弱和更易崩溃。考古学家约瑟夫·泰恩特就对这一理念进行了出色且令人信服的阐述。不过，事情并非如此，只有那些不愿多迈出一步来了解事实真相的人才会这么认为。为了对抗成功带来的脆弱性，你需要更高的强韧性，甚至更高的反脆弱性。你需要成为凤凰，或者是九头蛇怪，否则达摩克利斯之剑便会当头落下。

第一章　达摩克利斯之剑和九头蛇怪

命名的必要性

我们知道的事情其实比我们认为的要多，比我们能说清楚的更是多得多。我们正式的思维体系总是诋毁自然，我们对反脆弱性也没有一个正式的称呼，而且我们对这一概念总是充满抵触情绪，但这一切并不意味着我们的行动也忽略了这一概念。从我们的行为中反映出的感觉和直觉，会超越我们的所知和所记，以及我们的讨论和课堂内容。我们将用否定法专门对这一点进行充分的讨论，就目前而言，请先接受这一奇怪的现象。

在《通过语言的玻璃》一书中，语言学家盖伊·多伊彻表示，许多原始族群虽然并非色盲，却只能用语言描述两三种颜色。但是，在一个简单的测试中，他们却可以成功地将绳子与相应的颜色匹配。他们能够识别组成彩虹的各种色彩之间的差异，但他们却没有相应的词语来描述这些色彩。所以，这些族群虽然在生理上并非色盲，在文化上却是色盲。

这其实与我们在思想上而不是在生物机制上，选择无视反脆弱性的存在是一样的。要了解思想与行动上的差别，只要想想，你在阐述时可能需要使用"蓝色"这一名称，但你在选出这一颜色时并不需要。

长期以来，很多我们非常熟悉的颜色都没有名称，西方文化的主要文献也没有相关记载，这一点可能并不为人所知。包括希腊和闪米特族在内的古地中海文化的文献中，也只有极少量的词语被用来描述黑暗与光明之间的过渡色。荷马及其同时代的人所用的色彩词汇仅限于三四种主色调：黑色、白色，以及组成彩虹的一些不确定的颜色，这些颜色常被纳入红色或黄色的范畴。

我联系了盖伊·多伊彻。他非常慷慨地给予我帮助，还向我指出，古希腊文中没有一个词是用来表述蓝色这种基本颜色的。古希腊文中缺少"蓝色"一词的事实解释了为什么荷马会反复使用"酒暗色的大海"这种对读者（包括我）来说令人费解的词语。

有趣的是，英国前首相威廉·格莱斯顿在19世纪50年代最早发现了这一现象，他因此遭到不少记者不公正且轻率的辱骂。格莱斯顿是一个博学的人，他在换届的间隙洋洋洒洒写了1 700页研究荷马的著作。在著作的最后一个章节中，格莱斯顿揭示了古代色彩词汇有限的原因，他将现代人对色彩更多细微差别的感受力归因于一代代人对眼睛辨色能力的培训。但是，无论不同时期的文化中有关色彩的词汇有何变化，人们在生活中总是能够识别色彩的细微差别，除非他本身就是色盲。

格莱斯顿在许多方面都令人叹服。除了他的博学、他的人格魅力、他对弱者的尊重以及他充沛的精力这4个极具吸引力的特征（对弱者的尊重仅次于他的学术勇气，对其读者来说他对弱者的尊重是他第二个极有吸引力的特征）外，他还表现出了非凡的先见之明。他认识到了他那个年代的人不敢想象的事实："伊利亚特"实际上源自真实的故事（当时特洛伊城尚未被发现）。此外，他的著作更有预见性也更为重要的一点是，他坚持平衡财政预算的观点。如今，财政赤字已被证明是社会和经济系统脆弱性的主要来源。

反脆弱性的原型

下面，我们会提到两种初级的反脆弱性的概念，它们有自己的名称。这两种初级概念涵盖了一些特殊情况。反脆弱性还有一些较温和的形式，仅限于医疗领域。这两种概念有利于我们开启对反脆弱性的阐述。

传说小亚细亚本都国王米特拉达梯四世在其父被暗杀后被迫东躲西藏，其间由于持续用药而摄入了尚不致命的有毒物质，随着剂量逐渐加大，竟炼成了百毒不侵之身。后来，他将此演化为一项复杂的宗教仪式。但这种对毒性的免疫力后来也给他带来了麻烦，由于"抗毒能力增强"，他曾试图服毒自杀却难以做到，后来只得要求一位盟军的军事指挥官杀死他。

第一章 达摩克利斯之剑和九头蛇怪

这种对毒药免疫的方法被称为米特拉达梯式解毒法,得到了古代著名医生塞尔索斯的追捧,一个世纪后在罗马甚为流行,一度还给尼禄皇帝弑母的企图增加了难度。尼禄一心想杀害他的母亲阿格里皮娜,戏剧化的是,她是卡里古拉的姐姐,更戏剧化的是,据说她还是哲学家塞内加的情人。然而,知子莫如母,尤其是尼禄还是阿格里皮娜唯一的孩子,因此阿格里皮娜预测到了儿子的行为。再者,阿格里皮娜对用毒也略知一二,因为至少有一任丈夫是被她用毒药毒死的(我说过,事情相当戏剧化)。因此,在怀疑尼禄会杀害自己后,她便采用了米特拉达梯式解毒法,使自己对儿子的下属所能搞到的任何毒药都产生了免疫力。但是,与米特拉达梯一样,阿格里皮娜最终死于冷兵器之下:她的儿子(据说)派刺客杀害了她。这则故事为我们提供了一个小小的但很有意义的教训:人再强壮也不能抵御一切。即使2 000年后也没有人能发现一种可以让我们在刀剑的杀戮中变得更为强壮的方法。

让我们这样界定米特拉达梯式解毒法:如果人们不断地接受小剂量的某种物质,那么随着时间的推移,就会对额外的或更大剂量的同类物质逐步产生免疫力。这是在疫苗接种和药物过敏测试中使用的方法。这还不能称作完全的反脆弱性,其仍处于较温和的强韧性阶段,但已经逐步接近反脆弱性了。我们已经得到了一个暗示:一旦被剥夺摄取毒物的权力,我们将变得脆弱,强韧化的道路常始于一点点的伤害。

现在考虑这样一种情况,摄取一定剂量的有毒物质使你变得更为强壮,即在强韧性的基础上更进一步。药理学家创造的毒物兴奋效应一词指的就是小剂量的有害物质实际上有利于机体健康,其能起到药物的治疗作用。一点点的危害,只要不是很多,只会造福于机体,使其成为更好的整体,因为这点危害会触发一些过度反应。当时的人们更愿意将其解释为"危害的作用与剂量相关",或者"药物的作用与剂量相关",而非"从危害中受益"。科学家们的兴趣在于剂量与反应之间的非线性关系。

古希腊人熟知毒物兴奋效应(不过就像蓝色一样,他们能意会却不能言表）。直到 1888 年，德国毒物学家雨果·舒尔兹才对这一效应进行了"科学"的描述（虽然仍未对其命名），他发现，小剂量的毒药能够刺激酵母发酵，而大剂量的毒物则会造成伤害。还有一些研究认为，蔬菜的好处可能并不在于提供我们所说的"维生素"，或像其他一些试图自圆其说的理论阐述的那样（也就是说，这些理论说出来貌似有理，却并未经过严格的实证论证），而是在于以下事实：植物往往用体内的毒素来保护自身免遭伤害并抵御食草动物的侵害，如果我们摄入适当数量的植物，那么这些毒素可能会刺激我们的肌体发展——这与上文的故事一脉相承，再次强调了有限的低剂量毒素有益健康。

许多人声称，（永久性或偶发性地）限制卡路里的摄入量，能够激发健康肌体的反应和交换，从而带来诸多益处。在实验动物身上，我们已经看到了这种做法延长寿命的可能性。相较实验而言，人的寿命更长，因此要验证这种做法能否延长我们的预期寿命颇有难度（甚至测试对象可能会比研究人员活得还要久）。但至少看起来，限制卡路里的摄入量能使人类活得更健康（也可能提高他们的幽默感）。由于卡路里摄入过多会产生危害，我们可以这样理解偶尔限制卡路里摄入量的方法：定时摄入过量食物对你有害，因为其剥夺了人类的饥饿压力源，从而可能阻止人类的肌体充分发挥其潜力；而毒物兴奋效应所做的就是重新确立人类饥饱的自然剂量。换句话说，毒物兴奋效应才是常态，缺乏毒物兴奋效应则对我们有害。

20 世纪 30 年代后，毒物兴奋效应在学术界逐渐失去了原有的分量，感兴趣和热衷于相关实践的人变少了，因为有些人错误地将其归类为顺势疗法。实际上，这是很不公平的，因为这两者的机制截然不同。顺势疗法依据的是其他原则，如细小的高度稀释的病源介质（小到难以察觉，因而也不能引起毒物兴奋效应）有助于治愈我们的疾病本身。顺势疗法并无实证做后盾，其测试方法在当今属于替代医学，而毒物兴奋效应作为一种现象，背后却有充分的科学证据。

更重要的一点是，我们现在可以看到，剥夺系统的压力或重要的压力源并不一定是好事，甚至可能是非常有害的。

领域独立就是领域依赖

系统可能需要一些压力和刺激，人们可能会在某一个领域体会到这一观点，但在其他领域却全然忽略了。所以，我们可以看到我们思维的领域依赖性，所谓"领域"就是某一类别的活动。有些人可以在某一个领域，比如医疗领域，很好地理解某一想法；但在另一个领域，比如社会、经济、生活领域，却未必能理解同一个想法。或者他们虽然在课堂上理解了某一想法，但在更为复杂的社会大课堂中却不能理解。不知道为什么，人类总是无法脱离他们通常熟悉的环境来理解事物。

我有一个有关领域依赖性的生动例证，在迪拜某家酒店的车道上，一位看上去很像银行家的人让一个穿制服的看门人扛行李（即使只有蛛丝马迹，我也可以迅速告诉你谁是银行家，因为我对他们很敏感，他们甚至能影响我的呼吸）。大约15分钟后，我看到这位银行家在健身房里锻炼自由举重，他试着用哑铃来模仿自然运动，就好像拎着行李箱在那里晃动一样。由此看来，领域依赖性甚为普遍。

此外，问题不仅仅在于米特拉达梯式解毒法和毒物兴奋效应在医疗领域内为人所知，但在其他领域，比如社会、经济、生活领域却不为人所知。即使在医疗领域，你也会在某处意识到它们，在别处又忽略了它们。同一个医生可能先是建议你做适当的运动"增强体质"，几分钟后又因为你身体的一个小小的感染给你开抗生素药物，目的是让你"不生病"。

再举一个领域依赖性的例子：如果问一个美国公民，一个具有相当独立性的半政府性质的机构是否有权控制其管辖领域内的汽车、报纸和马尔贝克葡萄酒的价格（且不受美国国会干预），他一定会愤怒地跳起来，因为这似乎违反了这个国家所倡导的每一项原则。好，那么你问他，这类政府机构是否有权控制外汇，主要是美元兑欧元以及兑蒙古图格里克的汇率。他会做出相同的反应，告诉你：这里不是法国。然后，你可以委婉地提醒他，美联储的功能正是控制和管理另一种商品的价格，即所谓的贷款利率，也就是经济体的利率。自由党总统候选人罗恩·保罗因为建议取消美联储，以及建议限制其作用而被称为"怪人"。但他要是建议设立一个机构来控制其他商品的价格，那他也会被称为"怪人"。

想象一下，一个人很有学习语言的天赋，但无法将一种语言环境下的概念转移到另一种语言环境下来理解，因此每学习一种新语言，他就需要把"椅子""爱""苹果派"等概念重新学习一遍。他没法同时认出"house"（英语）、"casa"（西班牙语）或"byt"（古闪米特语）。在某种程度上，我们都有类似的障碍，当同一种思想在不同的背景中出现时，我们就无法辨识了，就好像我们注定要被事物最表象的东西，比如包装、漂亮的礼品袋等蒙蔽一般。这就是为什么我们在反脆弱性很明显，甚至太明显的地方，却看不到它。我们很少将成功、经济增长或创新理解为对压力的过度补偿，我们也从未看到其他地方出现这种过度补偿。（领域依赖性也解释了为什么许多研究人员一直未能意识到，不确定性、不完全理解、混乱、波动性之间存在着密切关系。）

这种无法跨领域理解事物的情况是人类固有的缺陷，只有当我们努力克服和突破这一障碍时，我们才能开始获得智慧和理性。

让我们进一步讨论过度补偿的问题。

第二章

随处可见的过度补偿和过度反应

- 在希思罗国际机场的跑道上写作容易吗？
- 设法让教皇将你的书列为禁书。
- 如何殴打一位经济学家（但不要用力过猛，足够让自己进监狱即可）。

有一天，我坐在美国政府顾问和决策者戴维·哈尔彭的办公室里，我发现了自己的领域依赖性。在听说我对反脆弱性的看法后，哈尔彭告诉我一种被称为创伤后成长的现象，这是与创伤后压力综合征相对立的一种现象，指的是人们在受到过去事件的伤害后重新振作并超越自己。我此前从未听说过这种现象，惭愧的是，我也从未努力思考过它的存在：虽有少量相关文献材料存在，但在一个狭小的学科领域外鲜有人宣传。在我们的知识体系以及所谓的习得词汇中，我们听到的更多的是更耸人听闻的创伤后应激障碍，而非创伤后成长。但从"磨炼性格"这样的表达中，我们可以看到这一概念早已存在于通俗文化中。同样意识到这一点的还有古地中海的经典作品和我们的老祖母。

知识分子往往关注的是随机性（脆弱性）带来的负面反应，而非正面反应（反脆弱性）。这不仅仅发生在心理学领域，它随处可见。

你怎么创新？首先，尝试惹上麻烦。我的意思是严重的但并不致命的麻烦。我认为（这并不是一种推测，而是一种信念），创新和成熟源自最初的创新必要性，但却超越了满足这种必要性的状态（最初发明或发明尝试带来的意外副作用）。自然，经典思想中也不乏这方面的思考，比如有一句拉丁谚语说的就是艺术家成长于饥饿之中。这种观点在古典文学中无所不在：古罗马诗人奥维德就认为困难唤醒了天才，用布鲁克林英语翻译出来就是"当生活给了你一颗苦果……"

对挫折的过度反应所释放出来的多余能量成就了创新！

来自古人的这种思考，比它表面看上去更博大精深。它在许多层面上与现代的方法和创新思路大相径庭，因为我们往往倾向于认为，创新来自体制的资金支持，并通过规划——或者把员工送到哈佛商学院，由知名的创新与创业学教授（他从未有过什么创新）进行培训，或聘请顾问（他也从未有过什么创新）——来实现。这是一个谬论。只要你从现在开始注意，从工业革命到硅谷的诞生，是那些从未受过高等教育的技术人才和创业者对各类技术飞跃做出了绝大部分的贡献，你就会明白我的意思。

然而，尽管反证的例子无处不在，我们也很容易从古人（或祖母）那里免费汲取智慧，但现代人却仍试图依赖舒适、安全和可预测的环境进行创新，而不能接受"必要性确实是发明之母"的理念。

很多人，像伟大的罗马政治家监察官老加图①，就将安逸——几乎任何形式的安逸——视为通向堕落的道路。他不喜欢所有轻易就能获得的东西，因为他担心这样会削弱意志。而且，他担心这种弱化意志的事件影响的不只是个人层面：事实上，整个社会都会堕落。想想看，在我写这些文字时，我们正生活在债务危机中。整个世界空前富裕，也承受着空前沉重的债务，人们靠举债生活。历史表明，对社会来说，我们越富有，就越难量入为出。富足比贫困更难对付。

航空领域最近出现的一个现象是，自动化飞机的出现大大地降低了飞行员面临的挑战，使得飞行对他们来说太舒服了，甚至舒服到了危险的地

---

① 老加图就是《随机漫步的傻瓜》一书中提到的将哲学家驱逐出罗马的那位政治家。

步。如果老加图地下有知，也一定会会心一笑的。由于长期缺乏挑战性，飞行员的注意力和技能逐渐钝化，而且真的酿成了机毁人亡的惨剧。问题的部分原因在于 FAA（美国联邦航空管理局）的一项规定，该规定敦促航空业提高飞行的自动化程度。但是，令人欣慰的是，FAA 最终想通了这个问题，它最近发现，飞行员往往"将太多责任转移给了自动系统"。

如何在赛马比赛中取胜

有人说，好马与劣马一起赛跑，最终会越跑越慢，而与更优秀的对手比赛则会越战越勇，并一举夺魁。压力源、反毒物兴奋效应与挑战的缺乏都会导致应激反应不足，从而降低最佳表现的水准。波德莱尔的诗中有这么一句话："信天翁巨大的翅膀阻碍了它的飞行。"——许多人的微积分成绩要比另一些人的微积分成绩更好。

过度补偿机制往往隐藏在最不可能的地方。长途飞行后最好去健身房锻炼以消除疲劳，而不是坐下来休息。此外，还有一个众所周知的小伎俩，如果你急着要完成某事，不妨将其交给办公室里任务最繁忙的（或第二繁忙的）那个人去做。大多数人的空闲时间都会被浪费掉，因为空闲时间会让他们无所事事、懒惰、无心向学，而一旦忙起来，他们往往会在其他任务上也更为积极。过度反应在这里再次显现。

我在讲课的过程中发现了一个陷阱。会议组织者一直告诉我，演讲者说话的声音要响亮，应学会像电视播音员那样用假声说话，甚至可以在舞台上跳舞以博得眼球。有些出版社还把作者送到"演讲"学校进行培训——第一次有出版社建议我这样做时，我当即决定换一家出版社出版我的书。事实上，我觉得演讲的时候最好轻声细语，而不是声嘶力竭。最好稍微降低音量，不那么响亮。还在交易所当交易员（就是连续竞价中，那些站在拥挤的场内大声呼喊和尖叫的疯狂人）的时候我就意识到，音量大小与成交顺序恰好相反：与黑手党老大一样，最沉默寡言的交易员才是最强大的。每个人都应该有足够的自我控制能力，让观众必须努力才能听清，这有助于让观众切换到积极的思维模式。人们曾对这种注意力反论做过一点点调查："言语不流畅"的效应是有实证证据的。精神集中可以帮助我们进入更高的思维层面，激活更具活力、更善于分析的大脑机器。管理学大师彼得·德鲁克和精神分析学家雅克·拉康在各自的研究领域内都有大量拥趸，而他们的讲话风格却与那些装腔作势的演讲家或者长期受训的电视播音员截然相反。

过度反应机制或类似的机制会使我们在有一点点背景噪声的地方更好地集中精力，就好像对抗这些噪声的行为可以帮助我们集中注意力。想想看，人类总有一些不可思议的能力，比如从欢乐的气氛中洞察不和谐的声音，在喧哗声中辨识不一样的信号。因此，我们天生具备过度反应的能力，有时我们还需要一些噪声。像许多作家一样，我喜欢坐在咖啡馆里写作，正如他们所说，这是为了躲避干扰。只要想想我们一些人的睡前嗜好便不难理解了：有些人喜欢听着树叶的沙沙声或海涛声入眠，现在甚至还有用来帮助人们睡得更酣的制造"白色噪声"的电子产品。这些小小的干扰就像毒物兴奋效应一样，但过了一定的临界点则适得其反。虽然我并没有尝试过，但我敢肯定，在希思罗国际机场的跑道上是很难写出一篇文章的。

以冗余的形式呈现的反脆弱性反应

那次伦敦之行中，我听到"创伤后"一词后顿时灵感一现。我突然意识到，反脆弱性的毒物兴奋效应其实只是某种形式的冗余，由此所有与大自然有关的想法融会贯通在我的脑子里。这些都是冗余，大自然喜欢反复印证自己。

层层冗余正是自然生态系统集中管理风险的显著特征。我们人类有两个肾脏（甚至会计师也不例外），额外的器官——许多器官还有额外的容量（比如肺、神经系统、动脉机制），然而，人天生却不喜欢冗余——人类历来喜欢欠债,这与冗余完全相反(将5万美元闲钱存入银行,或更好的是将钱藏在床垫下,这就是冗余;欠银行同等数额的资金,即欠债,就是冗余的对立面)。冗余这个词很不明确,因为如果不发生意外的话,它似乎就是一种浪费。然而,意外通常会发生。

另外,冗余不一定无用,它可能非常有用。例如,如果你为了保险起见在仓库中储备了多余的货物,比如说,化肥,之后恰好化肥生产国发生动荡,因而化肥短缺,那么你就可以以高溢价出售多余的库存。或者,如果你有额外的石油储备,你也可以在油荒时获取高额利润。

现在,事实证明,同样的逻辑也适用于过度反应:它就是某种形式的冗余。九头蛇怪长出的另一个头是额外的,也就是看似多余的,其与人类的肾脏没有什么不同,与承受额外压力的额外能力也没什么区别。如果你误吞了15毫克的有毒物质,你的肌体可能会变得更加强壮,为对抗20毫克或更多的毒物做好准备,其副作用就是使你的整体变强。你能承受的这5毫克额外的毒与你贮藏的其他重要或必要的物品,比如说存在银行的闲钱,或者存储在地下室的食物,并没有什么不同。让我们回到创新的驱动力上:从挫折中产生的强于常人的动力和意志力也是额外的能力,与储备的额外食物无异。

一个过度反应的系统一定会采用超额模式,建立额外的能力和力量,预期更坏的结果,对有关危险发生概率的信息做出反应。当然,从机会主义的角度说,这种额外的能力或力量本身也可能是很有用的。我们看到,冗余是机会主义,所以即使在没有危险的情况下,这种额外的力量也能带来一定的益处。告诉你碰到的下一个MBA(工商管理硕士)分析师或商学院教授,冗余不是防御性的,它更像是投资,而不是保险。再告诉他们一句,他们认为"低效"的事物往往是非常有效的。

事实上,我们的身体会通过一种非常复杂的方式洞察周围的一切可能性,其评估风险的能力远远强于我们的智商。举一个例子,风险管理专业人士往往通过回顾历史来推断所谓的最糟情境,并据此估计未来的风险,这种方法被称为"压力测试"。他们往往将历史上最糟糕的经济衰退、最惨烈的战争、最不利的利率波动或最高的失业率用于对未来最糟糕形势的精确估计。但是，他们从来没有注意到以下矛盾：这个所谓的最糟形势将超越当时历史上最糟的形势。可是，这个关键的逻辑却被忽略了。

我把这种心理缺陷称为卢克莱修问题，因为拉丁诗人兼哲学家卢克莱修写道，只有傻瓜才会认为世界上最高的山峰就是他亲眼所见的最高的那座。我们往往将此生所见的辉煌视为这世间的最高成就。而且，我们这样做已经有几千年的历史了。在法老时代的埃及（这恰好是第一个由官僚完全自上而下管理的国家），文员们会跟踪尼罗河的最高水位标记，并据此估计未来河水泛滥的最坏情况。

在 2011 年的海啸中，经历灾难性事故的福岛核反应堆又是另一个例证。它是以能承受历史上最强震级的地震为标准建造的，建造者并没有想过更糟的情况，也没过想过历史上那次最糟的地震本身也是突如其来、没有先例的。同样的，美联储前主席艾伦·格林斯潘博士在向美国国会的致歉声明中道出了他的经典语句："这以前从来没有发生过。"可是，大自然与脆弱的格林斯潘不同，它总是为从未发生过的事情做好了准备，总是能够未雨绸缪。①

如果前一段历史是人类为生存而战的话，那么下一段历史就轮到大自然了。你的身体比你对未来更具预测性。想想我们是如何训练举重的：身体会过度反应和过度准备，以应对压力（当然，以生理极限为限）。通过这种方式，身体才能变得更强壮。

我对金融危机影响的看法散播开后，我受到各种各样的威胁，《华尔街日报》甚至建议我"雇几个保镖"。我试图告诉自己，别担心，保持冷静，这些威胁只不过是来自几个心怀不满的银行家；不管怎样，人总是先看到自己的财务遭受重创，然后才会在报纸上读到这些新闻，这个顺序不会颠倒。

---

① 这一结论并未通过实证检验：我们可以从历史事件预测极端事件的发生吗？通过简单测试就能证明：对不起，不可能。

第二章　随处可见的过度补偿和过度反应

我本来并未将他人的建议放在心上，可到了纽约或伦敦的时候，我简直不敢放松，即使喝了甘菊茶后也无法放松。我开始觉得自己在公共场所简直有了妄想症，总是会仔细审视周围的每一个人，以确定自己是不是被跟踪了。

我开始认真考虑雇用保镖的建议，但我发现，与其雇用保镖，倒不如自己变成一名保镖，或者看起来像一名保镖，后面这个主意更吸引我（也经济得多）。我找到了莱尼，外号"蛋糕"的人。他是一名教练，体重约280磅[①]，晚上他还兼职做保安。他的绰号和体重源自他对蛋糕的偏爱。"蛋糕"莱尼起码在5个邮政区域内都是体格最有威慑力的人，而且他已经60岁了。因此，我并未跟着他学习，而是看他训练。他进行的是最高重量级别的训练，并极为推崇这种训练方法，因为他发现这是最有效和最省时的方法。该方法包括在健身房内先利用一小段时间专注于打破过去的举重纪录，也就是你曾举起过的最大重量，就像最高水位标记一样。这种锻炼以尝试超越纪录一两次为限，而不是把时间花在无聊而耗时的重复尝试上。这种训练让我想到了自然的举重方式，而且这符合循证文献：全力以赴做到极致，随后将剩余时间用于休息和享用巨无霸牛排上。如今，我进行极限训练的时间已经有4年了，我很惊喜地看到，我的生理状况在预期超越过去最佳状态的过程中不断改善，直至到达极限。

在把330磅重的器械举起（模拟将石头抬至齐腰平）后，我会去休息，而且确信我的身体已经预测到下一次我可能需要提起335磅的重量。我在公共场所的妄想症逐渐消失了，我恢复了冷静。锻炼的好处还不只这些，我还意外地获得一项好处。每次我在肯尼迪机场的候车区门口被那些执意要载我的豪华计程车司机骚扰时，我便会平静地告诉他们："离我……远点！"之后他们就会落荒而逃了。但是，这也有一些严重的缺陷：在一些读者见面会上，有些读者实在难以接受一个长得像保镖一样的知识分子——知识分子们要么瘦骨嶙峋，要么肥胖臃肿（当他们穿着斜纹

[①]　1磅≈0.45千克。——编者注

软呢外套的时候尤为明显），但他们实在不应该看起来像个屠夫。

再说一些可以让达尔文主义者好好动动脑筋的事，这是一位风险分析师、我最喜欢的调侃对手（也是我的朋友）阿伦·布朗告诉我的："健康"一词本身可能就相当不准确，甚至含糊不清，而"反脆弱性"超越了一般的健康状态，这帮助我们澄清了概念的混淆。什么是"健康"？是身体状况根据过去的特定环境进行调节，还是进一步针对预期的高压或更高强度的环境进行调节？许多人会选择第一种适应能力，而忽略反脆弱性的概念。但如果以数学方式写下自然选择的标准模型，他们会看到过度反应效应，而不仅仅是维持"健康"状态。①

即使是研究了创伤后成长背后的反脆弱性反应，并展示了相关数据的心理学家，也未必能完全理解这一概念，因为他们在选择用词的时候，很容易会将其与"复原力"混为一谈。

论暴乱、爱和其他意料之外压力受益者的反脆弱性

一旦一个人能努力克服领域依赖性，那他就能看到，过度反应的现象无处不在。

那些了解生物领域细菌耐药性的人，却完全不理解塞内加在《宽恕》一书中就处罚的反效应所写下的格言。他写道："重复处罚虽然压制了某些人的仇恨，却激起了所有人的仇恨……就像树木修剪后会再抽出无数新的枝条一样。"事实上，革命正是在压迫中孕育的，杀害几名示威者只会让更多的人站起来反抗。一首爱尔兰革命歌曲就饱含这层寓意：

你的堡垒筑得越高，我们就越有力量。

---

① 让我们制定一个简单的筛选法则：一个物种的所有成员都要有40厘米长的脖子才能生存。经过几代繁衍后，幸存的该物种的脖子平均都超过了40厘米。（用更专业的话说，受制于某一承受界限的随机过程的可观察均值将高于该界限。）

第二章　随处可见的过度补偿和过度反应

某些时候，人也会异化，被愤怒蒙蔽双眼，在愿意为事业牺牲生命（虽然他们并不一定视为牺牲）的一些人的英雄主义感染下而热血沸腾，甚至渴望能有幸成为烈士。政治运动和叛乱具有高度的反脆弱性，愚蠢的行为就是试图用暴力压制它们，而不是想办法操控它们、以退为进，或找到更精明的策略，就像赫拉克勒斯杀死九头蛇怪一样。

反脆弱性唤醒了肌体的应激反应，并对压力和伤害做出了过度反应，如果这样界定反脆弱性，那么在经济生活之外你能看到的最具反脆弱性的事情莫过于难以泯灭的爱或恨，即对于距离、家庭矛盾以及压抑爱憎情绪的企图等做出的过度反应。文学作品中充斥着似乎违背自己的意愿（可以这么说）而为反脆弱性的激情所困扰的角色。在普鲁斯特的长篇小说《追忆似水年华》中，斯万这位社会关系复杂的犹太艺术品经销商爱上了奥黛特——一个荡妇，一个被"包养"的女人、交际花；奥黛特对他的态度极其恶劣。但是这种难以捉摸的行为令他痴迷，他甚至不惜降低身份以争取与她相处更长的时间。斯万对奥黛特表现出了明显的依恋，甚至跟随她与其他男人幽会，无耻地躲藏在楼梯间等待，这当然使她对待他的态度更加难以捉摸。据说，这个故事来自普鲁斯特本人与其（男）司机之间的感情纠葛。我们也可以以迪诺·布扎蒂的半自传小说《某种爱的记录》为例，这个故事讲的是一位人到中年的米兰人爱上了——当然，是意外地——一个晚上兼做妓女的舞者。这位舞者当然对他很不好，敲诈他、利用他、欺骗他，可是，她越是这样对待他，他越是愿意接受这种虐待，以满足自己与她在一起的那点反脆弱性的渴望。但是，故事有个大团圆的结局：在传记之外的现实生活中，布扎蒂在60岁时与一个25岁的年轻女人阿尔梅里亚结婚了，这个女人以前是舞蹈演员，看似就是故事中主人公的原型，布扎蒂婚后不久便去世了，而阿尔梅里亚则很好地履行了守护其文学遗产的责任。

虽然像卢克莱修（本章前面部分提到的那位哲学家）那样的作者也痛斥人对爱的依赖，以及爱对人的桎梏和异化，并把这当作一种（可预防的）病，但他们最终不是对我们说了谎，就是对自己说了谎。这或许是传说：卢克莱修这位一贯反对爱情的卫道士也陷入了（反脆弱的）爱情中，并且到了无法自拔的地步。

与折磨人的爱情一样，一些想法也是如此具有反脆弱性，你越是试图摆脱它们，陷得就越深，越痴狂。心理学家曾揭示了试图控制思想的过程有多荒谬：你越是试图控制你的想法，你的想法越能控制你。

请将我的书列为禁书：信息的反脆弱性

信息是具有反脆弱性的，湮灭信息的努力比宣传信息的努力更能增强信息的力量。一个典型的例子是，许多人越是为自己辩解，结果越糟。

老谋深算的威尼斯人，知道如何通过故意隐藏信息来促进信息的传播。你可以尝试一下下面这个传播消息的实验：告诉别人一个秘密，并强调这是一个秘密，恳请对方"千万不要告诉任何人"，你越是强调这是一个秘密，它传播得就越快。

大家都知道在早期，书籍和想法都具有反脆弱性，它们都因遭查禁而广为传播，借用罗马帝国皇帝马可·奥勒留（同时也是一位斯多葛学派作家）的话："有了障碍物，烈火才烧得更旺。"这就是禁书的吸引力，它们在禁令面前显示出了反脆弱性。我在孩提时代读的格雷厄姆·格林的第一本书就是《权力与荣耀》，我选择它并非出于其他原因，只因它出现在梵蒂冈的黑名单中（也就是遭禁了）。同样的，十几岁时，我又如饥似渴地开始阅读美国作家亨利·米勒的书——他的主要著作一年内销售了100万册，这都是因为这些书在23个州遭禁，《包法利夫人》或《查泰莱夫人的情人》的情况也是如此。

一本书遭到批评，实际上说明它引起了真实的、毫不虚假的关注，表明它不是一本无聊的书，要知道，无聊是一本书最致命的缺陷。让我们想想安·兰德现象：她的书《阿特拉斯耸耸肩》和《源泉》被数百万人阅

第二章　随处可见的过度补偿和过度反应

读，或者我们可以说，这本书的畅销多归功于那些粗暴阴损、试图抹黑她的评论。一阶信息关乎强度，所以重要的是评论家花了多少心思来试图阻止其他人阅读此书；或者用生活中更常见的例子来说，重要的是你花了多少心思来贬损某人，而不是你具体说了什么。所以，如果你真的希望人们读一本书，就告诉他们这本书被"高估了"，同时别忘了带上一丝气愤的语调（要获得相反的效果，则采用认为书"被低估"的态度）。

巴尔扎克曾讲述女星如何贿赂记者（常用实物贿赂）来撰写吹捧她们的评论，但聪明的女星往往让记者写些负面评论，因为这会让观众对她们更有兴趣。

我刚刚买了汤姆·赫兰德写的一本有关伊斯兰教兴起的书，购买的唯一原因就是他遭到了格伦·鲍索克这位赫赫有名的罗马黎凡特地区历史"活教材"的攻击。在此之前，我以为汤姆·赫兰德只是一位通俗读物作家，所以从未将其放在心上。我甚至都没有去阅读鲍索克的评论。因此，这里有一个简单的经验法则（启发法）：要评估某项研究的质量，只要看作者对于批评最猛烈的人或者批评最轻的人的公开的书面回应。

批评本身就是对压制的反脆弱性反应，错误的发现者乐意看到被批评者的反击，以验证一些想法。据说让·弗雷龙是一位善妒的思想家，与一般善妒的思想家一样有着平庸的思想，但他却因激怒了原本老于世故的伏尔泰，促使后者写下许多针对他的讽刺诗，从而在思想界占据了一席之地。伏尔泰自己也是一个钻营的人，非常擅长挑衅别人，并从其反应中受益，但轮到自己时，他却忘记了这个规律。伏尔泰的魅力也许就在于不知道该如何保存他的智慧。因此，同样的隐性反脆弱性可以从我们对思想和人的攻击中反映出来：我们害怕这种攻击，也不喜欢负面曝光，但是如果你能挨过这种诋毁，则将大大受益，只要当事人看上去动机充分并足够气愤——就像你听到一个女人在一个男人面前说另外一个女人的坏话（反之亦然）。这里有一个显而易见的选择性偏见：他为什么要攻击你，而不去攻击别人，其他人也有可指责之处，难道不值得攻击吗？由于反脆弱性的存在，他攻击或诋毁你的努力反而使你出了名。

我的曾外祖父尼古拉斯·戈恩是一个老谋深算的政治家，尽管树敌颇多（其中最知名的就是他的克星，我在塔勒布家族这边的高祖父），但是他却成功地长期把持政坛宝座，并大权在握。当我的外祖父，即尼古拉斯·戈恩的大儿子开始从事行政工作，并有望从政后，他的父亲在临终前把他叫到面前说："我的儿子，我对你很失望，我从未听到外界对你的指责。你已经证明了自己根本无法激发别人对你的嫉妒。"

换份工作

正如前面我们所看到的关于伏尔泰的故事，你不可能杜绝别人的批评；如果批评伤害到你，就远离它。比起控制你的声誉或公众的看法，换份工作要容易得多。

声誉受损的影响力在互联网时代是不可控的，如果某些工作和职业很容易令声誉受损，那么这些工作就不值得做。你不会想"控制"你的名声吧，你无法通过控制信息流实现这一点。相反的，你要努力改变你的风险敞口，比如让自己置身于一个不因声誉受损而被影响的位置，甚至置身于一个能从信息的反脆弱性中受益的位置。从这个意义上说，一个作家是具有反脆弱性的，但我们在下文将看到，大多数现代职业通常并非如此。

我在米兰试图向卢卡·弗罗芒托，我的意大利出版商解释反脆弱性（借助于大量的肢体语言和手势）。我在那里的原因部分是我馋莫斯卡托甜酒，部分是要出席一个会议，会上的一位主讲嘉宾是著名的脆弱推手经济学家。所以，在突然想起自己是一个作家后，我向卢卡提出了以下的思维实验：如果我公开打败了经济学家，那么在我身上会发生什么样的事（除了引发一次公开的审判，并使公众对脆弱性和反脆弱性的概念产生极大兴趣之外）？你知道吗，这个经济学家的脸实在不讨人喜欢，我看到这张脸就忍不住想揍他，就像你看到奶油馅煎饼就忍不住想咬一

第二章　随处可见的过度补偿和过度反应

口一样。他想了想……他不太可能喜欢我这样的做法，但是，你知道，这对图书销售来说并非坏事。作为一个作者，如果我没法登上晚报的头版，那么我的书的销量就会很差。几乎没有任何绯闻会伤害一个艺术家或作家。[1]

假设我的公司在伦敦证券交易所上市，我是公司的一名中层职员，属于没什么机会穿休闲衣服，总得穿西装，打领带（甚至在海滩上）的那类人。如果我攻击那些脆弱推手会发生什么？我的被解雇和逮捕记录将永远困扰着我。我将成为信息反脆弱性的彻底受害者。但对于收入接近最底层的人，比如一个建筑工人或出租车司机来说，其对声誉的依赖性并不强，因此可以自由地发表自己的意见。如果说艺术家具有反脆弱性，那么底层劳动人民就具有强韧性，而申请过抵押贷款的银行中层员工则是脆弱性的极致代表。事实上，银行中层员工完全是当前价值体系的奴隶，在这种体系的诱惑下甚至可能被腐蚀灵魂——因为他们太迷恋每年去巴巴多斯度假的福利了。在华盛顿工作的公务员也是一样。教你一个简单的直接启发法（如其定义所说，这就是一个简单的启发法）来检测一个人声誉的独立性和强韧性。除了少数例外，我们看到，那些不修边幅的人往往在声誉上具有强韧性，甚至反脆弱性；而那些胡子刮得干干净净，甚至在海滩上也得衣冠楚楚的人则极易受到有关他们的信息的影响。

大企业和政府似乎并不明白信息的反作用力，事实上，信息有能力控制那些试图控制它的人。当你听到一家公司或一个负债累累的政府表示要"重新注入信心"，那么你就应该知道它是脆弱的，注定要失败。信息是无情的：召开新闻发布会来"安抚"投资者，反而会吓跑投资者，并引发死亡螺旋或银行挤兑。这就是为什么作为所谓的财政保守主义的坚定支持者，我执着地反对政府负债。如果没有债务，你就不会关心你在经济圈内的名声。事实上，只有当你不在乎你在经济圈内的名声时，你才有可能赢

---

[1] 法国人中有许多作家的成名得益于他们的犯罪记录，其中包括诗人尤萨、作家吉恩·杰内特等等。

得良好的声誉。正是因为诱惑，人们才会将最多的钱借给最不需要的人。

在更多的领域内，我们都忽视了信息的反脆弱性。如果在古代，我通过格斗击败了对手，我就伤害了他、削弱了他的力量，也许可能会永远地消灭了他，同时在这一过程中我也得到一些历练。但是如今，如果我在网络和期刊上对其发起了一连串的信息攻击，我很可能会帮助了他，却伤害了自己。

所以，我想用一个现象结束这一部分的内容。我们常看到一个令人费解的现象，即给我们带来最大利益的并不是那些曾试图帮助我们（比如提供"建议"）的人，而是那些曾努力伤害我们但最终未能如愿的人。

下一步，我们将着重探讨偏好压力的事物和厌恶压力的事物之间的核心区别。

第三章

猫与洗衣机

> - 压力就是知识（反之，知识也可以是压力）。
> - 有机体与机械体。在现代化主宰了200年后，现在该唤醒我们体内的野性了。

我们在此不妨做一个大胆的猜想，任何有生命的物体在一定程度上都具有反脆弱性（当然，反过来说并不成立，有反脆弱性的物体并不一定都有生命）。生命的奥秘似乎就在于这种强韧性。

自然界，或者说生物界，通常同时具备反脆弱性与脆弱性，这取决于变异源（以及变异范围）的不同。拿人类来说，人体可以从压力源的刺激中受益（变得更为强壮），但以一定程度为限。比如，定期给骨骼施以一定的压力有益于骨密度的提高，这一机制被命名为沃尔夫定律，源自1892年德国一位外科医生写的相关文章。但是诸如盘子、汽车或其他非生物体则不具备这种特征，也就是说，它们可能很强韧，但并不具备内在的反脆弱性。

非生物体，也就是没有生命力的物体，在压力下往往会衰竭，或者折损，鲜有例外。我见过的一次例外，是在2011年一位名为布伦特·卡里的研究生写的一份实验报告中。他的报告阐述了碳毫微管综合材料在某种排列方式下将产生合成材料原本没有的自我强化反应，这种反应"与生物体结构中出现的内在自我强化反应类似"。这项实验跨越了生物体与非生物体之间的界限，因为它有助于开发适应力更强的承重材料。

我们可以将这一区别视为生物体与非生物体之间的界限。人造物品只有提高反脆弱性才能用作生物组织，这本身就已经彰显了有机体与机械体之间的区别。你的房子、你的食品加工机、你的电脑桌，最后都会坏掉，而不会自我修复。它们可能会随着时间的积淀看上去更有品位（比如手工艺品），就好像你的牛仔裤越穿反倒越时髦一样，但最终它们都难逃时间的摧残，即使最坚固的材料最后也将破败不堪。你的牛仔裤穿破后可能看上去更时髦、更别致了，但是其材质并未变得更加结实，也不能自我修复。让我们想象一下，会不会有一种随时间的流逝而越用越结实，还能自我修复和自我改良的材料呢？①

人类虽能自我修复，但最终也难逃死亡的厄运（顺利的话，能将基因、书籍或其他信息流传后世，当然，这一切都另当别论）。但是，衰老现象一直被人误读，对衰老的解释充斥着精神上的歧视和逻辑上的谬误。我们观察过老年人和他们衰老的过程，因此我们将衰老视为肌肉的松弛、骨骼的脆弱、智力的退化，开始懂得欣赏弗兰克·辛纳屈的音乐也是衰老的标志之一，此外还有其他种种退化迹象。但是，这些无法自我修复的现象在很大程度上是功能失调造成的——不是由于压力太大，就是由于恢复的时间太短。我所说的功能失调是指一个人的功能与环境随机性的结构（用更专业的话来说，就是它的"分布或统计学特征"）之间的错配。

我们所说的"衰老"是功能失调和老化的结合，但看上去这两者是可以区分开的——老化可能无法避免，但也是不应该避免的（否则将与生命的逻辑相悖，这一点我们将在下一章详述）；但是，功能失调是可以避免的。衰老很大程度上源于对舒适生活的误解，是一种文明病：一心想越活越长寿，可是不知为什么却越来越多病。在自然的环境下，人们会死，但

---

① 换种方式来看：机器会因低水平压力而受损（材料疲劳），而有机体则会因缺乏低水平压力而受损（毒物兴奋效应）。

是不会衰老，或者衰老的时间很短。比如，现代人的血压指标一般会随着年龄的增长而恶化，但是在狩猎采集者的身上则看不到这个现象，除了他们终老前的一小段时间。

现代人那种人为的衰老，正是压抑生命内在的反脆弱性的结果。

复杂系统

对有机体—机械体二元论的认识有助于我们培养一种直觉，以区分上述两种不同现象，但是我们还可以做得更好。许多事物，比如社会、经济活动和市场活动，以及文化行为显然是人为的，但却能够自主地发展，形成一种自我组织的机制。严格说来，它们未必是生物组织，但它们与生物体却有着某种程度的相似，也就是说，它们能够繁衍和复制——只要想想谣言、观点、技术和企业就知道了。它们更接近于猫，而非洗衣机，却往往被人们误归为后一种类别。据此，我们可以将有机体和机械体之间的区别推而广之，更有效的是，它可以用于区别非复杂系统和复杂系统。

能够做出简单反应的人造机械或工程装置固然不简单，但还称不上"复杂"，因为其内部各部分的相互关联度还不够高。你按下按钮，比如说，按下电灯开关，灯就亮了，这是一个确切的结果，不存在模棱两可的现象。但是在一个复杂的系统内，各部分之间的相互关联度却非常重要。你需要从生态学的角度来考虑：如果你消灭了某种动物，那么你就打乱了食物链——捕食者将饿死，而被捕食者的数量则会大涨，从而导致生态系统陷入困境，并引发一连串的副作用。在迦南人、腓尼基人、罗马人，以及后来住在黎巴嫩山上的居民的杀戮之下，当地的狮子灭绝了，山羊因而过度繁殖，这些羊啃食树根，使得山区树木大规模消失，这个结果是人们没有预料到的。同样，如果你关闭了纽约的一家银行，那么在从冰岛到蒙古的广大区域将发生剧烈的连锁反应。

在这个复杂的世界里，"因"的概念总是非常模糊的：要么几乎不可能确认，要么无法真正界定。我们曾说我们完全可以忽略报纸上对各类事件原因的剖析，这里又提供了一个佐证。

压力源即信息

因此，这些复杂系统（各部分的关联如蛛网交织）的核心就是，它们通过压力源或者借助压力源，向其组成部分传递信息：你的身体之所以能够获知有关周围环境的信息，并非源于你的逻辑机制、智慧、推理能力或计算能力，而是压力通过你的激素或者我们尚未发现的其他信息传导机制向你传递的。正如我们所见，如果你（短期）受雇于钢琴搬运公司，你的骨头在重力之下会变得越发强韧。如果你在接下来的圣诞节假期去零重力的空间站度假或花了很多时间骑自行车，那么你的骨头就会变得脆弱（很少有人知道这件事）。如果整个夏天你都在苏联式的合作农场劳动，那么你的手掌一定会起茧。你的皮肤在冬天会变白，到夏天又会变黑（特别是生活在地中海地区的人，但如果你是爱尔兰人或非洲人，或生活在其他四季变化不明显的地区的人，那么你的肤色变化就不会太大）。

此外，错误及其后果也是一种信息。对小孩子来说，疼痛是唯一的风险管理信息，因为他们的逻辑推理能力尚不完善。复杂系统的运转完全倚仗信息。传递周围信息的渠道有很多，往往不是眼睛所能发现的。这就是我们所说的因果隐蔽性：我们很难看到从原因到结果的明确指向，这让许多传统的分析方法与标准化逻辑完全失效。正如我所说的，具体事件的可预测性是很低的，因为存在这种因果隐蔽性。不仅如此，由于因果的这种非线性关系，人们往往需要比常规系统更高的透明度来洞察因果，但可惜，一切都隐藏在不透明的状态中。

图3-1可以说明为什么我对骨骼"情有独钟"。在印度、非洲和美国的传统社会，我们常常看到头顶水罐或重物劳作的人，他们的骨骼也反映了上述规律。早期还有一首情歌唱的就是一位头顶重物的美丽女人。这种

压力对健康的益处胜过提升骨密度的药——但是，这种治疗方法显然会对制药企业的利润造成冲击。

图 3-1　头顶着重物工作的人

让我们再来谈谈骨骼的问题。我对骨骼非常感兴趣。下面我将要讨论的观点旨在说明，我们更应该通过提重物而非使用健身器来强健骨骼。我对骨骼的热衷始于哥拉尔德·卡森缇及其同事 2003 年在《自然》杂志上发表的一篇论文。传统理论认为，衰老导致骨骼老化（骨密度下降，骨骼变得更加脆弱），就好像激素只有单向的传导关系（女性在绝经期容易患上骨质疏松症）。正如卡森缇与其他致力于此类研究的专家所言，反之亦然：骨密度的下降和骨骼健康状况的恶化也会引发衰老和糖尿病，男性则会丧失生育能力和性功能。我们不能割裂复杂系统中的任一因果关系。此外，有关骨骼的故事以及对相互关联性的误解反映出，缺乏压力（压力在此是指让骨骼负重）可能导致衰老，一个迫切需要压力的反脆弱性系统如果长期缺乏压力源反而会变得更加脆弱，关于这一点我们将在第二卷中讲述。莱尼的练习法，也就是我在上一章观察并尽力模仿的方法，似乎不仅关乎肌肉强化，还关乎骨骼强化——他对这一机制并不了解，但却根据启发法发现，承受压力对他的系统起到了一定的积极作用。图 3-1 中的女人正是因为一生都在头顶重物劳作，因此有着非常健康的身体和优美的体态。

反脆弱性的产生是有条件的。压力源的刺激频率非常重要：人类在急性刺激下会比在慢性刺激下表现得更出色，尤其是在急性刺激后经历较长的恢复期，这将使得这些压力源成为信息的传导渠道。比如，看到一条蛇从我的键盘中爬出来，或者一个吸血鬼进入我的房间，都会使我产生强烈的情绪波动，随后，我当然需要足够长的舒缓期（伴着甘菊茶和巴洛克式的音乐），来重新控制自己的情绪，这会对我的健康有利，当然，前提是我经历了一番艰苦的甚至英雄式的激战后，战胜了蛇或吸血鬼，并在我亲手击毙的袭击者身边拍一张照片留念。

这样的压力源肯定比一个温和但连续不断的压力源有益，后者大多是让你在生活中感到压抑的东西，包括按揭贷款、税务问题、因拖延报税而产生的内疚、考试压力、琐碎事务、电子邮件回复、填写表格、每天上下班的通勤等等。换句话说，这是文明带来的压力。事实上，神经生物学家表明，第一种类型的压力源是必要的，而第二种类型的压力源对人的健康却是有害的。要想知道不给人以恢复时间的低水平压力源的害处，只要看看过去的某种水刑：水滴连续滴在你头上的同一位置，而不给你任何喘息的机会。

事实上，赫拉克勒斯控制九头蛇怪的方法就是对蛇头被砍下后的脖颈伤口进行灼烧，阻碍蛇头的再生，从而抑制反脆弱性发挥作用。换句话说，他干扰了恢复的过程。

表 3-1 显示了两种类型的压力源之间的区别。请注意，在机械体和有机体之间还有一些过渡类型，虽然它们往往会被归入机械体或有机体的范畴。

第三章 猫与洗衣机

表 3-1 机械体或有机体（生物体或非生物体）[①]

机械体，非复杂系统	有机体，复杂系统
需要持续修复和维护	自我修复
厌恶随机性	喜欢随机性（小幅变化）
无须恢复	在受压后需要恢复
相互依赖性低或没有	相互依赖性高
压力导致材料疲劳	缺乏压力导致萎缩
常用导致老化（损耗）	闲置导致老化
在冲击下会反应不足	在冲击下会反应过度
时间只会带来老化	时间带来老化和衰老

读者可以在本书第二卷中了解到实施自上而下管理的政治制度（或类似的复杂系统）所面临的核心问题。脆弱推手们错误地将经济视为需要每月定期维护的洗衣机，或者将你身体的特征与光盘播放器的特征混为一谈。亚当·斯密本人就将经济比喻为一个上了发条就能持续运转的手表或时钟。但我可以肯定，他在思考经济运行时并不会将其与手表或时钟的运行原理联系起来，他更倾向于将经济视为有机体，只是缺乏一个理论框架来进行恰当的表达。亚当·斯密深谙复杂系统的不透明性，以及系统内各部分的相互依存关系，否则，他不可能发明"看不见的手"这一概念。

但是，唉，柏拉图还不如亚当·斯密，柏拉图宣扬的是众所周知的"国家之船"的比喻，他将国家比作一艘海军舰艇。当然，舰艇需要船长的操控。他最终认为，适合做船长的唯一人选就是具有哲学思维的国王、一位拥有绝对权力的仁慈明君，其也是世界上一切美好良善的化身。我们时常听到有人喊"谁在统治我们"，就好像这个世界真的需要有人来统治一样。

[①] 弗拉诺·巴罗维奇在读到本章时致信给我补充道："机械体：使用的过程中会出现损耗；有机体：不使用时会出现损耗。"还需注意，所有有生命的物体都需要压力源，但所有机器都需尽量减少压力，我们将在后面的章节中再谈及这一点。

均衡，不再均衡

社会科学家常用术语"均衡"来形容对立势力（比如供给方与需求方）之间的平衡，因此，小小的干扰或如钟摆那样的偏移，都会招致相反方向的调整，从而令其恢复稳定。总之，这被认为是经济调整的目标。

深入探讨一下这些社会科学家给我们指出的方向，我们就会明白，这样的目标可能是行不通的。复杂性理论家斯图尔特·考夫曼就用均衡的概念对表3–1进行了明确区分。对非有机体、非复杂体来说，例如，桌上摆放的某个物体，均衡状态（根据传统定义）就是静止状态。而对有机体来说，这种意义上的均衡只发生在其死亡的时候。让我们来看看考夫曼所用的一个例子：拔掉灌满水的浴缸缸底的塞子，一个漩涡开始形成，并会持续一段时间。这种类型的情况离所谓的"均衡状态"可能"差远了"，但有机体和动态系统似乎都处于这样的状态。① 对它们来说，正常状态离不开一定的波动性、随机性，信息的连续交换，以及压力，这也解释了为什么波动性一旦被剥夺，它们就会受到伤害。

针对儿童的犯罪

我们不仅厌恶压力，也不理解压力，殊不知，彻底消除波动和变化只会危害生命、生活、科学和智慧。

每当我想到美国高中年龄段以上的人口中有1/10的人在服用某种抗抑郁药，如百忧解，我就会感到万分愤怒和沮丧。确实，当你经历情绪波动的时候，你还得找出理由解释为何不服用某些药物。当然，在严重的病理情况下，你确实需要服药，但我的悲伤，突如其来的焦虑，实际上是智慧的第二来源——甚至是第一来源。天一下雨我就变得倦怠无力，随着雨

---

① 这些所谓的"耗散结构"是由物理学家利亚·普里高津发现的，其与简单的均衡结构完全不同，是一种在永久非平衡条件下进行能量和物质交换而形成并延续的状态。

点开始敲击窗户，奏出魏尔伦笔下秋天的《哽咽》，我就更容易陷入冥想，写作速度越来越慢。有时，我会陷入诗意的忧郁状态，用葡萄牙语说就是 saudade，或者土耳其语中的 hüzün（源自阿拉伯语中表示悲伤的词语）。而其他日子里，我则更积极，更有活力——我会少写作，多走路，做做其他事情，与研究人员争论，回复电子邮件，在黑板上画图表。我是不是也该变成毫无情绪困扰的蔬菜或快乐的白痴？

如果20世纪就有百忧解，那么波德莱尔的"脾气"，埃德加·爱伦·坡的情绪，西尔维亚·普拉斯的诗，以及许多其他诗人的悲叹，所有这些有灵魂的东西，都将了无声息……

如果大型制药公司能够消除季节的变换，它们可能就会这样做——当然，目的是获得利润。

还有另外一种危险：除了伤害孩子，我们还会危害社会和我们的未来。旨在减少儿童生命中的变化和波动的举措也会降低我们这个所谓的"伟大的全球化社会"中的多元性和差异性。

受到翻译的惩罚

压力源的另一个被遗忘的特征隐藏在语言习得中。我从没见过有人是通过教科书，从语法开始学讲母语的，也没有人会接受双季度考试的测试，系统地将词语嵌入所学的语法规则中。你学习一种语言的最佳方式应该是在一个多少有些压力的情况下，特别是在表达某些迫切需求的情况下（比如在热带地区享用晚餐后产生内急时），借助于困境，在反复的错误中进行学习。

我们学习新词并不需要死记硬背，而是需要利用另一种方式——与人沟通，我们不得不揣测他人的心思，而暂时把害怕犯错误的心理放到一边。但是，成功、财富和科技却使得这种习得模式愈加难以推行。几年前，当我还籍籍无名时，国外的会议组织者根本不会给我分配能在脸书

（Facebook）上用英语讨好人的"旅行助理"，所以我被迫学会自己照顾自己，就这样，我靠着用手比画和不断的试错（就像孩子那样）学会了外国词汇——不靠设备，不靠字典，什么都没有。而现在，我享受的特权和舒适服务——我确实无法抗拒这些舒适的服务，却令我遭到了惩罚。这个惩罚就是，一个能说流利英语的人，举着一块把我的名字拼错的牌子，在机场迎接我，没有压力，没有歧义，没有任何从丑陋的教科书上看到的俄语、土耳其语、克罗地亚语或波兰语。更糟糕的是，这个人虚情假意、油滑谄媚，这种低三下四的啰唆比时差还令我头疼。

然而，学习一门语言的最好办法可能就是在国外被"囚禁"一段时间。我的朋友查德·加西亚由于一种无中生有的疾病而被迫在莫斯科的一家医院隔离区待了一段时间，由此他的俄语水平得以提高。这是一种狡猾的医疗绑架，在苏联统治结束后的混乱时期，医院通过强迫旅客住院来敲诈他们，除非他们支付大笔金钱来销毁他们的"病史"。查德原本只能勉强说几句俄语，在关押期间他被迫苦读托尔斯泰的著作，因而扩大了自己的俄语词库。

观光化

我的朋友查德从混乱中受益，而这种混乱由于现代病"观光化"的出现而日益罕见。这就是我认为现代生活将人视为洗衣机的一个佐证，好像人只能按照详细的用户手册做出机械的反应。我们用系统性的方法清除事物的不确定性和随机性，以便在最细节的层面确保高度的可预测性，其目的就是获得舒适性、便利性和效率。

游客与冒险家或漫游者的关系，就像观光化与生活的关系一样；它包括将各类活动，而不仅仅是旅游，转换为演员的脚本。我们将看到，观光化是如何通过吸尽最后一点不确定性而阉割了喜欢不确定性的系统和生物体，同时还给它们获益的错觉的。需要对此负责的包括教育体系、对功利性科学研究的资助、法国的中学毕业会考、健身器材等。

此外，还有电子日历。

但更糟糕的观光化是，我们现代人的生活要受到诸多条条框框的约束，即使是我们的休闲时光：周五晚上的歌剧、某个晚上的聚会、约好参加的活动、提前准备好的笑声。再次叹息，我们住在"金色"的监狱里。

这一"目标驱动"型态度深深地伤害了内在的自我。

对机遇的秘密渴望

这让我们看到了随机性的本质。如果你不是一台洗衣机或一座布谷鸟钟，换句话说，如果你还活着，你在内心深处就会喜欢一定程度的随机性和混乱。

随机性会给人一种浮想联翩的感觉。我们喜欢温和的（以及高度文明的）博弈世界，从博彩体育，到在下一次拉斯韦加斯之行中屏住呼吸掷骰子。我自己在写这些段落时，也尽量避免受控于一个精确的和明确的计划，而是从未知的内心深处汲取灵感，写出让自己感到惊喜的文字。写作的价值就在于它能给予我们一种冒险的刺激感，这就是为什么我喜欢写书而不喜欢写专栏文章。即使撇开庸俗的编辑不谈，写专栏文章本身也足以让我厌烦得要死。而且，值得注意的是，如果作者的写作过程极其无聊，那么他写出来的作品也一定会让读者感到极其无聊。

如果我能预测我未来每一天的轨迹，那么我会感觉自己身体的一部分已经死了。

此外，随机性是真实生活中不可或缺的一部分。在我们先祖的栖息地，人类会受到自然环境的刺激，恐惧、饥饿、欲望等最原始的感受会激励我们探索并适应周围的环境。想想看，如果一个啼哭的孩子被压在车下，你可能会不假思索地就将汽车抬起来；或者如果你看到一头野兽穿过了公路，你也会立即撒开腿拼命逃跑。拿这些对比一下你按预定计划于下午6点去健身房，在被私人教练折腾一番后感到的那种沉重和劳累——当然，除非你迫切地需要让自己看起来像一个保镖。再想想，环境的随机性是多么容易让我们少吃一顿饭——仅仅因为食物匮乏，而约束自己执行一个18天的节食计划却是那么困难。

世界上有那么一种人，对他们来说，生活就是某种项目。在与他们交谈之后的几个小时内，你都会感觉很不舒服，生活开始变得像寡淡无味的食物。我是一个寻求刺激的人，我有一个刺激探测器，它似乎与我的无聊探测器很匹配，就好像我们天生配备着一个过滤器，天生厌恶无聊。我们先祖的生活中没有作业，没有老板，没有公务员，没有学业成绩，没有与院长的谈话，没有拥有MBA学位的咨询顾问，没有日程表，没有申请表，没有去新泽西的旅程，没有语法难题，他们也不用与让自己感到厌倦的人说话；生活充满了随机的刺激，所有事情，无论好坏，都与工作无关。① 危险当然有，但你不会感觉无聊，从来不会。

最后，存在变动性（随机性）的环境不会将我们置于慢性应激损伤的风险中，这一点与人类设计的任何系统都不同。如果你走在坑洼不平的天然地面上，行走中没有任何两步是完全相同的，这与消除了随机性的健身器械完全不同：健身器械强迫你无休止地重复同样的运动。

现代生活充斥着原本可以避免的慢性应激损伤。

接下来，让我们看看进化的过程，大自然才是伟大的反脆弱专家。

---

① 卢梭和霍布斯都不是这么说的，诚然，生活也许是"残酷和短暂"的，但是，将承受早期人类生活中看似艰苦的方面看作避免现代生活折磨的必要代价是一个严重的逻辑错误。我们没有理由不希望同时从两个时代的优势中受益。

第四章

杀死我的东西却让其他人更强大

- 对某人而言具有反脆弱性的东西,对其他人而言则是脆弱的。
- 我们何时发现了我们想得太多、做得太少。
- 失败是为了他人的成功。
- 终有一天,你会收到感谢信。

反脆弱性的层级

本章内容是有关错误、进化和反脆弱性的,不过有一个问题:它主要是关于其他人的错误——某些人的反脆弱性需要牺牲他人的利益来换取。在一个系统中,为了其他单元或者整体的利益,往往有必要牺牲某些单元——脆弱的单元或者人。每个新创企业都是脆弱的,但这提高了整个经济的反脆弱性,是个人创业者的脆弱性和他们必要的高失败率成就了生生不息的创业精神。

由于存在多个层级和层次,反脆弱性变得更复杂,也更有趣了。天然有机体不是单独存在的终极单元,它总是由子单元组成的,而它本身也可能是更大集合体的子单元。这些子单元可能会相互竞争。以一个行业为例,餐馆往往是脆弱的,它们会相互竞争,但正因如此,当地的餐馆集群才具备了反脆弱性。如果个别餐馆的竞争能力强,永远不会倒闭,则整体餐饮业务将陷入停滞或衰退:所提供食物的味道不会好过食堂的饭菜——我是指苏联式的食堂饭菜。此外，它还会受制于系统性短缺，时不时地遇到严重危机或陷入需要政府救市的境地。所以，餐馆的质量、稳定性和可靠性无不取决于餐馆本身的脆弱性。

因此，一个系统内部的某些部分可能必须是脆弱的，这样整个系统才能具备反脆弱性。或者有机体本身是脆弱的，但它遗传给新生命的基因编码却具有反脆弱性。这一点千万不能小觑，因为这正是生命进化背后的逻辑。这一理论同样适用于创业者和个体科研人员。

此外，我们在之前的内容中提到了"牺牲"。非常遗憾，自己的错误往往只会让他人或集体受益，好像个人天生就该为了更崇高的利益而非自己的利益犯错。事实上，我们在讨论错误时并未考虑到这层含义，也没有看到脆弱性的转移。

进化和不可预测性

我曾说过米特拉达梯式解毒法和毒物兴奋效应的概念都属于"原始"反脆弱性的范畴，是反脆弱性的初级概念：它们听上去甚至有点儿幼稚，现在我们需要改进，甚至超越这些概念，从而将一个复杂的系统作为一个整体看待。毒物兴奋效应是一种隐喻，而反脆弱性是一种现象。

首先，米特拉达梯式解毒法和毒物兴奋效应都是较弱的反脆弱性的表现形式，事物从波动、意外或伤害中获得的益处有限，如果使用剂量超过限额，其保护或有益作用就将逆转。毒物兴奋效应只能接受一点点混乱，或者更确切地说，它需要一点点混乱。关于混乱，最有意思的是，缺乏混乱是有害的，这一点我们可能无法直观地理解——我们的头脑不太容易理解复杂的反应（我们的思维模式是线性的，而对毒物剂量做出的反应则是非线性的）。我们的线性思维不喜欢细微差别，而更倾向于将信息简化为"有害"或"有用的"。

其次，这是一个核心弱点：我们从外部观察有机体，并将其视为一个

第四章 杀死我的东西却让其他人更强大

整体。事实上，任何物体都可以做更深入的细分。

反脆弱性有更强的形式，其与超越毒物兴奋效应范畴的进化有关——事实上与毒物兴奋效应非常不同，甚至相反。它可以被描述为伤害兴奋效应——在伤害的作用下反而愈加强大——如果我们从外表而不是从内部来看的话。另一种反脆弱性会进化，通常在信息层面出现——基因也是一种信息。与毒物兴奋效应不同，单元并不因应激反应而增强，相反，它会死亡；但是，它完成了一种利益输送；其他单元生存了下来，而那些幸存单元的特征改良了集合体，这种改进在教科书或《纽约时报》的周二科学版上通常被"进化"一词笼统地加以概括。因此，这里的反脆弱性不是指有本质缺陷的有机体的反脆弱性，而是指它们的遗传代码的反脆弱性。遗传代码是不会真正关心其所在单元本身的利益的，恰恰相反，它会破坏周围的许多东西。罗伯特·特里弗斯就意识到了基因与生物之间的竞争关系，并提出"自私的基因"这一概念。

事实上，进化最有趣的一面是，它非常依赖反脆弱性，它喜欢压力、随机性、不确定性和混乱——而个体生物则相对脆弱，基因库正是利用冲击来确保优胜劣汰，从而提高整体的适应力的。

由此可见，大自然和个体生物之间存在着一定的紧张关系。

一切生物或者本质上类似于有机体的事物的生命都是有限的，它们最终都会死亡——玛土撒拉虽活了1 000年也难逃一死。但它们通常会在繁殖后代后死亡，后代身上的遗传密码与上一代不同，信息得到了改进。玛土撒拉的遗传信息如今仍留存在大马士革、耶路撒冷，当然，还有纽约市布鲁克林区。大自然的成员一旦不再具有生育能力，用处就不大了（特殊情况除外，在群居动物中，比如人群和象群，祖母通常要帮助其他家庭成员抚育后代）。大自然更喜欢在信息层面，也就是通过遗传密码让游戏继续下去。因此，有机体需要死亡，以确保大自然的反脆弱性——大自然是投机的、无情的、自私的。

我们来进行一个假想实验，想象存在一个不死的有机体，它自产生后就无到期日。为了生存，它需要完全适应环境中发生的所有可能的随机事件和所有未来的随机事件。但一个讨厌的问题是，随机事件就是随机的，它不会提前宣告它的到来，让有机体做好准备，并进行调整以抵御震荡。对于一个不死的有机体来说，预适应所有随机事件是非常必要的。等一个随机事件真的发生时就已经来不及反应了。因此，有机体必须做好准备承受任何冲击，否则就只能与生命说再见了。我们的身体在做出应激反应时，往往会稍稍反应过度，但这还不够，人们终究无法预测未来。我们可以准备好应对下一场战争，但不一定能打胜仗。事后调整，无论多快，总还是慢一拍。①

由此可见，为了永生不死，有机体需要完美地预测未来——近乎完美也是不够的。但是如果有机体只有一次有限的生命，并且在代际延续的时候能够进行修正，那么它就不需要预测未来的情况，而只需要对事物应该朝哪个方向发展有个极为模糊的概念。事实上，即使是模糊的方向也没有必要预测。每一个随机事件都会通过生态变异带来自己的解决方案。就好像大自然每走一步都会进行自我改进，并随时调整其战略。

从经济和体制生活的角度来考虑这个问题，如果由大自然来负责运行经济，它就不会不断地拯救生活在其中的生物，使它们永远活着，也不会有常设的政府和预测部门试图掌控未来——它不会让美国管理和预算办公室的骗子犯下这样傲慢的认知错误。

如果我们将历史视为类似于自然的复杂系统，那么，我们将看到，与

---

① 我们现在对适应性标准为什么与概率无关的问题进行一个技术性评论（已经理解的和不喜欢技术语言的读者可跳过余下这段注释）。随机过程的特征就是在任何 t 期间不可能预测到任何 t 期间之后（任何大于 t 的期间）发生的事件，因此反应会具有一定的滞后性，不可压缩的滞后性，这被称为非预测性策略，这是随机集成的要求。滞后时间的不可压缩性是核心及不可避免的问题。生物体只能有非预测性策略——因此大自然只能是不可预测的。这并非小问题，甚至概率专家，比如以斯特拉托诺夫维奇及其集成方法的使用者为代表的俄罗斯学派也没有弄清这一概念，他们陷入了常见的心理误区，认为未来会给我们发送一些我们能够观察到的信号。希望如此吧。

自然一样，它不会让某个帝国永远统治这个星球——即使从巴比伦王国、埃及王国到波斯王国再到罗马王国，每一个超级大国都相信自己的统治将长盛不衰，并让历史学家将这一结论载入史册。但是，受制于随机性和不可预测性的系统，一种超越"强韧性"的机制出现了，其见机行事，自我改造，结果整个群体和物种都在不断变化。

"黑天鹅"管理细则：自然（以及类似自然的系统）喜欢有机体之间存在的多样性，而不是一个不朽的有机体内部存在的多样性，除非你将自然本身视为一个不朽的有机体，就像斯宾诺莎的泛神论，亚洲的多神论，克吕西甫或爱比克泰德的斯多葛派哲学一样。如果你碰到一个研究人类文明的历史学家，请向他解释这一点。

让我们来看看进化是如何从随机性和波动性（当然以一定程度为限）中受益的。系统中的噪声和干扰越多（当然，以一定程度为限，那些导致物种灭绝的极端冲击除外），优胜劣汰、适者生存的效应就越明显，随机突变在决定下一代特征的过程中发挥的作用就越大。假设某个生物体孕育了10个后代。如果环境是完全稳定的，所有这10个后代都将继续繁衍。但是，如果环境存在不稳定性，5个后代被淘汰（它们可能比存活下来的兄弟姐妹们要脆弱），那么，在进化理论中被认为更优质的那些后代将继续繁衍，基因将经历一轮优胜劣汰。同样的，如果由于偶然的随机性自发突变，后代中出现了变异，即复制遗传密码的过程出现差错，那么最优质的个体将繁衍后代，以提高物种的适应力。因此，进化得益于两种随机性：突变的随机性和环境的随机性——这两种随机性均通过类似的方式，使幸存的下一代的特征发生变化。

即使某个物种因某种极端事件完全灭绝，这也没什么大不了的，因为它是整个游戏的一部分。这仍然是进化的作用，因为存活的物种是优胜劣汰的结果，它们从消失的恐龙手里接管了这个世界——进化不是服务于一个物种，而是服务于整个自然。

但要注意，进化与随机性一样，也以一定程度为限。[1]如果一场灾难毁灭了整个地球上的所有生命，那么，最适合生存的生物也无法生存。同样的，如果随机性突变的发生频率过高，那么最适合生存的基因也可能无法延续，反而可能因一个新的突变而逆转：正如我不断重复的，自然在一定范围内是具有反脆弱性的，但这一范围的临界点非常高——相当于无数次的冲击。就算核武器消灭了地球上大多数的生命，但它并不会消灭所有生命，一些老鼠或者细菌终究会从某个地方，也许从海洋深处冒出来，然后故事重新开始，只是故事里没有我们，当然也没有美国管理和预算办公室。

因此，从某种程度来说，毒物兴奋效应体现为生物个体从直接危害中受益，进化则发生在个体生物在外来伤害中灭亡，而将利益转给其他存活下来的有机体和未来的后代时。

为了说明为什么有机体能借助伤害进化（再次强调，以一定程度为限），让我们来看看抗生素耐药性的现象。你越是努力杀灭细菌，幸存的细菌就越顽强——除非你能够完全消灭它们。癌症治疗也是一样：能够在化疗和放疗后生存下来的癌细胞往往繁殖得更快，并会占据那些较弱癌细胞被杀死后留下的空白。

有机体即群体，群体即有机体

以群体而非个体的眼光看事物，以及"有利于后者的必然有害于前者"的想法是我在读了安托万·当尚有关反脆弱性的著作后萌发的。安托万·当尚之前是一位物理学家，之后转行成为遗传学家。他认为，我们在分析时需要考虑一个事实，即有机体不是孤立和独立的，而是有层次和等级的。如果你用群体的眼光看问题，你就不能再将"毒物兴奋效应"和"米特拉达梯式解毒法"视为反脆弱性的特征。为什么？再解释一遍这些

---

[1] 强烈的反脆弱性源于对波动性的无穷热爱——其益处极大，几乎没有边界。但这只能存在于人为的、人造的生活中，如经济合同、文化产品，而不存在于自然的过程中。

概念，你就可以理解了：毒物兴奋效应是反脆弱性的一个比喻，此时，有机体直接从伤害中受益；而在进化过程中，在等级链条上高于某个生物体的其他生物体将从前者的损坏中受益。从外部来看，这似乎是毒物兴奋效应，但从内部来看，却有赢家和输家。

这种层级是如何运作的呢？一棵树有许多分枝，这些分枝看上去就像小树；而大树枝又有很多较小的分枝，看上去像更小的树。这就是所谓"分形自相似"的体现。分形自相似是数学家伯努瓦·曼德布罗特发现的形态。很多事物都有类似的层级结构，但我们只从外部看到了顶层。细胞是由众多细胞间的分子构成的，有机体则由众多细胞构成，物种又由众多有机体构成。有些物种的强化机制来自其他物种的牺牲，有机体的强化又需以某些细胞的死亡为代价，以此类推，无论最顶层还是最底层的层级，无不遵循这一规律。

举例来说，如果你每天摄入少量的有毒物质，那么根据当尚的理论，使你机体更健康的机制就是你的系统内部的进化，即坏的（弱的）蛋白细胞被更强壮也更年轻的细胞所取代，而更强壮的细胞将会逃过一劫（或一些类似的运作）。当你禁食的时候，坏的蛋白质将首先被分解，并通过你自己的身体再生，这个过程被称为细胞自噬。这是一个纯粹的进化过程，自然选择、优胜劣汰。即使你不接受某些生物学理论（如蛋白质老化与细胞自噬），你也会相信，有机体内部的生存压力，在有机体遭受外部压力时，有助于其整体的改善。

错误，谢谢你

现在让我们来探讨"错误"这一问题，以及为什么有些人的错误会对他人有利。

我们可以这样简单地描述脆弱性、错误和反脆弱性之间的关系。当你脆弱的时候，你往往倾向于墨守成规，尽量减少变化——因为变化往往弊大于利。这就是为什么脆弱的事物需要明确的预测方法，反过来说，预测体系带来的只能是脆弱性。如果你想做出改变，并且不关心未来结果的多种可能性，认为大多数结果都会对你有利，那么你就具有反脆弱性。

另外，如果能够理性地进行试错，将错误当作一种信息源，那么，你会发现试错过程中出现的随机要素其实并没有那么随机。如果每次试错都能让你了解到什么是行不通的，渐渐地，你就接近有效的解决方案了——这样，每一次努力都变得更有价值，更像是一笔支出而非一个错误。当然，在此过程中你将不断地有所发现。

从他人的错误中学习

但要记得，本章的主要内容是层次、单元、层级和分形结构，以及单元与其子单元之间的利益差异。因此，我们往往会从别人的错误中受益——遗憾的是，受益人不是那些犯错误的人。在适当的情况下，我们可以将压力视为信息。对具有反脆弱性的事物来说，错误带来的损伤应该小于收益。当然，我们谈论的是一些而非所有的错误；那些尚不至于摧毁系统的错误有助于防止更大的灾难。工程师兼工程历史学家亨利·佩特罗斯基提出了一个无懈可击的观点。如果"泰坦尼克号"没有遭遇那次众所周知的致命事故，我们将会不断地建造越来越大的远洋客轮，而下一次的灾难将是更大的悲剧。因此，船上乘客实际上是为更大的利益做出了牺牲，他们挽救的生命数量将超过逝去的生命数量，这是毫无争议的。"泰坦尼克号"的故事充分地说明了系统利益与对部分个体的伤害之间的区别。

福岛核危机的故事也是一样的，我们可以肯定地说，我们通过这一事故觉察到了核反应堆的问题（以及小概率事件的威力），从而避免了更大的灾难。（请注意，天真的压力测试和依赖风险模型的错误，如今已显而易见；但是与经济危机一样，没有人愿意听取警告。）

每一次飞机失事都让我们离安全更近一步，因为我们会改进系统，使

第四章 杀死我的东西却让其他人更强大

下一次的飞行更安全——失事人员为其他人的总体安全做出了贡献。瑞士航空111号航班、环球航空800号航班，以及法国航空447号航班都以它们的牺牲促进了系统的改进。但这些系统之所以善于吸取教训，是因为它们具有反脆弱性，它们本身就能够利用微小的错误改进自身；但是，经济崩溃就不一样了，因为经济系统的反脆弱方式与我们到目前为止所论及的方式并不相同。为什么？我们知道，每年有成百上千的航班在空中往返，一架飞机坠毁并不会牵连其他飞机，因而，错误的影响有限，错误的原因也相当明确。然而，全球化经济体系却是以一个整体在运作：错误会快速传播，并愈加复杂。

再次强调很重要的一点是，我们所谈论的是局部而非整体的错误，是微小的而非严重的和毁灭性的错误。这有助于我们将好的和坏的系统区分开来。好的系统，如航空业天生就会有些彼此独立的小错误，或者说彼此负相关的错误，一个错误的发生会降低未来出现事故的概率。这是区分反脆弱性环境和其他脆弱性环境（在"地球是平的"的时代，内部高度相关的现代经济生活）的一种方式。

如果说每一次飞机失事都降低了下一次事故的发生概率，那么每一家银行的崩溃却会提高下一家银行崩溃的概率。要建立一个理想的社会经济系统，我们必须消除第二种类型的错误，即容易蔓延或传染的错误。我们再以大自然为例。

自然是在非系统性的错误中学习和改进的。比如我在正常状态下，在搬石头的过程中犯了错，我受了点儿小伤，那么下一次为了免受皮肉之苦，我一定会从中吸取教训，毕竟，那才是忍受疼痛的目的。再来看美洲豹，它的动作敏捷优雅，奔跑起来宛如一曲大自然交响乐，它并不需要哪个私人教练指导怎样以"适当的方式"把鹿叼到树上。人类的建议可能对一些人造运动有效，比如网球、保龄球或射击等，但对自然运动却不起作用。

一些企业也很看重自身的错误。专注于承保巨灾风险的再保险公司

（保险公司找它们"再保险"那些无法分散的风险），往往会在灾难或给予其重创的尾部事件发生之后做得更好。如果它们幸存下来并做好了充分准备（很少有公司针对此类意外风险制订应急计划），它们就可以通过大幅提高保费来弥补先前的损失——因为客户在灾难后会过度反应，纷纷购买保险。它们声称不知道再保险的公允价值，即合理定价，但它们肯定知道，这个价格在压力很大的状态下一定被高估了，这足够让它们在很长一段时间里赚钱。它们需要做的就是确保自己的错误足够小，以便生存下来。

怎样成为特蕾莎修女

变化导致错误，也会增强适应性，它还会让你知道谁是你的朋友。你的失败和成功都将向你传递信息。但是，有时（当然这是生活中积极的一面）只有在你的错误伤害到某些人后，你才会了解他们的个性——有些人在原谅我的过失时所表现出的宽容，确实令我吃惊。

当然，你也会从别人的错误中学习。你可能永远不会知道某些人是什么样的人，直到他们有机会违反道德或伦理规范。我记得我高中时有一个同学，一个女孩，看上去和气诚实，她是我童年时代反唯物主义空想家群体中的一员。结果，我却意外地了解到，和她天真无邪的面容相反，她并未成为特蕾莎修女或罗莎·卢森堡那样的女性，她为了嫁给富豪而抛弃了她的第一任丈夫，而在那个富豪第一次陷入财务困境时又抛弃了他，找了另外一个更富有、更有权势的（也更慷慨的）情人。在一个没有那么多诱惑的环境下，我（或者可能她也是）一定会把她误认为是一个空想家和圣女。社会的一些成员——那些没有与她结婚的人——获得了有价值的信息，而其他人——她伤害的人——则付出了代价。

此外，我对失败者的特征描述就是，失败者往往在犯错后不内省、不探究，觉得难堪，听不得批评，试图解释自己的错误而不是用新的信息丰富自己，并开始新的历程。这些人往往视自己为受制于某个大阴谋、糟糕的老板或恶劣天气的"受害者"。

最后，我还有一个想法。犯过罪的人要比那些从来没犯过罪的人更可靠。犯了很多错误（当然，同样的错误不会犯一次以上）的人要比那些从来没有犯过错的人更可靠。

为何整体厌恶个体

我们看到，由于层级的存在，反脆弱性在生物界中起到了很大的作用。有机体之间的竞争有利于推动物种的进化：我们体内的细胞会相互竞争；在细胞内部，蛋白质会相互竞争，以此类推。让我们将其应用到人类的活动中。经济也分为类似的层级：个人、技术工人、小公司、企业中的部门、企业、行业、区域经济，最后也是最顶层的是整体经济。你也可以将其细分为更多层级。

要让经济具有反脆弱性，并经历所谓的进化，每个独立的企业都必须是脆弱的，并暴露于风险之中——进化需要有机体（或它们的基因）死亡，并被其他有机体取代，以实现整体改善，或淘汰适应力不如其他有机体的生物。因此，较高层级事物的反脆弱性有赖于较低层级事物的脆弱性，或者较低层级事物的牺牲。每天早上你用你家的高级咖啡壶煮咖啡时，你正受益于某些企业家的失败，或者说脆弱性——他们的产品没有击败你厨房台面上摆放的那个更胜一筹的产品。

再看看传统社会，它也有类似的层级：从个人、直系亲属、大家族、部落，到同乡、民族、种族。

虽然在蚁群中，牺牲的必要性是显而易见的，但我敢肯定，商人们对这种为了经济的更大利益而"献身"的理念并没有兴趣。因此，他们一定更关注为自己寻求反脆弱性，或至少一定程度的强韧性。但这与集体利益，或者说整体经济利益并不兼容。因此，我们发现了一个问题，加总

（整体）的特征与各部分的特征并不相同——实际上，整体更希望局部受到伤害。

冷酷无情便是进步的引擎，承认这一点可能会让你感到沮丧。

那么，现在的解决方案是什么呢？可以说没有解决方案，或者没有一个可以让大家皆大欢喜的方案，但是有一些方法可以尽量减轻伤害。

现在的问题比你想象的更严重。人们去商学院是为了学习如何管理好企业，同时确保企业的生存，但经济作为一个整体并不希望这些企业继续生存，而希望它们积极地冒险，并被各种可能性所蒙蔽。各个行业都会从一个个失败中实现改进。自然和类自然的系统需要单个经济主体过度自信，即高估其业务成功的机会，而低估其业务失败的风险，只要其失败不至于影响他人。换句话说，局部而非整体的过度自信有利于这些系统的健康发展。

我们看到，餐饮业之所以效率很高，恰恰是因为餐馆都是脆弱的，每分钟都有餐馆破产，而企业家往往忽视了这种可能性，因为他们总认为自己会战胜困难。换句话说，一些被低估的风险甚至是自杀式风险，有利于经济的健康，只要不是所有人都承担了同样的风险，而且这些风险的大小和影响范围都非常有限。

现在，正如我们看到的，政府正通过救市措施破坏这一模型。政府通常会扶植一切规模大到不得不救助的企业，以避免危机蔓延至其他公司。这恰恰与健康的冒险行为相左，后者是将脆弱性从集体转移至不适合生存的公司。人们很难认识到，真正的解决方案是建立这样一个系统：在这个系统中，没有一家公司的倒闭会连累其他公司，因为接二连三的失败正是为了维护整个系统的稳健。

杀不死我的，会杀死其他人

现在是时候揭穿一个神话了。

第四章 杀死我的东西却让其他人更强大

作为反脆弱性的倡导者，我需要提醒大家不要产生错觉，即在不存在反脆弱性的情况下，误以为看到了它。我们可能误将系统的反脆弱性视为个体的反脆弱性，而事实上，系统的反脆弱性是以牺牲个体为代价取得的（这是毒物兴奋效应和自然选择之间的差异）。

尼采有句名言："杀不死我的，只会让我更强大。"这可能很容易被误解为意指米特拉达梯式解毒法或毒物兴奋效应。当然，它很有可能确实是指两种现象之一，但它也可能意味着"杀不死我的，并未使我变得更强大，但它让我幸存下来，因为我比别人更强壮；由于它杀死了别人，也就是消灭了弱者，我们种群当前的平均素质变高了"。换句话说，我通过了结业考试。我已经在之前有关因果关系假象的文章中讨论过这个问题，当时是针对一篇报刊文章而发的评论，该文章声称，新的黑手党成员、苏联流亡者"在被关到古拉格后反倒越发强壮了"。由于古拉格的监禁生活让身体较弱者纷纷殒命，活下来的都是身体强壮的人，因此人们会产生集中营让被关押者更强壮的错觉。有时候，我们在看到人们从考验中生存下来，而且幸存人群比最初人群的身体更强壮时，便会臆想这种考验对他们大有裨益。换个角度说，考验只能说是一场无情的考试，失败者只有死路一条。我们可以看到的是，脆弱性（或者说反脆弱性）从个体传递到我先前所讨论的系统上。让我换种方式来阐述，幸存的种群显然比最初的种群更强壮——但这不是从个体层面上来说的，因为弱者都死了。

为了改善系统，有人付出了生命的代价。

我和我们

这种个体利益和集体利益之间明显的紧张关系在历史上算是件新鲜事：在过去，个体几乎与这一问题无关。为了本集团的利益而牺牲的理念支撑着英雄主义：它使部落受益，但对于在战争中死亡的个人则意味着损失。英雄主义的本能以及为了集体利益牺牲个人利益的理念在自杀式炸弹袭击者身上得到极端的呈现。这些即将赴死的恐怖分子会陷入一种类似欣喜若狂的恍惚中，在这种情绪的驱动下，他们甚至对自己的死亡无动于衷。有人说自杀式炸弹袭击者之所以义无反顾，是因为他们认为死后能进入伊斯兰天堂，这简直是一个谬论。人类学家斯科特·阿特兰曾指出，黎凡特地区的第一个自杀式炸弹袭击者是一个希腊东正教背景的革命家（与我的背景相同），而并非穆斯林。

我们身体里就像有一个开关，每当我们参与集体舞蹈、大规模骚乱或战争，这个为了集体利益而扼杀个体的开关就自动开启了。你会产生从众心理，成为艾利亚斯·卡内蒂所称的"应和节拍悸动的人群"的一部分。在下一次的街头骚乱中，当你对政府部门的恐惧在团体的狂热情绪中烟消云散时，你会得到一种不同的群体体验。

现在，让我们概括一下这些观点。如果能置身事外地看待这个世界，就能看到人与自然之间的紧张关系——一种在脆弱性的权衡中形成的紧张关系。我们看到，自然希望的是其本身作为整体能够生存下来，而不是每一个物种都能生存下来，每一个物种也希望其中的个体是脆弱的（特别是在繁衍之后），以便整个物种进化和选择。我们看到，脆弱性从物种到个体的转移对其整体的生存是必要的：物种具有潜在的反脆弱性，因为脱氧核糖核酸（DNA）将永远传递下去，但各物种的成员却无法永生，它们随时准备着牺牲，在现实中，它们的牺牲就是为了成就集体的利益。

反脆弱性和伪反脆弱性。有些关于健身和自然选择的理念让我甚为反感，这让某些章节的写作过程变得相当痛苦——我讨厌自然选择的冷酷，讨厌大自然的无情和不忠。我讨厌以对他人的伤害为代价来换取进步的理念。作为一个人文主义者，我反对建立在个体牺牲基础上的反脆弱性系统，因为如果你遵循这些理论，那么个人就变得无关紧要了。

启蒙运动的一大贡献就是将个体置于更重要的位置，其权利、自由、独立、"对幸福的追求"（不论"幸福"具体指什么），以及最重要的隐私

第四章　杀死我的东西却让其他人更强大

都得到了保护。尽管拒绝反脆弱性，但启蒙运动及在此基础上建立的政治体制（多少）将我们从长期主宰历史的社会、部落、家族的桎梏中解放了出来。

传统文化是以集体为单位的；而且大家会认为，集体可能会因为个人的行为受到损害。比如，如果哪一家的女儿未婚先孕，或者某个家族成员卷入了大规模的金融诈骗和庞氏骗局，或者更糟糕的是，某成员在大学里讲授诸如金融经济学等夸夸其谈的学科，那么其家族的名誉会受损。这种传统甚至延续到了启蒙运动之后，即使在19世纪末20世纪初都还非常常见。比方说，法国的农民会用他所有的积蓄来为远方的表亲还债，这样做只是为了保存大家族的尊严和名誉——它被认为是一种责任。（我承认我自己也做过类似的事，就在21世纪。）

显然，为了个体的生存，系统也必须存在。因此，在这个相互依存的复杂世界里，人们在宣扬其中一方利益的合理性而贬低另一方的利益时还需小心行事。[1]

在意大利黑手党或者说西西里黑手党中，所谓的"君子"就是被警察抓到后，无论怎样威逼利诱都会选择保持沉默而不出卖朋友的人，他们宁愿坐牢也不愿意做出伤害其他成员的事情。在这里，集体（黑手党）的利益高于个人利益。而让黑手党遭受重创的是，最近几代成员更倾向于为自己考虑。（请注意，黑手党中的"荣誉"仅限于这种内部的团结，而在其他场合，他们会说谎，干的也不是什么光荣的事，他们还善于放冷枪，而这在地中海东部地区会被认为是最纯粹的懦夫行为。）

同样的，人类也是以自我为中心的，为了人类的生存，我们不得不牺

---

[1] 许多人认为自己的死亡是最糟糕的"黑天鹅"事件，其实并非如此。除非研究现代经济学走火入魔了，否则，一般人都会明确同意他们的死亡，加上自己亲人的死亡，再加上人类的终结，将是一个比自己的死亡可怕得多的糟糕结果。回想一下我对复杂系统的评价。我们仅仅是一条巨型生物链上的一部分，我们既要担心自己也要担心系统，还要考虑如何保存这条生物链上的各个环节。

牺其他物种，不顾生态的脆弱性。我们认为人类的利益高于自然的利益；为了保护个体，我们可以容忍一些系统的低效和脆弱，殊不知，让大自然牺牲太多最终很可能伤及我们自己。

我们看到了集体和个体之间的利益权衡。如果不打破个体的利益，整个经济体就无法生存；过度的保护是有害的，为了个体的利益制约进化的力量似乎毫无必要。但是，我们可以保护个体不被饿死，并提供一些社会保障，给予他们尊重或者更多，我们将在下文进一步阐述。

美国创业者日

同时，如果作为一个空想家（确实如此），我会痛恨我所明白的这些道理，但我认为希望还是存在的。

英雄主义以及它所赢得的尊重是社会对于那些为了他人而承担风险的人所做出的一种补偿。创业就是一个高风险、英雄式的活动，其对经济的增长，甚至仅仅是生存来说都至关重要。

从认识论的角度来说，它也必然是集体主义的：其旨在促进知识的发展。有些人虽然什么都没有得到，无名无利，却为别人贡献了最好的知识，即有关"无为"的知识（什么是不可行的）。他是这个过程的一个重要部分，他自己失败了，把好处留给了他人，更糟糕的是，他还未必能获得他人的尊重。①

对于因过度自信而创业开餐馆，随后惨遭失败的人，我根本不会记得他给整个餐饮业带来了什么好处，不会想到在我享受美食时，他大概只能吃金枪鱼罐头。

为了促进进步，现代社会应该像纪念牺牲的士兵一样对待破产的创业家，也许不用给予那么多的荣誉，但应该基于完全相同的逻辑给予他们认

---

① 一位叫让-路易斯·雷奥尔特的记者写道："我已经注意到，人们越是用抽象的概念赞颂创业者，他们越会轻视在实际生活中遇到的创业者。"

第四章 杀死我的东西却让其他人更强大

可（创业者们仍然活着，但却被贴上了道德败坏、欺世盗名的标签，如果他生活在日本，这种情况更甚）。这个世上不存在"失败的战士"的概念，无论他是牺牲了还是活着（除非他做出了懦夫的行为），同样，也不存在失败的创业者或失败的科研人员这种说法。但这个世界上存在着成功的胡说八道者、成功的伪哲学家、成功的评论员、成功的顾问、成功的说客，或成功的商学院教授，而他们根本不承担个人风险。（请原谅我这么说。）

心理学家将"过度自信"列为一种疾病，认为过度自信可能会让人们在创业的过程中被成功的可能性蒙蔽。但请注意，为了他人的利益而承担风险的英雄式良性行为（比如反脆弱性的案例），与更肮脏的现代模式、涉及负面"黑天鹅"事件（比如过度自信的"科学家们"计算的有关福岛反应堆的风险概率）的行为大不相同。在前一种情况下，过度自信是一件好事，因此不应该被遏制。

只要比较一下创业者与公司内墨守成规、谨小慎微地等待升迁的经理人就知道了，后者几乎很少冒险。

在如今的全球化和互联网时代，我们越来越多地看到伊拉斯谟所称的"大众的忘恩负义"。

我梦想的解决方案是，我们设立一个美国创业者日，并为其写就以下感谢词：

> 你们中的大多数人将遭受失败、轻慢和贫困，但是我们非常感谢你们为全球经济的增长与他人脱贫而承担的风险和做出的牺牲。你们正是反脆弱性的来源。美国感谢你们。

第二卷

现代化与对反脆弱性的否定

ANTIFRAGILE

Things That Gain from Disorder

正如波德莱尔的诗歌《信天翁》所述，注定要在天上飞翔的鸟儿如果被困在地上，只能显得笨拙可笑，因为它的羽翼反而使它步履艰难。波动性一词源于volare，它在拉丁文中是"飞"的意思，这真是非常贴切。剥夺政治（及其他）系统的波动性会对它们造成损害，这种行为可能会引发连锁反应，导致更大的波动性。

本书第二卷将阐述否认毒物兴奋效应所产生的脆弱性、有机体的自然反脆弱性，以及我们是如何出于良好的意图，挥舞着自以为是的指挥棒而对系统造成伤害的。我们力求减少社会和经济制度的压力和随机性，将它们塞入普罗克拉斯提斯的温暖舒适，但最终却贻害无穷的现代化的床上，结果这些系统变得愈加脆弱。

普罗克拉斯提斯是希腊神话中的旅馆老板，为了让旅客的身高刚好符合床的长度，他会砍掉高个子的脚，而把矮个子的腿拉长。他想让床的尺寸与旅客的身高完全吻合。

正如我们在第三章中所看到的，将有机体视为一台简单的机器，无疑只能得到一种简化的、近似的或是残缺的结果，这就跟普罗克拉斯提斯之床差不多。而我们做这些事情的时候往往还踌躇满志，因为我们深感"修复"的紧迫性，结果便是在对随机性的恐惧和对一帆风顺的憧憬中将我们要修复的东西——摧毁。①

第二卷还将讨论人类和自然力量之间的竞争，一些反脆弱性系统对波动性的渴求，以及我们在消除社会、政治和其他系统中的波动性的同时，是如何让它们更易遭受"黑天鹅"事件的攻击的。

---

① 用线性来简化和代替非线性时，简化失败会造成最大的损害。这才是最罪恶的普罗克拉斯提斯之床，也是一切问题的根源。

第五章

露天市场与办公楼

- 红白两派人士都前往苏黎世。
- 战争并非监狱。
- "火鸡"计划受阻。
- 记住我们都处于极端斯坦中。

两种职业

让我们来看看约翰和乔治这对孪生兄弟的命运吧,他们都出生于塞浦路斯,目前都住在大伦敦地区。约翰 25 年来一直在一家大银行的人事部门任职,负责全球员工的调动和外派;乔治是一名出租车司机。

约翰拥有一份完全可预测的收入(或者他是这么认为的),他享有福利和 4 个星期的带薪年假,以及因在公司效力 25 年而被授予的一块金表。每个月,约翰都要存 3 082 英镑到英国国民西敏寺银行的支票账户。部分是为了偿付他在伦敦西区房子的抵押贷款,部分是为了支付公用事业费和买羊奶酪的费用,剩下一点点作为自己的积蓄。约翰过去常常在人们还在睡懒觉的周六的清晨早早起床,心情愉悦地告诉自己"生活是多么美好",直到他在金融危机发生后意识到自己即将被裁员。作为人力资源方面的专家,他见多了即将退休的员工被辞退,他们漫长的职业生涯就此终结,再也不能回归职场了。

乔治与他的哥哥住在同一条街上，驾驶着一辆黑色的出租车。为了获得这张执照，乔治花了3年时间努力记住大伦敦地区的街道和公路，这也扩展了他的大脑额叶，给了他在路上搭载乘客的权力。乔治的收入存在极大变数。运气好的日子，他能挣几百英镑，运气不好则入不敷出，但是，年复一年，他的平均收入与他哥哥的收入相差无几。到目前为止，在乔治25年的职业生涯中，他只有一天是一笔生意都没做成的。由于收入的起伏很大，乔治总是抱怨自己的工作没有哥哥的工作稳定，但实际上这是一种错觉，因为乔治的工作其实更稳定一些。

这就是生活中的核心错觉，即认为随机性是有风险的，是一桩坏事，消除随机性，就可以消除风险。

技术工人，比如说出租车司机、妓女（一个非常非常古老的行业）、木匠、水管工、裁缝和牙医，他们的收入有一定的波动性，但他们的职业对于"黑天鹅"事件，也就是能够完全切断一个人收入来源的事件，有着强大的抵御能力。他们的风险是显而易见的。他们与公司雇员不一样，后者一般不承受波动性，因而如果接到人事部的解雇电话，他们只会大感意外。雇员的风险是隐性的。

多亏收入的波动性，技术工人这类职业才带有一点儿反脆弱性：小的变动促使技术工人不断地从环境中学习，并在持续的压力下保持竞争力与适应力。请记住，压力就是信息：技术工人由于有持续的压力而不断获得调整的机会。此外，他们还有机会获得一些意外的礼物和惊喜，以及自由选择的权力——这可是反脆弱性的一大标志，我们将在第四卷对此进行讨论。乔治已经习惯了每隔一段时间就接到一个离谱的预约电话，对此他完全有权力拒绝，比如在上次冰岛火山爆发的恐慌中，当英国航运交通完全关闭时，一个富有的老太太要求他开车送她到法国南方参加一个婚礼，往返行程有2 000英里[①]。同样，一个妓女说不定有机会遇到一个极其迷恋她

[①] 1英里≈1.609千米。——编者注

第五章　露天市场与办公楼

的富翁，他可能会赠送她一颗非常昂贵的钻石，甚至向她求婚，而且看上去她不用等多久就可以继承那个富翁的遗产了。

乔治的工作时间完全由自己决定，直到不想工作为止（许多人到80岁了还开出租车，主要是为了消磨时间），因为乔治是自己的老板，而他的哥哥在50多岁时却失业了。

这两种收入波动之间的差别也存在于政治系统中——事实上，正如我们在接下来的两章中将看到的，这种差别还见于生活的方方面面。人为消除随机性所带来的结果相当于约翰的收入：清晰、稳定，但很脆弱。这样的收入经受不住大的冲击，随时可能变成零（如果约翰出生在一些福利型国家的话，他可能还能领到一些失业救济金）。自然随机性带来的结果更像乔治的收入：经得起非常大的冲击，但也必须承受每天的波动性。此外，请注意波动性有助于改善系统（因此才会出现反脆弱性）。如果出租车司机或妓女在一个星期内的收入不断减少，他们无疑会得到有关周围环境的信息，比如他们应该去这个城市里客户常去的地方；如果他们约有一个月的时间没有收入，他们会更新自己的技能，另谋出路。

此外，对自雇人士来说，一个小的（非致命的）错误可以传递宝贵的信息，引导其采用更合适的方法；可是，对于约翰那样被他人雇用的职员来说，犯下的错误会被永久记录在人事部门的档案中。约吉·贝拉曾经说过："我们犯了错的错误。"——对约翰来说，所有的错误都是错的错误。自然偏爱小的错误（没有这些小错，遗传变异是不可能完成的），但人类却不喜欢错误，因此，当你依赖于人的判断时，你就只能任凭厌恶反脆弱性的心理偏见摆布。

所以，唉，人类害怕第二种波动性，我们试图努力保护系统却无知地弱化了系统，或者泯灭了它们的反脆弱性。换句话说（这一点值得我们在每次出现这种情况时再三强调），这种规避小错误的方法将导致下一次犯的错误更加严重。

集权制大国类似于约翰的收入，而城邦制模式犹如乔治的收入。约翰有一个大雇主，乔治则有许多小雇主，后者可以选择最适合他的最佳雇主，因此，在任何时候都有"更多选择"。事实上，表面上看起来很稳定的其实很脆弱，而给人以脆弱假象的其实很强大，甚至具有反脆弱性。

你在一个系统中看到的波动性越多，其实它越不容易遭遇"黑天鹅"事件。现在，让我们用瑞士的故事来探讨这种理念在政治制度中是如何体现的。

列宁在苏黎世

最近，我在苏黎世一家由咖啡馆改建的高档餐厅里细究了一份高价菜单，菜单上标注的饭菜价格至少是美国同等质量饭菜价格的3倍。最近的全球金融危机让瑞士比以前更像一个安全的避风港，而这推动其货币大幅升值，可以说，瑞士是全球最具反脆弱性的地方，它从世界其他地方遭受的冲击中受益。我的朋友——一位作家告诉过我，当年列宁住在这里时，曾在这个咖啡馆里与达达主义诗人特里斯坦·查拉下棋。是的，就是那位后被称为列宁的俄国革命家弗拉基米尔·伊里奇·乌里扬诺夫，他曾在瑞士小住过一段时间。列宁绘制了以中央集权的方式自上而下建设伟大的现代主义国家的宏伟蓝图，也可以说他进行了一次最大的人类实验。

瑞士的各大主要城市，如苏黎世、日内瓦、洛桑都留下了政治流亡者的踪迹：从被穆斯林驱逐的伊朗王室，到执行"B计划"的最新非洲当权者，甚至伏尔泰都曾在瑞士隐居过，他住在费内靠近法国边境的日内瓦郊区（当时此地还未加入海尔维第共和国）。深谙"狡兔三窟"之道的伏尔泰在惹恼了法国国王、天主教会或其他当权者后，就会逃到费内躲起来——人们通常不知道的是，伏尔泰还常常因为经济原因躲到这里。伏尔泰是一个白手起家的富裕商人、投资者和投机交易商。值得一提的是，他的大部分财富都源于他在压力下产生的反脆弱性，他在早期流亡时期就开始了财富的积累。

第五章 露天市场与办公楼

因此，与伏尔泰一样，来到瑞士的流亡者的流亡原因有很多。比如出于财务安全方面的考虑从动乱地区逃到瑞士的流亡者，他们的特征很容易识别：昂贵而单调的衣服、平淡的谈吐、做作的举止，以及昂贵的（华丽的）手表，换句话说，他们都是非伏尔泰式的流亡者。像许多有钱人一样，他们觉得自己有权自娱自乐。这些无趣的人与其说是为自己寻找庇护，倒不如说是为他们的资产寻求庇护。一些政治人物可能更愿意逃往法国或英国以躲避他们本国政权的压迫，因为法国和英国周六的夜晚要热闹得多，但是他们的活期存款账户肯定开在瑞士。从经济角度看，瑞士是全球最具强韧性的地方，而且好几个世纪以来都是如此。

形形色色的人带着他们的钱包，来瑞士寻求庇护、安全和稳定。但是，所有这些难民都没有注意到一个显而易见的现象：这个世界上最稳定的国家竟然没有一个政府，并且它没有因为没有政府而不稳定，相反，它之所以稳定正是因为它没有政府。随便找一些瑞士公民来说说他们知道的总统的名字，他们通常说得出法国或美国的总统，但自己国家却没有总统。瑞士的货币体系运作良好（在写本书时，该货币体系被证明是最安全的体系），但相对于其货币发行量，其央行规模却很小。

在瑞士避难的那些政客在图谋重掌政权时，是否认识到了这种无政府状态呢？他们是否承认，自己之所以能在瑞士逗留，就是因为这里没有政府，并且就此接受城邦制或无政府的政体呢？门儿都没有。

当然，说瑞士没有政府也并不完全正确。事实上，瑞士是没有强大的中央政府，或者我们通常意义上的"政府"。这个国家完全是自下而上地由自治市或区域行政区（称为"州"）治理着，它就好像是有准主权的迷你国家所结成的联邦。这里充满波动性，居民们会为喷泉或其他鸡毛蒜皮的事情进行争吵。在瑞士，生活不一定会很愉快，因为有些邻居实在爱管闲事，这形成了一种自下而上的专政，虽然不是自上而下的，但仍然是专政。但是，这种自下而上的专政抵御了乌托邦式浪漫主义的侵入，因为任何宏大的想法都不会在这样一个庸俗的氛围中产生——只要在日内瓦老城

| 067 |

区的咖啡馆里待上半天，尤其是周日的下午，你就能了解，这里的生活有多么慵懒：没有任何宏伟的思想和抱负，一切都是微不足道的（一个著名的讽刺说法是：瑞士最大的成就是发明了布谷鸟钟，而其他国家则产生了伟大的作品——这种说法很好，只是布谷鸟钟并不是瑞士发明的）。但是，这样的系统却在每一个层面上产生了稳定性，虽然是极其沉闷的稳定性。

还要注意的是，在瑞士，在整个日内瓦，在苏黎世的部分地区（市区），尤其是在格斯塔德和圣莫里茨等滑雪胜地，我们都能看到浮华得令人生厌的场景，这绝非该国所努力打造的，也并非其所负使命的一部分，而是成功带来的结果，因为瑞士吸引着丑陋的富商和避税者。

请注意，这是最后一个不是由中央政府统一管理的主要国家，它是众多小城邦的集合，这些小城邦按照自己的方式管理着它们的国家。

自下而上的变动

我所说的这种自下而上的变动或噪声，指的是在自治市内部发生的政治波动，以及日常事务中的小争端和摩擦。它不具有规模可变性，换句话说，如果扩大其规模，比如将一个社区的居民人数扩大100倍，那么你将看到截然不同的情况。一个大国的运作方式与一个大自治市的运作方式不可同日而语，这就好像一个婴儿的行为举止与小个子成人的行为举止肯定大不相同。这种差异是定性差异：社区人数的增加改变了各方关系的质。回想一下前文中我们说过的非线性。如果实体中的人数变成原来的10倍，其原来的特征也必定会改变：你会看到一种转型。在这里，对话从平凡但有效的方式转向抽象的数字，可能更有趣，也更学术，但是却不那么有效。

自治市之间会有领地纷争，自治市内部也不乏内讧，但就是这种人与人之间的争斗，凝聚形成了一个相当良性和稳定的国家。我们看到，瑞士就好像乔治的收入，之所以稳定是因为在每个层面上都有变动和噪声。出租车司机每天的收入不稳定，但每年的总收入却相差不大，同样的，瑞士

第五章 露天市场与办公楼

在整体上保持着稳定性,因为各州集合在一起,产生了一个稳健的系统。

人们处理地方事务的方式与他们处理巨大的、抽象的公共支出的方式有很大的不同:我们自古就生活在家庭和部落中,能够很好地管理这些小的社会单元。①

此外,生物学能对自治市环境起作用,但对一个更大的系统却不起作用。一国政府竟然会丝毫没有羞耻感(也不会脸红),而这些本应是对过度开支或者在越南滥杀无辜的恶行所做出的正常的生理反应。与他人的眼神交流会改变一个人的行为。但是,对于一台安装在办公桌上的处理器来说,数字只是数字。周日的早晨你在教堂看见的一些人会为自己的错误感到内疚,也会对错误负起更大的责任。在小规模的、局部的范围内,他的身体和生物反应都会引导他避免对别人造成伤害。但是,在一个很大的范围内,"别人"只是一个抽象的概念;由于缺乏与相关人员的社会接触,他们更容易被公事公办的思维方式而非自己的情绪所左右,也就是说,只根据数字、电子表格、统计数字,以及其他理论去做事。

当我向我的合著者马克·布莱思表达这样的想法时,他脱口而出一个显而易见的事实:"自治市里根本出不了所谓的大人物。"

"小"在其他许多方面都表现出了一种美。事实上,"小"汇总起来(也就是小单元的集合)比"大"更具反脆弱性——事实上,大的东西注定要分崩离析,这是一个数学属性,稍后我们还会解释,但可悲的是,这种现象似乎普遍见于大公司、大型哺乳动物以及大政府。②

有关抽象的事物还有另一个问题,也就是心理上的问题。我们人类对所有不具体的东西都嗤之以鼻。我们可能更容易被身边哭闹的婴儿,而非

---

① 在此,我绕过了一个经济学话题,即实行自治的城邦制国家是否充满了经济活力——经济活力是亨利·皮雷纳和马克斯·韦伯以一种浪漫的方式所鼓吹的概念;从数学角度来说,我的观点是:一群半独立的、形形色色的小单元组成的集合,在风险特征上与一个巨型单元是不同的。

② 我们常会听到对规模不同的国家的政体进行比较的辩论,比如比较新加坡和马来西亚。这种辩论让人苦恼,因为单元的规模大小其实比系统更为重要。

客厅电视播放的外地或外国成千上万濒死的人所影响。灾难在一些情况下是悲剧，但在另一些情况下只不过是一些统计数据。我们的情绪能量让我们无视事件发生的概率，而媒体让事情变得更糟，因为媒体会利用我们对逸闻趣事的痴迷、对耸人听闻事件的渴求来影响我们，并因此产生了很大的不公平。如今，每7秒钟就有一个人死于糖尿病，但媒体更愿意报道被飓风掀掉屋顶的灾难受害者。

现在的问题是，官僚机构的建立使得公务员都在抽象的理论基础上做决定，同时却误以为他们是在以合理的、负责任的方式行事。

另外，再来看看恼人的游说者吧，这个群体在自治市或小区域中是无法立足的。由于权力（部分）集中在布鲁塞尔的欧盟委员会，欧洲人痛苦地发现，这些游说者为了某些大公司的利益而操控民主制度。只要能影响布鲁塞尔的一项决定或法规，游说者便能得到一大笔钱。这比在自治市获得的回报大得多（成本却很低），因为在自治市议会上需要一大批游说者，才有可能说服与所在社区的利益密不可分的选民。①

规模效应的另一方面表现为：小企业一般是不太可能雇用游说者的。

这种自下而上的效应，在法律中也很常见。意大利政治家、法律哲学家布鲁诺·莱奥尼就认为基于法官审判的法律（由于有多样性）要比明确而僵化的法典更具强韧性。你可能认为，法官的判决简直像买彩票，但是，它确实有助于防止大规模的错误。

我用了瑞士的例子来展现政治制度的自然反脆弱性，以及如何通过管理噪声来实现稳定。我们应该建立一个机制，让政治体制遵循自然的发展进程，而不是限制这种自然进程。

请注意瑞士的另一个特征：它也许是历史上最成功的国家，但一直

---

① 值得庆幸的是，由于辅助性原则的确定，欧盟在法律上免于过度集权化管理：各项事务都可以由能够实行有效管理的尽可能小的单元进行处理。这个概念源于天主教教会：从哲学的角度来说，一个单元不需要很大（如国家），也不能很小（如个体），而应介于两者之间。这是一个极具哲理的概念，尤其从第四章所说的脆弱性的转移以及规模带来脆弱性的角度来考虑。

以来，它的高等教育水平都要比其他富裕国家低。它的系统，比如银行系统，即使在我工作的时代，也都是基于学徒模式的：其更接近职业培训而不是理论学习。换句话说，是基于工艺和技术诀窍而非书本上的知识。

远离极端斯坦

现在，让我们来看看这一过程的技术方面，从统计学角度来看人类干预事件波动性的效果。这种自下而上的波动和自然体系的波动有一个明确的数学属性。它产生了一种我命名为平均斯坦的随机性，而非无法控制的极端斯坦，前者包含众多看似非常可怕，但是汇总后便相互抵消的变化（随着时间的推移，或者将自治市集合起来形成较大的共和国或实体），后者在大部分时间内非常稳定，但偶尔会陷入重大混乱状态，也就是说其暗含会产生严重后果的错误。前者是波动，后者是跳跃。前者充满许多小的波折，而后者则不规则地进行突变。正如司机的收入与银行职员的收入。两种随机性存在质的区别。

平均斯坦包含很多变化，但没有一个是极端变化；极端斯坦的变化不多，但都是极端变化。

我们再换种方式来理解这种差异：你的卡路里摄入量属于平均斯坦。如果你将一年内消耗的卡路里加总，即使不把你故意多算的减掉，你也会看到，没有哪一天消耗的卡路里量在总量中占据较大比重（最多占比0.5%，或者不超过5 000卡路里，而你一年消耗的热量可达80万卡路里）。因此，一些异常的、罕见的事件从总体和长期的角度来说，都只能起到无关紧要的作用。你不可能在一天内让体重翻番，甚至一个月、一年也无法实现这一目标——但是，你的财富净值可能在很短的时间里增长一倍或减半。

比较另一种情况，如果你销售图书，那么你会看到，一半以上的销售额（甚至90%的利润）往往来自最畅销的0.1%的图书，在这种情况下，例外事件，也就是千里挑一的事件，占据了主导地位。这与金融问题和其他经济问题一样，往往属于极端斯坦，就像历史总是以突变和跳跃的方式，从一个状态跳到另一个状态。①

图 5-1 说明了反脆弱性系统在被剥夺了自然变动（主要归咎于天真的干预）后，会受到什么样的伤害。除了自治市的噪声，这个逻辑同样适用于：在无菌环境中生活一段时间后走出来的孩子，一个自上而下力求政治稳定的系统，价格管制的影响，以及一家公司的规模优势，等等。我们从一个充满可控波动性的稳定系统（平均斯坦）[接近统计意义上的"钟形曲线"（属于高斯或正态分布一类）]，切换到一种具有高度不确定性，以跳跃方式运动，被称为"长尾"的系统。长尾是极端斯坦的代名词，指的是一些发生概率很低的事件，但这些"尾部"事件却拥有巨大影响力。第一个系统（图 A）虽有波动，起起伏伏，但不会沉没。第二个系统（图 B）没有显著波动，但会因偶发的动荡而急速沉没。从长远来看，第二个系统更为动荡，起伏惊人。如果限制第一个系统，我们往往会得到第二个系统。

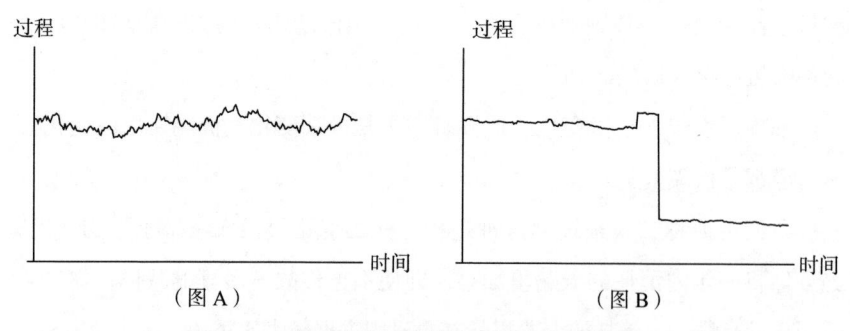

图 5-1　稳定系统与跳跃性系统中变动的对比

注：该图对比了自治市的噪声或露天市场分散的变动（图 A）与集中管理或人为管理的系统（图 B）的情况，或者说，对比了一个出租车司机的收入（图 A）与一个银行职员的收入（图 B）的情况。图 B 显示了急转直下式的变动，或者说从"黑天鹅"到"黑天鹅"的过程。人类的过度干预会使系统从平均斯坦转向极端斯坦。这种效果在所有受到约束的系统中都很常见，比如健康系统、政治系统、经济系统，甚至也存在于不同的人类情绪中。创业者驱动的硅谷（图 A）和银行系统（图 B）也存在这种差别。

---

① 当随机性以及一些小的经常性的政治混乱分散在为数众多的小单元里，我们得到的是第一种类型，也就是和缓的平均斯坦。当随机性集中起来，我们则会得到第二种类型，也就是诡谲的极端斯坦。

还要注意在极端斯坦中,可预测性是非常低的。在图B这种随机性呈伪稳定状态的情况下,错误看似很少发生,但一旦发生便会造成严重后果,且常常具有毁灭性。其实,正如我们将在第四卷阐述的一个论点所示,由于上述特性,做事时如果拘泥于计划、不善变通则必然失败——鼓吹规划有助于企业发展简直是胡说八道,事实上,这个世界太随机、太不可预测了,我们怎么可能基于未来的波动性制定政策?生存取决于适应性和环境条件的相互作用。

重大的"火鸡"问题

现在让我从有关"长尾"和极端斯坦的图表和技术术语回到我的黎巴嫩口语。在极端斯坦下,人很容易被过去事件的特性所愚弄,并坚信一个完全过时的故事。看看图5-1中的图B,在走势急转直下之前,人们很容易相信当前的系统是安全的,尤其是当系统从图A带有"可怕"的明显波动的随机性状态切换到了看似更安全的图B。波动性似乎是下降了,但事实并非如此。

一只火鸡被屠夫喂养了1 000天,它每天都向其分析师求证,屠夫对自己的爱的"统计置信度与日俱增"。屠夫会将火鸡一直饲养到感恩节的前几天,随后,重要的日子就来临了,当然,这一天对火鸡来说绝非好日子。所以,只有看到屠夫的意料之外的行为时,火鸡才会转变自己的信念——而此时,正是其"屠夫爱火鸡"的信念被强化到极致之时,它认为自己的生活"平静如水",未来前景一片光明。但问题是,这种意外就是一种"黑天鹅"事件;当然这只是对火鸡而言,并非对屠夫而言。

从火鸡的故事中,我们可以看到所有有害性错误的根源:将缺乏证据证明存在危害视为有证据证明不存在危害。我们将会看到,这种错误在知识界极为普遍,在社会科学领域也根深蒂固。

图5–2　一只火鸡在使用过去的"证据"进行"严谨"的未来预测，
而无视感恩节的来临

因此，在生活中，我们的任务就是"如何不让自己成为火鸡"，或者如果可能的话，争取获得与火鸡相反的特征，也就是获取反脆弱性。要想"不做火鸡"，就要了解真正的稳定和人为的稳定之间的差异。

读者很容易想象，波动性被压抑了的系统在爆炸后会发生什么。我们有一个恰当的例子，2003年当美国突然推翻萨达姆·侯赛因和他的政权时，阿拉伯复兴社会党遭到取缔。当时有超过10万人死亡，10年后，伊拉克仍是一个烂摊子。

12 000 年

我们一开始以瑞士的例子展开讨论，现在，让我们稍微向东推进一点。在很长一段时间里，也许是从陶器出现之前的新石器时代直到现代的20世纪中叶，黎凡特北部（大约是今天叙利亚和黎巴嫩的北部）都是人

第五章 露天市场与办公楼

类历史上最繁荣的地区。这段时间长达12 000年，相比之下，英国只繁荣了三四百年，斯堪的纳维亚半岛到现在只繁荣了200年。地球上很少有地方能够持续繁荣，或者达到历史学家所说的"长期"繁荣。其他城市的经济起伏不定，但是阿勒颇、埃米萨（今日的霍姆斯）和劳迪西亚（今天的拉塔基亚）却保持着相对富裕。

黎凡特北部自古以来就是商人和农场主的聚居地，这里商人众多是因为该地恰好是丝绸之路上的一个枢纽，农场主众多是因为地中海大部分地区，特别是罗马的小麦都是该地供应的。该地区在分裂之前出了好几代罗马皇帝和天主教神父，以及30多位希腊语言作家和哲学家（其中包括柏拉图学院的多名负责人），此外还有史蒂夫·乔布斯的祖辈。乔布斯这位具有远见卓识的美国计算机行业创业者给我们带来了苹果电脑，而我正是用苹果电脑敲出这些文字的（你可能正在用苹果平板电脑阅读它们）。我们从关于罗马时期的记录中了解到了黎凡特的自治情况，它是由当地的精英管理的，奥斯曼帝国后来也保留了这种分权式的治理方法。

随后发生了两个事件。首先，在第一次世界大战后，黎凡特北部地区的一部分被分割，并纳入新创建的国家——叙利亚，而其他部分如今则是黎巴嫩的一部分。这整个区域原本都属于奥斯曼帝国，一直以准自治区的方式运行，奥斯曼人与之前的罗马人一样，也允许地方精英管理当地政务，只要上缴足够的税赋即可，奥斯曼人自身则全力以赴应对战争。奥斯曼式和平与以前的罗马式和平一样，有利于商业的发展。合同签订后就必须执行，这是政府最有用的功能。在最近的一本怀旧之作《黎凡特》中，菲利普·曼塞尔记录了地中海东部的这些城市是如何以城邦制的形式运作的，它们与欧洲腹地形成鲜明对比。

在叙利亚统治之后的数十年内，现代化的阿拉伯复兴社会党进一步执行乌托邦政策。但在阿拉伯复兴社会党开始实行中央集权统治和执法后，阿勒颇和埃米萨立即衰落了。

阿拉伯复兴社会党根据其"现代化"计划所采取的举措之一，就是取缔了古老的乱糟糟的露天集市，取而代之的是焕然一新的现代化办公楼。

效果立竿见影，一夜间，商人家庭纷纷逃往纽约和新泽西州（主要是犹太人）、加利福尼亚州（主要是亚美尼亚人）和贝鲁特（主要是基督徒）。贝鲁特的氛围有利于商业发展，而且黎巴嫩是不受任何真正的中央政府管制的一个规模较小、温和、松散的国家。黎巴嫩的规模之小令其很适合成为一个自治市，事实上，它的规模还不如一个中等规模的都市。

战争还是监狱，或者两者都选

然而，尽管黎巴嫩具备了所有恰当的条件，但这个国家的管理却过于松散。允许巴勒斯坦各派别都拥有武器这一政策引发了各派之间的军备竞赛，而这个国家还在坐观事态的升级。松散的管理有利于国家的活力，但黎巴嫩太过松散了，过犹不及。这就像允许纽约的每一个黑手党头目都组建一支比美国参谋长联席会议领导下的军事力量更强大的军队（试想一下，黑手党教父约翰·戈蒂掌握导弹会怎么样）。因此，1975 年，黎巴嫩爆发了激烈的内战。

我祖父的一个朋友曾讲过一句话，让我非常震惊。那个人是一位从复兴党政权下逃离的富有的阿勒颇商人。黎巴嫩内战爆发后，我的祖父曾问过那个朋友为什么不回阿勒颇，他的回答很明确："我们阿勒颇人宁愿打仗也不愿意蹲监狱。"我开始以为这位商人的意思是士兵会把他抓进监狱，但后来我意识到，这里的"监狱"指的是政治和经济自由的丧失。

经济生活似乎也更喜欢战争而非监狱。大约一个世纪前，黎巴嫩和叙利亚北部的人均财富（经济学家所说的国内生产总值）相差不大——文化、语言、种族、食物，甚至笑话都差不多。除了黎巴嫩呈现完全松散的状态，而叙利亚有复兴党的"现代化"法规制约外，一切都没有什么不同。但是，尽管黎巴嫩内战造成人口锐减和严重的人才外流，使得国家的财富水平倒退了几十年，当然，还有各种各样的混乱和动荡，但如今黎巴嫩仍保持着相当高的生活水准,其财富是叙利亚的3~6倍。

这一点也没有逃脱文艺复兴时期意大利著名的政治思想家马基雅维利的眼睛。让-雅克·卢梭引用他的话语写道:"马基雅维利写道,在谋杀和内战中,我们的共和国更为强盛,而公民也学到了美德……微小的骚动和焦虑滋养了灵魂,让物种繁荣的不是和平,而是自由。"

罗马式和平

中央集权制国家在历史上并非新事物。事实上,在古埃及就存在过非常类似的体制。但是,那是历史上的一个孤立事件,而且它并未持续很长时间:在来自小亚细亚的猖狂、野蛮的侵略者的猛烈战车的(简直是一个撒手锏)进攻下,埃及的高压政治开始瓦解。

古埃及王朝并不是以帝国的方式治理国家,而是采取集权制统治,这两者是相当不同的,正如我们所看到的,它会产生不同类型的变化。集权制国家依赖于中央集权官僚制度,而帝国,如罗马帝国和奥斯曼王朝,则更依赖于当地的精英,事实上帝国允许城邦繁荣发展并保留一定的有效自治权——对和平更有利的是,这些自治是商业自治,而不是军事自治。在现实中,奥斯曼帝国为这些属国做的一件好事是,避免它们彼此交战,这就消除了军事竞赛的诱惑,促使它们繁荣兴旺;无论这个系统从表面上看是何等不公平,但它毕竟让当地人更关注商业而不是战争。也就是说,这防止了它们自相残杀。戴维·休谟在《英格兰史》中就主张国家要小,因为大国更容易受到战争的诱惑。

显然,无论是罗马还是奥斯曼帝国,允许当地自治并非因为它们喜欢别人享有自由,它们这样做是为了便利。帝国的运作方式(主管某些事务)与半独立的区域自治(允许区域处理自己的事务)的结合,要比强行推行统一主权的中央集权制国家更具稳定性。

有些国家虽然也实行中央集权制,比如古代埃及,但在实践中它们与罗马帝国和奥斯曼帝国的治理方式差别不大，不同的是前者通过供养文士集中了智慧，通过文官制度垄断了知识。我们中的一些人可能会记得那些没有互联网，没有电子监控税单的年代。在电报、火车和后来的电话构成的现代通信网络建立之前，国家不得不依靠信使传递信息。因此，当地的统治者往往要负责大量事务，虽然他未必有相对应的官衔。建立中央政府的国家在经济体中一直只占5%的比例，直到近代，而如今，欧洲的这一比例已经升至原来的10倍左右。此外，当时的政府被战争牵扯了大量精力，因而不得不将经济事务留给商人。①

有战争或没有战争

让我们来看看在集权制国家德国和意大利建立（这被称为"重新统一"，就好像这些国家在过去的岁月中也曾形成过一个明确的整体）之前的欧洲。在这些浪漫的实体创建之前，欧洲大陆上的国家如细胞一样分裂繁衍、形态不定，大小城邦混战不止、分分合合。比如，历史上热那亚和威尼斯绝大部分时间都在争夺地中海东部和南部地区，就像两个妓女为抢夺人行道上的地盘撕扯。城邦混战也有好处：小国很难应付一个以上的敌人，因此战争促使各国忽敌忽友。城邦之间时常出现关系紧张的局面，但是不会酿成重大后果，就像英伦三岛的雨，淅淅沥沥，连绵不断，偶尔引发的洪水也从未大到不可收拾的地步，远比长期干旱后的强降雨容易应对。换言之，这就是平均斯坦。

19世纪后期，集权制就如传染病一样蔓延开来，结果在这些集权制国家间爆发了两次世界大战及其余波：受害者超过6 000万（也可能是8 000万）。有无战争的区别变得巨大，呈现显著的割裂。这与产业界向

---

① 需要注意的是人们开始用一个新词"巴尔干化"来形容由分散的国家所造成的混乱，就好像分裂本身就是一件坏事，就好像巴尔干问题还有什么好的解决方案，可是，却没有人使用"赫尔维蒂化"（赫尔维蒂是瑞士的古国名）来形容瑞士这种松散治理的成功。

第五章 露天市场与办公楼

"赢家通吃"的模式转换并无差异,即少数事件居于主导地位。城邦的集结如同我们早先提到的餐饮业:动荡不定,但你永远不会看到一个大规模的餐饮业危机——这一点与银行业很不相同。为什么?因为它是由大量独立而相互竞争的小单元构成的,这些小单元靠一己之力并不足以危及整个系统,或使其从一个状态进入另一个状态。随机性被分散而不是被集中在一起。

有些人陷入了幼稚的"火鸡式"思维,认为这个世界变得越来越安全了,并天真地把它归功于神圣的"国家"(尽管自下而上管理的瑞士才是全球暴力事件发生率最低的地方)。它好比说,核弹更安全,因为它们爆炸的机会较小。世界各地的暴力行为越来越少,但是战争的潜在危害却更大了。20世纪60年代,当美国对苏联的核战争几乎一触即发时,我们是那么接近毁灭性的灾难,真的很近。当我们观察极端斯坦的风险时,我们并未看到什么证据(证据往往来得太迟了),但我们要看的是潜在的危害:这个世界从未像今天这样那么容易遭受重创,从来没有。[1] 我知道,我很难向天真的数据驱动型人士解释,风险存在于未来,而不是过去。

混乱的多民族帝国,也就是所谓的奥匈帝国,在"一战"后就消亡了,一同消亡的还有其邻国及对手奥斯曼帝国(其实在很大程度上说,奥匈帝国与奥斯曼帝国是姊妹国,这一点不要告诉它们),取而代之的是政权鲜明统一的集权制国家。奥斯曼帝国消亡后,剩下来的一些民族结合在了一起,效法瑞士,成立了土耳其,却没人发现这其中格格不入的地方。维也纳则被纳入了奥地利,而除了正式的官方语言,它们并无共通之处。想象一下,将纽约市迁至得克萨斯州中部,并仍称其为纽约会怎样。

---

[1] 更严格地审视一下数据,并根据未知数据做适当调整,我们会发现,能够摧毁地球的战争与统计数据所显示的完全一致,甚至都不是一个"偏值"。正如我们所见,本·伯南克也被他自己的"大稳健"的构想所蒙蔽,这仍是一个"火鸡式"问题:一个从顶部施压以压制波动性的流程会迷惑他人。有些人,比如斯蒂芬·平克就误读了统计过程的本质,因而坚信金融领域也存在类似于"长期稳健"的状态。

维也纳的犹太作家斯蒂芬·茨威格，是当时世界上最有影响力的作家，他在凄美的回忆录《昨日的世界》中表达了他的痛苦。维也纳与文化各异的众多城市，如亚历山德里亚、士麦那、阿勒颇、布拉格、塞萨洛尼基、君士坦丁堡（现在的伊斯坦布尔）、的里雅斯特等捆绑在一起，上了集权制国家这个普罗克拉斯提斯之床，而其公民则纷纷陷入对过去年代的怀旧情绪中。由于无法面对失落感，也无法融入其他地方，茨威格后来在巴西自杀。我第一次读他的传记时，自己也正陷于一个类似的情境，一种身体和文化上的流亡，因为当时我所住的黎凡特的基督教世界在黎巴嫩战争中分崩离析，我想，如果茨威格去了纽约的话，也许他现在还活着。

第六章

告诉他们我爱随机性

- 极端斯坦下的麦克斯韦。
- 喂驴的复杂机制。
- 维吉尔说做,现在就做。

在前一章,我们主要阐述了约翰(脆弱的银行员工)与乔治(相对具有反脆弱性的出租车司机)的风险特性截然不同。同样的,集权制管理系统的风险特性也不同于自治市混乱管理系统的风险特性。第二种风险由于具有一定程度的波动性而产生了长期的稳定性。

电磁学理论的集大成者詹姆斯·克拉克·麦克斯韦针对高压严控将如何导致事与愿违,甚至全线崩溃,进行了科学的论证。"调节器"这个奇妙装置的功能就是通过补偿突然发生的变化,来控制蒸汽机的速度。其目的是稳定蒸汽机,这一点它显然做到了,但矛盾的是,有时候它自己却会导致蒸汽机产生一些反复无常的行为,甚至崩溃。事实上,轻度控制是最有效的;严密控制会导致机器过度反应,有时甚至会使机器崩溃。在于1867年发表的一篇名为"论调节器"的著名论文中,麦克斯韦通过对调节器的行为建模,以数学方式论证了严格地控制蒸汽机的速度将引发不稳定性。

值得注意的是,我们可以将麦克斯韦严谨的数学推导以及有关严控的危险推而广之,从而揭开伪稳定和隐性的长期脆弱性的真相。在市场上控制物价，或者消灭投机者这些所谓的"噪声交易者"以及他们所带来的温和波动，会给人以稳定的错觉，殊不知，由此形成的平静期却可能被激烈的起伏打断。由于人们不能适应波动性，因此，他们将最轻微的价格变化也归咎于内幕消息或系统状态的变化，继而引起恐慌。如果一种货币从来没有发生变化，那么微小波动就会让人以为世界末日来临了。因此，一定程度的混乱反而有助于稳定系统。

事实上，给人一点点困惑有益无害——对你有好处，对他们也有好处。让我们看看在日常生活中这一点是如何体现的，想象一个非常守时和行为可预测的人，他每天晚上6点钟准时回家，15年如一日。你甚至可以根据他到家的时间来校准你的钟表。但如果哪天他哪怕只迟到了几分钟，他的家人一定会因此感到焦虑。而一个行程表波动性稍大，因而行为不太可预测的人（比如说他到家时间前后总有半小时波动），则不会让其家人焦虑。

变化也可起到大清洗的作用。小森林的定期火灾清洗了这个系统中最易燃的树木，令其没有机会继续生长。而系统性地预防森林火灾以确保"安全"的措施，却将导致下一场火灾造成的破坏更加惨重。出于同样的原因，稳定并不利于经济的发展：由于缺乏挫折，企业在长期的稳定繁荣中变得非常脆弱，隐藏的脆弱性在平静的表象之下暗暗积聚，因此，将危机延后并非良策。同样的，市场缺乏波动性会导致隐性风险肆意增长。市场规避动荡的时间越长，当危机真正来临时，损失就越惨重。

这种稳定带来的不利影响可以通过科学的建模清楚明了地呈现，但是我在做交易员时，就曾听人说过，交易老手（而且是经验丰富的老手）会使用一种启发法：当市场创下"新低"，也就是跌至许久不遇的低谷时，人们会争相"割肉"逃离市场。不舍得割肉的则会遭遇更大的损失，乃至陷入深渊。一个你多年，比如两年，都未见过的市场低位（我们将其称为"两年来的新低"）会比"一年来的新低"导致更多损失。老手称之为"洗牌"，这种情况下，"菜鸟"会被排挤出局。"菜鸟"显然是那些脆弱但不自知的人，他们被一种虚假的安全感所蒙蔽。当许多这样的意志不坚者纷纷出逃时，市场崩盘就发生了。一个持续波动的市场不会让人们长时间处于没有任何"洗牌"风险的平静期，但这也防止了那种摧毁性的市场崩盘。

正如一句拉丁语谚语所说：浮而不沉。

饥饿的驴

到目前为止，我们的论点是，阻止一个反脆弱性系统出现随机性，并不总是一个好主意。现在，让我们看看一些以添加随机性为标准操作方法的情况，因为随机性作为一种必需燃料，是反脆弱性系统必不可少的。

一头又饥又渴的驴刚好站在距离食物和水一样远的地方，由于在先喝水还是先吃草这两个选择间难以取舍，它不可避免地死于饥渴。但如果它被随机地往水或食物的方向推了一步，问题就解决了——驴子得救了。这个假想实验是由中世纪的哲学家让·布里丹提出的，所以这个实验被命名为"布里丹之驴"。除了复杂的哲学理论，布里丹的另一个贡献就是引入了思维实验。当某些系统陷入危险的僵局，只有随机性才可以解救它们，给它们自由。你可以看到，如果缺乏随机性，驴子必死无疑。

将随机性噪声注入系统以改善其功能的想法，已在各个领域得到了应用。通过一个被称为随机共振的机制，我们可以在背景中添加一些随机性噪声，从而使你听到的声音（比如音乐）更加真切。前面我们看到，过度补偿的心理影响会帮助我们在一片噪声中捕捉信号；但在这里，我们讲的不是系统的心理特性，而是物理特性。微弱的求救信号，弱得很难被远程接收器收到的信号，在存在背景噪声和随机干扰时反而更易被听到。往信号中添加随机性电子噪声会将信号的音量提高到检测临界值之上，在这种情况下，随机性是最高效的，而且其是完全免费的。

再来看看冶金工业中的退火工艺，这是一种使金属更强韧、质感更均匀的技术。它需要给材料加热并控制其冷却过程，以改变晶体的大小，减少瑕疵。正如"布里丹之驴"一样，热量导致原子脱离最初的位置，随机地在高能状态下漫游；冷却则给予它们更多的机会，寻找新的、更好的结构。

当我还是一个孩子的时候，我通过观察父亲看到了另一种版本的退火效应。我的父亲是一个固守习惯的人，每天一回家就摆弄他的木制晴雨表。他会轻轻地敲击晴雨表，看看这个自制的天气预报表会显示什么读数。敲击晴雨表产生的压力会让指针松动，并使其找到真正的平衡位置，这是一种原始的反脆弱性系统。在冶金技术的启发下，数学家们发明了一种名为模拟退火算法的计算机模拟法，这为我们解决问题带来了更普遍和优化的解决方案，这种解决方案只有随机性才能提供。

随机性在搜索工作中也起到了作用，有时甚至比人更管用。纳森·梅尔沃德让我注意到1975年发表于《科学》杂志上的一篇很有争议性的论文，文章称随机钻探比当时所用的所有搜索钻探法都更高效。

而且，具有讽刺意味的是，波动往往被斥为混乱，但经历着波动的所谓的混乱系统却可以通过随机性保持稳定。我曾看过一个怪诞的随机效应展示，这是一位在读博士生做的。他先是让球在表面呈稳定性波动的桌上乱跳，这些稳定的冲击让球跳得杂乱无章。然后，就像变戏法一样，他动了一个开关，球的跳跃立刻变得有序而规则。更神奇的是，这种从混乱到有序状态的变化并非通过消除混乱达成的，而是通过添加随机性，也就是完全随机的低强度冲击达成的。我看完这个美妙的实验后兴奋极了，简直想大声地告诉街上的每一个陌生人："我爱随机性！"

政治退火

我们在现实中很难向人解释，压力与不确定性在生活中对我们大有裨益，所以你也可以想象，如果这样向政治家们解释会出现何种情况。殊不知，政治领域恰恰是最需要一定剂量的随机性的地方。

第六章 告诉他们我爱随机性

我曾读过一个电影剧本,这个剧本改编自一个寓言,非常具有想象力。故事发生在一个完全由随机性统治的城市里,统治者隔一段时间就会随机地给他的臣民分配一个新的角色。比如说,屠夫将成为一个面包师,面包师将成为一个囚犯。最后,人们奋起反抗统治者,要求将稳定确定为公民不可剥夺的权利。

我马上想到,一个截然相反的寓言应该这么写:不是统治者随机分配公民的工作,而是让公民随机分配统治者的角色,也就是通过抽签的方式来指定统治者,当然公民也可以随机解雇他们。这类似于模拟退火效应,而且效果也毫不逊色。我们发现,实际上古人——又是那些古人!——已经意识到了这一点:雅典议会的成员是通过抽签的方式决定的,这一方法是为了保护整个系统免于退化。幸运的是,现代政治制度也对这种效应进行了研究。在计算机模拟实验中,亚历山德罗·普卢基诺和他的同事们发现,议会中加入一些随机选定的政治家反而有助于促进议会制度更好地发挥作用。

或者,有时系统会从不同类型的压力中受益。对伏尔泰来说,最好的政府就是间或玩弄政治暗杀伎俩的政府。弑君的效果类似于敲击木制晴雨表,以使其更好地工作。这产生了一些往往很有必要的重新洗牌,而且是从来没有主动要求过的洗牌。顶层出现的真空引发了退火效应,促使新领导人出现。社会早亡率的下降对我们来说当然是好事,但它剥夺了自然管理下的优胜劣汰。谋杀是黑手党接班的标准程序,最后一次众所周知的退火行动是约翰·戈蒂在纽约牛排馆门口谋杀前任黑手党教父后顺理成章地成为新的头领。而在黑手党之外,比如老板和董事会成员,他们的在位时间更长,这是在许多领域都存在的一个事实,比如首席执行官、终身学者、政治家、记者。看来,我们需要随机抽签来决定他们的去留,从而打破僵化的局面。

不幸的是,你不能随机决定政党的存留。如今在美国困扰人们的并非两党制,而是为什么永远是这两个政党进行角逐,它们的系统内不存在内嵌的到期日。

最后,古人多少是在逆境下完善随机抽签的方法并将其融入占卜中的。这些抽签的目的实实在在地是要挑选出一个随机的解决方案,但又不用自己做出决定,并终身承担该决定带来的后果。你按照神的指示行事,那样就不用揣摩自己的真实意图了。有一种方法被称为"维吉尔卦",即把命运交托在诗人维吉尔的史诗中,其方法是随机打开维吉尔的《埃涅阿斯纪》,将第一时间读到的话语作为自己的行动指南。你应该使用这样的方法来推动每一项棘手的业务决策。我会不断地重复这一点,直至声嘶力竭:古人开发了隐秘而复杂的方法和技巧来探索随机性。举例来说,实际上我在餐馆里也尝试过随机点餐法。由于菜单冗长复杂,往往置我于被心理学家称为"选择的暴政"的境地中,使我每次做完选择心里就有一种不安的感觉:自己其实应该点其他菜品。因此,我尝试盲目地、系统地跟随餐厅中最胖的那个人点单;如果没有这样的人,我就随机地从菜单上选择,根本不看菜名,心安理得地让太阳神帮我选择。

一枚名叫"稳定性"的定时炸弹

我们曾看过一种说法:缺乏火灾会让高度易燃物质越积越多。每当我告诉人们,政治动荡乃至战争的缺乏,将导致破坏性力量在平静的表面下逐步积聚时,他们总是万分震惊和愤怒。事实上,我认为这用简单的推理就能证明,在缺乏危机的情况下,隐藏的风险会逐步积累,因为人们倾向于将越来越多的风险隐藏在统计分布的"尾部",事实上,这提高了我们遭受罕见恶性事件打击的风险。

(小规模)战争能拯救生命吗?

反启蒙运动的政治哲学家约瑟夫·德·迈斯特曾说,冲突强化了国家的力量。这样的说法极具争议性——战争不是好事,而且,作为残酷的文化战争的受害者,我可以证明战争的恐怖。但是,迈斯特指出了一个基于给定事件分析损失,而忽略故事中其余部分的错误,我觉得这个推论很有意思,也很奇妙。更有意思的是,人们往往不太容易往相反的方向看,比如他们发现了只专注眼前利益的错误,却忽视了仅考虑长期利益的副作用。因为我们往往只将伤亡视为损失,却没有考虑到下一步会发生什么——这一点与园丁不同,园丁们深知,修剪枝叶会让树长得更好。

同样,和平——某种强迫的、受限的、非自然的和平——在生活中也可能导致人们付出昂贵的代价:只要想想,近一个世纪的相对和平后,欧洲在极度自负中遭受了"一战"的打击,与此同时全副武装的集权制国家先后崛起。

再次申明,我们都热爱和平,都期盼经济和情绪的稳定,但并不希望到最后才发现这是一场骗局。每个新学年开始,学生们都会接种疫苗(也就是给自己注入一点儿伤害,以增强免疫力),但为什么我们不将这一机制运用到政治和经济领域呢?

要告诉外交政策制定者的话

概括地说,人为地压制波动性不仅会导致系统变得极其脆弱,同时,系统也不会呈现明显的风险。我们说过,波动性就是信息。事实上,这些系统往往过于风平浪静,而其表面之下却暗流涌动。虽说政治领导人和经济决策者的公开意图是通过抑制波动来稳定系统,但往往适得其反。这些人为制约的系统更容易招致"黑天鹅"事件的光临。这样的环境最终会遭遇重创,与图 5-1 所示的情况一致,在每个人都因适应了多年的稳定期而放松警惕后,灾难往往会不期而至,其带来的损失将远超不稳定状态所带来的损失。事实上,灾难爆发前的潜伏期越长,对经济和政治系统造成的伤害就越大。

通过寻求稳定来实现稳定（忘记第二步）的做法，是经济和外交政策中常见的骗局。这种例子不胜枚举，比如2011年前的埃及腐败政府，美国之所以支持了它40年，就是为了"避免混乱"，其副作用是滋生出一小撮以"超级大国"为后盾的特权掠夺者——这与银行家们利用"大而不倒"的理论诓骗纳税人，从而为自己谋取高额奖金如出一辙。

在写本书时，沙特阿拉伯是最让我焦虑和忧心的国家，这是一个标准的由强权自上而下强制推行的稳定模式，代价是牺牲全部可能存在的道德和伦理美德——当然，也牺牲了稳定本身。

这个与美国"结盟"的国家是一个摒弃宪政的君主制国家，但这还不算是道德败坏。7 000~15 000名王室成员主宰着这个国家，他们过着纸醉金迷的奢侈生活，而这与支撑其先祖来到这里的纯化论伊斯兰教义完全背道而驰。其间的矛盾显而易见：这个古板的沙漠部落的合法性源于其教派所传递的克制隐忍、苦行禁欲的教义，但由于有了"超级大国"撑腰，其后人却开始花天酒地、寻欢作乐——它的国王高调地四处旅行度假，随从可以塞满4个大型喷气式客机。他们的行为完全背离了祖先的训导。如今，沙特王国的王室成员积累的财富大部分都锁进了西方的保险箱。如果没有美国，该国早就掀起了推翻政权的革命，革命会带来一些动荡，但也许到现在该国已经恢复了一定程度的稳定。也就是说，防止噪声的举措从长远来看却使问题变得更糟。

沙特王室和美国"结盟"显然是为了确保稳定。但这是什么样的稳定？我们还要混淆这个概念多久？其实，"多久"是无关紧要的，看看图5-2，这就好像是贷款，最终你还是得偿还。同时，这里还涉及伦理的问题（我留待后文再讨论），特别是某些诡辩，比如有人找到一个"为了什么"的理由来违反原本并不允许违反的道德准则。很少有人意识到，伊朗人之所以憎恨美国是因为美国——一个民主国家——在这里安插了一个君主，一个实施高压统治的伊朗国王，他大肆掠夺了这个国家，却给予美国进入波斯湾的"稳定"权力。今天，伊朗的神权体制在很大程度上是这种高压统治的结果。我们需要学会思考连锁反应以及副作用。

更令人担忧的是，一直以来，尤其是"9·11"恐怖袭击事件之后，美国的中东政策不适当地聚焦于镇压任何或所有的政治波动，同时还打着镇压"伊斯兰激进主义"的旗号——这是几乎每一个政权都用过的伎俩。且不说杀死伊斯兰激进分子反而促使他们的队伍扩大，事实上，西方与阿拉伯国家缔结的联盟迫使伊斯兰激进主义者隐匿，而这反倒强化了后者的力量。

美国的政策决策者该明白了，他们越是为了稳定而插手干预其他国家的内政，越会造成更多的不稳定因素。或者，我们也该减轻政策制定者在政策事务中的作用了。

生活秘籍之一：没有波动，就没有稳定。

在这里，我们把什么叫作现代化？

我在这里对现代化的定义是：人类大规模地治理环境，系统性平整世界的凹凸不平，以及控制波动和化解压力。

现代化就是系统地将人类从充满随机性的生态环境中驱逐出去，包括物理的、社会的，甚至认识论的生态环境。"现代"并不只是像社会学教科书所定义的那样指中世纪、土地改革，以及封建社会结束后的那个历史时期。它更是指以理性化（天真的理性主义）为标志的一个时代的精神，它依据的理念是，社会是可以理解的，也是可以设计的，由人来设计。在这种理念下诞生了统计学理论，以及可憎的"钟形曲线"。也是在这种理念的引导下，诞生了线性科学以及"效率"的概念或优化的概念。

现代化是普罗克拉斯提斯之床，有利有弊——它是对人性的一种削弱，目的是增强效率和效用。它在某些方面确实有效，普罗克拉斯提斯之床并非总会起到削足适履的作用，有些也带来了益处，但非常罕见。

想想看，布朗克斯动物园里的狮子生活在舒适和可预测的环境中（周日的下午，游客们总会蜂拥而至，以一种好奇、敬畏和怜悯的心态来看它），而它在野外的兄弟们则是自由的。曾几何时，在足球妈妈们的黄金时期到来之前，孩子们也是自由放养的。

我们正在进入现代化的新阶段，其标志包括游说者，责任非常非常有限的公司，MBA，骗局，世俗化（或者说重新创造一种新的神圣价值，比如以旗帜代替祭坛），税务官，对老板的恐惧，周末在有趣的地方度假（平时在公认的不那么有趣的地方工作），区分"工作"和"休闲"（虽然在来自更明智时代的人看来，这两者并无区别），退休计划，对这个现代化定义持反对意见的好辩的知识分子，刻板的思维，归纳推理，科学哲学，社会科学的发明，光滑的地面，自以为是的建筑师，等等。暴力从个人层面转向国家层面，金融违纪行为也是。当然，所有这些的症结就在于对于反脆弱性的否认。

我们有一种叙述依赖性，总要为行动和冒险做出合理的解释。公营企业员工和官员，甚至大公司的员工，只能做符合某些叙述的事情，这与以追逐利润为目标的企业大不相同。请记住，当你有叙述的需要时，你得为"蓝色"命名，但在行动中则不需要。缺少了"蓝色"这个词，思想家会遇到麻烦，但实干家不会。（我曾经费尽心思向知识分子们解释实践在知识方面的优越性。）

现代化扩大了轰动信息和重要信息之间的差距——在一个自然环境下，轰动必定要有引起轰动的理由；而如今，我们依赖新闻媒体来捕捉娱乐信息和逸闻趣事等本质上无关紧要的事情，甚至还有闲情逸致去关心远隔千山万水的一些人的私生活。

过去，在我们尚未充分认识反脆弱性、自我组织、自我愈合等概念的时候，我们已经懂得尊重这些特性，并构建了许多信念，旨在管理不确定性，以及在遭受不确定性的冲击后存活下来。我们将生活的改善交给神"代理"。我们可能不认为，万物可以在没有"代理人"的情况下照顾好自己。但是，代理人是神，不是从哈佛大学毕业的掌舵者。

第六章 告诉他们我爱随机性

因此，集权制国家恰好出现在代理人的角色从神转移到人类自身这一进程中——集权制国家的故事就是人类的错误被集中和放大的故事。现代化始于国家对暴力的垄断，而终结于国家对财政不负责任的垄断运营。

接下来，我们将讨论构成现代化核心的两个要素。第一，天真的干预，以及对原本应该任其独立发展的事物强行纠偏而产生的成本（参见第七章）。第二，我们不再相信上帝或大小神明能够管理未来事件，却代之以一种更具宗教激进主义色彩的信念：无条件地相信科学预测，不管在什么领域；我们热衷于将未来浓缩于数字的运算之中，不论其可靠还是不可靠。因为，我们已经成功地将宗教信仰转化为对任何伪装成科学的理论或结论的轻信（参见第八章，作为向第三卷的过渡）。

第七章

天真的干预

- 用切除扁桃体的手术来打发时间。
- 可以留给明天做的就不要今天完成。
- 革命发生之后才来预测革命会爆发。
- 扑克牌 21 点游戏给我们的教训。

让我们通过一个例子来说明人们这种认为必须"做些什么"的观点。20 世纪 30 年代,在 389 名接受纽约市医生检查的儿童中,174 名被建议切除扁桃体。剩下的 215 名儿童再次经医生检查后,又有 99 名被认为需要进行手术。剩下的 116 名儿童又被带去看医生,其中 52 名也被建议做手术。注意,扁桃体炎发病率为 2%~4%(今天,不是当时,而且那时候手术的风险比较高),每 15 000 名进行手术的患者中就有一人会死亡,两相比较,你就可以理解这种医疗方式的收益和损害之间的平衡点了。

这个故事让我们见证了概率杀人的现象。对于每个遭受一场不必要手术的孩子来说,你可能就此缩短了他的预期寿命。这个例子不仅让我们意识到了干预所带来的伤害,更糟糕的是,它展示了人类是多么缺乏在损益之间寻找平衡点的意识。

让我们将这种"提供帮助"的冲动称为天真的干预。接下来,我们将考察它的成本。

第七章　天真的干预

干预和医源性损伤

扁桃体切除手术给那些实际上不必做手术的儿童带来了伤害，而这项手术给其他一些儿童带来的所谓康复的益处却被大肆鼓吹。这种净亏损或超过治疗益处的损害（通常被隐藏或延迟）被称为医源性损伤，从字面上来看就是"治疗师所造成的"损害，iatros 在希腊语中是治疗师的意思。我们将在后文指出，每次你去看医生并接受治疗，你都要承担治疗损害的风险，这与我们权衡其他利弊的方式一样：概率收益减去概率成本。

一个典型的医源性损伤的例子是，乔治·华盛顿总统在 1799 年 12 月死亡，我们有足够的证据表明，他的医生使用了当时的标准疗法，包括放血（放掉 5~9 磅血），而这在很大程度上导致或至少加速了他的死亡。

治疗师的伤害风险可不可以忽略取决于你如何衡量它，在青霉素诞生之前，药品在很大程度上是弊大于利的，接受医生的治疗反而会提高你的死亡概率。但是一个显著的事实是，似乎随着时间的推移和知识的增长，医源性损伤在逐步增加，并在 19 世纪后期的某个时候达到高峰。感谢现代化，正是"科学的进步"，让诊所取代了家庭治疗，并导致死亡率直线上升，当时的人们被认为染上了"医院热"——难怪莱布尼茨曾称这些医院是"死亡的温床"。死亡率上升的证据显而易见，因为所有的受害者都聚集到了一类地方：人们在这些医院中纷纷死去，而不进医院的人却能活下来。曾因遭受很大不公平待遇而出名的奥匈帝国医生伊格纳兹·塞梅尔维斯观察到，在医院死于分娩的妇女数量甚至高于在大街上分娩的妇女。因此，他将职业医生称为罪犯——他们也确实如此。那些导致患者死亡的医生不能接受塞梅尔维斯的言论，认为他的观察"没有理论依据"。塞梅尔维斯因而陷入了抑郁状态——无力阻止那些装作救死扶伤的职业医生谋杀病人，所以痛恨医院。最后，他被送进精神病院，并在那里去世，具有讽刺意味的是，他的死因就是他自己所说的"医院热"，一种他一直在警告人们警惕的疾病。

塞梅尔维斯的故事是可悲的：一个人为挽救他人而说出了真相，却遭到惩罚、羞辱，甚至杀害，最糟糕的惩罚莫过于他在风险和不公平面前的无助。但是，这个故事也有积极的一面——真相终于大白，他的使命获得了回报，虽然是迟到的回报。最后的一个教训是，人们不应该指望在揭示真相后获得鲜花和掌声。

在会产生医源性损伤的领域中，医疗领域的情况还算相对较好的——也许是唯一情况较好的领域。我们看到了问题，因为它获得了关注和处理。事情如今已逐渐得到了控制，只不过我们还要承受"做事的代价"：在美国，医疗失误导致的死亡率仍是车祸死亡率的3倍（医生所接受的数据）到10倍。人们普遍认为，医生误诊（不包括在医院交叉感染的风险）导致的死亡率超过任何单一癌症所导致的死亡率。医疗机构所使用的决策方法仍然无视适当的风险管理原则，但是，尽管其对风险的态度非常幼稚，医疗领域还是在不断进步。我们更应该担心的是制药公司、游说者和特殊利益集团引诱人们接受过度治疗的倾向，以及由此产生的一些隐性的甚至不能算作"错误"的伤害。制药业隐匿医源性损伤，并将它们分散出去，而且这种情况还在加剧。外科医生给病人截肢时选错了腿，或者手术时切错了肾，再或者病人死于药物反应，这些无疑是医源性损伤的典型例子。但是，当你因一种无中生有或杜撰出来的精神疾病，比如说多动症、抑郁症等，给孩子用药，而不是打开桎梏他们的枷锁，其长期的危害是不可想象的。医源性损伤会因所谓的"代理问题"而进一步加剧。代理问题通常也被称为"委托代理问题"，它是因一方（代理人）的个人利益与使用其服务的另一方（委托人）的利益相脱节产生的。代理问题常见于股票经纪人和医生的身上，他们的最终利益是自己的支票账户，而不是你的财务或健康状况，他们给你的建议也仅仅是出于他们自己的利益考虑。当然，代理问题也可以从为"自己的政治生涯"奋斗的政治家身上看到。

第七章　天真的干预

首先，不要造成伤害

医学上关于医源性损伤的认识最晚始于公元前4世纪，"以不伤害病人为前提"是古希腊内科医生希波克拉底提出的第一原则，并被写入"希波克拉底誓言"，成为每个医生在执业前都必须念的誓言。医学界花了24个世纪才开始妥善执行这一绝妙的理念。尽管"不伤害"说了那么多年，"医源性伤害"一词却只是在近期，也就是几十年前才出现的——在已然造成了那么多伤害之后。我自己就不知道这个确切的术语，直到作家布赖恩·阿普尔亚德把这个词介绍给我（我曾用"有害的意想不到的副作用"来描述这个概念）。因此，让我们把医疗领域留到十几个章节之后再讨论，并将这个诞生于医学领域的概念运用到生活的其他领域。由于不干预意味着没有医源性损伤，因此我们说，伤害源于否认反脆弱性——我们总有这样的错觉，即认为人类总是有必要做些什么才能让万物正常运转。

要让人们广泛地认识医源性损伤是一项艰巨的任务。医源性损伤的概念在医学界之外几乎不为人所知（就算在医学界，这个词也是经过了很长时间才得以普及的）。与"蓝色"一词本来没有名称一样，给某样东西命名显然有助于人们对它的认知。我们将把医源性损伤的概念推广至政治学、经济学、城市规划、教育及更多领域。在尝试与这些领域的顾问和学者讨论这些问题时，他们没人知道我在说什么，或者没人认为自己可能成为某种伤害的罪魁祸首。事实上，当你与持有怀疑态度的人讨论这一问题时，他们往往会认为你是在"反对科学的进步"。

但是，其实这个概念在一些宗教文献中可以找到。《古兰经》就提到："自以为正确的人其实偏离了正轨。"

总而言之，任何遭受了天真的干预，或者只是一般干预的领域，都会产生医源性损伤。

医源性损伤的对立面

虽然我们现在有一个词可以用来描述试图帮助别人却造成伤害的情况，但我们却缺少另外一个词来阐述相反的情况，即试图伤害别人结果反倒提供了帮助的情况。请记住，攻击反脆弱性系统就会导致与预期相反的结果。例如，黑客的进攻会使系统更加强大。或者以安·兰德的例子来看，持续的激烈批评反而让一本书的知名度更高。

无能是具有双面性的。在梅尔·布鲁克斯自编自导的电影《制作人》中，两名纽约剧院的戏剧编剧惹上了麻烦，起因是他们的新剧成功了，而不是像预期的那样失败了。他们把一部百老汇戏剧同时卖给了多个投资者，他们的计划是，在该剧失败后把多余的投资资金据为己有。因为如果该剧失败，投资人将不会得到任何回报，他们的诡计也不会被戳穿。但问题是，虽然他们竭尽所能地呈现一部糟糕的戏剧——这部剧被称为"希特勒的春天"，但由于他们不按常理进行编剧，他们炮制出的戏剧效果反而极为有趣。在证券交易所，我也常常遇见这种讽刺的事情：一个家伙不满自己的年终奖金数额，因此用雇主的钱下很大的赌注——结果却赚了一大笔钱，比他特地这样做赚的还多。

也许资本主义背后的支持理念就是一种会得到意料之外但也并非意想不到的后果的反医源性损伤效应：这个系统将个人追求私利的目标（确切地说，不一定是良好的目标）转化为对集体有利的结果。

更高层面的医源性损伤

由于缺乏对医源性损伤的认知而受影响最大的两个领域是社会经济生活和人类的身体（正如我们在塞梅尔维斯的故事中所见）。这两个领域一直以来都是低能力和高干预并存的领域，人们往往无视自发运作和痊愈的存在，更别提自我成长和改进了。

第七章 天真的干预

正如我们在第三章中所看到的，有机体（生物或者非生物的）和机械体之间是有区别的。一个以工程为导向的人往往会将在周围看到的一切问题都视为工程问题。这在工程领域是一件非常好的事情，但如果是猫出了问题，最好请一名兽医而非电路工程师来治疗，更好的方法是，让宠物自行痊愈。

表7–1罗列了各个领域内一系列旨在"改善问题"的尝试及其后果。请注意一个显而易见的事实：在所有例子中，这些做法都在否认反脆弱性。

表7–1　各领域中让系统变得更为脆弱的干预及其产生的影响

领域	干预的例子	医源性损伤的成本
医疗健康	过度治疗 否定人体的随机性，追求稳定进食、恒定温度等 增加而非减少药物	脆弱性 医疗错误 身体更弱（但寿命更长）的人类，更有钱的制药公司，对抗生素产生耐药性的细菌
生态	对森林火灾的微观管理	日益恶化的总风险——更大的"森林火灾"
政治	中央计划 美国"为了稳定"而支持腐败政权	信息不透明 革命之后的混乱
经济	"不再有繁荣与萧条的循环" [格林斯潘（美国），工党（英国）]，大稳健（伯南克） 国家干预 优化 为罕见事件定价的错觉，风险价值法，规模经济的错觉，无视二阶效应	脆弱性 危机一旦发生，影响更大 对亲政府的老牌公司的支持压制了新创企业的发展 易受攻击，伪效率 大问题爆发
商业	积极的建议（江湖骗术），关注收益而不关注风险（规避风险）	骗子牟利 公司破产
都市	城市规划	市场衰败，市中心没落，犯罪率提高
预测	无视过去糟糕的预测历史，仍企图预测"黑天鹅"事件（第四象限）	隐性风险（人们根据预测结果行事，结果冒更大的风险）
文学	编辑试图修改你的文字	讨好读者的，更具《纽约时报》风格的商业化文字

（续表）

领域	干预的例子	医源性损伤的成本
子女教育	足球妈妈（或爸爸），消除孩子生活中的所有随机性	孩子思维的观光化
教育	整个概念建立在干预的基础上	荒谬——儿童思维的转型
科技	新事物狂热征	脆弱化、异化、钝化
媒体	高频率的无趣信息	噪声／信号筛选机制被打乱、干预

鲸鱼能像鹰一样飞吗？

社会科学家和经济学家的头脑中并没有关于医源性损伤的知识，他们当然也不知道该如何称呼它，当我决定教学生认识经济和金融模型中的错误时，没有人把我或者我的想法当真，偶尔有人试图与我争辩，也只是要求我说出"理论依据"（这就像塞梅尔维斯的故事一样），却从未意识到，我所针对和讨论的正是理论的错误，或者不考虑理论的潜在误差所产生的影响，就盲目地使用理论的情况。

其实，拥有理论是一件非常危险的事情。

我们当然可以脱离理论进行严谨的科学研究。科学家们所称的现象学就是指对实证规律性的观察，其并无明确的理论支持。在我的三元结构中，我将理论归入"脆弱类"，将现象学归入"强韧类"。理论是极其脆弱的，它们兴起又消亡，循环往复；现象学则更经得起推敲，我不相信人们会意识不到，现象学是"强韧的"、可用的，而理论往往言过其实，对物理学领域之外的决策并无助益。

物理学享有特权，它是一个例外，这使得其他学科模仿它就如同鲸鱼想要像鹰那样飞翔。在物理学领域，随着理论的发展，误差越来越小，所以，说"牛顿错了"显然很抓眼球，是一些耸人听闻的科学小报的绝好素材，但最终这只是捏造事实；更中肯的说法是："牛顿的理论在某些特定情况下并不准确。"牛顿力学原理的预测力极强,除了当物体在以接近光速的速度运动时,不过你不会指望自己在下一个假期的旅途中达到这个速度吧?我们也经常在一些头版头条上看到虚假信息,声称爱因斯坦有关光速的理论是"错误的",而用以证明他错了的工具是那么复杂且适用条件苛刻,以至于他们所阐明的观点在或近或远的未来对你我来说都无关紧要。

另一方面,社会科学理论却似乎多有分歧。在冷战期间,美国芝加哥大学推崇"自由放任"理论,莫斯科大学所讲授的却正好相反——但两国大学的物理系所讲授的内容即使不是完全相同,也大体一致。这就是为什么我把社会科学理论放在三元结构图的左栏,因为对现实世界的决策来说,它们超级脆弱,在风险分析方面也不稳定,说它们是"理论"实在让人感觉不妥。在社会科学中,我们应该称这些阐述为"幻想",而不是理论。

我们必须构建一种方法来处理这些缺陷。我们不可能再等上 24 个世纪。在医学领域,医源性损伤会因人口基数大而分散(因而是平均斯坦),而社会科学和政策所带来的医源性损伤则不同,由于权力的集中,其产生的伤害可以一举摧毁我们所有人(也就是极端斯坦)。

不要什么事情都不做

2007 年经济危机的主要来源就是,超级脆弱推手艾伦·格林斯潘(回顾历史,他无疑是最高级别的创伤源了)旨在消除"经济繁荣与衰退的周期"的各项举措,这些举措导致所有风险藏于地下且不断积聚,最终摧毁了经济,引发了"医源性损伤"。最让人郁闷的是,格林斯潘竟然还是一名自由主义者,表面看来他本该确信经济应该按照自己的方式运转;人啊,总是在无休止地愚弄自己。脆弱推手戈登·布朗领导下的英国政府,也运用了同样天真的干预工具。布朗是启蒙运动的支持者,他的宏大抱负之一就是"消除"经济周期。脆弱推手布朗同样也是一个"医源性损伤"大师，虽然未必能与格林斯潘平起平坐。目前，布朗正在向世界宣扬他的"道德的"和"可持续的"金融——但他实行的偏偏是信息技术集中政策（导致巨额的成本支出和实施的延迟），而非借助于分权化的小单位来推进经济发展，这已被证明难以扭转局面。事实上，英国医疗卫生服务部门的原则是，某个偏远地区医院的一枚别针落地的声音也应该让白厅（伦敦地区政府大楼集中的建筑群）听到。我们将在第十八章对集中的风险进行技术性评论。

这些旨在消除经济周期的努力，是所有脆弱性的根源。正如森林里的小火灾会烧掉森林中的可燃材料一样，经济中的小伤害也会尽早地淘汰弱势企业，让它们"尽早失败"（从头再来），并尽量减少对系统的长期损害。

当某人负责主管某件事时，就会有道德问题出现。格林斯潘的行为是有害的，即使他知道这一点，并且选择无为而治，但要为这种行为辩解还是必须有点儿英雄主义气概的，因为在这样一个民主国家，人们总是迫不及待地承诺能拿出比其他人更好的业绩，而不管实际的延迟成本如何。

天真的干预在各个领域都很普遍。正如扁桃体切除手术一样，如果你向文字编辑供稿，他会提出一些修改建议，比如每页约修改5个地方。好，接受他的"修改"建议，把这个文稿提交给另一个干预率（编辑往往有不同的干预率）差不多的文字编辑，你会看到，他也会提出差不多同样数量的修改提议，有时甚至与前面一位编辑的修改建议相悖，需要把前一位编辑修改的地方再改回来。再找第三个编辑，情况也是一样。

顺便说一句，有些人在某个领域干预过多，但在其他领域却又干预太少，文字编辑是一个再恰当不过的例子。在我的写作生涯中，我多次注意到，那些过度编辑文稿的编辑往往会遗漏真正的错别字（反之亦然）。有一次，我从《华盛顿邮报》撤回了我写的文章，因为通篇文章都经过了完全没有必要的编辑，仿佛每一个字都被词库中的词替换了。我转而将该文投给了英国的《金融时报》,《金融时报》的编辑只做了一个修正：把1989年改成了1990年。《华盛顿邮报》做了那么多努力，却漏掉了这唯一重要的地方。正如我们将看到的，干预耗尽了我们的精神和经济资源；当人们最迫切需要它们时，却又无从寻找（小心事与愿违：不管需要做什么事，小政府最终可能都更有效，具有讽刺意味的是，较之大政府，缩小了规模和管辖范围的小政府反而更强大）。

非天真的干预

请允许我在此告诫大家，不要误解本书所传递的信息。我的论点并不是反对干预，事实上，我用上面的例子揭示了，我同样担心在需要干预的时候我的干预却不足。我只是提醒大家注意天真的干预，以免因为对其危害缺乏认识而盲目接受它。

可以肯定的是，我要传递的信息起码在一段时间内会被人误解。我曾写过《随机漫步的傻瓜》一书，其中的信息与这里提到的相关，即我们倾向于低估随机性在人类生活中的作用，我将此概括为"比你想象的更随机"，但是媒体传递的信息却变成了"这完全有赖于随机性"或者"这完全有赖于该死的运气"，这种断章取义是普罗克拉斯提斯之床的又一种写照。在接受电台采访时，我试图向记者解释这两句话之间的细微差别，结果却被告知，我说得"太复杂"了；所以我干脆拂袖而去，让他们自己去收拾残局。令人沮丧的是，那些犯下这样错误的人都是受过教育的人，他们是记者，被委以向我们这些"门外汉"阐述这个世界的责任。同样，在这里我要说的是，我们需要避免对系统的自然反脆弱性，即对它们自己照顾自己的能力视而不见，并克制自己拒绝给它们自然发展的机会的冲动，以免伤害到它们，让它们更为脆弱。

正如我们在过分热心的编辑身上所看到，过度干预一定与干预不足并行。事实上，和医疗领域一样，我们倾向于在一些收益小（而风险大）的领域实施过度干预，而在有必要干预的时候（如紧急情况）却干预不足。因此，我在这里的观点是，赞成某些领域的坚定干预，如生态领域，或限制大公司造成经济危机和道德风险。

我们应该控制什么呢？通常说来，通过干预来限制（公司、机场或污染源的）规模、集中度和速度都有利于降低"黑天鹅"风险。这些行动有助于消除医源性损伤，但是，我们很难说服政府限制其规模。例如，自20世纪70年代以来就有人认为，对高速公路限速（并切实执行）能极大地提高交通安全性。这应该是可信的，因为交通事故的风险往往随着车速的提高而陡然（非线性）上升，而人类天生并不具备这种直觉。有人喜欢驾驶着大型汽车在高速公路上横冲直撞，这显然会危及你的安全，在大型汽车撞到你的敞篷跑车之前，有必要及时制止它——或者换种结果，让这个人而不是你最终退出基因库。速度来自现代化，而我总是怀疑其具有来自后自然时代的、隐藏的脆弱性——我们将在第十八章和第十九章提供技术性证据支持。

但是，我也接受相反的论点，那就是管理街道的交通标志似乎并不能降低风险：街道上有了标志，司机们就会比较容易掉以轻心。实验表明，当人们将控制权拱手让给系统时，警觉性就会降低（这是缺乏过度补偿的又一个例证）。驾驶员需要由危险感带来的紧张和压力帮助提高他们的注意力和风险控制力，这不是加强外部监管可以替代的——例如，管制行人过马路要比允许行人随意穿马路导致的死亡人数更多。一些自由主义者使用了荷兰的一个小镇德拉赫滕的案例来说明问题，这里进行过一个假想实验：所有的道路标志都被拆除了。但这种放松管制的做法反而改善了交通安全状况，这证实了人们注意力系统中反脆弱性的作用，展示了它是怎么被危险性和责任感所激发的。因此，许多德国和荷兰的城镇都开始减少路标。我们在第二章讨论飞机的自动化飞行时，其实就谈到了德拉赫滕效应。但我们要小心的是，不可扩大德拉赫滕效应的应用范围，因为这并不意味着消除所有社会规则有助于效率的提高。正如我刚才所说，在高速公路上限制开车速度对应的是另一种情况,而且它的风险是不同的。

可惜的是,我很难将有关脆弱性和反脆弱性的想法放入当前美国的政治体系,也就是两党制中。在大多数的时间里,美国的民主党阵营偏好超级干预、无条件调控和庞大的政府,而美国的共和党阵营则偏爱大公司、无条件放松管制和军国主义,两者对我来说都是一样的。在债务问题上,它们的立场更是毫无区别,双方都倾向于鼓励公民、公司和政府负债(这带来了脆弱性,扼杀了反脆弱性)。我相信无论哪个政党上台,其市场和政府都会愚蠢地招致"黑天鹅"的攻击——而大自然则不会,这是因为它的构造以及更古老的市场模式(如露天市场),完全不同于我们现在所拥有的。

让我再简述一下我对干预的认识。我的主要提议是形成一套系统性准则,以决定何时进行干预,何时让系统自行运作。我们可能需要通过干预来控制现代化的医源性损伤,尤其是对环境的大规模破坏和潜在(虽然并不明显)伤害的高度集中,这些事情造成的局面往往在我们意识到时已经不可收拾了。我在此表达的并非政治理念,而是风险管理理念。我不属于哪个政治派别,也从未效忠于某个特定政党,我只是想以恰当的方法引起我们对危害和脆弱性的关注,以确保我们不会摧毁这个星球和我们自己。

赞美拖延——像费边社那样

在一个专业化的社会中,干预有愈演愈烈的趋势,但是干预还有一些欺骗的成分在里面。强调为他人做了什么远比强调帮助他人避免了什么更能让人感恩戴德。当然,与奖金挂钩的绩效制度进一步加剧了这一问题。我回顾了一下历史,想找到那些因为"无为"而成为英雄的人,但事实上,很难找到这样的人。一名医生克制了给病人背部开刀的冲动(这可是一台价格不菲的手术),而给病人自行痊愈的机会;另一名医生故意让手术显得不可缺少,让病人感觉动手术会更放心,其结果是病人面临手术风险，医生却获得巨大的经济回报。这两者相比，后者将名利双收，甚至开得起劳斯莱斯轿车。企业也是一样，企业经理人努力避免公司发生损失，自己却不会得到回报。事实上，在"黑天鹅"的世界中，真正的英雄是防止灾难发生的人，但是，当然，因为灾难没有发生，他的义举也无人认可，更别提拿到奖金了。我会在第四卷深入探讨这一问题，我将探讨伦理道德、奖金制度的不公平，以及这种不公平如何被复杂性放大了。

但是，古人似乎总是比我们现代人更有智慧，而且是简单得多的智慧：罗马人尊敬懂得抵制和推迟干预的人。费边·马克西姆斯将军有一个绰号："拖延者"。虽然汉尼拔有明显的军事优势，但费边通过避免和延缓交锋几乎快把汉尼拔逼疯了。汉尼拔的军国主义恰恰就像某种形式的干预（这点很像小布什，只有一点例外，汉尼拔实际上会亲身作战，而不是在舒适的办公室里开会），与"拖延者"的智慧相对立。

英国有一个非常聪明的革命社团发起了一项政治运动，这个社团被称为费边社，其是根据"拖延者"费边命名的，其主旨就是抓住一切机会拖延革命。费边社成员包括乔治·萧伯纳、威尔斯、伦纳德·伍尔夫和弗吉尼亚·伍尔夫夫妇、拉姆齐·麦克唐纳，甚至有一段时间伯特兰·罗素也参与其中。现在回想起来，这是一种非常有效的策略，不是实现自己的目标，而是接受一个事实，他们的目标就是转移对方的目标。拖延可以让事件自行发展，让积极分子有机会在制定不可逆的政策之前改变想法。

拉丁语中有一个谚语："欲速则不达。"罗马人不是唯一尊重自愿放弃行动的古人。中国的思想家老子也创造了无为（消极成就）的学说。

很少有人知道，拖延是我们的自然防御本能，是让事情顺其自然地发展并发挥其反脆弱性的本能；它源于某些生态或自然的智慧，结果也并不总是坏的。在生存层面上，这是我们的身体自然地反抗任何强加的桎梏和束缚的方式，这是我们的灵魂在与现代化中的普罗克拉斯提斯之床做斗争。当然，在现代世界中，我不能推迟纳税申报，但是，我可以推迟一个小病的就医时间，或者推迟一篇文章的写作时间，直到我的身体告诉我，我已

第七章　天真的干预

经准备好了。通过这种方式，我可能在使用一个非常强大的自然过滤器。我只在自己有写作欲望的时候写作，而且只写我喜欢讨论的主题，要知道，读者可不是傻瓜。所以，我往往用拖延的方式等待内心的自我呼唤，用这种慢慢进化而来的本能来抵抗对我写作的任何干预。然而，一些心理学家和行为经济学家却似乎认为，拖延是一种疾病，是需要纠正和治愈的。

由于拖延的好处并未得到充分证明，因此，有人将其与柏拉图讨论的意志力薄弱，即一种缺乏自制力的表现联系起来，还有人认为它与一种被称为缺乏意志的"病理"相关。我相信制药公司也许有一天会为此研制出某种治疗药物。

拖延的好处，同样适用于医疗程序：我们看到，拖延可以避免你犯错，因为它给予自然按自己的规律行事的机会，要知道，自然比科学家更不容易出错，这是一个令人尴尬的事实。研究"非理性"的心理学家和经济学家并没有意识到，在没有生命危险的情况下，人类有一种拖延的本能。如果看到狮子走进我的卧室或邻近的图书馆起火，我是绝不会拖延的。如果严重受伤，我也不会拖延就医。此时，我遵循的是非自然的职责和程序。有一次，我背部受伤，却将手术一拖再拖，后来，我去阿尔卑斯山远足度假了一次，之后又进行了一段时间的举重锻炼，结果我的背部竟自行痊愈了。我的自然本能让我推迟了一次可有可无的手术，并将侵害我身体反脆弱性的风险降至最低，而这些心理学家和经济学家却要我扼杀自己的这种本能（内在激励机制），泯灭身体的反脆弱性。由于拖延源于我们的自然意志，其传递了我们自身动力不足的信息，因此解决方案就是换个环境或者换份工作，让自己不要那么纠结或者压抑。很少有人能够领会这样的逻辑，人们应该过一种视拖延为有益工具的、基于自然风险进行决策的生活。

其实我写这本书的时候也运用了拖延的方式。如果我在一个章节上一再拖延，那么它肯定会被淘汰。这只是简单的道德问题：如果我在写一个话题时感觉不到一点儿自然冲动的话，那我为什么要写出来糊弄人呢？

用我的生态学推理来说，一个人做事拖拖拉拉不是因为他不理性，而是因为他身处的环境不合理。称这个人不理性的经济学家和心理学家，其实才是不理性的。

事实上，人类是非常不擅长过滤信息的，特别是短期信息，而拖延则是帮助我们筛选信息的较好方式，它能使我们避免由于冲动而轻信某个信息，我们下面还会就此做出详细讨论。

"自然主义"的概念现在有点儿混乱。哲学家常提到一种被称为"自然主义谬误"的错误，这概念暗指自然的事情在道德上并非正确，这一点我也同意，我们将在第四章讨论将达尔文的自然选择应用到现代社会的问题，以及保护一些失败者的必要性，这些都与自然的意志相悖。但问题是，现在有些人在道德以外的领域滥用自然主义谬误的概念，比如在一个人有所怀疑的时候，便误认为他过于依赖自然主义本能。不管你怎么批驳，在涉及风险考量时，这一谬论并不成立。时间是考察脆弱性的最佳测试，它包含了大量的混乱无序，自然是目前为止唯一能在时间的磨砺下堪称"强韧"的系统，但一些哲学家却不了解，风险和生存的问题比哲学问题更关键，那些人最终应该退出基因库——真正的哲学家都同意我的陈述。还有一个更糟糕的谬论：人们会犯相反的错误，认为自然主义就是谬论。

大规模的神经过敏

想象一下，我们一般印象中的神经过敏者——长得瘦削，整张脸看起来扭曲着，说话语调时高时低。每当他试图表达自己的意思时，脖子便不自觉开始扭动。每次脸上长颗粉刺，他的第一反应就是臆想自己患了癌症，而且是致命的癌症，癌细胞已经扩散到他的淋巴结。他的疑心病还不仅限于身体健康方面：他的生意一旦遭遇小挫折，他的反应就好像自己肯定破产在即了。在办公室里，他会关注每一个可能的细节，系统性地小题大做。这个世界上你最大的噩梦可能就是与他同坐一辆车赶赴一个重要约会，结果却遭遇了堵车。"反应过度"这个词就是为他而造的，他不仅是有反应，而且是反应过度。

将神经过敏者与不动声色的人比较一下，后者有临危不乱的能力，这被认为是领导者、军事指挥官或黑手党教父的必要素质。这样的人不会一有风吹草动就乱了阵脚，他在困境中的自我控制力让你叹服。要知道什么是沉稳、冷静和深思熟虑的声音，只要听听对"公牛桑米"萨尔瓦托·格拉瓦诺的采访，他曾参与谋杀了19人（都是匪徒火拼）。他说话慢条斯理，就好像讨论的问题"没什么大不了的"。但是，这类人只有在必要时才会做出反应；他要么不生气，一旦生气可谓雷霆震怒，每个人都得小心，这类人与神经过敏者完全不同。

现代化的发展为我们提供了大量的信息，这些信息却把人类从从容镇静的那类人变成神经过敏的人。出于讨论的目的，我们暂且把从容镇静的人视为懂得对真实信息做出反应的人，而把神经过敏的人视为会对噪声做出反应的人。两类人之间的差异让我们看到了噪声和信号之间的差异。噪声是你应该忽略的，而信号才是你需要注意的。

事实上，我们在本书前几章已经零散地提到了"噪声"的问题，现在是对其进行准确阐述的时候了。在科学上，噪声已经超出了实际声音的范畴，被用来概括性地指代没有任何目的、不起任何作用的随机信息，你需要清除噪声，以正视听。噪声包括一条加密信息里的完全没有意义的元素（它们只是一些用来迷惑间谍的随机字母），以及打电话时听到的嘶嘶声（你总是要尽力避免它，以专注于对话）。

因个人能力或智力的欠缺无法区别噪声和信号，往往是过度干预背后的原因。

杀人的合法方式

如果你想加速一个人的死亡，就给他请一位私人医生。我的意思并不是为他提供一个蹩脚的医生,而是给他钱让他自己选择中意的医生——什么样的都行。

这也许是唯一可能合法的杀人方式了。我们可以从扁桃体切除手术的故事中看到,更多的数据使我们进行干预的意愿更强,导致我们的行为更像一个神经过敏的人。罗里·萨瑟兰曾向我暗示,给员工配备私人医生,实际上会使他们更容易受天真的干预的影响,也更容易遭受医源性损伤:医生需要证明他们无愧于你付的钱,也要向自己证明,自己还有那么一点儿职业道德,这靠"无为"是不足以体现的。事实上,歌手迈克尔·杰克逊的私人医生被起诉的理由就相当于过度干预,即扼杀了病人的反脆弱性(法院得花些时间才能熟悉这个概念)。你有没有想过为什么国家元首和非常富有的人虽能方便地获取医疗保健服务,却并不比普通人活得更久呢?嗯,看来这正是过度服用药物和过度获取医疗服务的后果。

同样,那些在公司里制定政策的人(如脆弱推手格林斯潘)由于有一个先进的数据采集部门的支持,因此得到了很多"及时"的信息,结果却往往反应过度,将噪声当作信号,格林斯潘甚至会关注克利夫兰真空吸尘器销售状况的波动,"以便掌握经济的确切走向",当然,他的微观管理将美国经济拖入混乱的泥潭。

在商业和经济决策中,对数据的依赖导致了严重的副作用。由于互联网的发展,数据空前丰富,你在数据中陷得越深,错误数据的比例就越高。我们很少讨论关于数据的一个事实,即大量数据实际上是有害的,即使是中等数量的数据也是有害的。

前两章的内容展示了如何使用和利用噪声和随机性;但噪声和随机性也可以使用和利用你,特别是在完全不自然的情况下——依靠网络或者媒体获取大量数据的情况下。

你会发现,你越频繁地寻找数据,你找到的噪声(而非被称为信号的宝贵数据)的比例就越高,噪声-信号比也就越高。噪声和信号的混淆并非心理问题,而是数据本身所固有的问题。假设你每年查看一次数据,比

第七章 天真的干预

如股价、你岳父工厂生产的化肥的销售情况，或符拉迪沃斯托克的通胀数据，再假设你观察数据得到的信号–噪声比为 1∶1（一半噪声，一半信号），这意味着，大约有一半的变化是真正的变化，而另一半的变化来自随机性。这个比例是你每年观察一次数据得到的比例。但如果你每天查看一次同样的数据，那么你得到的就将是 95% 的噪声和 5% 的信号。如果你观察数据的频率以小时为单位，就像如今人们整日被新闻和市场价格变动的信息包围一样，那么这个构成就是 99.5% 的噪声和 0.5% 的信号。也就是说，噪声的数量是信号的 200 倍以上——这就是为什么爱听新闻（除非有非常重要的事件发生）的人离愚蠢的人也就一步之遥了。

看看报纸产生的医源性损伤。报纸每天都需要用一堆新闻填满各个版面，尤其是其他报纸也会报道的那些新闻。事实上，要把事情做对，它们就要学会在缺乏有意义的信息素材时保持沉默。报纸篇幅有些时候写两行就够了，而必要时则可以写上 200 版——与信号的强度成正比。不过，当然，报纸要赚钱，因此需要向我们出售垃圾信息，而垃圾信息无疑会引发医源性损伤。

这个故事还可以从生物学的角度来看。我一直在重申，在一个自然的环境中，压力源就是信息。因此，信息过多意味着压力将超过反脆弱性的临界点。在医学上，我们发现绝食有助于人们自我康复，因为这使人们免于因摄入食物而分泌过多的荷尔蒙。荷尔蒙会将信息传递给我们身体系统的不同部分，但荷尔蒙过高会导致生物机能的紊乱。就像接收过多新闻会产生问题一样，过多信息有害无益——每日接收过多的新闻和摄入过多的糖都会让系统紊乱。在第二十三章中我会阐述，太多的数据（特别是无效的数据）将导致统计数据毫无意义。

现在，让我们再从心理层面梳理一下：我们不是天生就明白上述道理的，所以我们会在情绪上对噪声反应过度。最好的办法是只看重大的数据或条件的变化，而忽略小的变化。

正如我们不太可能将一头熊误认为是一块石头（但有可能将一块石

头误认为是一头熊），任何一个理智、头脑清楚、不人云亦云、不会淹没在数据中的人，是绝不可能将一个重要信号、一个攸关生死的信号看成噪声的，除非他急于求成、过度敏感，而且神经过敏，从而被其他信息干扰和迷惑了。重要的信号总有方法触动你。在扁桃体切除手术的故事中，最好的筛选方式就是只给病得很重、经常喉咙发炎的孩子做手术。

媒体激发的神经过敏

媒体及其添油加醋描述的逸闻趣事传递了数不胜数的噪声，由此，我们越来越多地生活在虚拟的现实中，与真实的世界隔离；距离一天天拉远，我们对此的意识却一天天淡薄。想想，美国每天有6 200人死亡，许多人都死于可预防的疾病。但媒体只报道最耸人听闻的事件（如飓风、离奇的意外、小型飞机的坠毁），而这给了我们越来越扭曲的风险现状。在古时候，逸闻趣事都是信息，但今天不再如此。同样的，在向我们提供解释和理论的过程中，媒体制造了一种认识世界的错觉。

记者对事件（和风险）的理解都是事后的，就好比登机后再安检，或者像古人说的战争结束后再派援军。由于领域的依赖性，我们总是忘记对照现实世界来查看我们心中对世界的认识。因此，我们生活在一个越来越脆弱的世界，同时却认为它越来越容易理解了。

总而言之，减轻干预的最好方法是限量供应信息，并以尽可能自然的方式来获取信息。这在互联网时代是很难让人接受的。我很难向人解释，你获得的数据越多，了解的情况就越少，导致的医源性损伤也越多。如今，人们仍抱有"科学"就意味着更多数据的错觉。

国家无能反而更好

事实往往是，只有国家的无能才能帮助我们摆脱中央集权和现代化的桎梏——实现反医源性损伤。富有真知灼见的作者德米特里·奥尔洛夫阐述了苏联那种低效落后、无意识重复栽种的粮食生产模式是如何在苏联解体后帮助人民逃避灾难，最终促进了国家稳定。斯大林想按自己的主张规划农业，却导致了饥荒。他和他的继任者从来没有成功地提高过农业的"效率"，即实现耕种的集中和优化，就像今天的美国一样，所以，苏联每一个城市的周边都种植着主要的粮食作物。这当然提高了成本，因为苏联无法从专业化中受益。但就是这种缺乏专业化耕种的局面使人们在国家机构严重解体的情况下也能获取各种粮食。你可以想象一下，如果美国（或欧洲）出现食品供应中断事件的话会发生什么情况。此外，由于苏联住宅建设效率低下，因此家族三代往往都住得很近，关系也很亲密，人们彼此邻近、互通有无。他们的纽带异常牢固，这可与社交网络不同，他们会给饥饿的朋友送食物，也希望当自己陷入困境时，有些朋友（不一定是他们帮助的那个朋友）能够帮助他们。

自上而下管理的国家即使想帮助人民也并不一定能实现，我们接下来还会看到另一个体现国家无能的益处的故事。

法国比你想象的更乱

下一步，我们将颠覆一种观点，即认为法国治理得好是因为它是一个由笛卡尔式的理性主义者自上而下管理的国家。

过去 20 年来，我一直在疑惑，为什么由一个超级政府自上而下领导的法国，能在那么多领域内都运行良好。这毕竟是让-巴普蒂斯特·柯尔贝尔领导过的国家，这个伟大梦想家的思想渗透到了国家的诸多方面。事实上，目前法国的文化是超级干预式的文化，其理念可以说是"尽管东西没坏，也要好好修理它"。看起来法国在诸多领域远超其他国家，所以，法国是不是可以用来证明，通过严格管理让都市井井有条的中央官僚机构事实上有利于发展、幸福、卓越的科学和文学、宜人的气候、地中海地区多样化的植物、高大的山脉、优越的交通、迷人的女郎，还有令人垂涎欲滴的美食？但直到阅读格雷厄姆·罗布的《发现法国》，我才发现一个重要的事实，这让我用全新的视角来看这个地方，并查找文献来修订有关这个国家的故事。

这个故事实际上我们并不陌生：法国的集权制在很大程度上是象征性的，虽然路易十四、拿破仑的征战，以及茹费理的国家教育计划无不希望一统该国。早在1863年，法国人并不说法语（只有1/5的人说法语），该国有多种语言和方言（一个离谱的故事：1904年的诺贝尔文学奖得主是法国人弗雷德里克·米斯特拉尔，但他写作时用的却是普罗旺斯语，一种法国南部的语言，如今已经没有人会说这种语言了）。这个国家缺乏语言的融合，就像该国五花八门的奶酪一样（据说这里有400多种奶酪），这从一定程度上显示了集权制管理方式在这个国家实行的难度。由于缺乏种族或语言的维系，这里只不过是国王或没落贵族的资产。这里的道路极其崎岖，大部分地区游客都无法进入。收税很危险，需要坚忍的精神和智慧的手段。事实上，这个国家是逐步被巴黎"发现"的，在很大程度上还是在北非和其他殖民地建立之后被发现的。在一本很有意思的大部头著作《叛逆的法国》中，历史学家让·萨科指出法国的叛乱文化博大精深，从历史上看，这可以算作法国真正的全国运动。

巴黎本身几乎不受法国控制——它的情况不比不听巴西中央政府号令的被称为"野花"的里约贫民窟好多少。"太阳王"路易十四把政府搬到了凡尔赛宫，以逃避巴黎的民众。直到奥斯曼在19世纪60年代拆除了廉价公寓和狭窄的街道，修建了大道，并允许警察控制人群后，巴黎才变得容易控制。实际上，法国的核心就是巴黎，政府对法国其余地区并不十分在意。这个国家曾经历过长期规划和修建道路、铁路系统、公立学校和电视网络的"5年计划"，之后才实现了集权制管理，这也就是拿破仑一统江山的梦想。这个梦想的实现始于战后的戴高乐时期，到20世纪70年代的瓦勒里·吉斯卡尔·德斯坦统治时期才算完成，而随后分权化又开始了。

第七章　天真的干预

我们可以说，法国可能受益于这20年左右的中央集权统治，但我们同样也可以认为，它得益于这样一种皆大欢喜的情况：大政府刺激了经济增长，而且其没有存在过长时间，因而未引起反作用。

瑞典和大政府

除了法国，我不能理解的还有瑞典和其他北欧国家，比如丹麦，它几乎成了大政府高效治理的代名词，因为该国的经济大部分是国有的。世界上怎么会有像丹麦这种在庞大的政府的治理下还能够幸福的国家（假如幸福是可衡量和美好的）呢？是因为这些国家的面积比纽约都会区还小吗？我始终百思不得其解，直到我的合著者、政治学家马克·布莱思告诉我，这种叙述是错误的：瑞典的故事与瑞士如出一辙（只不过这里的气候更糟，也没有好的滑雪胜地）。仔细看看，该国政府就像一个税收机构，但收来的钱是由各市自己支配的，用于开展各市认为必要的技术培训，以满足工人的个人需求。该国的经济精英们比在其他大多数民主国家拥有的自由更多，远超出外国人对中央集权制国家的预期。

此外，冷战结束时，大约在1990年，瑞典和其他北欧国家经历了严重的经济衰退，但令人钦佩的是，它们实施了财政紧缩政策，有效地规避了20年后汹涌来袭的金融危机的冲击，这是我们能够受益于混乱状态的又一个例证。

将催化剂与起因混为一谈

受到压制时，渴望自然波动性的系统最终会崩溃，这是不可避免的结果，因为它们是脆弱的。我们从未将失败视为脆弱性的结果，相反的，此类失败往往被我们说成预测错误的结果。可是，如果大桥有一个摇摇欲坠的沙柱，那么把这座脆弱的桥梁的倒塌归咎于最后一辆通过的卡车是十分不明智的，更愚蠢的是试图提前预测哪辆卡车会将大桥压垮。然而，这种事情我们已经做得够多了。

2011年，美国总统巴拉克·奥巴马将政府未能预测到当年春天在埃及爆发的革命一事归咎于情报失误，却独独忽略了这一点，即正是在统计"尾部"中的那些被压制的风险产生了作用，而不是他们没有看到最后一粒沙子的落下。我们可以对经济进行类比，2007—2008年的金融危机开始后，许多人认为，如果能够预测到次贷危机（他们认为，似乎是次贷危机触发了金融危机）就能够避免金融危机。这根本不可能，它们本来就是一回事，前者并不是后者的根本原因。同样的，奥巴马之所以指责"情报失误"导致他的政府未能预测到埃及的起义，是因为其对复杂系统和糟糕政策有误解。超级大国在这个故事中就是一只"普通的火鸡"。

奥巴马的错误说明人们很容易在因果关系链条上产生错觉，也就是将催化剂当作起因，并以为大家可能知道哪些催化剂会产生哪些影响。所有观察者，尤其是卷入其中的观察者，都没有预测到埃及最近的那次动荡。因此，指责美国中央情报局或一些情报机构，与花钱资助它们来预测这些事件一样，都是很不明智的。政府浪费了数十亿美元，试图预测相互依赖的系统所产生的事件，因而在个体层面上，无法通过统计手段去探寻真相。

大多数对埃及骚乱的解释都把催化剂和起因混淆在了一起。以2011年的"阿拉伯之春"为例。我们一开始将突尼斯和埃及的骚乱归因于大宗商品价格的上涨，而不是令人窒息和不得人心的独裁统治。但是，巴林和利比亚是富裕国家，还是买得起进口粮食和其他商品的。此外，几年前大宗商品曾出现过更离谱的涨价，却未引起任何暴乱。即使我们的逻辑是抚慰一下民众，我们的关注点也错了。我们要研究的是系统和它的脆弱性，而非单个事件，这与物理学家所称的"渗透理论"一样，即应该研究岩层的随机性特征，而不是研究岩层单一要素的特征。

桑提亚集团是向美国政府销售预测分析的合同商之一（也就是未能对埃及革命的发生提出预警的公司），该集团的马克·阿多拉希安指出，在埃

第七章　天真的干预

及的问题上，政策制定者应该"把这想象成拉斯韦加斯的赌局。在扑克牌21点游戏中，如果你的表现比一般人强上4%，那么你就能赚大钱"。但是这个比喻很有欺骗性，与我反对的所有东西一样。要知道，在埃及骚乱的问题上，没有什么"强上4%"的说法。这不仅是在浪费钱，更是在错误的焦点上建立起虚幻的自信。很明显，情报分析师与未能预测到经济危机的风险管理系统犯了同样的错误，并且为其失败提供了相同的借口。政治和经济"尾部"事件是不可预测的，它们的发生概率是无法科学地衡量的。无论花费多少研究经费，预测革命的发生概率与计算牌面都不是一回事；人类永远无法把政治和经济置于扑克牌21点游戏那有规律可循的随机性中。

第八章

预测是现代化的产物

- 绝对不要用法语大吼大叫。
- 布雷女士越来越受到尊重。
- "黑天鹅"的领域。

2009年秋天,我去韩国参加会议,与一群西装革履的业内精英坐在一起。在一次分组讨论上,我与加藤隆俊同组,他当时是一个强大的国际机构的副总经理。在小组讨论之前,他用演示文件(PPT)简略地演示了他和他的部门对2010年、2011年、2012年、2013年和2014年的经济预测。

那时我还没决定去爬山,他以布道式的、慢条斯理的语速和一种让人自惭形秽但又绝不侮辱人的语气阐述着观点。听着加藤的发言,我无法控制自己,竟然在2 000名韩国人面前勃然大怒,我愤怒得几乎开始用法语吼叫了,完全忘了此时的我身处韩国。我跑到讲台上,告诉观众,下一次再有哪个西装革履的人在他们面前预测未来某日将发生的事情,他们应该先让他展示一下他过去的预测业绩——比如他在2008年和2009年(金融危机发生的那些年)之前的四五年,也就是2004年、2005年、2006年和2007年是怎么预测未来的。然后,他们就能够证明,深受尊敬的加藤先生和他的同事们,说得客气一点儿,并不太擅长预测业务。事实上不仅是加藤先生,我们预测政治和经济领域的显著罕见事件的成功历史几乎是空白的，或者说就是空白的。我在现场即兴提出了我的解决方案。我们不能把预测失误的人关进监狱，也无法阻止某些人要求进行预测；但我们可以告诉人们不要聘请一个承诺未来会发生某事的人。"我只希望能生活在一个不受加藤先生等人的预测伤害的世界。这样的世界有一个特性，就是强韧性。"

我的关于脆弱类—强韧类—反脆弱类的三元结构理论，最初就是在那里萌发的，随之作为预测方法的替代物，成为解决令我沮丧的问题的工具。

布雷女士有了竞争对手

我之所以如此愤怒是因为我意识到，预测并非中性事物。它会带来医源性损伤，对冒险者造成实实在在的伤害，就好像用蛇油膏来代替癌症治疗方案，或者像乔治·华盛顿那样进行放血治疗。这方面我们不乏证据。心理学家丹尼尔·卡尼曼不停地告诫我，不要对有名望、受尊敬（目前受尊敬）的人大发雷霆，这与我温文尔雅的知识分子身份不符，他这么说当然没错。但他给我展示的医源性损伤的证据，让我的沮丧感和愤怒感越发强烈。我们有充足的实证研究结果表明，向一个人提供随机性的数据预测会提升其遭遇风险的概率，即使他知道这些预测是随机性的、完全不准确的。

我总是能听到对预测者的抱怨，但是显然很少有人采取下一个步骤：避免预测带来的医源性损伤。我们理解保护儿童安全的道理，却不懂得保护自己免受傲慢的预测者的伤害。

预测

强韧和具有反脆弱性的系统不必像脆弱的系统一样精确地理解这个世界，它们不需要预测，这让生活变得简单许多。让我们看看冗余是一种多么缺乏预测性，或者更确切地说，预测性更低的行为模式，借用一下第二章的说法：如果你把多余的现金存入银行（再加上储藏在地下室的贸易品，如猪肉和豆泥罐头，以及金条），你并不需要精确地知道哪些事件可能会陷你于困境。这些事件可能是一场战争、一场革命、一场地震、一次经济衰退、一场疫情、一次恐怖袭击，或者新泽西州的分裂等，但你并不需要做太多的预测。负债的人由于自己的脆弱性，预测的精准性更高一些。

增加或减少了几颗坏牙

你可以比你想象的更有能力控制脆弱性，让我们分三点详述：

（1）洞察（反）脆弱性，或者嗅到它的气息非常容易，我们将在下面几章关于胖子托尼的故事中看到，这比预测和了解事件的动态发展容易得多，所以我们肩负的整个任务简化为一个核心原则，即怎样做才能将预测错误的危害最小化（收益最大化），也就是（我再三强调的）让事情不会因我们的错误而搞砸，甚至反而能从我们的错误中受益。

（2）我们暂时并不想改变现在的这个世界（把这事交给苏联－哈佛派空想家们和其他一些脆弱推手好了），首先我们应该让事物在缺陷和预测错误面前变得更加强韧，甚至能够利用这些错误。也就是说，从柠檬里榨出柠檬汁。

（3）至于柠檬汁，历史看起来就好像是一个榨柠檬汁的过程；反脆弱性则是事物在所有压力之母——时间——的推进下向前发展的必要条件。

此外，事件发生后，我们不应埋怨我们没有看到事件的临近（比如说海啸、"阿拉伯之春"或者类似的骚乱、地震、战争或金融危机），而是要想想为什么我们不理解其（反）脆弱性："为什么我们建立起的这些事物在此类事件面前如此脆弱？"没有看到海啸或经济事件还是情有可原的，但是如果我们建造的事物无法抵御这些灾难，则是不可原谅的。

此外，由于天真的乌托邦主义，或者说无视历史，我们无法依靠理性的方式消除导致社会脆弱性的贪婪和其他人类的缺点。几千年来，人类一直在进行这样的努力，却毫无效果，无非是增加或减少了几颗坏牙，所以我们最不需要的就是更危险的道德说教（那些会引起你长期肠胃不适的东西）。相反的，更明智（实用的）的行为是让世界能够抵御贪婪的影响，甚至让社会能从人类的贪婪和其他缺点中获益。

尽管坏消息有很多，但我们看到，核电行业内的人似乎已经成为少数意识到问题所在并由此推导出逻辑结果的人了。在福岛第一核电厂事故发生后，这些明智的核电公司不是怪罪于预测的失败或灾难的概率，而是意识到，它们应该集中精力应对失败引发的风险——减少能够或不能够预测的失败的影响。这种做法引导它们建立足够小、埋入地下足够深，并有足够多保护层的反应堆，这样一来，即使发生事故也不会影响我们——这个教训的代价或许过于昂贵了，但好过什么教训也没吸取。

再举一个例子，这次是在经济领域，1991年的预算赤字问题发生后，瑞典政府将工作重心转移到全面财政责任上，这使得它对经济预测的依赖程度大大降低，也使其得以摆脱后来的危机影响。

不要成为"火鸡"

任何人，只要没喝酒，就能清醒地知道，我们可以把一个人、一个家庭、一个带有小型市政厅的村庄送上月球，并预测行星的运动轨迹，或量子物理最微小的影响。但是，政府虽然建立起了同样复杂的模型，却不能预测未来的革命、危机、预算赤字，或气候变化。甚至连几个小时后的股市收盘价也无法预测。

显而易见，这是两个不同的领域，其中一个我们可以（在一定程度上）进行预测，而另一个领域（所谓的"黑天鹅"领域），我们大概只能留给火鸡和火鸡化的人了。这两个领域之间的界限是显而易见的（对非"火鸡"来说），犹如猫和洗衣机之间的区别。

社会、经济和文化生活恰恰处于"黑天鹅"领域，而物理世界则离这个领域较远。此外，我们的意图是区分两个领域，在第一个领域中，"黑天鹅"事件无法预测而且后果严重，而在第二个领域，那些罕见事件并不十分紧要，要么是可以预测的，要么后果并不严重。

我在前言中提到，"黑天鹅"领域中的随机性是无法追踪的。我会一再强调这一观点，直至声嘶力竭。这种局限性是数学的局限，就是这么简单，在地球上你没办法绕过这些局限。不可测量和不可预测的将永远不可测量和不可预测，不管你招募了多少俄罗斯和印度的博士来帮助你做这项工作，也不管我会因此收到多少封仇视我的邮件。在"黑天鹅"领域内，总是有知识无法达到的极限，无论统计学和风险管理科学发展到如何复杂的程度。

我在此并不是要断言，我们不可能了解这个领域的任何事情——这种普遍怀疑论在历史上已经有太多的哲学家提出过，包括塞克斯都·恩披里柯、阿尔加惹尔、休谟与许多怀疑论者和怀疑经验主义者，我只是将其形式化和现代化，并作为我反"火鸡"论的背景和注释。所以，我的工作只是阐述我们在哪些地方需要持怀疑态度，在哪些地方则不必如此。换句话说，我们的重点是走出该死的第四象限——第四象限是我给"黑天鹅"领域起的科学名称，指的是我们可能遭遇罕见而无法预测和估量的"尾部"事件的高风险领域。[1]

---

[1] 一个关于象限的技术性较强的注释。我们将风险敞口和随机性的类型组合起来可以得到4个象限：平均随机性，对极端事件的风险敞口低（第一象限）；平均随机性，对极端事件的风险敞口高（第二象限）；极端随机性，对极端事件的风险敞口低（第三象限）；极端随机性，对极端事件的风险敞口高（第四象限）。在前3个象限中，具备或缺乏知识所招致的错误无关紧要。"强韧化"是从第四象限向第三象限转移时对风险的修正。

第八章 预测是现代化的产物

现在，更糟糕的是，因为现代化的发展，极端斯坦的影响力不断增强。赢家通吃的效应正在加剧：一名作者、一家公司、一个观点、一名音乐家、一名运动员或享誉全球，或默默无名。这导致了可预测性的进一步恶化，因为社会经济生活中的一切如今都是由"黑天鹅"主宰的。我们的复杂性不断地让我们超越自己、超前发展，由此创造出的事物却越来越超出我们的理解与掌控。

不再有"黑天鹅"

与此同时，在过去的几年中，在发现"黑天鹅"的概念后，世界开始走向另一个方向。机会主义者开始使用更为复杂的模型来预测、预知、预言"黑天鹅"。然而，我们要再次强调，答案很简单：少即是多。让我们继续阐述（反）脆弱性的话题。

第三卷

非预测性的世界观

ANTIFRAGILE

Things That Gain from Disorder

欢迎各位读者，我们现在开始讲述非预测性的世界观。

在第十章中，我们将呈现塞内加的斯多葛学派，这是我们理解反脆弱性的起点，反脆弱性的应用将从哲学和宗教领域延伸到工程领域。第十一章引入了杠铃策略，解释为什么混合高风险和高度保守行动的方法明显优于简单的中等风险的方法。

首先，我将以我的两个朋友的故事作为第三卷的开端，他俩从识别脆弱性和利用脆弱推手的弱点中获得了极大乐趣，甚至以此为生。

第九章

胖子托尼与脆弱推手

- 用嗅觉识别脆弱性。
- 很难与人共进午餐。
- 快速打开信封。
- 从新泽西的视角重新认识世界。
- 海水变得越来越深。

懒惰的朋友

在 2008 年经济危机爆发之前,尼罗·图利普和托尼·德贝内代托(人们称托尼为"胖子托尼",或者正式一些的说法是"发福的托尼")之间的关系,可能很难向局外人解释。

尼罗生活中的主要活动就是读书,间或夹杂一些杂事。而胖子托尼读的书很少,以至于有一天,当托尼提到自己想写回忆录时,尼罗不禁开玩笑道:"如果你要写出这本书,那么你写的书恰好比你读过的书多一本。"而胖子托尼早就料到尼罗的态度,于是拿尼罗的话反驳他:"你不是说过,如果你很想读一本小说,你就会写一本小说嘛。"(尼罗曾经援引英国首相兼小说家本杰明·迪斯雷利的话,虽然迪斯雷利喜欢写小说,却不喜欢阅读它们。)

托尼在布鲁克林长大,后来搬到新泽西州,他说话的口音跟你想象的一样。由于不必花很多时间去看书(而且对他来说是"无用的"),以及对按部就班的办公室工作极为反感，胖子托尼在大部分时间里什么事情也不做，偶尔会做做生意。当然，他不会忘记大吃大喝。

午餐的重要性

虽然他们周围的大多数人都在努力抗拒各式各样的不成功表现，但尼罗和胖子托尼却有一个共同点：他们害怕无聊，尤其是害怕一早起床脑袋空空，无事可干。因此，他们在那场经济危机爆发之前聚在一起的最直接原因就是"共进午餐"。如果你生活在像纽约这样生机勃勃的城市，又天生个性友善，你很容易就能找到一些意气相投的人一起吃晚饭，并以一种几乎完全放松的方式谈论一些比较有趣的话题。但要找人一起吃午饭就十分困难了，尤其是在如今这样的高就业率时期。当然，要在同一家公司找个同事共进午餐并不难，但是相信我，你不会想接近这些同事的。他们每一个毛孔中都渗透出液态的压力激素，一旦把话题从他们所谓的"工作"中岔开，他们便会显示出焦虑情绪，或者刚谈得兴起，他们就会说一句"我得走了"或者"我在下午2点15分还要开会"，马上让你觉得扫兴透了。

此外，胖子托尼在某些地方赢得了尊重。尼罗深思熟虑的哲学成就掩盖了他的社会地位，连服务员都对他视而不见，而胖子托尼则不同，他在意大利餐馆一出现就受到热烈的欢迎。他进入餐馆后，餐馆服务员和员工热烈地欢迎他；据说餐馆老板还热情地拥抱了他，饭后，老板（有时还有他的母亲）在门口目送着托尼离开，还送上礼品，比如家酿的格拉巴酒（或者其他没有标签的瓶装液体）、更多的拥抱，以及下个周三再来吃精选午餐的邀请。

因此，当尼罗人在纽约时，就不必再为午餐而焦虑了，因为他总能找到托尼相伴。尼罗可以在健身俱乐部与托尼见面，在那里，我们的两个主角会做3项"全能运动"（桑拿浴、按摩浴和蒸汽浴），随后，他们会出发去某个餐馆，享受老板的热烈欢迎。因此，托尼曾对尼罗说，尼罗晚上对他来说"没什么用"——因为他可以找到更好的、更幽默的、更多意大利血统的新泽西朋友，他们与尼罗不同，他们可以给托尼带来一些"有用的"主意。

图书馆的反脆弱性

尼罗过着一种混合的（临时的）禁欲生活，每天尽量在晚上 9 点钟上床，冬天甚至睡得更早。当人们在酒精的作用下开始向陌生人谈起自己的个人生活，或者更糟的是，开始口若悬河地阐述他们形而上学的理论之前，尼罗就早早地离开了聚会的人群。尼罗更喜欢在白天活动，尽量在清晨的阳光温柔地透进卧室的窗帘，在墙上留下斑驳的光影时起床。

尼罗的时间都用于从网络书商那里订购图书了，当然他也常常阅读书籍。在结束像水手辛巴达和威尼斯旅行者马可·波罗经历的那种动荡的冒险生活之后，他最终开始享受宁静而慵懒的时光。

尼罗是审美疾病的受害者，穿着拖鞋的人、电视明星、银行家、政治家、来自新泽西州的富人（如胖子托尼）、坐游轮的富人（在威尼斯停留，还穿着拖鞋）、大学管理者、拘泥于语法的人、攀龙附凤的人、流行歌手、衣冠楚楚的销售员或商人，都会引起他的反感，甚至恐惧。至于胖子托尼，令他觉得反感的东西完全不同：他最讨厌徒有虚名的人，也就是事无巨细都要插手但往往错过事情本质（自己却意识不到）的人，因为他们说的话永远都不着边际、不知所云，无法切中要害。

胖子托尼能够敏锐地嗅到脆弱性的气息，这一点毫不夸张。托尼声称他可以通过走进餐厅的某个人的步伐看出他是一个怎样的人，而且基本上每次都能猜中。但是，尼罗注意到，胖子托尼在与首次见面的人交谈时，往往会非常接近他们，并用鼻子嗅来嗅去，就像一只狗，对于这个习惯，连托尼自己都没有觉察到。

尼罗加入了一个60人组成的志愿翻译协会，这些人曾为法国出版社翻译过若干从未发表的希腊语、拉丁语或亚拉姆语（古闪米特语）的古代文献。这个团体以自由主义为原则，其规则之一就是，不要在辩论中仗着大学里的头衔和名誉倚老卖老。另一个规则就是，每年必须在巴黎参加两个"庄严"的纪念日，一个是11月7日的柏拉图祭日，另一个是4月7日的阿波罗诞辰日。尼罗还参加了当地的一个举重俱乐部，他们每个周六在一个经过改装的车库里聚会。这个俱乐部的成员主要是纽约的门卫、搬运工，还有一些一到夏天就穿着无袖T恤衫到处闲晃的人。

唉，无所事事的人总是无法驾驭内心的不满和好奇，并因而成为它们的奴隶。尼罗越是清闲，越是觉得有必要填补自己的自然兴趣（也就是希望了解更多的东西）中的缺憾，减少浪费的时间。而且尼罗还发现，越是深入地研究某事，就越是觉得有必要进一步深入了解此事。借用威尼斯的一句谚语就是，越是深入海底，海就越深。

好奇心是具有反脆弱性的，就像上瘾症一样，你越是满足它，这种感觉就越强烈——书籍有一种神秘的传播使命和能力，这一点对于整个房间满是图书的人来说并不陌生。尼罗在写作的时候就处于15 000册图书的包围中，同时还因为不知如何丢弃每天将订购图书拆封后留下的各种空箱和包装材料而颇感苦恼。最能给尼罗带来阅读快感，而不仅仅是知识的书籍就是医学文献，对这些书，尼罗有着天生的好奇心。这种好奇心源于他与死神的两次遭遇，第一次是癌症，第二次是直升机坠毁，从这两次遭遇中，尼罗意识到技术的脆弱性与人体的自愈力。因此，他会花些时间阅读医学教科书（不是论文，而是课本），或者一些专业文章。

尼罗曾正式接受过统计学和概率方面的课程学习，他将其作为哲学的一个特殊分支看待。他倾其一生在写一本哲学类的技术类图书，名为"概率论与形而上学"。尼罗总是每写两年就放弃写作计划，过了两年重新恢复写作计划。他认为概率的常用概念过于狭窄，不足以表达在现实世界的

第九章 胖子托尼与脆弱推手

生态体系中进行决策的真实本质。

尼罗很享受在古老的城市中徜徉穿梭,随身不携带任何地图。他用以下方法弱化自己的游客身份:他在一个地方待上足够长的时间后才会选择下一个目的地,这就给他的旅行日程注入一些随机性,当然,旅行社也被他气得发疯。比如,如果他在萨格勒布,那么何时启程前往下一站就取决于他在萨格勒布的心态。从很大程度上来说,吸引他前往下一站的是那些地方的气味,气味是无法通过旅游产品广告传递的。

如果在纽约,那么大多数情况下尼罗都会端坐在靠窗的写字台前,恍惚地看着哈得孙河对岸的新泽西州,并提醒自己没住在那儿是多么幸福的一件事。因此,尼罗对胖子托尼说的"我对你没什么用"这句话是双向的(也并非外交辞令),但正如我们将看到的,这句话并不正确。

愚蠢的人和不愚蠢的人

2008年经济危机爆发之后,尼罗和胖子托尼显然有了更多的共同点:他们都预测到愚蠢的人的脆弱性会造成危机。他们在一起的原因是,他们都相信,如此严重的、以滚雪球的方式和前所未有的规模摧毁现代经济体系的危机是注定要发生的,原因就在于那些愚蠢的人。但是,我们书中这两位主角可是来自两个完全不同的思想流派。

胖子托尼认为,那些书呆子专家、行政管理人员,特别是银行家,才是最愚蠢的人(虽然在那时,许多人都认为他们是天才)。而且,更重要的是,胖子托尼认为,他们整体比个体更愚蠢。胖子托尼天生就有一种能在这些愚蠢的人失败之前就识别出他们的能力。胖子托尼就是靠这个能力赚钱的,同时,正如我们所看到的,他过着一种悠闲的生活。

尼罗的兴趣与托尼类似,只是看上去更知性一些。对尼罗来说,建立在自以为理解了事件发生概率的错觉之上的系统注定要崩溃。

因为赌的是愚蠢的人们的脆弱性,所以胖子托尼和尼罗赢得了反脆弱性。

托尼从危机中大赚了一笔，他的积蓄从七八千万美元一下子上升到了两三亿美元——当然，不能让托尼大赚一笔的事情对他来说都是"空谈"。尼罗也赚了一些钱，虽然金额远低于托尼，但令他满意的是，他赢了——正如我们所说的，他已经在财务上实现独立，对他来说，赚钱就是浪费时间。坦白地说，尼罗的家族财富在1804年达到巅峰，所以他不像其他探险者那样具有社会不安全感，钱对他来说不可能是社会地位的象征——目前来说，博学更重要，等到年老时，博学就会成为智慧。如果你不需要的话，多余的财富，无异于沉重的负担。在尼罗的眼里，没有比过度精致更可怕的了——无论是衣服、食物、生活方式还是举止，而且财富是非线性的。钱一旦超过了一定数量，就会将人们的生活无限复杂化，让我们不得不忧虑我们在某国房产的看守人是否玩忽职守，以及惹上诸多随着财富增长而成倍增加的麻烦。

我们将在第七卷中从道德层面讨论对愚蠢的人们的失败下注的问题，但是这分为两种思路。对尼罗来说，应该先警告大家切勿成为愚蠢的人，而托尼反对这种想法。"你会被人耻笑的，"他说，"会被人当作胆小鬼。"基于口头警告的系统，将主要由不承担风险却信口雌黄的人所主宰。这些人不会给予你和你的想法任何尊重，除非你拿了他们的钱。

此外，胖子托尼坚持认为尼罗对战利品的物理形态的看法过于死板，比如我们所说的银行账户对账单，它与你所买商品的经济价值，乃至你的购买能力，都毫无关系，它只是商品的象征性价值。托尼能够理解为什么尤利乌斯·恺撒要不惜一切代价地把他的战俘——高卢叛乱的领导人韦森盖托里克斯押送到罗马，并令其带着铁镣游街示众，这样做只是为了用实实在在的血肉之躯来昭示他的胜利。

我们之所以需要将重点放在行动上，避开言词，还有另一个原因：依赖于外部的认可有损健康。人们在给予认可时是残忍和不公平的，所以最好跳出这种游戏。在别人的态度面前保持强韧性。尼罗曾经与一位有传奇

第九章 胖子托尼与脆弱推手

地位的科学家交友,对这位科学巨匠无比尊重。虽然这个人几乎是其所在领域中最知名的人了(在他人的眼中),但他还是每周花时间查询自己在科学界所处的地位。哪个作者要是"没有引述"过他的文章,或者哪个委员会把他从未得过的奖授予某个他认为不如他的人(哼,就那个骗子!),他都会义愤填膺。

尼罗认识到,不管他们对自己的作品有多么满意,这些依赖于文字的"大人物"都被剥夺了托尼所拥有的那份宁静;一旦他人得到了赞美而自己却没得到,或看似不如他们的人从他们手里夺取了赞美,那么他们就会受到伤害,变得脆弱。所以,尼罗对自己承诺,要通过一个小小仪式来逃离这种模式,以防哪一天自己也一不小心染上这些"大人物"的恶习。尼罗在与胖子托尼"对赌"中获得的战利品,除了一辆新车(宝马迷你轿车)和一块价值 60 美元的斯沃琪牌新手表之外,还有一笔天文数字的投资基金,基金对账单中有一张是每月从新泽西州的某个地方发出的,其他 3 张则来自海外各国。再说一遍,重要的不是钱的数额,而是其行为本身——对账单上的钱即使是现有数额的 1/10,甚至 1/100,其效果也是一样的。这样,通过打开那个装着对账单的信封,尼罗就会忘记是否被人认可的问题,然后继续过他的日子,不再理睬那些残忍而不公平的人所说的话。

但如果遵照这种道德观,那么得出的结论便是,即使信封里装的对账单表明的是亏损,尼罗也应该有种自豪和满足的感觉。一个人所受的尊重是与他为了自己的理念而承担的风险(换言之,就是他面对着多少不利结果)成正比的。总而言之,尼罗相信博学、美学和冒险,除此之外,别无其他。

至于他的投资基金,为了避免慈善陷阱,尼罗遵从胖子托尼的系统性捐款原则,但绝对不向直接索要捐赠的机构捐款。尼罗也从来没有给过任何慈善组织一分钱,除了那种由不领薪水的志愿者组成的慈善团体。

| 133 |

孤独

再说两句尼罗的孤独。对尼罗来说，在2008年经济危机前的黑暗日子里，孤零零地与自己的理念相守，有时让他感觉非常痛苦，尤其是周日的晚上，他不禁怀疑自己是不是做错了，或者是这个世界出了什么问题。与胖子托尼共进午餐就像是口渴后看见了水源；他焦虑的心情马上得到了缓解，他意识到自己没疯，或者至少不是自己一个人疯了。外界有些事情出了问题，可是他没有办法说给别人听，尤其是那些自认为聪明的人。

想想看，在涉足经济活动的近100万专业人士中，无论他们是在政府（从喀麦隆到华盛顿特区）、学术界、媒体、银行、企业中工作，还是为个人需求进行经济和投资决策，只有少数人看见了危机的到来——预测到其破坏程度的人就更少了。

即使是在那些看到危机即将到来的人中，也没有任何一个人意识到，这场危机正是现代化的产物。

尼罗站在纽约前世贸中心附近，他可以看到，对面那些高楼大厦中进驻的大多数是银行和经纪公司，每天有数百人在楼里跑来跑去，仅仅是他们往返于新泽西的通勤，便会耗费10亿瓦的能源，消耗掉数百万个奶油奶酪面包圈，胰岛素反应（在理论上）刺激着他们的动脉，他们通过说话、交流、写文章制造出千兆字节的信息。但他们根本不知道：所有这些都只是噪声而已。

确实是噪声：被浪费的努力、不和谐的声音、缺乏美感的行为、增加的熵值、导致纽约经济区局部升温的能源产量，以及把会蒸发的泡沫视为"财富"的错觉。

你可以把书摞起来，堆成一座大山。可惜的是，对尼罗这位专家来说，不管这些书的内容是什么，无论是关于概率、统计还是数学模型，也不管是否有证据，所有的一切都如空气一般。就算你花了3 300万个小时，也就是差不多 9 000 年的时间读完了哈佛大学图书馆社会科学分区[①] 中近 200 万本书和研究论文，你所学到的东西还不如跟胖子托尼吃几顿饭学到的多。

让我们来谈谈一个骗局。

非预测者能够预测什么

胖子托尼不相信预测。但他进行了一个庞大的预算预测，让某些人——那些预测者们——相形见绌。

这难道不是自相矛盾的吗？在研讨会上，尼罗常常会遇见来自美国圣塔菲研究所的物理学家，他们笃信预测，使用新奇的预测模型，但同时，他们根据预测模型所进行的商业交易却屡次失败——而胖子托尼，这个不相信预测的人，却从预测中发了大财。

通常说来，你无法准确地预测未来，但你可以预测到，那些依靠预测行事的人往往会承担更多的风险，遇到一些麻烦，甚至可能失败。为什么呢？因为预测者在面对预测误差时是脆弱的。过于自信的飞行员最终会导致机毁人亡，而数据预测则导致人们承担更多的风险。

胖子托尼是具有反脆弱性的，仅仅因为他与他那些脆弱的手下败将有着相反的命运。

胖子托尼使用的模型很简单。他识别脆弱性，在脆弱事物的崩溃上下注，之后就开始对尼罗发表长篇大论，在社会文化问题上与尼罗相互攻击，或者反驳尼罗对新泽西生活的冷嘲热讽。然后，在他下注的事物如期崩溃后，大赚一笔，接着，他便去享用午餐。

[①] 社会科学图书馆中唯一的例外是少数几个认知科学领域内的文献，其中一些确实有用。

第十章

塞内加的不利因素和有利因素

- 如何在听取建议之后活下来。
- 一无所失或一无所得。
- 下次沉船时该怎么做。

在胖子托尼出生前的几千年里,还有一个人解决了反脆弱性的问题,他也是意大利半岛的儿子。除此之外,他还比胖子托尼更聪明,擅长用出色的散文来阐述自己的大道理。此外,在现实世界中,他做得也毫不逊色——事实上,他的生意比胖子托尼做得还要成功,而且他的知识水平也绝不输给尼罗。这个人就是斯多葛学派哲学家塞内加,我们早先提到过他,据称,他还是尼禄母亲的情人(当然,实际上并不是)。

他用斯多葛派哲学解决了反脆弱性的问题,以及三元结构之间的关系问题。

这是真的吗?

卢修斯·安内乌斯·塞内加是一位哲学家,同时也是罗马帝国最富有的人,他的财富部分得益于他的经商头脑,部分是因为他曾担任充满传奇色彩的尼禄皇帝的导师。尼禄皇帝就是我们在前文中提到的企图弑母

第十章　塞内加的不利因素和有利因素

的那个人。塞内加笃信斯多葛主义，同时也是斯多葛主义的一位优秀的诠释者。他的著作深深地吸引了我和听了我的推荐而阅读其书的朋友们，因为我们感觉到他的每一句话都是真心说给我们听的；他身体力行，专注于斯多葛主义的实践，甚至细化到如何旅游、在自杀时（他曾奉命自杀）如何控制自己，或者如何面对逆境和贫困，以及更关键的如何理财。

因为塞内加专注于引导人们的实际决策，因此一些学者称其思想不能上升到理论或哲学层面。然而，他的评论者中没有一位能够洞察到塞内加对"非对称性"的看法，这种看法不但是本书的核心，也是生活的核心，是强韧性和反脆弱性的关键。真的没人认识到。我的观点是，决策过程中所用到的智慧比书面知识重要得多——不仅仅在实践层面，也在哲学层面。

其他哲学家在做事的时候，总是以理论指导实践。亚里士多德在打算提供实用性建议时，以及几十年前柏拉图向统治者（尤其是锡拉库扎的统治者）宣传他的治国思想时，都采用了这种方式，但不是效果不佳，就是造成了灾难。要成为一个成功的哲学家之王，最好一开始就成为一个国王，而不是一个哲学家，正如下面这个当代故事所讲述的。

现代决策理论的拥趸，同样也是遵循了以理论指导实践的单向模式。非常典型的是，他们热衷于解决最复杂的，但他们的理论却最不适用的问题，还美其名曰"讲究科学"，下面一则故事就很能说明问题。这个故事说的是特里法特教授（名字是化名，因为这个故事可能是杜撰的，但根据我的经验，他的故事非常典型）。特里法特教授是决策理论领域中"被引述率很高"的一位学者，是主流教科书的编撰者，他也参与开发了大而无用的"理性决策"理论，这个理论中充斥着许多大而无用的"公理"和"伪公理"，以及更大并且更无用的概率论和伪概率论。特里法特教授当时在哥伦比亚大学任教，正在纠结于是否要接受哈佛大学的聘书去那里任教——许多谈论风险的人一生所遭遇的最大的风险，也不过如此。一位同事建议他使用备受瞩目的高端学术技术，比如"期望效用最大化"方法来解决问题，并提醒他："你总是在写这些东西。"特里法特气愤地回答说："别闹了，这可不是开玩笑！"

相比之下，塞内加所关注的只是他"当真的事"。他曾在一次海难中侥幸活了下来，而其他家庭成员则不幸丧生，事后，他给他的朋友们写了一些实用的建议。最后，当他奉命自杀时，他也出色地以有尊严的方式遵照自己文章中所阐述的原则结束了生命。哈佛经济学家的著作，只有写论文的人才会去读，写论文者写的书又只有准备写论文的人去读，并最终（很可能）被无情地湮没在历史的长河中。而塞内加写的著作，却仍为两千年后现实世界的人所传阅。

让我们来探讨塞内加所传递的思想。

生活中不利因素较少的事物

让我们先来看看以下这个矛盾。我们曾介绍过，塞内加在罗马帝国是最富有的人，财富共计3亿迪纳里（我们可以做个比较，大约在同一时期，犹大仅仅为了30迪纳里——相当于一个月的工资——就出卖了耶稣）。如果一个人一方面写了贬低物质财富的文章，一方面又坐拥几百张象牙材质桌腿的木桌，那么这些文章可能就不那么令人信服了。

文献中对斯多葛学派的传统理解大多是，他们无视命运的捉弄（以及秉持宇宙和谐的思想，在此我不做赘述），始终贬低世俗的财富。斯多葛学派的创始人芝诺在遭遇海难（在古代文献中有很多关于沉船的记载）后称自己十分幸运，现在了无牵挂，可以全身心地研究哲学了。而在塞内加遭遇不幸事件后，其作品中也反复出现一个关键短语：一无所失。斯多葛主义让你渴望灾难的挑战，而且斯多葛学派看不起奢华，塞内加曾这样描写过一个过着奢华生活的家伙："事实上，他负债累累，无论他欠的是另一个人的债，还是命运的债。"

这样看来，斯多葛学派是具有纯粹的强韧性的：对外部环境——无论

第十章 塞内加的不利因素和有利因素

是好还是坏——都具有免疫力,不因命运的决定而变得脆弱,因而它是强韧的。随机事件无论如何都不会影响我们(我们太强大了,以至于不会失去什么,同时也没有贪婪到想从中获利),所以我们在三元结构中属于中间的一类。

如果我们直接阅读塞内加的书,而非通过评论者的文章去了解,就会学到完全不同的知识。塞内加的斯多葛主义在命运面前实际上具有反脆弱性。不仅没有被命运打倒,反而还能从中获益。

诚然,正如上文所述,塞内加写文章的目的是宣扬他的哲学,他试图坚守斯多葛学派:斯多葛学派关心的并非收益和好处,因此在字面上它并不属于反脆弱性这个层面,它只是降低了哲学层面的脆弱性,并赋予人对命运的控制力。但是,这里也有一些评论家完全忽略的东西。如果财富是负担,是完全没有必要的,那拥有它又有何意义呢?为什么塞加内又要拥有那么多的财富?

我在第二章中曾提到一些心理学家,他们只关注创伤后的危害,却忽略创伤后的成长,同样的,知识分子也不相信反脆弱性的概念,对他们来说,世界止步于强韧性。我不知道为什么,总之他们不喜欢反脆弱性。这使他们逃避去相信塞内加希望从命运中获益,当然,他们的想法也没有错。

让我们先来学习塞内加是如何缓解不利局面的,这也是斯多葛学派的标准原则——建立强韧性,避免情绪的伤害,摆脱三元结构的左栏,等等。然后,我们将展示他如何真正地提出了反脆弱性。之后,我们将在第十八章和第十九章中,把他的方式扩展成为洞察反脆弱性的一般性方法。

斯多葛学派的情绪强韧法

成功带来了非对称性:你现在失去的远远多于你得到的。因而,你会显得脆弱。让我们回到达摩克利斯之剑的故事。对他来说，没有什么好消息，只有接二连三的坏消息。当你成为富翁后，失去财富的痛苦要远超你获得额外财富的喜悦，于是，你开始生活在持续的情绪威胁下。富有的人容易受财富所累，因为他的财富会控制他，让他失败，导致他应激激素中的血清浓度升高，降低他的幽默感，甚至可能引发鼻尖上长出汗毛等诸如此类的不良反应。塞内加认识到，财富会让我们担心不利因素，因此，依赖于它会让我们自己背上沉重的负担。更糟糕的是，依赖于具体情况（或者说具体情况带来的情绪），会让我们成为身外之物的奴隶。

古人非常熟悉这种好与不好的效果，以及益处与害处之间的非对称性。我在李维的文字中发现了这样一句话："坏事对人的触动远大于好事。"李维写下这句话的时间比塞内加早了半个世纪。古人——主要得益于塞内加的思想引导——远远走在了现代哲学家与特里法特之类决策理论家的前面，后者只是围绕"风险（或亏损）厌恶"的概念打造他们的理论，而古人的思想则更深邃、更实用，超越了庸俗治疗学的范畴。

让我用现代术语来复述这一概念。拿你可能失去更多，得到更少的情况举例。如果给你一笔财富（比如1 000腓尼基舍客勒），你并不会感觉得到了很大好处，但是如果失去同等金额的财富，你却会感觉受到了更大的伤害，那么你就处于非对称之中。这不是一个好的非对称：因为你变得很脆弱。

塞内加用以对抗这种脆弱性的实用性方法就是，通过心理练习来弱化财产在心目中的地位，这样，当损失发生时，他就不会受到刺激，这是从外界环境中夺回个人自由的方式。比如，塞内加常在旅行时随身带着遭遇沉船的风险时可能会用到的东西，包括一块可以铺在地板上睡觉的毯子，因为当时的旅馆很少（当然我也需要阐明，由于当时的背景使然，他在旅行中还有一两个奴隶跟随左右）。

为了表明这具有多么明显的现实意义，下面我将展示我是如何应用这种斯多葛主义夺回对生活随机性的心理控制力的。我一直讨厌受雇于人，讨厌依赖别人随机的意见来工作，尤其是大公司的许多行为都违背了我的道德标准。除了8年的受雇工作生涯，我一直享受着自雇的状态。但是，在这之前，在我的最后一份受雇用的工作中，我在找到新的职位前写了一封辞职信，并把它锁进抽屉，然后就感觉到一种自由感，尽管我还得上班。同样的，在做交易员时，我也会做一种类似的精神运动，这种职业充斥着高度的随机性，给我带来持续的心理伤害。因此，我就假设每天一大早，最糟糕的事情就已经真实地发生了，那么剩下的时间我会感觉好受一些。其实，这种把精神调节到应对"最糟情境"状态的方法比一些心理治疗方式更管用，因为它让我承担的这类风险的最糟情境是清晰和明确的，其伤害是有限的和已知的。但当一切都很顺利时，我们便很难坚持这种淡化式精神训练法，而此时恰恰是我们最需要这种训练方法的时候。此外，我偶尔也会按照塞内加的方式，在不舒服的环境中旅行（虽然我不像他还有一两个奴隶跟随左右）。

知性的生活关乎如何进行情绪定位，以消除伤害的刺激，正如我们所看到的，方法就是淡化你所拥有的东西在你心中的地位，这样任何损失都不会给你带来伤痛。世界的波动性也不能给你带来负面影响。

驯化情绪

这样看来，斯多葛主义的主旨就是驯化情绪，而不一定是消除情绪。它不是要把人类变成植物，而是将他们对情绪的关注转移到对产生情绪的核心根源的关注上，同时使他们保持对情感的掌控力。在我看来，现代的斯多葛主义践行者就是能够将恐惧转化为谨慎，将痛苦转化为信息，将错误转化为启示，将欲望转变为事业的人。

塞内加提出了借助于一些有效的小技巧来妥善掌控生命和控制情绪的完整培训计划。罗马时代的斯多葛主义者已经懂得采用一些小技巧来避免自己被愤怒冲昏头脑，从而做出伤害别人，乃至将来可能后悔的事情，比如遏制自己在奴隶犯错的时候打他的冲动。现代人可能不一定认为这个决定有多么伟大，但是请想想，在那个时代，就连原本做事深思熟虑的哈德良皇帝也在愤怒失控的情况下戳瞎了一个奴隶的眼睛。而当哈德良的怒气消退后，他深感后悔，但造成的后果已经不可挽回了。

塞内加也为我们展示了一种社会行为，即对善行进行投资。我们可能会被剥夺一些东西——但是，善行和美德是不会被剥夺的。

如何成为主人

到目前为止，塞内加的故事已经众所周知了，我们也已经学会了从三元结构的脆弱类转移到强韧类了，但是，塞内加的理论更进了一步。

塞内加曾说过，财富是聪明人的奴仆，愚笨者的主人。因此，他打破了一点儿斯多葛学派的传统习惯，即保留了所有有利的因素。在我看来，如果以前的斯多葛主义者声称他们宁愿贫穷也不愿富裕的话，我们就需要对他们的态度表示怀疑，因为这可能只是空谈。由于当时大多数人都是穷人，因此他们需要一些说辞来解释他们的处境（从米利都泰勒斯的故事中，我们就认识到了"酸葡萄"的概念——这种认知游戏实际上就是让自己相信，你摘不到的葡萄就是酸的）。塞内加是用行动来表达自己想法的人，我们也不能忽视他保留着所有财富的事实。关键是，他表现出对财富的喜爱，却未让财富伤害到他。

塞内加甚至在他的《论恩惠》一书中概述了他的战略，并用"簿记"一词来明确指出，这是一种成本效益分析："收益的簿记很简单，先将它们全部计为支出，如果有人归还了，则确认为利得（我强调这点）；如果无人归还，那么我也不认为这是损失，就当是我送给他了。"这是道德式记账，不过也算是记账。

这样，他对命运耍了个花样：保留好的，剔除坏的；舍弃不利，留住有利。可以说，他自私地将伤害从命运中消除，同时又以非哲学的方式留

第十章 塞内加的不利因素和有利因素

住了好处。这种成本效益分析不太符合我们对斯多葛学派的了解（研究斯多葛主义的人似乎希望塞内加和其他斯多葛主义者，都像研究斯多葛学派的人一样思考）。这实际上是一种有利与不利结果的非对称形式。

其实，这就是最纯粹的反脆弱性。[1]

基础的非对称性

让我们用一个规则总结塞内加的非对称性。

我之前阐述的理念是，财富会让我们在逆境中损失更多。如果在命运安排的事件中，你失去的比能够得到的更多，那么你便处于一种非对称，而且是不利的非对称。这种非对称非常普遍，让我们来看看它是如何给我们带来脆弱性的。

让我们回顾一下第一章中提到的邮包：它不喜欢被晃动，也讨厌混乱家族的各个成员，因此它是脆弱的（很脆弱，因为不管遇到什么事它都会一无所有，因此是非对称的）。而具有反脆弱性的邮包在摇晃中得到的比失去的更多。最简单的判断测试：如果我"一无所失"，我获得的只有利益，那么我就是具有反脆弱性的。

表 0-1 中各个领域和方面的三元结构都可以用这些术语来解释，事实上所有事情都可以这样解释。

要知道为什么非对称性能像波动性一样带来回报，只要想一下，如果你失去的比得到的少，有利因素比不利因素少，那么你会喜欢波动性（波动性总体来说会给你带来好处），因而你也是反脆弱的。

因此，我的工作就是用基础非对称结构将以下 4 个要素联系起来。

---

[1] 有些人认为，斯多葛学派的创始人芝诺对物质财富完全持反对态度，对此我有一些不同的信息：我意外地发现了有关他从事海上业务融资活动的记载，他是投资者之一，这种活动可能并非那些反对财富的空想家们所喜欢参与的。

脆弱性意味失去的比得到的更多，意味不利因素比有利因素更多，即等于（不利的）非对称性。

反脆弱性意味得到的比失去的更多，意味有利因素比不利因素更多，即等于（有利的）非对称性。

如果潜在收益大于潜在损失，那么你对波动源就具有反脆弱性（反之亦然）。

此外，如果潜在的有利因素多于不利因素，那么你可能会因为波动和压力不足而受到伤害。

现在，我们怎么把增加有利因素、减少不利因素的概念付诸实践呢？我想，从下一章的杠铃策略中可以找到答案。

第十一章

千万别嫁给摇滚明星

- 关于欺骗丈夫的精确准则。
- 杠铃策略介绍。
- 将外交官转变为作家,或者反过来。

杠铃(或双峰)策略是一个实现反脆弱性,并向三元结构的第三类转移的方法。一夫一妻制中的妻子通过嫁给会计师再与摇滚明星偷情的方式实现这一转变。作家如果白天能从事一个与写作活动无关的闲职,那么他的作品会写得更好。

破损的包裹无法恢复原状

迈向反脆弱性的第一步就是减少不利因素,而不是增加有利因素;也就是说,通过降低自己暴露于负面"黑天鹅"事件的概率,让反脆弱性顺其自然地发挥作用。

降低脆弱性不是可有可无的选择,而是一种强制性要求。这听上去可能显而易见,但似乎总是被忽略。因为脆弱性会带来严重的后果,就如同患上绝症。一个在恶劣的环境中破碎的邮包不会在恢复适当条件后自我修复。与齿轮不可逆转的特征类似,脆弱性造成的损害也是不可逆的。重要的是选择的路线与事件发生的顺序，而不仅仅是目标——科学家们称其为路径依赖性。这个特性可以这样表述：你先动肾结石手术然后再麻醉身体的治疗方式，与你先麻醉身体再动手术的治疗方式是不同的。你吃饭时先享用咖啡和甜点，最后喝西红柿汤的感受与以相反的顺序进餐的感受也是不一样的。这种路径依赖的观点帮助我们简化了我们的方法：我们很容易识别脆弱性，并把它置于三元结构的脆弱类中，而不看其潜在的益处，因为破碎的东西将永远破碎。

这种路径依赖性带来的脆弱性往往被商人们忽视，这些习惯于静态思维的人往往认为，他们的主要任务是产生利润，而生存和风险控制等是之后或许会考虑的问题。这些商人忽略的是：较之于成功，生存的逻辑优先级别更高。要赚钱，最好先考虑生存问题。

在考虑与速度和增长（也就是任何与运动）相关的概念时如果不考虑脆弱性，那就是毫无意义的空谈。请想一下，如果有人想在纽约市以每小时 250 英里的速度开车，那他肯定哪儿都去不了，因为这根本就不可能，所以它的有效速度等于是每小时 0 英里。我们需要关注有效的而非名义上的速度，这一点显而易见，但是社会政治话语往往会掩盖这个基本的问题。

由于路径依赖性的存在，经济增长不再能摆脱经济衰退的风险，金融回报不再能摆脱终端损失的风险，"效率"也没法摆脱事故的风险。"效率"本身的概念因此变得毫无意义。如果一个赌徒最终面临爆仓（失去赢得的一切）的风险，那么其策略的"潜在回报"就是无关紧要的。多年前，一所大学的研究员对我吹嘘说，他们捐赠基金的收益率约为 20%，但他并没有意识到，这些回报率是具有脆弱性的，很容易变成灾难性的损失，果然，某年因为经济不景气，他们所有的账面收益都化为乌有，甚至危及了大学的日常运转。

换句话说，如果某个事物是具有脆弱性的，那么它破碎的风险会导致你做的任何旨在改善它或提高它的"效率"的工作都变得无关紧要，除非你先降低它破碎的风险。罗马作家普布里亚斯·塞勒斯就曾写过：你无法既仓促又稳妥地做好任何事情。

至于国内生产总值的增长，我们可以很容易地通过增加未来几代人的债务负担来实现，但未来的经济很可能因为还债的压力而崩溃。国内生产总值的增长与胆固醇一样，都是脆弱的普罗克拉斯提斯之床。正如对一架坠机风险很高的飞机来说，"速度"多少毫无意义，因为我们知道它有可能无法到达目的地，而具有脆弱性的经济增长也不能被称为经济增长，这一点政府尚未理解。事实上，即使在工业革命的黄金年代，经济增长也是非常温和的，人均增长率不到1%，然而正是和缓的增长将欧洲推上了主宰全球的巅峰。尽管速度较慢，但这种增长却是稳扎稳打的强韧性增长，完全不同于如今各国蛮劲儿十足的增长率竞赛——就像刚学会开车的少年疯狂飙车一样。

塞内加的杠铃

这启发我们找到了杠铃式解决方案——针对不确定性的所有解决方案，都是以杠铃的形式呈现的。

杠铃的意思是什么？我用杠铃（一个杠轴，两端加重，供举重者使用）来将极端情况分隔开。在我们的语境中，杠铃策略不一定是对称的，只是说，它由两个极端条件组成，中间空无一物。你也可以用更技术性的语言称其为双峰策略，因为它有两个截然不同的模式，而不是单独的中庸模式。

起初，我用杠铃来形象地描述在某些领域采取保守策略（从而在负面的"黑天鹅"事件面前保持强韧性），而在其他领域承担很多小的风险（以开放的姿态迎接正面的"黑天鹅"事件）的双重态度（有利于获得反脆弱性）。一面是极端的风险厌恶，一面是极端的风险偏好，而不采取"中等程度"或"温和"的风险态度，因为模棱两可的态度实际上是骗人的把戏（人们一般都明白"高风险"和"零风险"的概念，但是中等风险则有很大的迷惑性，因为它受巨大的测量误差的影响）。但是，得益于它的结构，杠铃策略能够降低不利风险，也就是能消除毁灭性风险。

让我们从普通金融学中举个例子，普通金融学是最容易解释的，但也是被误解最多的。如果你90%的资金是以现金形式持有（假设你不会受通货膨胀的影响），或以所谓的"保值货币"的形式储存的，而剩下10%的资金则投资于风险很高或者说极高的证券，那么你的损失不可能超过10%，而你的收益是没有上限的。如果某个人将100%的资金都投入所谓的"中等"风险的证券，那么他很可能由于计算错误而承受毁灭性的风险。因此，杠铃策略解决了罕见事件的风险不可计量且易受错误估计影响的问题，也就是说，金融杠铃策略的最大损失是已知的。

反脆弱性是积极主动和保守偏执的组合——消除不利因素，保护自己免受极端伤害，同时让有利因素或正面的"黑天鹅"事件顺其自然地发挥效用。我们已经看到塞内加的非对称性：要让有利因素大于不利因素，只需要减少极端不利因素的侵害（情绪伤害），而不是改善中间因素。

杠铃策略可以指任何由截然不同的两类方案组成，并且舍弃了模棱两可的中间路线的策略，它往往会形成一种有利的非对称性。

要了解杠铃策略和非杠铃策略的区别，我们还可以想想餐厅的上菜顺序，比如它会先上三分熟的有机菲力牛排和色拉（佐以马尔贝克酒），等你用毕，再上一道芝士蛋糕（加麝香）。饭店绝不会在接受你的订单后，把蛋糕和牛排切成小块，扔进发出巨大噪声的食物打磨器打成泥。要知道，那种"中间路线"就跟这种把食物打成泥的做法没什么两样。还记得第九章吗？尼罗一般只与看门人和学者打交道，很少理睬中庸之辈。

在高风险的情况下，与其让飞机上的所有成员保持"谨慎的乐观"，或任何其他态度，我宁愿机务人员保持最大限度的乐观，而飞行员保持最大限度的悲观甚至过度焦虑。

第十一章　千万别嫁给摇滚明星

会计师与摇滚明星

自然界充满了杠铃策略。以交配方式为例，我们将这种方式称为90%的会计师加10%的摇滚明星的模式（我只是客观陈述，而不是纵容这种方式）。在动物界一些单配制的物种（包括人类）中，女性往往会选择类似会计师或者从事更无聊职业的男性（比如经济学家）作为配偶，因为这些男性能够给她们提供稳定的生活，而作为其双重战略的一部分，她们偶尔也会与摇滚明星偷情。这样，她们控制了自己的不利因素，同时通过配偶外交配的方式为后代获得了基因优势，或给自己找了乐子，又或者两者兼得。她们出轨的时点似乎也并非随机性的，往往与高概率的受孕期对应。我们在所谓的单配制鸟类中的雌性看到了这样的证据：它们很享受这种偷情模式，大约1/10的后代来自其原配之外的异性。这种现象是真实存在的，但解释它的理论有所不同。进化理论家声称，女性既要经济和社会的稳定，也要为孩子争取良好的基因。但是，中庸之辈身上不可能同时具备所有这些美德（能提供优良基因的人可能并不稳定，反之亦然）。为什么鱼和熊掌不可兼得？为什么不能同时拥有稳定的生活和良好的基因？但也有另一种理论认为，她们就是想要寻欢作乐——或者过一种既稳定又快乐的生活。①

回顾一下第二章的内容，要刺激过度反应，就得提供一定的伤害和压力。也就是说，让孩子们玩点儿火，但不要过头，好让他们从伤痛中吸取教训，这是为了他们自己未来的安全考虑。

这也意味着让人体验一些（但不是太多）压力，以唤醒他们的潜力。但同时，他们也需要得到保护，以免受到严重危险的伤害——你要忽略小

---

① 我们可以为这样的杠铃策略找到证据，但其背后的理论并不明确——进化论喜欢叙述，而我更喜欢证据。我们不知道，动物界的配偶外交配是否确实促进了适者生存。因此，杠铃策略——嫁个会计师然后偷情——的存在可能并不一定是为了改良物种，而仅仅是为了找乐子。

的危险，专注于保护他们免受严重伤害，请注意，只需关注严重伤害。这种策略可以应用到社会政策、医疗保健和更多的领域。

我们在古人的传说中也发现了类似的想法，意第绪谚语中就有"做好最坏的打算，最好的情况总能水到渠成"一说。这句话听起来平淡无奇，但事实上却并非如此：只要观察一下就知道，人们往往做最好的打算，而希望侥幸逃脱最坏的结果。我们有充分的证据证明，人们反感小的损失，但对非常严重的"黑天鹅"风险（他们往往会低估）却毫无反应，因为他们往往会为小的可能的损失投保，却忽略大的罕见的损失。

远离黄金中间地带

现在，让我们继续探索杠铃策略。这世界上有很多中间地带并非"黄金地带"，因此完全适用杠铃策略（最大限度的安全加上最大限度的投机）。

让我们以文学家为例，这是所有职业中最无法妥协、最具投机性、要求最高、风险最大的职业。法国文学家和其他欧洲文学家都有一个传统，就是谋一份闲职，比如最无职业压力的公务员：不需要动多少脑筋，但很稳定，这种低风险的工作在你离开办公室之后就不会再牵扯你的精力，所以下班后，这些作家就利用业余时间写作，根据自己的标准写任何他们想写的东西。法国作家中，学者的人数非常少。而美国作家则不同，他们往往都从事媒体或学术工作，这使得他们受制于系统，也破坏了他们的写作灵感，从事学术研究的人还生活在持续的焦虑和压力下，这确实严重地干扰了他们的灵魂。美国作家写的每一行文字都遵循着别人的标准，就如妓女一样，抹杀了内心深处真实的感受。而另一方面，从事闲职兼写作则是一个相当有效的模式，仅次于享有经济上的独立性，甚至比享有经济上的独立性更强。例如，伟大的法国诗人保罗·克洛岱尔、圣琼·佩斯和小说家司汤达都是外交官；许多英国作家都是公务员，特罗洛普是邮递员，卡

第十一章 千万别嫁给摇滚明星

夫卡受雇于保险公司。更有趣的是,斯宾诺莎是镜头制造商,因而他的哲学完全不受任何形式的学术思想的侵蚀。当我还是一个十几岁的少年时,我就认为从事真正的文学或哲学职业的自然方式,就是像我的许多家庭成员一样,以懒散的、令人愉快的、要求不高的外交家为职业。奥斯曼帝国的传统是启用东正教徒作为使者或大使,甚至外交部部长,这个传统一直为黎凡特地区所保留(我的祖父和曾祖父就曾担任外交部部长),只不过后来势头转变,开始对基督教少数派不利了。我则成了一个交易员,但也能在空余时间里从事写作,读者可以看到,我写作完全按自己的意愿。杠铃式商人–学者模式是很理想的,从下午三四点我离开办公室到第二天上班的这段时间,我都会将白天的工作抛诸脑后,完全自由地从事我认为最有价值和最有趣的工作。而当我试图成为一个学者时,我却感觉自己就像一个囚犯,被迫服从别人的那种不严谨的、自我宣传的计划。

职业也是可以分阶段的:先做非常安全的工作,随后从事投机性较强的工作。我的一位朋友就曾为自己找了一份非常安全的工作——图书编辑,他也被认为是一名非常优秀的编辑人员。然后,在工作了10年之后,他离职从事一个投机性很强、风险很高的职业。这也是切切实实的杠铃模式:如果他投机失败,或无法实现预期的满意度,他完全可以回归老本行。这就是塞内加选择做的:他起先过着非常活跃的、充满冒险的生活,随后哲学式地隐退,开始写作和冥想,而不是从事混合这两种工作的"中间"模式的工作。许多像蒙田一样从"行动者"变成"思想家"的人,也采取了这种阶段性的杠铃模式:先是埋头行动,随后埋头思考。

如果我不得不上班的话,我认为最可取的(痛苦也较少的)就是高强度地工作一段非常短的时间,然后什么都不做(假设就是真正意义上的什么都不做),直到我完全恢复,并期待重来一次,而不是像日本人那样从事那种低强度、无休止、缺乏睡眠保证、乏味的工作。主菜和甜点还是需要分开的。

事实上,乔治·西姆农,这位20世纪最多产的作家之一,一年只有

60天的时间用来写作，其余300天则"什么都不做"。但是，他出版的小说超过了200本。

驯服不确定性

我们将会在本书的剩余章节中看到，很多的杠铃策略都具有同样的非对称性，在风险面前，它们会给我们提供同样的保护，并帮助我们利用反脆弱性。它们看起来非常相似。

让我们选取一些事例来管中窥豹。在个人风险方面，你很容易通过消除任何领域的致命性风险而将自己置于杠铃结构之中。我个人就对某些风险非常谨慎，同时在其他的风险上又非常冒进。我的规律是：不吸烟、不吃糖（尤其是果糖）、不骑摩托车，不在城市以外的地方骑自行车——或者更广泛地说，不在没有道路的区域，如撒哈拉大沙漠里骑车，不与东欧的黑社会有瓜葛，不上一架不是专业飞行员（除非有副驾驶）开的飞机。但除了这些之外，我可以承担各种形式的职业和个人风险，尤其是那些不会给我带来任何终极伤害的风险。

社会政策往往保护弱势群体，同时让强者各尽其职，而不会帮助中间阶层巩固其特权，因为这样会阻碍进化，造成各种经济问题，最终还会给穷人带来最大的伤害。

在英国成为一个官僚国家之前，它呈现出一种两极分化的杠铃结构，一端是冒险家（从经济和物质上而言），另一端是贵族。贵族除了保持某种谨慎的态度，其实没有扮演重大的角色，而冒险家则在各国间游走，寻找贸易机会，或待在国内修补机器。但是，现在的伦敦则充斥着追逐奖金的资产阶级精英。

我的写作方法如下：一方面，我写任何人都能读懂的散文，另一方面，我写技术性论文，不会写介于两者之间的文章，如记者访谈、报纸文章、署名评论等非出版社要求的文章。

第十一章 千万别嫁给摇滚明星

读者可能还记得我在第二章中提到的训练模式：练习举起你能承受的最大重量的器械，随后什么都不做，这与健身房中许多人以较低强度锻炼很长时间的模式很不相同。我所说的训练模式，辅以毫不费力的长时间散步，构成了锻炼的杠铃策略。

更多的杠铃策略：做一些疯狂的事情（偶尔砸坏家具），就像希腊人在饮酒讨论会进行至后半场时所表现的那样，而在更大的决策上保持"理智"。阅读无用的娱乐杂志，以及经典书籍或复杂的著作，但不要读平庸的书籍。与大学生、出租车司机和园丁，或最优秀的学者交流，但不要和庸庸碌碌但野心不小的学者交流。如果你不喜欢某个人，要么随他去，要么击垮他，不要只是停留于口头攻击。

所以，请记住，随机性的杠铃策略会通过减轻脆弱性、消除伤害导致的不利风险来增强反脆弱性，也就是减少不利事件带来的痛苦，同时确保获得潜在收益。

再回到金融投资上，杠铃策略并不一定是以部分投资于抗通胀的现金、部分投资于投机性证券的形式呈现的。任何消除毁灭性风险的策略都属于杠铃策略。具有传奇色彩的投资者拉伊·戴利奥送给进入投机性赌局的人一条铁律："确保发生不可接受情况（毁灭或灾难）的概率为零。"这样的铁律也让我们看到了杠铃策略的身影。

还有一个观点来自罗里·萨瑟兰：英国对因酗酒患上小病的人的建议是，将每天的饮酒量缩减到一定克数以下。但其实，最优化的策略是每周戒酒 3 天（给肝脏一定的休息时间），而在其他 4 天的时间内自由饮酒。这个观点与其他杠铃策略背后的数学推导，我们将在之后阐述詹森不等式时进行讨论。

三元结构的右栏，反脆弱类的大多数项目都有杠铃结构，这是必要条件，但并非充分条件。

因此，正如斯多葛主义关乎情绪的驯化而非消除，杠铃策略也力求驯化而非消除不确定性。

第四卷

可选择性、技术与反脆弱性的智慧

ANTIFRAGILE

Things That Gain from Disorder

现在让我们来谈谈创新、选择和可选择性的概念。如何进入无法穿透的事物内部，并彻底主宰它、征服它。

你真的知道要往哪里去吗？

圣托马斯·阿奎那所著的《神学大全》这类里程碑式的书，已经不复存在了。所谓大全，就是对特定学科的一个全面阐述，同时也摆脱了之前的权威所规定的结构——所以是超越教科书的一类书。至于这本大全，它的主题是神学，也就是涵盖所有哲学性的东西，但同时它也对所有与其论点有关的每一类知识体系进行了评论。它在很大程度上指导着中世纪人们的思想。

这与主题简单的封闭式题材书籍大不相同。

博学者对反脆弱性的诋毁在《神学大全》一书中得到了淋漓尽致的体现，其中有一处是这么说的："代理人若非为了一个明确的结果是绝对不会行动的。"换句话说，代理人应该知道行动的方向，这是一个源于亚里士多德目的论的观点。每个人，包括斯多葛主义者，但不包括怀疑论者，都在思想上倾向于目的论，但在行动上并没有表现出这种倾向。顺便说一句，阿奎那引述的并不是亚里士多德的话语，他称后者为哲学家，他所引述的是亚里士多德思想在阿拉伯的集大成者、哲学家伊本·鲁西德，即阿维罗伊的话。阿奎那称其为评论家。评论家对这个世界造成的伤害可不小。西方思想在很大程度上受阿拉伯思想的影响，这一点远超我们的认识，而中世纪后期的阿拉伯人已成功地摆脱了中世纪的理性主义。

整个思想传承都植根于这句话："代理人若非为了一个明确的结果是绝对不会行动的。"这就是人类最普遍的错误所在，再加上两个或两个多世纪对无条件科学认知的错觉，这个错误就越发复杂了。同时，这个错误也将导致人们陷入最脆弱的状态。

目的论谬误

我们在此所说的目的论谬误，是指你有个错觉，以为自己确切地知道将来的方向，而其他人过去所取得的成功也源于清楚地知道自己的方向。

一个理性的漫游者与观光客不同，他在旅途的每一步都可能导致他修改日程安排，这样他就可以根据新的信息制订计划，就像尼罗在旅途中尝试练习的依靠嗅觉的引领一样。如果根据新的信息，该计划不再有效，那么漫游者也不会固守原有的计划。观光客，不管是真正的还是比喻意义上的观光客，无不抱有目的论错觉；他们假定愿景的完整性，并将其锁入一个难以修订的计划，而漫游者却会持续地，最关键的是，合理地根据他获得的信息修订他的目标。

我们有一个小小的警告：无论在生活还是事业中，漫游者的机会主义都是很管用的——但这不包括私人生活和涉及其他人的事务。在人际关系中，与机会主义相反的是忠诚，一种高尚的情操——但这需要人们在正确的地方进行足够的投资，也就是长期致力于维护人际关系和道义。

你可能认为，你确切地知道自己要去往哪里，并认为你今天会知道你明天的偏好。这个谬误还有一个关联谬误，即你认为其他人也知道他们要去往哪里，而且问他们的话，他们一定会告诉你他们想要的是什么。

千万不要问别人他们想要什么，或者他们想去哪里，又或者他们认为他们应该去哪里，最糟糕的问题是，他们认为自己明天会渴望什么。那位电脑创业者史蒂夫·乔布斯的力量正来源于不信任市场研究和焦点小组（这些都基于问人们他们想要什么），而是跟随自己的想象。他的理念是，人们根本不知道他们想要什么，直到你提供给他们。

一个人如果能够改变一种行动，则意味他有改变的选择权。选择权，以及可选择性，即选择权的特征，是第四卷的主题。可选择性可以带我们去很多地方，从根本上说，选择权能让你具备反脆弱性，它帮助你从不确定性的积极面中受益，同时也使你不因其消极面而经受严重的伤害。

美国的主要资产

正是可选择性促进了事物的运作和成长，但不是所有人都明白这一点。很多人痛惜美国正规教育的水平之低（比如以数学成绩来衡量的话）。然而，这些人没有意识到，许多创新都是在这里诞生，而被其他地方模仿的。但这些并不归功于大学，大学所获得的赞美远多于它们实际的贡献。

与工业革命中的英国一样，美国的优势体现在冒险和运用可选择性方面，这是一种卓越的能力，即参与到合理的试错活动中，失败了也不觉得耻辱，而是重新来过，再次失败，再次重来。而现代日本则恰好相反，失败给人带来耻辱，导致人们想方设法地隐藏风险，不管是金融风险还是核电风险；创造很小的收益，却要坐在火药桶上，这种态度与他们尊敬失败英雄的传统，以及虽败犹荣的观念，形成了奇怪的对比。

第四卷将根据这一思路自然地得出结论，并将用证据证明（从中世纪的建筑、医学到工程和创新），也许我们最大的资产就是我们最不信任的东西：某些风险承受系统的内置反脆弱性。

第十二章

泰勒斯的甜葡萄

- 起而行,而非坐而谈。
- 免费选择权的概念。
- 哲学家可以被称为暴发户吗?

亚里士多德的《政治学》中有一则关于苏格拉底之前的哲学家和数学家泰勒斯的故事。这个故事在书中占了不到半页的篇幅,但既阐述了反脆弱性的概念,又贬低了这个概念,并向我们介绍了可选择性。这个故事的一个显著特点是,它让我们看到,亚里士多德这位在各个时代都称得上是最有影响力的思想家,并未理解他自己所说的这个故事中的核心问题。他的追随者也是如此,特别是在启蒙运动和科技革命之后。我这么说并非要贬低伟大的亚里士多德,而是为了表明这样一种观点,即智力有时会让你低估反脆弱性,忽略可选择性的力量。

泰勒斯是一位哲学家,来自小亚细亚半岛的沿海城市米利都,是一位讲希腊语的腓尼基裔爱奥尼亚人。与某些哲学家一样,他喜欢自己从事的工作。米利都是一个重要的贸易港,这里的重商主义精神通常归功于在这里定居的腓尼基人。但是,泰勒斯作为一名哲学家则是典型的囊中羞涩之人。他听腻了生意伙伴讽刺他所说的"有能力的人从商,其他人研究哲学"的话,于是就做了一件惊人的事:他支付了一笔首付款,以很低的租金租用了米利都和希俄斯附近的所有橄榄油压榨机的季节性使用权。当年橄榄大丰收，因而，人们对橄榄油压榨机的需求大幅增加，他让压榨机所有者按照他开出的条件转租机器，从中大赚了一笔。随后，泰勒斯又回到了哲学的世界中。

泰勒斯的收入或许不足以让他成为巨富，但足以向别人，也向他自己证明一点——他想做就能做到，而且他真正地将财富抛诸脑后，不受财富的限制。这笔财富足以让你获得财富所带来的大部分优势（最重要的优势之一就是独立性，以及只关注于你所感兴趣的事情），并且你还不受其副作用带来的影响，比如你不必参加需要穿正装的慈善活动，不必被迫听别人对大理石改造房屋的礼节性描述。财富最糟糕的副作用，就是它给受害者带来的社会关系，因为住大房子的人往往会与其他住大房子的人交往。除了实现了一定程度的富裕和独立，绅士们往往不再风度翩翩，他们的谈话也变得越来越无趣。

泰勒斯的故事有许多寓意，且都与非对称性（以及反脆弱性回报的构成）相关。最普遍的寓意可以用亚里士多德的叙述来表达："虽然仍是冬天，但他根据自己的天文学知识观察到，第二年一定是橄榄作物的丰收年……"因此，对于亚里士多德来说，原因显然在于泰勒斯的渊博知识。

真的是因为渊博的知识吗？

事实上，泰勒斯是利用了自己对某种知识的缺乏，也就是非对称性的神秘特征。这个非对称性的关键恰恰在于，他并不需要了解太多的天文学知识。

其实他只是很简单地和别人签订了一份合同，这份合同就是以非对称性为原型的，它也许是你能找到的唯一纯粹的显性非对称性。事实上，这是一份期权合同，买方"有权利但没有义务"，而卖方则是"有义务而没有权利"。在橄榄油压榨机的使用需求激增的情况下，泰勒斯有权利——但没有义务——使用机器，而卖方则负有提供机器的义务，但没有其他权利。泰勒斯为这一特权付出了很小的代价，损失有限，而获益可能很大。这可能是人类历史上第一个有记录的期权。

期权就是反脆弱性的一种代表。

期权与非对称性

橄榄油压榨机的故事比在象牙材质桌腿支撑的桌子上写作的塞内加早了600多年,也比亚里士多德的时代早了300年。

第十章中的公式是:反脆弱性等于获得的比失去的更多,等于有利因素比不利因素更多,即等于(有利的)非对称性,也等于偏好波动性。如果决策正确所得到的利益大于决策错误所受到的伤害,那么从长远来看,你就将从波动性中受益(反之亦然)。只有当你一再为购买期权支付太多钱时,你才会受损。但是,在泰勒斯的故事中,他显然做了一笔好买卖——但我们将在第四卷余下的部分看到,我们不需要为自然和技术创新带给我们的期权买单。金融期权可能是昂贵的,因为人们知道这是期权,有人出售期权并收取费用,但大多数有趣的期权却是免费的,或者至少价格是低廉的。

最重要的是,当我们知道自己以低廉的价格买入时,即当非对称性对我们有利时,我们不需要知道发生了什么事情。进一步引申:当我们有一定的优势时,我们并不需要完全了解某一事物。可选择性带来的优势就是当你正确时,你会获得更大的收益,这使你不必每次都正确。

甜葡萄选择权

我所说的期权与我们日常生活中所说的选择权没有什么不同——选择较多的度假胜地更容易提供符合你品味的活动,而选择较少的度假胜地则可能经营失败。所以,对于选择更多的度假胜地,你需要的信息比较少,也就是需要的知识比较少。

在泰勒斯的故事中，还有其他隐藏的选择权。如果能明智地运用财务独立，则可以变得更加强韧，它会为你提供更多选择权，并让你做出正确的选择。自由就是终极选择权。

此外，除非你面对选择权和各种选择，否则你将永远不了解自己以及自己的真正喜好。回想一下，生活的波动性能为我们提供有关别人与自己的信息。许多人变成了穷人并非自己所愿，他们只有编造出一个故事，声称是他们自己选择成为穷人的，才能让他们变得强韧，就好像他们有选择权一样。当然，有些人确实有选择权，但更多人没有选择权，他们只不过编造了一个结果。就像《伊索寓言》中的酸葡萄心态：说服自己相信自己摘不到的葡萄就是酸的。散文家蒙田将泰勒斯的故事视为对酸葡萄免疫的故事：你需要知道，你不喜欢追求金钱和财富是因为你真的不喜欢它，还是只是在为你的无能找借口，故意说财富不是好东西，比如它对你的消化系统或你的睡眠不利。因此，我们的故事凸显了泰勒斯自己对生活的选择权——他是真心想要追求哲学，他本来有很多选择。而且，这点值得一再重申，任何选择如果赋予你的有利因素超过不利因素，那么其就是反脆弱性的矢量。①

泰勒斯自己赚钱资助自己的哲学研究，成了自己的赞助者，这也许是我们可以达到的最高境界：同时实现财务独立和拥有知识生产力。他现在有了更多的选择权。他无须告诉别人——那些为他提供资助的人——他去向何方，因为他自己也许也不知道要去往哪里。多亏选择权的力量，他也不必知道他的方向。

接下来的一些小故事有助于我们进一步了解可选择性的概念——类似期权的收益和情况的特征。

---

① 我认为富裕（不仅仅是实现财务独立）的主要好处是能够鄙视有钱的人（也就是那些聚集在炫目的滑雪胜地的人），并且不是出于酸葡萄心态。事实上，如果这些人不知道你比他们更有钱，那你的心态就更甜蜜了。

第十二章　泰勒斯的甜葡萄

伦敦的一个周六傍晚

伦敦的一个周六下午，我又要面对一个主要压力源：今晚去哪儿。我喜欢参加聚会，喜欢聚会上的意外发现（去聚会有可选择性，对于希望从不确定性中受益并尽量避免不利因素的人来说，参加聚会是最好的建议）。我最怕独自一人在餐厅一边吃饭，一边重读西塞罗的《图斯库兰讨论》中的相同段落。这本书刚好能放入口袋，所以我随身带着它长达 10 年时间，每次一个人吃饭时就拿出来读读（大约每年读 3 页半）；如果接到电话，我的恐惧感就会减轻些。有一次，有个人——算不上我的亲密朋友——听到我在城里，就邀请我到肯辛顿参加一个聚会，但并未跟我敲定此事，只是说"你愿意的话欢迎光临"。参加聚会总比我独自吃饭、看书好得多，但参加聚会的人不是很有趣（许多居住在城市或在金融机构工作的人都鲜有情趣，讨人喜欢的就更少了），我知道我可以有更好的打发时间的方法，但我不确定我能否做到。也就是说，我可以多打几个电话：如果我可以找到比肯辛顿聚会更好的去处，比如与任何一个我真正的朋友一起吃饭，那我就会这么选择。否则，我就搭出租车去肯辛顿。摆在我面前的是一个选择，而不是一种义务。因为这不是我求来的，所以我不会有任何成本。我面对的不利因素很小，其实，不存在任何不利因素，但有利因素则有很多。

这是一个免费的选择权，因为我并未为这一特权付出真正的成本。

你的租金

第二个例子：假设你是纽约市租金管制公寓的正式租客，房间四周满是书籍。你拥有的选择权是：想住多久就住多久，但你并没有义务这样做。如果你决定要搬到蒙古的乌兰巴托，并在那里开始新的生活，你只要提前几天通知房东，道别后就可以离开了。但是，房东却有义务让你以可预测的租金永久性地住在那里。如果城市租金大幅上涨，房地产市场出现了泡沫式膨胀，你将在很大程度上受到保护。相反，如果租金大幅下跌，你可以轻而易举地换套更好的公寓，甚至购买新的公寓，并获得每月还款额很低的抵押贷款。

让我们再次考虑一下非对称性。你将从较低的租金中受益，同时又不受高租金的影响。为什么会这样？还是因为你拥有选择权，而不是义务。从某种程度上说，不确定性增加了这种特权的价值。如果你的未来面临着高度的不确定性，比如房地产价值可能大幅下跌，也可能大幅上涨，那么你的选择权将变得更有价值。不确定性越大，你的选择权就越有价值。

而且这是个嵌入式选择权，因为你无须付出成本就获得了这个特权。

非对称性

让我们再次看看泰勒斯故事中的非对称性，以及任何选择权的非对称性。在图12–1中，横轴表示榨油机的租金，纵轴表示泰勒斯获得的相应利润。图12–1显示了非对称性：在这种情况下，一种方式下的回报（如果你是对的，你就会大赚一笔）大于其他方式（如果你错了，你只是小赔一点儿钱）。

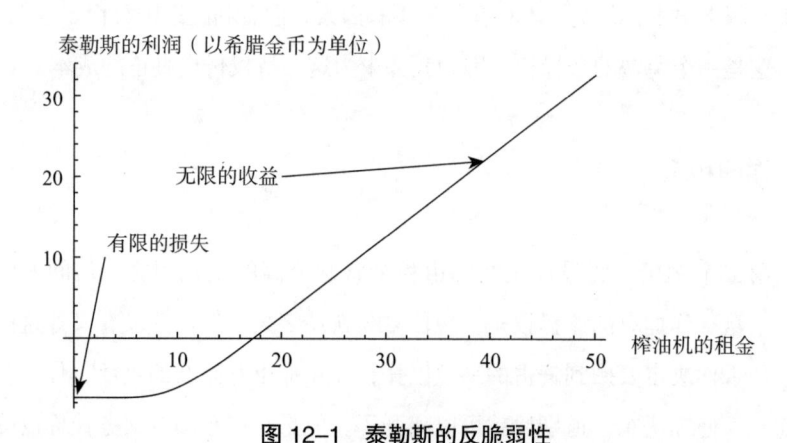

图12-1 泰勒斯的反脆弱性

注：他付出的很少，潜在收益却很大。我们可以看出有利因素与不利因素之间的非对称性。

图 12-1 的纵轴代表橄榄油压榨机租金的函数（从期权中获得的收益）。所有读者都需要注意图中的非线性（非对称性，有利因素多于不利因素；非对称性是一种非线性形式）。

喜欢分散的事物

选择权的一个属性是：它并不关心平均结果，而只关心有利因素（因为不利因素并不会超过某一界限）。通常，作家、艺术家，甚至哲学家的作品只受到少数人的喜欢比有大量人欣赏更好。不喜欢他们作品的人数无关紧要，因为不存在买书的对立面，也不存在足球比赛出现负分的情况，图书销售没有负值，这让作者具备一定的可选择性。

此外，如果其支持者既热情又富有影响力，那么就会带来极大的帮助。比如维特根斯坦，他被很多人认为是一个疯子、一个异类，或者只是一个胡言乱语的哲学家（他自己名下几乎没有任何作品出版），但是这些人的意见无足轻重，因为维特根斯坦有一些狂热的追随者，其中包括赫赫有名的伯特兰·罗素和凯恩斯。

除了书籍，想想这个简单的启发法：你的作品和思想，无论是在政治、艺术或其他领域，都不受大部分人的认可（甚至有人极其反感），但却有一小撮极为忠诚和热心的拥趸，这种情况较之百分之百的人都觉得你的思想可以接受或勉强值得称道，哪种情况对你更有利？当然是前一种。选择权喜欢分散的结果，而不太关心平均值。

另一个不关心平均值而更关心平均值两边分散情况的行业就是奢侈品行业——珠宝、手表、艺术品、热闹地段的昂贵公寓、昂贵的收藏品红酒、美味的农场益生菌狗粮等。这样的企业只关心最富裕人群的钱袋。如果西方国家的人们的平均年收入为 50 000 美元，而且不存在贫富差距，那么奢侈品销售商将无法生存。但如果平均值保持不变，而社会的贫富差距明显增加，一些人的收入高于 200 万美元，甚至有些人的收入可能高于1 000万美元，那么奢侈品企业将拥有大量的客户，即使在统计平均收入时这样的高收入有可能被众多低收入人群所抵消。收入分布曲线的较高端"尾部"，即极端部分，受不平等程度变化的影响比受平均数变化的影响更大。它从分散的数据中受益，因而是具有反脆弱性的。这就解释了为什么伦敦市中心的房地产价格泡沫是由俄罗斯和阿拉伯海湾的贫富不均决定的，完全独立于英国的房地产走势。某些卖给富人的房屋，每平方米的均价是几个街区之外建筑物均价的20倍。

哈佛大学前校长拉里·萨默斯由于解释不清自己的一个类似观点而陷入麻烦，并在沸沸扬扬的争议之后丢了工作。萨默斯想说的是，男性和女性的智商相当，但男性人口的变化和分散程度更高（波动性更高），因而最不聪明的男人和最聪明的男人的数量都很多。对萨默斯来说，这解释了为什么在科学界和知识界，男性的比例都更高（进监狱或破产的人中，男性的比例也更高）。成功科学家的数量取决于"尾部"效应，即极端情况，而不是平均情况。正如选择权并不关注负面结果，作者也并不在意不喜欢他的读者。

目前，没有人敢说出一些显而易见的事实：社会增长可能不会像亚洲模式那样来自平均水平的提高，而是来自"尾部"人数的增加，也就是少量或极少量的冒险者，这些人疯狂地坚持自己的主张，拥有被称为想象力的罕见能力与被称为勇气的罕见品质，同时他们也是实干派。

泰勒斯主义和亚里士多德主义

现在，让我们说些哲学理念。正如我们在第八章前半部分所探讨的"黑天鹅"问题，决定论者关注的是回报，也就是行动的结果（因此包括非对称性和非线性效应）。亚里士多德主义者关注的则是正确与错误，换句话说，他们关注的是原始逻辑，两者之间的交叉比你想象的要少。

亚里士多德犯了一个错误，他认为了解某个事件（未来的作物收成或榨油机的租金，即横轴所显示的数据）和从中赚钱（纵轴所显示的数据）是同样的事情。但在这个案例中，由于存在非对称性，所以这两者是不同的，图表显示得非常清楚。正如胖子托尼将在第十四章中所说的："它们不是一回事。"

变得无知

如果你有"可选择性"，那么你就不太需要智力、知识、洞见、技巧，或者脑细胞中的那些复杂事物。因为你不必每次都正确。你所需要的只是不做不明智的事情，以免伤害自己（比如忽略某些事情），随后就能在有利的结果发生后乐享收益了。（关键是你的评估并不需要预先进行，只要在结果发生后进行即可。）

这个属性允许我们变得无知，或者说，允许我们获得比知识所能带给我们的更多的收益。我称之为炼金石，或者"凸性偏差"，这是詹森不等式的数学属性产生的结果。其中的机制我们将在第五卷用技术性内容加以阐述，但现在请你记住，进化可以产生令人惊讶的复杂而精密的事物，不必拥有智慧，只需要可选择性和某些自然选择过滤机制，再加上接下来要探讨的随机性即可。

大自然与选择权

法国伟大的生物学家弗朗索瓦·雅各布将自然生态系统中的选择权概念（或类似选择权式的特点）引入了科学领域，这就是试错的概念，法语称为"拼装"。拼装是一种接近于"调试"的试错形式，即尝试通过回收利用原本可能被浪费掉的材料来完成你想做的事。

雅各布认为，即使对于子宫里的婴儿，大自然也知道如何选择：大约 1/2 的胚胎会自发性流产，这比按蓝图设计完美的婴儿要容易得多。大自然只需要保留符合标准的事物，或者遵循加州式的"及早失败"规律——大自然有选择权并能够善用它。大自然比人类更了解可选择性，当然也比亚里士多德更了解。

大自然懂得善用可选择性，它展示了如何以可选择性替代智慧。①

试错过程中我们会犯小错误，但却能获得大收益，我们不妨称其为"自由探索"（tinkering）。事实上，有一个词可以更准确地描述这种积极的非对称性，这就是凸性，我们将在第十八章中深入阐述。

图 12-3 最能说明加州式规律，以及史蒂夫·乔布斯在一次著名的演讲中所表达的观点："求知若渴，虚心若愚。"乔布斯的意思大概是："在疯狂之余保持理性，在看到有利机遇时及时抓住。"任何试错都可以被视为一种选择权，只要你能够识别有利的结果并利用它就可以了。

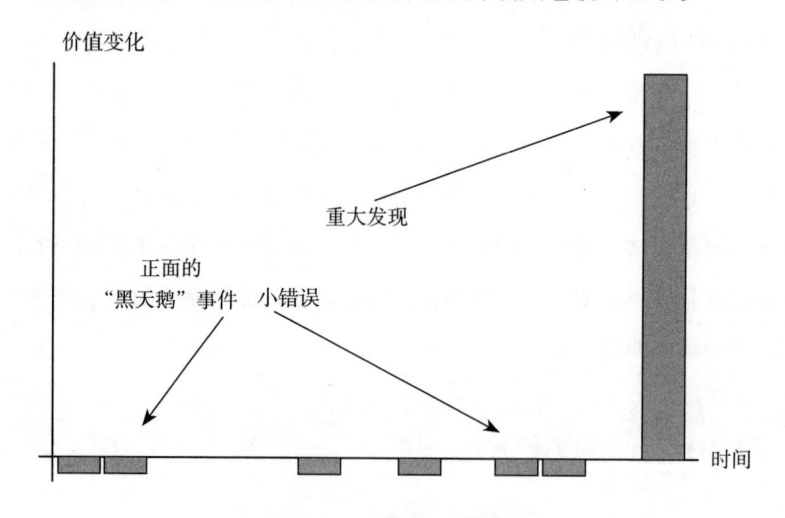

图 12-2　快速失败模型

注：这是一种与期权类似的试错机制，又名凸性自由探索。在这一机制下，错误的成本低，最大损失是已知的，而潜在回报则是巨大的（无限）。正面"黑天鹅"事件的一个重要特征：收益是无限的（这与彩票不同），或者更确切地说，其界限是未知的，但错误所带来的损失则是有限和已知的。

---

① 我们将把自然视为一种模型，来展示它优良的运转表现为何来自可选择性，而不是智慧，但千万不要落入自然主义谬误：道德规范则不必源自可选择性。

图 12-3 在极端斯坦下的快速失败模型

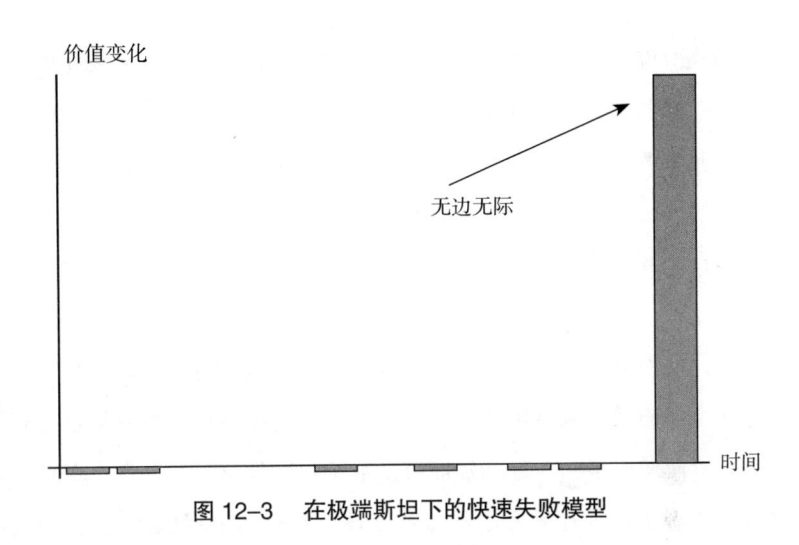

理性

具体来说，我们可以这样描述选择权：

选择权 = 非对称性 + 理性

理性就是你知道要保留好的，抛弃坏的，知道如何获取利润。正如我们所看到的大自然，它有一个过滤机制来保留优质婴儿、舍弃缺陷婴儿。反脆弱性和脆弱性之间的区别就在于此。脆弱的事物没有选择权，而具有反脆弱性的事物需要选择最好的，即做出最佳选择。

大自然最美妙的特性就是，它在做选择以及为自己挑选最有利的东西时表现出的理性——这多亏了进化中的测试过程。与害怕尝试新事物的研究员不同，非对称性对于大自然而言意味着选择的机会。大自然就是这样逐步进化的——生物系统会锁定比前一个状态更好的状态，这就是我早先所说的路径依赖性。在试错过程中，其理性之处就在于不拒绝显著优于从前拥有的东西的新事物。

正如我所说,在商业上,人们会付费购买通过合同约定和安排的选择权,因此明确的选择权往往价格高昂,就像保险合同。但因为我们的头脑中存在领域依赖性,所以我们在其他地方认不出它来,而在这些地方,这些选择权的价格被低估或者根本没有定价。

我是在沃顿商学院的金融课上了解到选择权的非对称性的,这决定了我的职业生涯,而且我立即意识到,连教授本人也没有认识到这一特性。简单地说,他没有注意到期权的非线性与可选择性来自某种非对称性的事实。这又可以归咎于领域依赖性:在教科书没有明确指出非对称性的其他领域,教授便忽略了——他当然能够从数学角度理解可选择性,但在方程式之外的情况下,他却未必了解可选择性。教授从未将试错视为选择权,也从未将模型误差视为负权。具有讽刺意味的是,30年后,许多讲授期权课程的人还是不了解非对称性。[①]

选择权往往会隐藏在我们不希望它隐藏的地方。我想再说一遍,选择权不仅受益于可变性,也会从小成本的错误中受益。因此这些错误就类似于选择权——从长远来看,幸运的话,错误会带来收益;不幸的话,错误会带来损失。这正是胖子托尼所运用的工具:某些模型只有不幸的错误,特别是衍生金融产品模型和其他脆弱的工具。

让我吃惊的是,人类往往对这些选择视而不见。我们将在接下来的章节中看到,这些选择权明明就存在于肉眼可见的地方。

生活就是长伽马

真的,存在于肉眼可见的地方。

[①] 我通常不太愿意谈及我从事期权交易的职业生涯,因为我担心读者会将我的想法与金融,而不是更多科学领域的应用结合起来。每当我用源自金融衍生品的技术性思维与人交流时,人们总是误以为我在讨论金融问题,这让我感觉非常生气——要知道,我只是在运用一些技术,一些能够融会贯通的技术而已。

第十二章　泰勒斯的甜葡萄

我的朋友安东尼·格利克曼原是犹太教的拉比和《犹太法典》学者，后转行做期权交易员，然后又做回了拉比和《犹太法典》学者（到目前为止）。一天，在讨论了可选择性如何适用于我们周遭的一切后，又或许在我针对斯多葛主义发表了长篇大论后，他冷静地宣布："生命就是长伽马"（根据专业术语，"长"表示"受益于"，"短"表示"受损于"，伽马则是期权非线性的名称，因此"长伽马"表示从波动性和可变性中受益。安东尼甚至将他的邮件地址设为：@longgamma.com）。

大量学术文献都在试图说服我们，拥有期权是不理智的，因为有些期权定价过高，确切地说，根据商学院那种不考虑罕见事件发生概率的风险计算法，它们被认为定价过高。此外，研究人员还经常以所谓的"低胜算偏见"或彩票效应来告诫人们，因为在赌场上，人们往往会寻求超乎自己能力的目标，并在获胜希望渺茫的那一方身上下注。这些结论当然是披着科学外衣的胡说八道，他们是一群不愿承担风险的人，一提到风险，他们就只会想到赌场。经济学家对不确定性的态度也是如此，他们往往将生活的随机性错当作赌场中容易跟踪的随机性，我将此称为"游戏谬论"[ludic fallacy，ludic 一词是从希腊语 ludes（游戏）演化而来的]——这也是我们在第七章中玩扑克牌 21 点游戏的玩牌者身上所看到的错误。事实上，根据彩票定价过高的事实来批评所有对罕见事件的投注是非常愚蠢的，就像你不能因为从长远来看赌场总是从赌徒身上赚钱，而批评所有的冒险活动，因为你忘记了，我们之所以存在于这个世界上也是因为赌场外的冒险行为。此外，赌场上投注和买彩票的奖励上限往往是已知的，而在现实生活中，可能的收益往往无边无际，这两种情况之间的差异非常显著。

承担风险不是赌博，可选择性也不是买彩票。

此外，这些所谓的"低胜算偏见"论点都是可笑的过滤性选择论点，即专挑与自己有别的事情讲。如果让你列举历史上创造财富最多的企业，你会看到，它们都有可选择性。遗憾的是，有些人还有从别人那里或从纳税人那里窃取选择权的可选择性（我们将在第七卷中有关伦理的章节中阐述），比如公司的首席执行官凭借其地位掌握有利因素，却从来不受不利因素的影响。但是在美国历史上，最大的财富创造企业首先来自房地产行业（投资者相当于持有选择权，因为他们的风险由银行承担），其次是技术行业（其收益几乎完全依赖于试错）。此外，具有负可选择性（不具有可选择性）的企业，如银行，通常业绩比较糟糕：银行定期就会因陷入困境而失去先前所赚的每一分钱。

但是，在推动大自然和科学技术两大领域进化的可选择性面前，这些可选择性都相形见绌了，我们将在第四卷后半部分阐述科学技术领域的可选择性。

罗马政治偏好可选择性

当人有充分的理性时，就可以做出更好的选择，即使政治制度也可以遵循一种合理的自由探索形式：罗马人的政治制度就是通过自由探索，而不是现成的"道理"发展的。波利比奥斯在他写的《历史》一书中就比较了古希腊立法者莱克格斯和具有实践精神的罗马人。莱克格斯构建了自己的政治制度，"从未经历过逆境的教训"，而几个世纪后的罗马人却有更多经验，这些经验"不是靠任何逻辑推理过程得来的，而是在与逆境和麻烦的斗争中总结出来的，因而他们总是能凭借从灾难中获得的经验做出最佳选择"。

下一步

让我总结一下。在第十章中，我们已经看到了塞内加的观点中嵌入的基本非对称性：有利因素超过不利因素。本章进一步细化了这一观点，并通过选择权的形式呈现这种非对称性，因为选择权赋予人获取有利因素而不受不利因素影响的机会。选择权就是反脆弱性的武器。

第十二章　泰勒斯的甜葡萄

本章和第四卷的另一观点是，选择权可以替换知识，其实我不太明白什么叫作贫瘠的知识，因为人的知识必然是模糊和贫瘠的。所以，我做了一个大胆的推论（我将在接下来的几章提供有说服力的论据），即我们以为靠我们的技能成就的许多东西其实大多来自选择权，而且是被妥善运用的选择权，很像泰勒斯的案例，也很像自然选择的情况，而不能归功于我们自认为掌握的知识。

这其中的含义绝不平凡。如果你认为是教育为你带来了财富，而不认为教育是财富的结果，或者认为明智的行为和发现是明智的思想的结果，那么你一定会大吃一惊。让我们来看看这是一种什么样的惊奇。

第十三章

教鸟儿如何飞行

- 轮子终于问世。
- 胖子托尼的原始想法。
- 核心问题是,鸟儿写的著作比鸟类学家少得多。
- 将愚蠢与智慧结合,而不是反过来做。

让我们来看一个滚轮旅行箱的故事。

只要出远门,我几乎每次都会随身携带一个大型的滚轮旅行箱,里面装的大多是书籍。箱子非常重(我旅行时喜欢阅读的书碰巧都是精装书)。

2012年6月,在纽约肯尼迪国际机场外,我一边拖着我常用的那个装满书籍的笨重旅行箱,一边看着箱子底部的轮子和顶部的金属手柄,我突然回忆起过去,同样在这个机场里,我必须提着装满书的行李,几步一歇,让乳酸流出我酸痛的臂膀。我请不起搬运工,即使我请得起,这么做也不会让我感到舒服。我在这个机场来来往往已经30年了,我的伙伴也从没有滚轮的旅行箱变为装了滚轮的旅行箱,两者的对比相当诡异。这让我意识到,我们是多么缺乏想象力:我们早就懂得把我们的行李放在带轮子的推车上,但却没有人想到直接把轮子安装在旅行箱上。

你能够想象从轮子的发明(我们认为是由美索不达米亚人发明的),到它在旅行箱上的奇妙运用(由毫无特色的工业园区内的某家旅行箱制造商生产的),两者之间隔了将近6 000年吗?像我这样的旅客,曾经花了

第十三章 教鸟儿如何飞行

数十亿个小时,费力地拖着旅行箱,通过站满粗鲁海关人员的通道。

更糟糕的是,这发生在我们把人类送上月球的40年之后。想想看,把人送上太空是多么复杂的一件事,但与我手臂的酸痛、腰部的疼痛,以及磨得生疼的手掌和站在漫长走道上的无助感对比一下,它对我生活的影响完全可以忽略不计。事实上,我们这里谈论的滚轮旅行箱虽然很重要,但仍是微不足道、非常简单的产品。

但是,这一产品是事后看来才显得微不足道的,事前则不然。所有那些才华横溢的人,那些不修边幅、不远千里赶赴会议,来讨论哥德尔猜想、黎曼猜想、夸克的人,都不得不提着他们的旅行箱穿过机场航站楼,但却没有人考虑过这样一个微不足道的运输问题。(我们说,知识型社会总是会对"复杂的"衍生工具给予奖励,这与从不对简单的头脑做出惩罚形成了对比。)即使这些才华横溢的人决定用他们那过度发达的头脑来解决这么一个明显和琐碎的问题,他们也可能一无所获。

由此可见,我们是如何规划未来的。人类缺乏想象力,甚至不知道明天的重要事情到底会是什么。我们使用随机性来帮助自己一点点地发现新事物——这就是反脆弱性如此必要的原因。

轮子本身的故事甚至比旅行箱的故事更令人惭愧:不断有人提醒我们,轮子不是美索不达米亚人发明的,但事实上就是他们发明的。美索不达米亚人发明了轮子,但这些轮子只安装在他们给儿童做的小玩具上。这跟旅行箱的故事如出一辙:玛雅人和萨巴特克人并没有实现将轮子运用到实际生活中的这一飞跃。建造金字塔时,他们耗费了大量的人力、物力和汗水在平地上运输巨大的石板,虽然此时用手推车和马车来运输是再合适不过的了。他们甚至懂得把石板放在滚木上来运输,可同时,他们的小孩子已经拉着滚轮玩具在灰泥地上玩耍了(或许他们的小孩子也不玩滚轮玩具,可能这种玩具的唯一用途就是用于陪葬)。

蒸汽机的故事也很相似,希腊人实际上早就制造出了可操作的蒸汽机,其遇热会旋转,当然,它只是用来娱乐的:希腊的发明家、亚历山大港的希罗描述过这一装置。但直到工业革命时期，我们才发明出这个早已被发明出来的工具。

正所谓伟大的天才只是找寻到了前辈的足迹，实用性的创新只是践行了祖辈的理论。

发现和应用的过程中总有一些事情是在不知不觉中逐渐完成的，这就是人们通常所说的进化。我们受制于或小或大的意外变化，这种意外性比我们承认的更常见。我们常常说大话，但几乎没有任何想象力，除了少数富有远见的人似乎意识到了可选择性的存在。我们需要一定的随机性来帮助我们解决问题，可能还需要加上双倍的反脆弱性。随机性在两个层面起到了重要作用：发明层面和应用层面。第一个层面并不令人惊讶，虽然我们常常会小看机会的作用，特别是我们自己在发现问题时。

但我花了毕生时间探索应用层面：应用并不一定能紧跟发明，它也需要视运气和情况而定。医学史上就充斥着一些奇怪的序列，一种治疗方法出现之后很久才被实际应用——就好像这两者是完全独立的事情，后者比前者还要困难，并且是困难得多。把某样东西推上市场需要与众多事情抗争。唱反调的人、管理人员、徒有虚名的人、形式主义者、无数琐碎的细节，这些就足以将你淹没，更何况在这些情况下你自己往往也会泄气。换句话说，你得识别你是否掌握了选择权（我们再次犯了无视选择权的毛病）。这时，你需要有足够的智慧认识到你手上掌握的是什么。

半发明状态。有一类东西我们可以称为处于半发明状态，从半发明到发明往往需要实现真正的突破。有时候，你需要一个富有远见的人来探索一项发明的用途，这个愿景可能只有他能找到。以电脑鼠标，或所谓的图形界面为例——多亏了史蒂夫·乔布斯，这些才应用到了你的台式电脑和笔记本电脑上——只有他心怀人机交互的愿景，随后又将声音加入进来。正如乔布斯所说，这些事情"就在那里盯着我们"。

另外，最简单的"技术"，或者甚至不是技术，只是一些工具，如轮子，却似乎推动了整个世界的发展。尽管我们这么赞誉它们，但我们所说

第十三章 教鸟儿如何飞行

的这些技术却有非常高的死亡率,这点我将在第二十章详述。试想,在过去3 000年的时间内,或者更早,从希克索斯人发明攻击武器,西罗绘制设计图纸以来,人类设计的所有交通工具中,个人交通工具仅限于自行车和汽车(以及两者之间的几个变种)。即使在此期间,技术的发展也是时进时退的,总体趋势是更自然和更强韧的取代了技术性的。在阿拉伯人入侵,并在黎凡特推广使用骆驼之后,诞生于中东的轮子就消失了,居民认为骆驼更强壮,从长远来看也比轮子这一脆弱的工具更有效。此外,一个人可以控制6只骆驼,但却只能驾驶一辆马车,这种反技术发展的趋势从经济上说也更加合理。

再谈少即是多

当我凝视一个陶瓷咖啡杯时,我意识到脆弱性有一个非常简单的定义,由此引出一个非常简单和实用的启发法:一项发明越是简单和明显,我们就越不容易通过复杂的方法将其弄明白。最关键的是,我们只能通过实践来揭示其意义。我感觉滚轮旅行箱就是对我们最大的嘲讽。有多少类似的简单、平凡的启发法正在那儿看着我们和嘲笑我们?

轮子的故事也说明了本章的一个主旨:政府和大学在推动创新和发明方面的贡献非常少,原因除了令它们盲目的理性主义外,还有它们总是喜欢寻找复杂的、耸人听闻的、有新闻价值的、有故事性的、科学主义的和宏伟的东西,却很少关注旅行箱的轮子。我意识到,简单很难给人戴上桂冠。

注意时间差

正如我们在前面所看到的泰勒斯的故事和轮子的故事,反脆弱性(多亏了试错的非对称效应)可以取代智慧,但某些智慧还是必要的。从我们对理性的讨论中可以看到，我们需要的只是有能力认识到我们当前掌握的优于过去所掌握的，换句话说，就是能够认识到选择权的存在（或者像生意人说的那样"行使选择权"，即充分利用比过去更优的、有价值的替代方案，并从中获利，这是唯一需要理性发挥作用的部分）。从技术发展史来看，反脆弱性会赋予我们使用选择权的能力，但并不保证我们就能使用它：它可能近在咫尺却未被发现。我们看到了轮子的发明及其应用之间的时差，医学研究人员往往称这种滞后为"转换时滞"，即正式发现和首次应用之间的时间差，它在很大程度上是人们过度关注噪声以及学术兴趣导致的，孔托普洛斯-约安尼季斯和她的同行们已经发现，现在，这种时间差正在拉长。

历史学家戴维·伍顿提到，发现细菌消毒法与将细菌视为致病原因之间存在两个世纪的时间差，细菌导致腐败的理论发现和消毒法的发明之间存在30年的时间差，而消毒法的诞生和药物治疗的出现之间也有60年的时间差。

但是，情况也可能变糟。在医学界的黑暗时代，医生曾经非常依赖于一些天真的理性主义想法，比如必须平衡身体的体液，疾病被认为源于某些不平衡，根据这些想法所衍生出的一系列治疗方法被认为是恢复身体平衡的必要手段。诺加·阿利卡在她写作的有关体液的书中写道，自从威廉·哈维在17世纪20年代证实了血液循环系统的存在后，你也许会预期关于体液平衡的理论和相关做法应该已经消失。然而，人们却继续关注精气和体液，静脉抽血（放血术）、灌肠剂（对此我不想多做解释）、泥糊剂（在发炎的组织上敷上一块潮湿的面包或一勺麦片粥）等等仍然出现在医疗中，如此又延续了几个世纪，直到巴斯德研究所提出证据表明细菌是导致这些感染性疾病的罪魁祸首。

现在，作为一个怀疑经验主义者，我不认为抵制新技术必然是非理性的行为：如果你认为我们对事物的看法不完整，那么静待时间的验证也许是一个有效的方法。这就是自然主义的风险管理法。然而，如果旧的技术不仅不自然，而且明显有害，或者向新技术转换（比如带滚轮的旅行箱）显然能消除旧技术的副作用，那么死守着过时的技术就是彻底的非理性了。拒绝推陈出新是一种彻头彻尾的无能和犯罪（因为我一直认为，消除一些非自然的东西从长期来看没有副作用，它通常能使我们免受医源性损伤）。

换句话说，我不认为抗拒这些发现的应用是明智的；或者用某种难以言传的智慧和风险管理态度来诠释这种抗拒，这显然是错误的。它解释了为什么长期以来专业人员都缺乏英雄主义，而显得分外懦弱：很少有人愿意为了改变而危及自己的工作和声誉。

找寻与错误如何能成为投资

试错法有一种人们还未理解的首要价值：它其实不是随机的！由于可选择性的存在，它需要一定的理性：它需要你以一定的智慧来识别有利的结果，以及知道该放弃什么。

为了让试错过程不完全是随机性的，你需要保持理性。如果你在客厅寻找不知道放到哪里去的钱包，那么在采用试错法时，理性的做法就是，同一个地方不必寻找两次。这样，在找寻过程中，每一次尝试、每一次失败都能提供额外的信息，每一个信息都比前一个信息更有价值，因为你越来越清楚，哪些方法是无用的，或者在哪些地方不可能找到钱包。在一个你确切地知道自己要找寻什么的环境中，每次尝试都会使你更接近那个东西。我们从失败的尝试中能够逐渐摸索出正确的方向。

我可以用格雷格·斯德姆的故事来说明问题。斯德姆擅长从海底打捞失踪多年的沉船。在 2007 年，他将他（当时）最大的发现称为"黑天鹅"，意指发现意外横财。他的发现确实相当可观，那些贵金属在今天可能价值 10 亿美元。他的"黑天鹅"是一艘西班牙护卫舰，其名为"梅赛德斯圣母号"。1804 年，该船在葡萄牙南部海岸被英国人击沉。斯德姆被认为是捕获有益的"黑天鹅"的代表,他的做法可以说明,这样的找寻是一种被高度控制的随机形式。

我曾与格雷格·斯德姆碰过面,并分享了我的想法:他的投资者(就像我当交易员时的投资者)基本上没有意识到,对一个寻宝人来说,所谓的"坏"光景(只有开支而没有发现)并不意味着灾难,这与有稳定现金流收入的人(如牙医或妓女)不同。由于一些心理上的领域依赖性,人们对于花钱购买的办公家具,不会有"损失"之感,而认为这是投资,但他们却将寻宝成本视为"损失"。

斯德姆的方法如下所示。他先对可能出现沉船的海域进行广泛分析。这些数据会被整合进一张详细标明各海域藏宝概率的地图。然后,他会设计搜索区域,并规定,必须确定某片海域真的没有沉船之后才能转移到下一个发生沉船概率较低的海域。这看上去很随机,但实则不然。这与你在房间寻找东西没什么两样:每一次搜索都使得成功的概率更大,但前提是你可以肯定你搜索过的区域中不可能藏有你要找的东西。

有些读者可能对沉船的寓意不太感兴趣,可能认为这些珍品是国家的,而不是私人的财产。那么让我们换个领域。斯德姆使用的方法也同样适用于石油和天然气的勘探,特别是未开发的海洋深处。两个领域的区别只有一个:搜寻沉船时,收益以船上的宝藏价值为限,而搜寻油田和其他自然资源时,收益可能是无限(或上限很高)的。

最后,想想我在第六章讨论的随机钻探法,以及该法是如何优于那些定向勘探技术的。这种由可选择性驱动的搜寻方法并不是愚蠢的随机方式。由于可选择性在其中起作用,随机勘探法提供了容易处理和可望获得成果的随机性。

创造性和非创造性破坏

经济学家约瑟夫·熊彼特认识到了广义的试错法会产生错误,但却不

第十三章 教鸟儿如何飞行

怎么理解非对称性（从第十二章以来，我们也一直称其为可选择性）的概念。熊彼特意识到，有些事情需要毁灭才能促进整个系统的改善，这被称为创造性破坏，它是由哲学家卡尔·马克思等人发展出来的，也是尼采所发现的一个概念。阅读熊彼特的著作我们可以看出，他并未从不确定和不透明的角度去思考。他完全执着于干预主义，抱着政府可以通过法令推动创新的错觉，对此我们将在下文进行反驳。此外，他也没有理解进化性紧张层叠的概念。更为关键的是，他和他的批评者（那些认为他不懂数学的哈佛经济学家）都忽略了具有非对称效应（可选择性）的反脆弱性，因而也忽略了炼金石，而这才是发展的动力。可以说，他们错过了一半的人生。

苏联–哈佛鸟类学系

现在，由于大量的技术知识实际上来自反脆弱性、可选择性的试错法，因此某些人和机构试图向我们（和自己）隐瞒这一事实，或贬低它的作用。

让我们来看看两种类型的知识。第一类不完全是"知识"，其模糊的特性让我们很难将其与定义严格的知识联系起来。这是一种我们无法用明确和直接的语言表达的做事方式——有时我们称其为否定法——但是，我们却切切实实地身体力行，而且做得很好。第二类更像我们平常所说的"知识"，它是你在学校里学会的东西，是你用来获得分数的东西，它可以写成文章，可以解释，可以做学术，可以理性化，可以形式化，可以理论化，可以苏联化，可以官僚化，可以哈佛化，也是可以证明的。

天真理性主义的错误导致我们高估了第二类知识，即学术知识在人类社会中的作用和必要性，同时也使我们低估了无法成文的、更复杂、更直觉式的或更依赖于经验的那类知识。

事实上，那些可以解释的知识在生活中扮演的角色是微不足道的，这一点儿都不好笑。我们找不到任何证据来反驳这一点。

我们很可能认为，技能和想法都来自书籍、思想和推理，殊不知，它们实际上是通过反脆弱性的实践方法获得的，或者是自然产生的（通过我们与生俱来的生物本能）。我们无视这一点，我们脑中的一些概念让我们在这一点上受骗了。让我们来看看下文。

我最近查了技术的定义。大多数课本将其定义为科学知识在实际项目中的应用，这让我们相信，知识主要或完全是从高高在上的"科学"（以一群姓名前面带有头衔的传教士般的人物组成的团体为中心）流向下层的实践（由缺乏知识成就，无法跻身那群传教士式的人物中去的不学无术者执行）。

因此，在文库中，知识的产生流程被描述为：基础研究产生出科学知识，继而产生技术，后者进入实际应用，从而推动经济增长并产生其他看似有趣的事物。"投资"基础研究产生的回报将被继续用于投资基础研究，公民们将会逐渐富裕，并享受知识带来的福利，比如沃尔沃汽车、滑雪度假、地中海美食，以及在群山迤逦、维护良好的国家公园中展开漫长的夏季徒步旅行。

这就是根据哲学家弗朗西斯·培根命名的所谓的"培根线性模型"，我更习惯用科学家特伦斯·基利为该模型编制的表达式（最重要的是，这位科学家作为一名生物化学家，是一位实践型科学家，而不是科学史学家）：

学术→应用科学与技术→实践

虽然这种模式在某些非常狭窄（但被高调宣传）的领域内十分明显，比如原子弹制造。但据我观察，在大多数领域内，我们看到的正好相反。或者，至少这种模式并不一定正确，更令人震惊的是，我们没有有力的证据来证明它是正确的。可能学术确实有助于科学和技术的发展，而科学和技术的发展反过来又推动了实践，但这一切却是以无意识的、非技术的方式进行的，我们将在下文详述（换句话说，所谓的定向研究很可能是一种假象)。

让我们回到鸟类的比喻。想想下面这件事有没有可能发生：一群如僧侣般神圣的人（来自哈佛或类似的地方）给鸟类上课，教它们如何飞翔。试想一下，一群60多岁身穿黑色长袍的秃顶男人，说着英语，满口专业术语，写下很多方程式。鸟儿果然飞了起来。完美的证明！这些卫道士赶忙冲回鸟类学系去著书写报告，声称这只鸟是听了他们的话飞起来的。一个无可辩驳的因果关系推论。哈佛鸟类学系成为鸟儿飞行不可缺少的要素，它会得到政府为其贡献所拨的研究经费。

数学 → 鸟类飞翔和羽翼扇动技术 →（忘恩负义的）鸟类会飞

但鸟类却写不出这样的论文和著作，因为它们只是鸟类，所以我们没法得到它们的证词。同时，这些"传教士"还向根本不了解哈佛开设鸟类飞翔课程之前的状况的下一代推广他们的理论。如此一来，没有人会讨论鸟类不需要这种课程也能飞行的可能性，也没有人有任何动力观察，有多少鸟儿在飞行时并不需要这些伟大的科学机构的帮助。

上述的内容虽然看上去很可笑，但问题是，换个领域会让它看起来合情合理。很显然，我们从来不认为鸟类学会飞行得归功于鸟类学家的成果，如果有人确实持有这种观点，那他们也很难说服鸟儿相信。但为什么当我们把这里的"鸟儿"替换为"人类"，说人类之所以会做事是学者授课的结果，你却觉得没问题呢？一旦和人类扯上关系，事情立刻变得令人困惑了。

所以，这种错觉日益蔓延，政府拨款、税收、华盛顿逐渐膨胀的官僚机构都加入帮助鸟儿飞得更高的活动中。而当人们开始削减这项资金时，问题来了，一连串杀害鸟类（因为没有帮助它们飞行）的指控接踵而至。

意第绪曾说过："学生很聪明，受称赞的却是老师。"这些有关贡献的错觉大多来自证实谬误：历史属于那些会写历史的人（不论是赢家还是输家），这一事实已然可悲，但更糟糕的是，写这些文字的人虽会提供证实

| 185 |

事实（也就是行得通的事情），却没有呈现一个完整的画面告诉我们哪些事实行得通，哪些事实行不通，由此让我们形成了第二种偏见。比如，定向研究会告诉你哪些项目依靠资金资助成功了（如艾滋病治疗药物或一些现代药物的研制），但不会告诉你哪些项目不成功，所以你会形成基金资助项目比随机项目更有成效的印象。

当然，医源性损伤也是不可能出现在这种讨论中的。不会有人告诉你，教育在哪些方面给你带来了伤害。

所以，我们对可能的替代流程或者该流程的作用视而不见，即无视以下循环：

随机自由摸索（反脆弱性）→启发法（技术）→ 实践与实习（反脆弱性）→启发法（技术）→实践与实习……

与上述循环并列的还有一个循环：

实践→学术理论→学术理论→学术理论→学术理论……当然有一些例外，一些意外的遗漏，但这其实少之又少，并被过度宣传，过度推广

现在，最重要的是，通过观察哈佛开设飞行课程和鸟类研究课程之前的情况，人们可以洞察所谓的培根模式中的这一骗局。这是我在从波动性的践行者转为研究者的过程中无意发现的（这确实是意外），多亏了一些事件的幸运转折。但在此之前，让我来解释一下副现象和教育的方向。

副现象

苏联–哈佛派谬见（给鸟类开设飞行课，并相信这些课程正是这些鸟

第十三章 教鸟儿如何飞行

类具备精湛的飞行技能的原因）属于一种被称为副现象的因果错觉。这种错觉是什么？当你站在船上的驾驶台或者舰长室里的一个大罗盘前时，你很容易形成一种印象，以为罗盘在指引船只行进的方向，而不仅仅是反映船只前进的方向。

给鸟类上飞行课的效应就是相信副现象的例子：我们看到富裕和发达国家的学术研究水平很高，这让我们不加批判地认为，研究能创造财富。在一个副现象中，当你看到 A 时通常都会看到 B，所以你很可能认为，是 A 引起了 B，或 B 导致了 A，这取决于文化架构或者当地记者认为哪种解释更合理。

我们很少有这样的错觉，即看到男生大多留短发就认为头发的长度决定性别，或者戴上领带就能成为一名商人。但是，我们却很容易陷入其他的副现象，特别是当一个人被淹没在新闻驱动的文化中时。

人们很容易误认为副现象会引发社会行为，事后又为行为寻找合理化的解释。独裁者——就像一国政府——会觉得自己是不可缺少的，因为其他的替代方案我们不容易看见，或者被特殊利益集团隐藏起来了。例如，美联储会给经济带来巨大破坏，但人们仍旧确信它的有效性。人们害怕替代方案。同样，在医源性损伤极度泛滥的年代，医疗仍被视为是不可或缺的。

贪婪是罪魁祸首

每当经济危机发生时，贪婪很容易被当作罪魁祸首，这留给我们一个印象，即如果我们可以找到它的根源并将它从生活中连根拔出，那么经济危机就会被消灭了。此外，我们倾向于认为贪婪是新生事物，因为那些肆虐全球的经济危机是新近发生的。始于 2008 年的危机被解释为"贪婪"的产物，而不是源自系统的脆弱性，这让我们一厢情愿（再次）地做起了消除贪婪的乌托邦之梦。这是一个副现象：贪婪比系统的脆弱性更古老。

自有人类历史以来，就有贪婪存在。维吉尔口中"对黄金的贪婪"以及"贪婪是邪恶的根源"（源自拉丁版的《圣经·新约》）都是 20 个世纪以前的说法了，我们知道贪婪的问题已经延续了多个世纪，尽管我们在之后发展出了各种各样的政治体制，却一直找不到解决良方。将近一个世纪之前出版的特罗洛普的小说《我们的生活方式》中对贪婪之风复苏的抱怨，与 1988 年我听到的对"贪婪的年代"的痛斥，以及 2008 年的对"贪婪的资本主义"的声讨如出一辙。贪婪总是以惊人的规律性反复被人视为新的与能够消除的东西。消灭贪欲不过是一个类似普罗克拉斯提斯之床的方法；我们很难改变人类，所以应该建立一个对抗贪婪的系统，但却没有人想到这个简单的解决方案。

同样的，"缺乏警惕"也往往被视为错误的根源（正如我们将在第五卷中所看到的法国兴业银行的故事，其根源其实是规模和脆弱性）。缺乏警惕不是一个黑手党头目死亡的原因，他死亡的原因是树敌太多，而解决方案就是多交朋友。

揭穿副现象的真面目

通过观察事件的先后顺序，看看某件事是否总是发生在另一件事之前，我们往往就可以从文化话语和意识中挖掘出副现象。这是由已故的克莱夫·格兰杰改良的一种方法。格兰杰本人是一位儒雅的绅士，是当之无愧的经济学界的"诺贝尔"，而瑞典银行为纪念阿尔弗雷德·诺贝尔设定的奖项却大多给了一群脆弱推手。格兰杰的方法是科学哲学家唯一可以用来建立因果关系的严谨的科学技术，因为现在他们通过观察事件的顺序就可以推断出（如果还不能测量的话）所谓的"格兰杰原因"。在有副现象的情况下，你最终看到的是 A 和 B 在一起。但是，如果你通过考虑顺序来优化你的分析方法，从而引入一个时间维度——A 与 B 谁先发生——并分析证据，那么你会看清 A 是否真的会造成 B。

第十三章 教鸟儿如何飞行

此外，格兰杰还提出了研究差异的伟大构想，也就是说研究 A 和 B 的变化，而不仅仅是 A 和 B 的当前状态。虽然我不认为格兰杰的方法可以使我相信"A 导致 B"，但它肯定能帮助我揭穿假的因果关系，并帮助我确定"B 导致 A 的说法是错误的"，或者事件顺序的证据不足。

理论与实践之间的重要区别恰恰在于对事件顺序的洞察。如果生活是向前的，而记忆是往后的，那么，正如叔本华观察到的，书籍会加剧这种效果——我们自己的记忆力、学习能力和本能都有内含的顺序。毫无亲身经历的人站在今天的时点上回顾过去，往往会在因果关系上产生错觉，主要体现为打乱了事件本身的顺序。现实生活尽管存在很多的偏见，但不像历史文献那样充满颠倒和扭曲。不堪的历史，充满了谎言，充满了偏见！

我们来看一个揭穿因果把戏的例子：我还没有去世，但已经可以预见有人会对我的作品大肆扭曲。将来的作家读了我的书，会先推导我的观念的出处，并据此发展出自己的理论，就好像人人都要先读书，然后才会有想法，人们却不曾想过，或许应该反过来努力寻找支持自己想法的书来看。因此，一名叫作阿纳托尔·卡里兹基的记者在我 2001 年出版的书《随机漫步的傻瓜》中看到了伯努瓦·曼德布罗特对我的影响，虽然当时我根本不知道曼德布罗特是谁。道理很简单：他看到我们的思想在某个领域的相似性，并根据我们的年龄大小，立刻得出了错误的推论。他没有考虑到，志同道合往往是交朋友的前提，知识结构的相似会拉近两人的关系，而不能反过来推导。这让我非常怀疑在文化历史书中常常读到的师生关系：也许所谓的师生只是志趣相投之人。

"净挑好的来说"（或证实谬误）

想想看各国的旅游宣传册：你完全可以预期，其呈现给你的图片会比你实际看到的景色好看得多。其偏差或差距（当然由于常识，人们会自行修正这一误差）可以这样来衡量：旅游手册展示的国家，减去你亲眼所见的这个国家。这种偏差或小或大。我们对商业产品也会做出这样的修正，不会过分信任广告。

但在科学、医学和数学领域，我们却不修正这样的偏差，出于同样的原因，我们也并不关注医源性损伤。在某些地方，我们被复杂性欺骗了。

在研究机构的报告中，人们可以有选择地报告能证实其想法的事实，而不会透露与其想法相悖或者无法证明其想法的事实。正因为如此，人们对科学的认识才会被误导，因而相信高度概念化的、脆弱的、纯化的哈佛方法。而统计研究往往因受这些片面性的影响而失真。这是我们应该相信证伪理论而非证实谬误的另一个原因。

因此，像政治家一样，学术界人士也会堂而皇之地告诉我们，他们为我们做了什么，而不会告诉我们，他们没做什么，从而显示出他们的方法是多么的不可缺少。这种事情发生在生活的方方面面。交易商会向人们炫耀他们的成功，这样人们就会相信他们有多聪明，而不会去探究他们隐藏起来的失败。至于学术研究，几年前，弦理论的发明者、伟大的数学家迈克尔·阿蒂亚来到纽约，为总部设在黎巴嫩的数学研究中心筹集资金。在演讲中，他列举了有益于社会和现代生活的数学应用，如交通标志。这很好。但是，数学的应用在哪些方面使我们陷入了灾难（如，在经济学和金融学中，数学几乎摧毁了整个系统）？有没有数学无法覆盖的领域（我们将在下文讨论）？这让我想到做一个不同的项目：找到数学无法产生益处且造成危害的领域。

"净挑好的来说"有可选择性：说故事（并出版）的人的优势在于能够展示用于证实的例子，而完全忽略其他情况——事实上，波动性和分散性越大，其成功的例子就越吸引人（其失败的例子也更惨痛）。有些拥有可选择性的人（有权挑选自己要讲的故事的人）只会报告最符合其目的的东西。把故事好的一面呈现出来，把糟糕的一面隐藏起来，只要能打动听众就行了。

第十三章 教鸟儿如何飞行

真实的世界依赖于反脆弱性的智慧,但是没有一所大学会承认这一点——就像干预主义者从不接受事情没有他们的介入也可以改善的事实。让我们回到认为大学能够创造财富、促进社会中有用知识的增长的观点,这其中存在着因果关系的错觉,现在是戳穿它的时候了。

第十四章

当两件事不是"同一回事"时

- 绿色木材就像另一个"蓝色"。
- 我们在哪里寻找发现的箭头。
- 将伊拉克置于巴基斯坦中。
- 普罗米修斯永不回头。

　　我的这些文字写于思考知识箭头的最佳地方。这个地方就是阿布扎比——一个从沙漠中崛起的,有丰富石油储备的城市。

　　每次见到这些靠政府石油收入资助建立的超大型大学的建筑我都会感到反胃,这些国家的人似乎认为,只要聘请名牌大学的教授,并将他们的孩子送入学校(或等他们的孩子产生上学的欲望,因为阿布扎比的许多学生来自保加利亚、塞尔维亚,或马其顿,他们都能获得免费教育)就能将这些石油储备转化为知识了。更妙的是,政府可以用一张支票,把整所学校从海外进口过来,如巴黎大学和纽约大学(还有其他更多大学)。这样,再过几年,社会成员就能从巨大的技术进步中受益。

　　如果一个人相信大学知识能产生经济财富,那么这确实是一个合理的投资。但是,这一信念更多地来自迷信,而非经验主义。还记得第五章中有关瑞士的故事吗?它是一个正规教育水平很低的地方。我不知道我之所以对其反感是不是因为感觉这些政府的钱花得很冤枉——它们被骗取了资源,一部分钱落入了西方大学行政管理者的口袋。这些政府的财富来自石油，而非来自行业知识，所以我敢肯定，它们在教育上的支出将毫无效果，它们只是在进行资源的大规模转移（或者应该说是强迫它们的公民靠大自然赚钱，从而伤害了反脆弱性）。

压力在哪里？

阿布扎比模式中似乎缺少某种东西，我们从中看不到压力。

在对干预主义的讨论中，我们看到某些系统是如何在缺乏压力的情况下被削弱，而在遭受压力时变得更为强壮的——一个典型的例子就是人体。我们必须回到古代才能找到能概括这一发展原则的有智慧的人——现代人总是有严重的智慧领悟障碍。回想一下塞内加和奥维德的话，他们认为，精明源于需要，成功则来自困难。事实上，源于中世纪的很多类似的话已经融入我们的日常用语中，比如"需要是发明之母"（选自伊拉兹马斯的书）。但是，最经典的格言还是来自公元前1世纪的罗马作家、著名格言大师普布里亚斯·塞勒斯的格言："贫困带给人经验。"这一表达和理念出现在众多经典作家的著作里，包括欧里庇得斯、忒奥克里托斯、普劳图斯、阿普利乌斯、芝诺比厄斯、尤维纳利斯，当然，现在它被称为"创伤后成长"。

我认为，古老智慧的运作方式与阿布扎比的情况完全相反。我在黎凡特的故乡阿密欧村在战争期间遭到洗劫，居民被迫背井离乡，流亡到世界各地。25年后，这里重新焕发活力，以惊人的速度恢复往日的繁华：我的房子在战争中被炸毁，但新修建的房子面积比以前更大。我的父亲在向我展示了在乡间如雨后春笋般冒出的小别墅，并表示了他对这些新贵们的不满后，平静地告诉我："你也一样，如果你一直住在这里，现在也会成为海滩边游手好闲的人，阿密欧的人只有在动荡的日子中才能成就自己。"这就是反脆弱性。

为了学习而学习

现在，让我们来看看表明因果箭头方向的证据，也就是说，看看靠课堂学习而增长的知识是否能够带来经济繁荣。严谨的实证调查显示——这在很大程度上归功于兰特·普里切特，以及后来的一位世界银行的经济学家——没有证据表明提高教育的整体水平就能够提高国家的收入水平。但我们知道，反过来说这句话倒是真的，即财富的积累推动了教育的发展——这不是一种错觉。我们并不需要借助世界银行的数据，我们仅坐在扶手椅上就可以推断出这个结论。让我们弄清楚箭头的方向：

教育 → 财富和经济增长

或者：

财富和经济增长 → 教育

证据很容易检验，它们就在我们眼前。只要看看既富裕，教育水平又达到一定程度的国家中，哪一个条件在另一个条件之前即可。以流氓经济学家张夏准强而有力的"少即是多"式的论点为例。1960 年，中国台湾的识字率比菲律宾要低得多，人均收入也只有后者的 1/2；而今，前者的人均收入是后者的 10 倍。同期，韩国的识字率要比阿根廷低得多（后者是世界上识字率最高的国家之一），人均收入是后者的约 1/5；而今，前者人均收入是后者的 3 倍之多。此外，在同一时期，撒哈拉沙漠以南的非洲国家显著地提高了识字率，但生活水平却不断下降。这样的例子还有很多（普里切特的研究非常全面），但我不知道为什么没有人意识到这个简单的真理，以及为什么人们会被随机性效应所愚弄：将仅仅存在相关关系的事物视为存在因果关系，也就是说，从富有国家受教育水平高的现象就立刻

第十四章　当两件事不是"同一回事"时

推断教育会使一个国家繁荣，甚至不去检验一下这个观点。这里又牵扯到副现象的问题。（这种错误的推理有点儿一厢情愿的味道，因为教育被认为是"好事"；我不懂为什么人们不对国家的繁荣与颓废之类的"坏事"做副现象的联想，并从中推导出颓废或者其他财富病也会产生财富。）

当然我的意思不是说，教育对个人来说是没有用的：教育可以为我们的职业生涯带来有用的文凭，但这种效果在国家层面上将被冲淡。教育可以稳定家庭各代人的收入。一个商人赚了钱，那么他的孩子可以上巴黎大学，成为医生和法官。家庭之所以能维持财富，是因为文凭帮助家庭成员在祖辈的财富耗尽后还能长久地处于中产阶层。但是，这些影响对国家并无益处。

很多人仅仅因为没有先进的知识很难想象微软或英国航空航天公司会出现，就推导出更高的教育水平将带来更多财富的观点。艾莉森·伍尔夫批驳了其中的逻辑。"这种让政治家和评论员如此着迷的简单的单向关系，即投资教育就能促进经济增长，根本不存在。此外，教育部门越大越复杂，并且与生产力之间的关系也越不明显。"与普里切特类似，伍尔夫观察了埃及等国家的情况，并展示了为什么教育水平的巨大飞跃并没有转化为受人瞩目的国内生产总值增长，从而使国家在国力排行榜上显得重要一些。

这种说法并不是反对为降低人民的分配不均，让穷人有机会接触优秀的文学作品，比如狄更斯、雨果和朱利安·格拉克的作品，或在贫穷国家中争取妇女的平等、自由等崇高目标，而采用政府资助教育的政策。但是，我们不应该在这些事情上以"促进增长"或"财富"为借口。

有一次，我在一个聚会（聚会真是一个体现可选择性的好地方）上遇到了艾莉森·沃尔夫。当我让她向其他人解释资助正规教育的效果并不明显的证据后，有一个人对我的怀疑论感到非常沮丧。沃尔夫指着满屋子聊天的人回答道："真正的教育就是这样的。"我不是说知识不重要，这个讨论中我怀疑的是商品化的、预先包装与粉饰过的知识，也就是在公开市场上能买到的并用于自我推销的东西。此外，我想提醒读者，学问和有组织的教育不是一回事儿。

再说另一个在聚会上发生的故事。有一次，在一个正式的时尚晚宴上，有个人在一次简短发言中对美国的教育程度表示了遗憾——陷入了一种对美国数学成绩落后带来的恐慌中。虽然我同意他的其他意见，但我还是觉得有必要澄清一点。我打断了他，并声称美国的价值观是承担凸性风险的，而且我很高兴我们现在的文化与直升机妈妈时代的文化已经不同了。我的话让所有人都惊呆了，有的人感到困惑，有的人不敢苟同但也不发表意见，只有一个人对我表示了支持。后来我知悉，她是纽约市学校系统的负责人。

另外，请注意，我不是说大学不生产知识，或对经济增长毫无益处（当然不包括那些令我们倒退的标准经济学和其他迷信）；我要说的是，它们的作用被过分夸大了，学校似乎仅凭肤浅的印象建立起了错误的因果关系。

晚餐的最佳搭档

除了稳定家庭收入，教育还有诸多好处。教育可以让人成为举止更得体的晚餐伙伴，这一点不可忽略。通过教育来改善经济的想法还是比较新颖的。早在50年前的英国政府文件中，就出现了与我们今天的教育目标所不同的目的：改善价值观，培养好公民，促进"学习的内在价值"，而不是经济增长（那时，他们还没有那么愚蠢），艾莉森·沃尔夫也提到了这一观点。

同样的，在远古时代，学习只是为了学习，其目的在于使人成为一个好人、一个值得交谈的对象，而不是增加城市里戒备森严的金库中的黄金存量。坦率地说，创业者，特别是科技行业的创业者，并不一定是吃晚饭的最佳伙伴，他们在本职工作上做得越好，就越不是晚饭的好伙伴（当然也有一些例外）。我记得我在以前的公司招聘人时会用一个启发法（"如何区分那些去博物馆欣赏塞尚画作的人和那些关注垃圾桶的人"）：谈话越有趣，越有文化的人，越是会以为自己在实际事务中效率较高（一些心理学家称之为晕轮效应，即人们错误地认为他们在某些方面的技能，比方说，滑雪的技能一定能转化为管理陶器作坊或银行部门的技能，或者一个优秀的棋手在现实生活中也可以是一个很好的战略家）。[①]

显然，将做事的技能等同于谈话的技能是不严谨的。谈到优秀的实务工作者，我的经验是，他们有时可能是我们所完全不能理解的——他们无须花费很大力气去把他们的见解和内部的条理以优雅的风格说出来。创业者往往是实干家，而不是思想家，实干家重行动，而不是语言，因此用谈吐来衡量他们未免不公平，甚至是错误的，是彻头彻尾的侮辱。技术工人也是如此，我们应该以他们的产品，而不是表述能力来衡量他们的手艺——实际上，他们很容易产生错误的观点，这些错误的观念会产生副作用（反医源性损伤），促使他们做出更好的产品，所以一切又有什么关系？另外，对于政府工作人员，由于缺乏衡量成功的客观标准与市场力量，他们往往会因肤浅的外表和优雅的"晕轮效应"而当选，副作用是变得更加擅长交谈。我敢肯定，与一位联合国官员共进晚餐一定比与胖子托尼的某个亲戚或者一位痴迷于电路设计的计算机创业者更容易找到有趣的话题。

让我们深究一下这种想法的错误。

绿色木材谬误

在为数不多的有真知灼见的金融书中，有一本名为"损失100万美元教会我什么"的书描述了主人公的一大发现。主人公提到了一位名叫乔·西格尔的做"绿色木材"生意做得相当成功的人。绿色木材指的是刚

[①] 晕轮效应很大程度上是领域依赖性的对立面。

砍下的木材，称之为"绿色的"是因为木材还没有干，但是，此人竟然一直以为"绿色木材"就是漆成绿色的木材！就是这样的一个人竟将买卖绿色木材当作自己的职业！此外，此书还详细阐述了是什么导致了商品价格的波动和下跌。

这位成功的木材专家不仅不懂诸如"绿色"等关键问题，他还对很多外行人认为并不重要的木材知识了如指掌。我们认为什么都不懂的人，可能未必那么无知。

事实上，预测木材的订单流量与这个行业所使用的日常用语以及外行人心中的重要细节毫无关系。在某个领域工作的人并不受制于一系列考试，他们之所以受到雇用与伶牙俐齿毫无关系。进化不依靠叙述故事，只有人类才需要；进化也不需要为"蓝色"指定一个称谓。

因此，让我们将这种情况称为"绿色木材谬误"：人们将一种必要知识（木材的绿色）的来源错当成另一种来源，后一种来源对外行人来说，更不可测、更难捉摸、更难阐述。

我的理性世界因此粉碎，就好像我学习的一切不仅是无用的，还是一个规划缜密的骗局。当我第一次从事衍生品交易或"波动性"职业（我善于应对非线性）时，我专注于汇率，这是我学习多年的领域。当时我不得不与外汇交易员共事，但这些人对技术性金融工具远不如我那么熟悉，他们的工作仅仅是货币买卖。货币兑换是非常古老的行业，有着悠久的传统和技艺，耶稣的故事就已经提到了兑换银钱的事。从声名显赫的常春藤盟校来到这样的环境中，说实话我有一点儿震惊。你可能认为，专门从事外汇交易的人一定了解经济、地缘政治学、数学、货币的未来走势，以及各国货币的价差，又或者他们会努力研读各类研究院发布的印刷精美的经济学报告。你可能会联想到戴着领结在周六晚上听歌剧，吃饭时有葡萄酒侍酒师战战兢兢地在一旁服务，周三下午练习探戈，或者说一口标准英语的光鲜的都市金领。可是，你完全错了。

我做这份工作的第一天，因为发现真实的世界与我想象的完全不同而

第十四章 当两件事不是"同一回事"时

大为震惊。外汇交易员最初主要由新泽西／布鲁克林的意大利裔构成。这些人大多是市井平民,在银行办公室从事外汇往来业务起家,随着市场扩张,甚至膨胀,他们的生意越做越大,加之货币汇率的自由浮动,他们慢慢成为货币交易商,并在该行业中崭露头角,从而繁荣发达。

与我谈话的第一位专家是一个名叫巴索的人,他穿着手工制作的布莱奥尼西装。有人告诉我,他是世界上最大的瑞士法郎交易商,是他所处时代的传奇——他曾预测到20世纪80年代的美元大崩溃,并控制了巨额的头寸。但通过与巴索的简短谈话,我发现他竟然不知道瑞士在地图上的位置——与我一样愚蠢,我以为他是瑞士裔意大利人,但是他竟然不知道瑞士还有说意大利语的人,他也从未去过瑞士。当我意识到他并非交易员中的特例时,我开始害怕我将眼睁睁看着这些年接受的正规教育在眼前蒸发。从那一天开始,我停止阅读经济报告。在这个"去知识化"的过程中,有一阵子,我甚至对知识性的东西感到恶心,事实上,我可能到现在都没有恢复过来。

如果纽约是蓝领阶层的发源地,那么伦敦则是次蓝领阶层的发源地,在这方面伦敦甚至更成功。交易员们是纯粹的东伦敦人,甚至与说标准英语的阶层格格不入。他们是市井平民,带有自己独特的口音,使用自己的一套数字系统。比如,5在他们口中是"高迪瓦小姐"或"叮",15是一个"海军准将",25是一匹"小马"。我学习东伦敦语主要是为了沟通:在与同事喝酒时使用。当时,伦敦的交易员几乎每天都在午饭时喝得醉醺醺的,特别是周五纽约证券交易所开市之前。"喝杯啤酒会让你变成一头狮子。"一个交易员在开市之前匆匆喝完他的酒之后,这样对我说。

最热闹的场景莫过于从扬声器中听到纽约本森赫斯特的居民和东伦敦的经纪人跨大西洋的对话了,尤其是当布鲁克林的家伙们还企图带上一点儿东伦敦腔(这些东伦敦人有时候说不出标准英语),以便让对方听懂他在说什么。

| 199 |

这给我上了一课，让我知道，经济学家所说的价格与现实不是一回事儿。一个数字可能是另一个数字的函数，但是这个函数太复杂，很难用数学方法表示出来。它们的关系中可能存在可选择性，这是那些不擅长理论阐述的人所深知的东西。

胖子托尼是怎么致富（以及变胖）的

在科威特战争之后，胖子托尼成了（真正的）胖子托尼，他变得更有钱且体重更重了（仍旧是这个顺序，即先富有，然后变肥胖）。1991年1月，美国袭击了巴格达，拯救了被伊拉克侵占的科威特。

社会经济中的每一个聪明人都有自己的理论、运气与好坏年景，诸如此类。但托尼除外，他甚至不知道伊拉克在哪里——它是摩洛哥的一个省，还是东巴基斯坦某个流行辛辣食物的酋长国？托尼也不知道伊拉克人吃什么食物，所以那个地方对他来说并不存在。

他只知道愚蠢的人是存在的。

如果你向当时任何一个聪明的"分析师"或新闻记者打听，他一定会预测，一旦战事爆发，油价就会上涨。但是，托尼恰恰对这种因果关系不以为然。所以，他反向打赌：如果人们都对战争推高油价的情况做好了准备，那么油价必定会据此做出调整。战争可能会导致石油价格上涨，但这种情况不会发生在预订好日期的战争中——因为价格会根据预期进行调整。"我们一定会看到石油跌价的。"托尼说。

听听战争期间的新闻就知道，油价果然从每桶39美元左右狂跌几近一半，但托尼的30万美元的投资却已经升值到1 800万美元。"人的一生中只有少数几次你绝对不能错过的机会，"他后来在与尼罗共进午餐，试图说服尼罗对金融体系的崩溃投注时说道，"千载难逢的投机机会来找你了，不要以为关注新闻就能找到机会。"

请注意胖子托尼的重要陈述："科威特和石油不是一回事儿。"这是有

第十四章 当两件事不是"同一回事"时

关我们"混为一谈"概念的重要场景。对托尼来说，这个局面利大于弊。

事实上因为油价大跌，许多人连自己的衬衫都输掉了，虽然他们正确地预测到了战争的爆发。他们简单地认为战争和石油涨价是同一件事。但事实是，石油囤积太多，库存太多。我记得，我当时曾到一个大基金经理的办公室转悠，墙上挂着伊拉克地图，他的办公室简直像作战指挥部。这个基金小组成员对有关科威特、伊拉克、华盛顿和美国的情况都了如指掌，只除了一个非常简单的事实，那就是战争与石油没有一丁点儿关系——它们不是一回事儿。他们做了大量分析，但这些分析并无意义。当然，这个基金经理在石油价格下跌后惨赔，据我所知，他后来去法律学校读书了。

除了看问题要排除叙述性谬误，我们还要接受另一个教训。大脑中装满太多复杂的技巧和方法，往往会使人忽略基本的东西。但是，现实世界中的人是绝对不能忽略这些事情的，否则他们会遭遇失败。与研究人员不同，他们被置于生死存亡的境地，而不只是面临一个难题。所以，少即是多：一方面，研究得越多，就越容易忽略基础但根本的事情；另一方面，行动能将事情剥茧抽丝，直至剩下尽可能简单的模型。

混为一谈

当然，生活中很多事情都"不是一回事儿"。让我们归纳一下混为一谈的情况。

这种"不是一回事儿"的教训是相当普遍的。如果你有可选择权，或一些反脆弱性，而且能够识别有利因素大、不利因素小的赌博机会，那么你所做的就跟亚里士多德认为你会做的事情毫无关系。

世界上存在着某种东西（在此指感觉、思想、理论）和某种东西的函数（在此指价格、现实或一些真实的东西）。混为一谈的问题就是指错把一个当作另一个，从而忘记了存在"函数"的情况，而事实上函数有不同的特性。

某种东西和某种东西的函数之间的非对称性越大，两者之间的差异就越大。最后，它们之间可能会毫无关系。

这看上去微不足道，却有重大意义。科学——不是"社会"科学，而是智能科学——往往能领会它。摆脱混为一谈问题的人中有一个人名叫吉姆·西蒙斯，这位伟大的数学家设计了一台巨型机器来进行跨市场交易，并因此赚了大钱。这部机器能够仿效次蓝领人士的买卖方式，因此统计显著性高于地球上任何一个人。他声称自己从来不雇用经济学家和金融人士，而只雇物理学家和数学家。这些物理学家和数学家懂得模式识别，能洞察事物的内在逻辑，又无须创立学说。他也从不参加经济学家的讲座或阅读他们的报告。

伟大的经济学家阿里尔·鲁宾斯坦就领会了绿色木材谬误——需要很大的智慧和诚实才能看清这个问题。鲁宾斯坦是博弈论领域的领军人物之一，博弈论涵盖了假想实验；他也是你能在咖啡馆里遇到的最杰出的专家，他在世界各地进行思考和写作。鲁宾斯坦拒绝声称他的有关理论问题的知识可以——由他——转化为任何直接实用的东西。对他来说，经济学就像寓言，寓言作家需要激发人们思考，或许也能间接启发实践，但肯定不能指导或决定实践。理论应该与实践保持独立，反之亦然——我们不应该把经济学家从校园里请出来，并把他们放在决策者的位置上。经济学不是一门科学，不应该为政策建言。

在鲁宾斯坦的回忆录中，他讲述了自己如何试图让黎凡特露天市场的一个小贩在讨价还价的过程中应用博弈论的概念，而不是应用祖传的技巧。但鲁宾斯坦所提议的方法并未给双方带来一个可以接受的价格。随后那小贩告诉鲁宾斯坦："我们一代又一代的人都在用我们的方式讨价还价，你为什么尝试改变它？"鲁宾斯坦坦言道："听到这话，我羞愧地离开了他。"在这个地球上，我们所需要的只是在这种职业领域多两个像鲁宾斯坦那样的人，那样地球上的一切都会变得更好。

有时，即使经济理论很有意义，其应用也不能用某种模型，采用自上而下的方式来推行，所以我们需要有机的自我驱动式试错法来让我们实现对经济理论的应用。例如，让李嘉图（以及之前）的经济学家如此着迷的专业化概念，在由政策制定者强制实施后，却把国家弄得一团糟，因为它使经济体更容易出错；但通过进化的方式逐步地实施后，它却非常有效。这是经济学家可以启发我们怎么做，却不应该指手画脚地告诉我们怎么做的另一个例子。

叙述与实践（实践是很难叙述的重要事情）之间的差异主要在于可选择性——这种可选择性往往会被忽略。"正确的事情"通常是反脆弱性带来的回报。我的观点是，去学校上学非但没让你了解可选择性，反而让你学会了无视可选择性。

普罗米修斯和埃庇米修斯

希腊传说中有两个泰坦人兄弟，他们是普罗米修斯和埃庇米修斯。普罗米修斯的意思是"先知先觉者"，而埃庇米修斯的意思是"后知后觉者"，就像有人以事后叙述的方式寻找解释过去事件的恰当理论，并导致回溯性失真。给人类带来火种的普罗米修斯代表人类文明的进步，而埃庇米修斯则代表思想落后、墨守成规和缺乏智慧。埃庇米修斯接受了潘多拉的礼物，一个大盒子，结果造成了不可逆转的后果。

可选择性是普罗米修斯那类人所拥有的，而叙述性则是埃庇米修斯那类人所拥有的——一个犯下的是可逆转的和良性的错误，另一个则象征打开潘多拉的盒子后无可挽回的严重后果。

我们必须借助机会主义和可选择性来闯荡未来。在第四卷中，到目前为止我们已经看到了可选择性可以成为做事的替代性方式，拥有很大的力量，因为利多弊少的非对称性造就了它的某些重大优势。它是驯化不确定性，并在不了解未来的情况下理性行事的方式——唯一方式，而依赖于叙述的方式则完全相反，因为你会被不确定性所驯服，并往后倒退。你不能天真地用过去来预测未来。

这让我们看到了行动与思想之间的差异。这一点从知识分子的优越地位来看，是很难理解的。约吉·贝拉说道："理论上说，理论和实践之间是没有差异的；但实际上，这种差异是存在的。"到目前为止，我们已经熟悉了知识总是与脆弱性相关的论点，并了解了一种与自由探索相冲突的方法。我们将选择权视为反脆弱性的表达。我们将知识分为两类——正式的知识和胖子托尼式的知识，后者深深地扎根于试错和冒险带来的反脆弱性中，采用的是含有更少不利因素的杠铃策略，即一种去知识化的冒险形式（或者更确切地说，一种独特的知识方式）。在一个不透明的世界里，这是唯一可用的方式。

表14–1总结了叙述和自由探索之间的各个对立特征，也就是以下3章的主题。

表14–1 目的论和可选择性之间的区别

叙述性知识	反脆弱性：可选择性驱动的自由探索和试错法
讨厌不确定性（在变化面前极为脆弱，对过去有着火鸡式的误解）	驯服不确定性（对未知具有反脆弱性）
回顾过去，用过于牵强的理由解释过去	展望未来
埃庇米修斯	普罗米修斯
目的论的行动	机会主义的行动
观光客风格	漫游者风格
脆弱、天真的理性主义	强韧的理性主义
心理上安逸	心理上不安逸，但有刺激感和冒险感
凹性（可知的收益，未知的错误）	凸性（已知的小错，巨大的潜在收益）
受制于"火鸡"问题（将缺乏证明某事的证据错当成存在否定某事的证据）	可以从愚蠢的人和"火鸡"问题中受益
受制于副现象和绿色木材谬误	避免了绿色木材谬误
在实验室和物理科学之外学术的唯一机制	实践的唯一机制

第十四章 当两件事不是"同一回事"时

（续表）

叙述性知识	反脆弱性：可选择性驱动的自由探索和试错法
叙述是认识论的	叙述是工具性的
必须借助于一个故事	不必依赖于故事——叙述可能只是为了激励
领域有限，行动范围锁定	领域宽广，行动范围开放
需要了解事物的逻辑	不用太了解，只需具备比较两类结果的理性（行使选择权）
不能从炼金石（詹森不等式，参见第十九章）中受益	依赖于炼金石

这并不意味着自由探索和试错法就不需要叙述：它们只是不过度依赖于叙述，以证明自己的真实性——叙述不属于认识论的范畴，而是工具手段。例如，宗教故事作为叙述，可能没有价值，但它们可以帮助你做一些你一般不会做的具有凸性和反脆弱性的事，比如降低风险。英国的父母在孩子不守规矩或不吃晚饭的时候，会用一些虚构的故事来控制他们，比如波尼（拿破仑·波拿巴）或一些野生动物可能会来把他们带走。宗教也往往采用同样的方法，来帮助成年人摆脱麻烦或避免债务。但是，知识分子倾向于相信自己，他们把自己的想法看得太重了，这是非常危险的。

想想根植于传统的启发法（经验法则）所扮演的角色。简单来说，就像进化对个体产生了作用，它对这种代代相传的不言而喻、无法解释的经验法则也产生了作用——卡尔·波普尔称之为进化认识论。但是，让我稍稍改变一下波普尔的思想（事实上改变得相当多）：我认为这种进化不是关乎思想之间的竞争，而关乎基于这些思想的人和系统之间的竞争。一种思想之所以能够幸存，不是因为它在竞争中胜出，而是因为持有这种思想的人幸存了下来！因此，你从你的祖母那里学到的智慧（依据实证经验的，因此也是科学的）要远远优于你从商学院获得的经验（当然也更便宜）。但让我感到悲哀的是，我们离我们的祖母越来越远了。

专家问题（专家知道的东西很多，但比他自认为的要少）往往会带来脆弱性，而承认无知则会带来相反的效果。[①] 专家问题将你置于非对称性错误的一边，针对这一点让我们检测一下有关风险的问题。当你显得脆弱的时候，你需要知道的信息比你在具备反脆弱性时需要知道的更多。相反的，当你以为你知道的信息比你实际知道的要多时，你（在错误面前）就是脆弱的。

我们之前发现的证据表明，课堂教育并不会带来财富。事实是有钱之后，人们才会接受教育（一种副现象）。同样的，接下来让我们看看，反脆弱性的冒险——而不是教育和正式的、有组织的研究——是如何在很大程度上促进了创新和增长的，而教科书撰写者却掩盖了这一事实。这并不意味着理论和研究不起作用；只是说明我们被随机性愚弄了，乃至高估了冠冕堂皇的理论所起的作用。我们将看到经济思想以及医学、技术和其他领域历史学家的虚构行为，而这样的行为，往往以系统性的方式，贬低实践者，并且使其陷入绿色木材谬误。

[①] 过度自信导致我们对预测过度依赖，从而引发借款行为，以及杠杆的脆弱性。此外，有大量证据表明，经济学或金融学博士学位导致人们建立更加脆弱的投资组合。乔治·马丁和我列出了所有参与基金管理的主要金融经济学家，计算了破产基金的数量，并观察到，这种基金破产的情况在金融学教授中发生的比例更高——其中最著名的就是长期资本管理公司，它雇用了诸如罗伯特·默顿、麦伦·斯科尔斯和黄奇辅等脆弱推手。

第十五章

失败者撰写的历史

- 鸟儿可能会聆听。
- 将愚蠢与智慧结合,而不是反过来做。
- 我们去哪里寻找发现的箭头。
- 试错法的证明。

由于一系列的偏见,历史学家格外青睐副现象和其他虚幻的因果关系。要了解技术的历史,你需要非历史学家的人士或思维框架正确的历史学家来说明,历史学家必须通过观察科技是如何形成的发展出自己的观点,不能只读相关的叙述。我前面提到了特伦斯·基利,他是一个实践科学家,揭穿了所谓的线性模型的神话。[①] 一个重视实践的实验室科学家或工程师一定会关注现实生活中的生产,比如医药创新或者喷气发动机的制造,因此可以避免陷入副现象,除非他在开始实践之前就已经被洗脑了。

作为目击者,我见过的很多证据都足以证明,有些结果与学术科学毫无关系,它们是自由探索推动进化的结果,只不过被人披上了"学术"的外衣,被冠以"学术"之名。

早在我知道表15–1的结论之前,也就是其他学者揭穿教鸟儿如何飞行的效应的真相之前,我就注意到了这个问题,1998年的某一天,我与如今

---

① 戴维·埃杰顿称,所谓的线性模型在20世纪初并没有多少人相信;只不过我们现在认为,当时的我们相信目的论科学拥有至高无上的地位。

表 15-1 各个领域教鸟儿如何飞行的效应：教科书归因错误的实例

领域	鸟类飞行课上鼓吹的起源及发展	真实的起源及发展
喷气式飞机	物理学家（被斯克兰顿揭穿）	不了解"为什么会这样"的自由探索式工程师
建筑	欧几里得几何和数学（被博茹昂揭穿）	启发法和秘诀（协会）
控制论	诺伯特·维纳（被明德揭穿）	程序员"维基方式"
衍生工具公式	布莱克、肖尔斯、脆弱推手默顿（被豪格和塔勒布揭穿）	交易员和执业者，雷格诺德、巴舍利耶、索普
医药	生物学理解（被一系列医生揭穿）	运气、试错、其他医药的副作用，有时甚至是有毒的（芥子气）
工业革命	知识的增长、科学革命（被基利揭穿）	冒险者、业余爱好者
技术	正式的科学	技术、商业

已故的弗莱德一同在芝加哥的一家餐厅用餐，弗莱德是一位经济学家，但也是一名真正的、善于思考的绅士。他在当地一家证券交易所担任首席经济学家，当时他需要给一些新的、复杂的金融产品提出建议。由于我对此颇有研究，并就所谓非常复杂的"奇异期权"出版了一本教科书，因此他希望我给他一些意见。弗莱德认为，对这些产品的需求将非常大，但他有点儿不明白，"那些交易员如果不懂吉尔萨诺夫定理的话，该如何处理这些复杂的奇异期权"。吉尔萨诺夫定理在数学上非常复杂，在当时只为少数人所知。可是，我们谈及的是场内交易员（正如我们在上一章所见），他们肯定会把吉尔萨诺夫当作某种伏特加品牌。做交易的人通常没有受过很多教育，如果他们能正确地拼出自己所在街道的地址，那就可被视为教育程度过高了。弗莱德抱有一种纯粹的副现象的印象，认为交易员要确定期权价格，肯定数学学得很好。事实上，在我听说这些深奥的定理之前，就已经通过试错法和听取有经验人的意见，摸清如何进行这种复杂的交易了。

然而，我突然意识到一件事。没有人担心那些不懂空气动力学定理或不会解运动方程式的孩童学不会骑自行车。那么，为什么弗莱德不能把这个观点从一个领域转移到另一个领域？难道他没有意识到那些只需对场内

第十五章 失败者撰写的历史

供需做出反应、只知道努力赚钱的芝加哥场内交易员根本不需要了解吉尔萨诺夫定理,就像黎凡特露天市场的开心果小贩不需要懂得解一般的平衡等式就能为自己的产品定价一样?

有一分钟的时间,我怀疑自己是生活在另外一个星球上。或者弗莱德的博士学位和研究生涯导致他无视常识,或奇异地丧失了这种常识——又或者说,缺乏常识的人才有动力和兴趣在经济学的虚幻世界中追求博士学位。这是不是选择性偏见?

我觉得我有了一个新发现,并感到非常兴奋,但也意识到,如果要寻找一个人帮我证实这个观点,那么他必须同时是一个实践者和一个研究者,而且是先进行实践再开始进行研究的。这样的人我只认识一个,也就是从交易员改行做研究员的埃斯彭·豪格,豪格也曾观察到相同的机制。像我一样,豪格在交易所工作了一段时间后继续求学并获得博士学位。我们一拍即合,马上开始就期权定价公式的来源展开了调查:人们以前用过类似的公式吗?它是源于我们能够驾驭的学术公式,还是源于试错法驱动的(如今的学术界大大地剥夺了试错的机会)反脆弱性进化过程?我在芝加哥做场内交易员时就注意到了一些蛛丝马迹,比如我观察到,资深交易员都拒绝接触数学公式,他们使用简单的启发法,并声称:"有本事的人可不用表格。"这里的"表格"指的是电脑中输出的复杂公式和计算。然而,这些人生存了下来。他们的定价比那些公式计算出来的还要精准且有效,最佳价格往往一目了然。比如,他们的定价考虑到了如何应对极端斯坦和"长尾",而这些情况往往是标准公式所忽略的。

豪格感兴趣的问题有时与我不同:他着迷于金融课题,希望能收集金融从业者过去写的论文。他称自己为"收藏家",甚至以此作为自己的签名,因为他还收集了一些写于第一次世界大战之前的有关期权理论的文章和著作,由此我们对历史有了一个非常准确的了解。让我们兴奋的是,我们的证据一再证明,交易员的推理比公式有效得多。他们的推导方式比公式的出现早了至少一个世纪。至于这些方式的来源,当然是源于自然选择、生存智慧、师从经验丰富的从业人员，以及自身的经验。

> 交易员的交易→交易员发现技术和产品→学术界的经济学家发现公式，并声称交易员在使用它们→新的交易员相信了学者的话→事情搞砸了（因为理论引起的脆弱性）

我们的研究论文完稿近7年后才得以在一本经济学学术杂志上发表，在此之前，出现了一个奇怪的现象：它成为经济学历史上下载次数最多的论文，但在前几年的时间却几乎无人引用。没有人想蹚这趟浑水。

实践者是不写文章的，他们只会放手去做；飞鸟本就会飞，但那些教导它们飞行的人，正是写故事的人。所以不难看出，历史实际上是由失败者撰写的，他们有大把的时间，学术地位也得到了维护。

最具讽刺意味的是，我们无意中获得了如何炮制思想叙述的第一手材料，因为我们有幸看到了另一次公然的知识偷窃。当时，受人尊敬的《计量财务百科全书》邀请我们发表作为期权从业者的观点。所以，我们将我们的上一篇论文结合自己的体验写了一篇文章。让我们大吃一惊的是，杂志历史版的编辑——巴纳德大学的一位教授竟然擅自修改我们的阐述，结果正好被我们发现。这位经济思想史学家改写我们故事的举动削弱甚至扭曲了我们的观点，他改变了知识形成的箭头方向，这就是科学史的形成过程。这个人坐在巴纳德大学的办公室里，对我们作为交易员的所见所闻指手画脚——竟然要求我们按照他的逻辑推翻我们亲眼所见的东西。

此外，只要在思想史中运用些许逻辑和实证思考，摆脱教育的洗脑，就可以注意到类似的反知识形成过程。例如，脆弱推手、伯克利教授马克·鲁宾斯坦在他写于20世纪90年代末的书中，将20世纪80年代（当时我刚从事交易员工作）金融从业者非常熟悉（而且往往以更复杂的形式呈现）的技术和启发法归功于金融学教授所发表的文章。

不，我们并不是把理论付诸实践。我们是在实践中创造理论。这就是我们的故事，读者很容易从这个故事和类似的故事中推断出，大家普遍混淆了这两者的关系。理论其实是问题解决后的产物，但不能反过来说。

显而易见的证据

我们发现，工程师也被历史学家"挟持"了。

就在这个令人作呕的事件发生后，我以我与豪格合写的有关教鸟儿飞行的观念在金融领域的体现的论文为基础，在伦敦经济学院的社会科学研讨会上做了演讲。当然，我遭到了诘问（但那时我已经身经百战，懂得如何应对经济学家的诘问了）。可是随后，惊喜发生了。在会议快结束时，会议的组织者告诉我，恰好一周以前，罗格斯大学教授菲尔·斯克兰顿以同样的故事做过一次演讲，只不过不是关于期权定价公式，而是关于喷气式飞机。

斯克兰顿表明，我们是通过一种完全以试错法为基础的试验性方式来建造和使用喷气式飞机的，没有人真正理解喷气式飞机的有关理论。飞机建造者需要那些知道如何制造部件来让发动机工作的工程师。理论是后来形成的，而且是以很蹩脚的形式形成的，用以满足那些喜欢纸上谈兵的人的兴趣。但是，你在有关技术的历史书籍上是不可能读到这些的：我的儿子念的是航天工程专业，他就根本不知道这些事情。斯克兰顿是一个彬彬有礼的人，他关注的是创新过程一片混乱的情况，"这与我们熟悉的分析和综合性创新方法大相径庭"，就好像后者才是常规，但显然不是这样的。

我开始寻找更多的例证，技术历史学家戴维·埃杰顿告诉我的故事简直让我震惊万分。我们都认为控制论（它带来了网络空间中的"网络"）是由诺伯特·维纳在1948年发明的，但是工程历史学家戴维·明德却揭穿了这一谎言；他指出，维纳只不过是阐述了在工程领域早就实行多年的反馈控制和数位运算的概念。然而，人们（甚至今天的工程师们）都误认为这一切都归功于维纳的数学思考。

然后，我突然想到了以下观点。我们的几何学习都是基于教科书上的公理，比如说欧几里得的《几何原本》，并倾向于认为，正是得益于这样的学习，我们今天才会建造出从楼房到教堂这些有着美丽的几何形状的建筑，如果不这么想的话真是不应该。所以我立即推测，古人之所以对欧几里得几何学和其他数学感兴趣，是因为他们已经在使用这些方法了，他们也许是通过自己的自由探索和经验知识推导出这些方法的，否则他们实在没必要关心书本知识。这与轮子的故事类似：是否记得希腊人在工业革命前两千年就已经发明和研制出蒸汽机了。现实中行得通的事物往往源于实践，而不是理论。

现在，让我们看看周围的建筑物：从金字塔到欧洲美丽的教堂，它们在几何结构上显得如此复杂。所以，一个骗局出现了，它使我们倾向于相信，是数学让我们建造出了这些美丽的建筑，当然我们总能找到一些例外，比如金字塔，因为它们早于欧几里得和其他希腊理论家带来的更正式的数学思想。一个事实是，建筑师（或所谓的大师）通常依靠灵感的启发、经验法和工具工作，而且几乎没有人懂任何数学——根据中世纪科学史学家居伊·博茹昂的记载，在13世纪之前，整个欧洲不超过5个人知道如何进行除法计算。建筑师不必了解我们今天所用的方程式就能弄明白材料力学，他们建造的建筑物大部分都屹立至今。13世纪的法国建筑师维拉·德·奥内库尔用皮卡文（法国皮卡第地区的语言）记笔记，还画了很多图，以说明教堂是如何建造的：他们依靠的是实验启发法、小技巧和规则，后来由菲利布特·德洛尔姆在其建筑论著中列举阐述。例如，一个三角形可视为一匹马的头。与理论相比，实验能使人更谨慎。

此外，我们相当肯定，罗马人——这些令人钦佩的工程师在建造水渠的时候并不懂数学（罗马数字使定量分析很难进行）。否则，这些工程将不复存在，因为数学的一个明显的副作用是促使人过度优化，并偷工减料，从而造成脆弱性。只要看看新工程比老工程质量差，就可以明白这一说法了。

第十五章 失败者撰写的历史

让我们来看看维特鲁威写于欧几里得《几何原本》出现约 300 年后的《建筑十书》，该书被誉为建筑学"圣经"。该书并未涉及多少正式的几何理论，当然也没有提到欧几里得定理，大部分内容都关于启发法，就好像师父指导徒弟一样。（值得注意的是，他提到的主要数学结论就是毕达哥拉斯定理。当时他惊讶地发现，"不用工匠的工具也能"画出直角。）在文艺复兴之前，数学只用于智力测验。

现在我要谈的并不是落后于实用技术的理论或学术科学。有些理论或学术科学的最终用途（不是一些肤浅的用途），是从科学直接衍生出来的——研究员乔尔·莫基尔所称的"认知基础"，或命题式知识，即一种包含理论和实证发现，并形成某种规则说明，用以产生更多的知识和更多的应用（他认为）的形式"知识"库。换句话说，一个可衍生出其他理论的理论体系。

但是，让我们不要做愚蠢的人：如果相信莫基尔先生的说法，我们可能会试图通过学习经济地理学来预测外汇价格（我很想把他介绍给绿色木材专家）。虽然我接受认知基础的概念，但我质疑它在科技史中扮演的真正角色。我们看不到有证据证明它发挥了强有力的作用，我等待有人给我提供证据。莫基尔和这些观点的拥趸并没有提供证据表明它不是副现象，他们似乎也不了解非对称效应的影响。可选择性在这里扮演什么角色呢？

师徒之间会有一整套知识技能的传承，而且这种传承方式让等级成为筛选过程中的一种工具，或者使某种职业更受人尊敬，又或提供其他类似的帮助，但绝对起不到系统性的作用。而知识的作用之所以会被高估，是因为它们被过度宣传了，可见度很高。

这与烹饪一样吗？

烹饪似乎是人们依赖可选择性的完美体现。你所添加的配料如果与胖子托尼的味蕾相符，那么就皆大欢喜，但如果不符，那就要忘记它。我们还通过"共同创作"的实验开发了一套食谱。这些食谱的开发完全没有考虑对味蕾所起的化学作用，也没有运用任何的"认知基础"以从理论中推导出理论。没有人会被过程所欺骗。正如丹·艾瑞里所观察到的，我们无法根据营养标签倒推食物的味道。在这里，我们可以看到古人的启发法起了作用：一代代的集体自由探索成就了食谱的演变。这些食谱是扎根于文化的。厨艺学校完全采取学徒制。

另一方面，我们的纯物理学，基于理论来推导理论，并运用一些经验验证。在这里，"认知基础"就可以发挥一定的作用。希格斯玻色子的发现，就是一个完全通过理论推导来找到粒子的现代案例。爱因斯坦的相对论也是如此。在希格斯玻色子之前，基于少量现有外部数据探索未知的一个经典例子是，法国天文学家勒威耶通过周围行星的运动推导出了海王星的存在。而当该行星真的被观察到时，他甚至拒绝看它，因为他对自己的计算结果非常笃定。这些是例外情况，而且往往发生在物理学和其他所谓的"线性"领域，在这些领域，误差源于平均斯坦，而不是极端斯坦。

现在让我们把烹饪的观念当作一个平台，来探究其他的领域：有没有类似烹饪的活动呢？我们审视一下各领域的技术便会看到，事实上，它们更像烹饪而不是物理学，特别是复杂领域的技术。

连今天的医学也保留了学徒制的传承模式，理论科学仅作为背景知识，使医学看起来像是科学。如果离开了学徒制的传承模式，那么一定是以证据为基础的"循证"方法，其对生物学理论的依赖较少，而对经验规律的依赖较多，这种现象我在第五章中已经做了解释。那为什么各类科学都会经历兴衰，而技术却能保持稳定呢？

现在，人们可以看到基础科学可能发挥的作用，但其与基础科学诞生时的初衷可能并不一致。让我们以电脑的一连串意想不到的第一阶段用途为例。离散数学学科属于基础科学，源于命题式知识，其最终推动了计算机的诞生，或者至少历史是这么说的（而且，当然要提醒"净挑好的来说"的读者：我们需要考虑没有任何实用性的理论知识体系）。但是，起初,没有人知道怎么处理这些装满电路的巨大箱子,它们既笨重又昂贵,除了数据库管理以外,在其他方面几乎没有用处,只是比较善于处理大量的数据。这好像是人们出于对技术的狂热而需要发明的一种应用。婴儿潮时期出生的人会记得那些神秘的打孔卡片。后来又有人引入了控制台,使用键盘,在电脑屏幕的辅助下输入信息。这当然推动了文字处理技术的诞生,计算机也因适用于文字处理而迅速发展,特别是在20世纪80年代早期微电脑诞生后。这种电脑用起来很方便,但直到其他一些意想不到的应用融入进来,它才真正发挥了自己的效用。现在到了第二阶段,也就是互联网时代。互联网是在罗纳德·里根沉迷于与苏联冷战的时代,由美国国防部旗下的一个研究部门美国国防高级研究计划局开发的。其初衷是建立一个强大的军事通信网络设备,从而让美国在全面军事攻击中能够生存下来。这当然是一个好主意,但个人电脑配上互联网则给我们带来了社交网络、破碎的婚姻、更多的书呆子,让一个后苏联时代的人产生了社交障碍,连配偶都找不到。这一切都得益于里根的反核和平运动中美国纳税人的钱(或者说预算赤字)。

所以,现在我们所看到的是向前发展的箭头,而且一往无前。尽管科学在计算机的发展旅程中还是有作用的,毕竟计算机技术在许多方面都得依靠科学;但是,学术科学绝对无法预设计算机的发展方向,事实上,学术科学是一个在不透明的环境中受制于机会性的发现。计算机的发展史上写满了大学辍学生和早慧的高中生的名字,每一步都充分显示出发展的自主性和不可预测性。我们看到的一大谬论,就是使整件事听起来具有不合理性——这个不合理性就在于,当一个免费的选择权交到我们手上时,我们却熟视无睹。

我们从一位睿智的观察家李约瑟的作品中就能看出,中国可能是一个很有说服力的故事,李约瑟揭穿了不少西方观点的谬误,而看到了中国科学的力量。尼达姆的传记作家西蒙·温彻斯特曾引用了汉学家伊懋可对这一问题的描述,原因在于中国没有拥有,或者说不再拥有他所说的"欧洲人自由探索、改良改进的狂热"。因此，虽然中国人拥有发明纺纱机的所有技术，却"没有人去尝试"——这是知识阻碍了可选择性的另一个经典例子。中国可能需要一个像史蒂夫·乔布斯那样缺乏大学教育但却积极进取的人，利用天时、地利完成时代的使命。我们将在下一节看到，正是这种不墨守成规的实干家推动了工业革命的发生。

我们会研究两个案例，第一个是工业革命，第二个是医学。首先让我们揭穿关于工业革命的一个因果迷思，即对科学在其中的作用的过度渲染。

工业革命

知识的形成，甚至理论的形成，都需要一些时间，需要你忍受枯燥的学习，并牺牲做其他轻松工作带来的自由。只有这样，你才能摆脱类似新闻工作的压力，那种文章发表后就等待它过时消亡的现代学术风气。要知道，那只会生产肤浅的知识，就像在纽约市唐人街上买的冒牌手表，你明知道它是假的，但看起来却像真的。19世纪至20世纪，技术知识和创新有两大主要来源：业余爱好者和英国教区的牧师，这两种人都处于杠铃策略之中。

我们发现，英国教区牧师的研究贡献高得不成比例。英国教区的牧师通常生活无忧，博学，住着大房子或至少是舒适的房子，有人帮助打理家务，一年四季都有好茶供应，还有充裕的自由时间。并且，当然，他们有可选择性。他们可以说是有知识的业余爱好者，牧师托马斯·贝叶斯（就是贝叶斯概率的发明者）和托马斯·马尔萨斯（马尔萨斯人口理论的提出者）是其中最著名的。但还有更多令人惊喜的故事，这些都编入了比尔·布莱森的《家》一书中。作者发现，因创新流芳百世的牧师和传教士人数是科学家、物理学家、经济学家，甚至发明家人数的10倍。除了刚才提到的两位巨匠，我可以随口报出一连串乡村牧师的贡献：牧师埃德蒙·卡特赖特发明了动力织机，对工业革命做出了贡献；牧师杰克·罗素培育了梗犬；牧师威廉·巴克兰是第一位权威的恐龙研究学家；牧师威廉·格威开创了现代考古学；牧师奥克塔维厄斯·皮卡德·坎布里奇是最权威的蜘蛛专家；牧师乔治·加勒特发明了潜艇；牧师吉尔伯特·怀特是他那个时代最受尊敬的博物学家；牧师伯克利是研究真菌的顶尖专家；牧师约翰·米歇尔协助发现了天王星；可以说，这样的例子不胜枚举。需要注意的是，正如我与豪格的论文中所述，有组织的科学往往倾向于忽略"非我发明"的东西，所以，我们所知道的有关业余爱好者和实干家所做贡献的例子肯定比实际的要少，因为某些学者可能会将前辈的创新据为己有。

让我再来说说诗意的方面。自主的学术研究往往也能带来美学享受。很长时间以来，我都在我书房的墙上挂着雅克·勒高夫写下的一段话。勒高夫是法国伟大的中世纪研究家，他认为文艺复兴源于独立的古典文学研究者，而非专业学者。他检视了这段时期的油画、素描和文艺表演，比较了中世纪的大学成员及古典文学研究者的截然不同之处：

> 一个是被学生如众星捧月般包围着的教授，一个是形影相吊的学者，他坐在宁静而偏僻的房间里，无拘无束地在宽敞舒适的空间里任由思想如天马行空般驰骋。在这里，我们看到的是人声喧嚣的学校，乌烟瘴气的教室，以及工作场所中对美的冷漠。
>
> 而在那里，一切井然有序、清新美妙。
>
> 安详、静谧而愉悦。

至于其他的业余爱好者，有证据表明他们与狂热的冒险家和私人投资者一起，揭开了工业革命的序幕。我们提到的基利并非历史学家，幸运的是，他也不是经济学家，在《科学研究的经济规律》一书中，他质疑了传统的"线性思维"（认为学术科学推动了技术的发展）——对基利来说，大学的繁荣得益于国家财富的积累，但反过来说则不成立。他甚至还进一步声称，这如同天真的干预措施一样，会产生"医源性损伤"，甚至导致负面影响。基利指出，在许多国家，政府的干预方式是通过征税来为科研提供资金，这样就导致了私人投资的减少和转移。比如在日本，经济产业省（管理技术和投资的部门）就有着惊人的投资历史。我并非利用基利的想法来支持某个反对科研资助的政治计划，而只是想说明在发现重要的事物时，因果关系并不像一般人认为的那样。

让我们重新温习一下，工业革命源于"技术人员建立起技术"，或者基利所说的"业余爱好者的科学"。再以蒸汽机为例，这个发明比任何东西都能代表工业革命。正如我们所看到的，亚历山大的希罗早就绘制出了制造蒸汽机的蓝图，但此后大约2 000年，没有人对该理论感兴趣。因此，是实践和重新发现让人们对希罗的蓝图产生了兴趣，而不是相反的情况。

基利曾提出过一个有说服力——非常有说服力——的论点，即蒸汽机是基于已有的技术，而且是由没有受过教育的、经常闷头自己干的人发明的。这些人善于运用实践常识和直觉来解决困扰着他们的机械问题，而他们提出的解决方案也往往能带来明显的经济回报。

让我们再来看看纺织技术。同样的，根据基利的观点，这个引导人类飞跃进入现代世界的主流技术的诞生与科学几乎毫无关系。据他说："1733年，约翰·凯伊发明了飞梭，推动了织布的机械化，1770年，詹姆斯·哈格里夫斯发明了珍妮纺纱机，正如它的名字所示，它推动了纺纱的机械化。纺织技术的发展，加上瓦特和保罗的发明（纺纱机，1758年）及阿克赖特的发明（水力纺纱机，1769年），预示着工业革命的腾飞，但这些都与科学无关；它们是基于试错法和一心想提高工厂生产力及利润的熟练工匠，在实验基础上的经验性发展。"

戴维·埃杰顿通过一些调研质疑了学术科学和经济繁荣之间的联系，以及人们过去相信的"线性模型"的观念（学术研究是技术的源头）。19世纪至20世纪的人们，没有那么容易上当受骗；但今天的我们却相信，那时的他们相信线性模型，其实他们并不相信。事实上，在20世纪之前，学者们大多是教师，而非研究人员。

第十五章 失败者撰写的历史

现在，与其通过阅读一个学者的著作，来判断他是否可信，不如看看他的批评者是怎么说的——他们往往会发现他最糟糕的论点。所以，我找到了基利的批评者，或者反对他意见的人的观点，我们想看看他们的评论中有哪些值得思考的细节，以及他们的批评集中在什么地方。除了乔尔·莫基尔的一些评论（正如我所说，他尚未发现可选择性）以及一个经济学家的攻击（鉴于经济学家的贬值，他的评论也无足轻重），针对基利的主要反对意见，我们是在一本由政府资助的有影响力的杂志《自然》上看到的，基利所用的数据被批评是来自政府资助的机构，比如他反对依靠财政支持科研的论点就引用了经济合作与发展组织（OECD）的数据。到目前为止，还没有任何实质性的证据表明基利是错误的。但是，既然提到证据，就让我们来看看证据：没有任何证据表明，与其观点对立的论文具有正确性。这类观点很大程度上如同宗教信仰：无条件地相信有组织的科学的力量，这几乎取代了对有组织宗教的无条件信仰。

政府应该把钱花在非目的论的自由探索上，而非科研上

请注意，我并不相信上述论点在逻辑上会引导我们认为政府不应该花一分钱。我的论点针对的是有目的的发明创造，而非一般的科研。我们必须找到有效的支出方式。在一系列恶性循环的影响下，政府已从研究中得到了巨大的回报，但与其最初的预期相比已经大打折扣——看看互联网就知道了。此外，再回顾一下我们用于军事领域创新的开支，以及医疗方面的开支。你会看到，这些职能部门在开展研究时目的性过强（尤其是日本的），许多大公司的情况也是如此。大多数大型公司，如大型制药公司，都是自己创新路上的敌人。

以缺乏实用价值的基础科研为例，其研究经费和资金一般直接给予个人，而不是项目，而且是少量给予研究人员。在加利福尼亚花费了很长时间观察风险投资家的科学社会学家史蒂芬·夏平称，投资者往往把钱投给

他们看中的企业家，而不是某个创意。决策在很大程度上就是一种观点，并根据"你认识谁"和"谁说了什么"得以强化，用风险投资家的专业术语来说，你应该把赌注投给骑师，而不是马匹。为什么呢？因为创新是需要灵感的，你需要具备像漫游者般的能力，随时抓住突然出现的机遇，而不是墨守成规地行事。夏平让我们看到，重大的风险投资决策往往是在没有制订真正的商业计划的情况下做出的。因此，如果决策前他确实进行了"分析"的话，那么这种分析一定是自由探索的和实证性的。我自己也曾花了一些时间在加利福尼亚州与风险投资家交往，目的是投资自己，我可以证明，这的确是墨守成规的做法。

很显然，钱应该投给自由探索者，你信任的那些积极进取的探索者才会帮助你获得期权收益。

现在，让我们在这个段落中用统计参数进行一下技术性阐述。研究带来的回报往往源于极端斯坦：它们遵循的是统计分布的幂律，由于可选择性的存在，这里有近乎无限的上升空间，但下跌空间有限。因此，研究的回报与试验次数，与非试验花费的开支存在线性关系。让我们回过头去看看图12–3，赢者回报惊人，没有上限，而正确的方法需要某种形式的"广种薄收"。也就是说，正确的策略是采用"1除以n"或者"1/n"的模式，将资金尽可能多地分散在众多尝试中：如果你面对n个选择，那么对所有选择进行等量投资，也就是在每个试验上进行少量金额的投资，但投资的项目有很多，比你愿意投资的项目还要多。这是为什么？因为在极端斯坦下，在某个创意上进行少量投资总好过错过这个创意。正如一个风险投资家告诉我的："回报收益是如此之大，你简直不能错过任何一个可能的创意。"

医疗领域的案例

与技术不同，医疗拥有驯化运气的悠久历史；它现在已经接受了实践

第十五章 失败者撰写的历史

中的随机性,但并不是那么情愿。

医疗数据使我们能够评估目的论研究相对于随机性发现的成效。美国政府为我们提供了理想的数据:美国国家癌症研究所的活动。这一机构源于20世纪70年代早期尼克松发起的"向癌症宣战"运动。实习医生和研究员默顿·迈尔斯在他绝妙的著作《现代医学的偶然发现》中写道:"在20多年的时间里,筛选了超过144 000种植物萃取物(代表约15 000个物种),其中没有一种植物类抗癌药物能够通过审批。这种失败与20世纪50年代的一种从植物中萃取的抗癌药物形成鲜明对比,这种抗癌药物是长春花生物碱,它是偶然发现的,而不是定向研究的成果。"

约翰·拉马蒂纳在离开制药公司后曾对制药业内幕进行过爆料,他用统计数据显示,在学术研究对药品研发的贡献问题上,民众的看法与真相之间存在差距:10种药物中有9种是私营企业研制的。就连靠财政资助的美国国立卫生研究院也发现,市场上销售情况比较好的46种药物中,只有3种与政府资金赞助有关。

我们还没有谈到这一事实,即癌症治疗药物一直源于其他学科研究。在寻找非癌症类药物(或非癌症类的非药物)的过程中,你发现了你并不需要寻找的东西(反之亦然)。但有趣的是,当一个学术研究者最初发现一个结果时,他可能会忽略这个结果,因为这不是他想找的——学者总是喜欢遵循一个计划。用选择权打个比方:尽管选择权很有价值,但他并未行使选择权,严格来说,这违反了理性(无论你如何定义理性),就像某个贪婪的人在自己的花园里发现了一大笔钱却不捡起来一样。迈尔斯显示,发现的成果往往在事后会被归于某项学术研究,从而进一步强化我们的错觉,这与教鸟儿飞行的效应如出一辙。

在某些情况下,由于发现的来源是军事活动,因此我们不知道到底发生了什么。让我们以迈尔斯的书中讨论的癌症化疗法为例,1942年,一艘携带芥子气的美国船只驶离意大利巴里后遭到德军轰炸。结果这种气体神奇地治愈了患有血癌的士兵(清除了体内白细胞),由此化疗的研究得以展开。但是，芥子气被《日内瓦公约》所禁止，因此这个故事变成了机密——丘吉尔清除了英国所有文件中相关的记录，而在美国，相关信息也被掩盖了，但对氮芥效应的研究并未被禁止。

杰姆斯·勒法努是一位医生兼医学作家，他曾写道，治疗的革命，或者说战后时期大量有效治疗方法的涌现，并不是由任何主流的科学洞见所推动的，来源恰好相反。"医生和科学家们认识到，没有必要详细了解误差的任何细节，合成化学会随机地带来医生们找了几个世纪都没有找到的医疗方法。"（他以格哈德·多马克找到磺胺类药物为例。）

此外，我们对理论的了解，用莫基尔的话来说，即认知基础的提高，与新药数量的减少同步，这也是胖子托尼或做绿色木材买卖的那个人想告诉我们的。人们可能会说，容易出成果的项目已经越来越少了，但我从其他地方获得的更多线索（例如人类基因组项目的成效，以及过去20年在研究支出日益增加的情况下医疗研究的滞后）表明——在复杂领域，知识或所谓的"知识"阻碍了研究的发展。

或者，从另一个角度来看，研究食材的化学成分，既不会让你成为一个好厨师，也不会让你成为一个更专业的品尝师——甚至可能会让你在这两方面都变得更糟。（对主张目的论的人来说，烹饪是微不足道的知识。）

你可以列一张药物清单，看看有多少药物是通过"黑天鹅"方式诞生的，有多少是按设计研发出来的。我本来想编制这样一份列表，直到我意识到显著的非对称性，即以目的论的方式发现的药物太少——主要是抗艾滋病类的药物。设计师药物有一个主要特性：它们是按设计研发出来的（因此，是以目的为导向的）。但看起来好像我们没有能力在设计一种药物的同时，考虑到其潜在的副作用。因此，设计师药物的未来就存在一个问题。市场上的药物越多，它们之间相冲的可能性就越大，因此，一种新药就很可能会与市面上已有的药物相冲。如果市面上有20种不相关的药物，那么第21种药物诞生时，我们就需要考虑它与之前20种药物的相互作用，这或许没什么大不了的。但如果有1 000种药物，那么最新药物问世时我们就需要预测它与这 1 000 种药的相互作用。而事实上，今天市场上有成千上万的药物。另外有研究表明，我们可能低估了目前已在市场上销售的药物之间的相互作用，真正安全的药物的数量可能只有 1/4，所以，如今可用药物的基数应该是减少而不是增加的。

医学领域中存在明显的转移现象：可能为了某种目的而发明出来的药物，却在其他地方发挥了作用，这就是经济学家约翰·凯伊所称的间接发明，比如阿司匹林的用途就曾多次变更；犹大·福克曼关于限制对肿瘤的血液供应（血管生成抑制剂）的理论推动了黄斑变性治疗（贝伐单抗，俗称阿瓦斯汀）的诞生，效果比原先预料的更好。

现在，与其列出一份清单（太不体面了），我还不如推荐读者读一些书，除了迈尔斯的书，还有克劳德·波宇昂和克劳德·莫内雷的书《美妙的机会：药物发展史》，以及李杰的《笑气、伟哥和立普妥》。

马特·里德利的反目的论观点

伟大的中世纪阿拉伯语怀疑论哲学家阿尔加惹尔，曾批评过阿威罗伊的理性主义和目的论。阿尔加惹尔提出了一个有关扣针的著名比喻，现在人们都错误地认为这个理论是亚当·斯密提出的。扣针不是由某一个人独自制作出来的，而是由 25 个人共同生产出来的，这是"无形的手"引导下的合作。没有任何人知道如何单独生产扣针。

在怀疑论信仰主义者（有宗教信仰的怀疑论者）阿尔加惹尔的眼中，知识不是掌握在人类的手中，而是掌握在上帝的手中，亚当·斯密称之为市场规律，而一些现代理论家将其理解为自我组织。如果读者想知道为什么信仰主义在认识论上相当于对人类知识进行彻底否定，同时认可事物的隐性逻辑，只要用上帝来替换自然、命运，以及任何无形的、不透明的、不可企及的力量，就能得到相同的结果。事物的逻辑在我们的掌控之外（在上帝、自然或自发力量的手中）；由于如今没有人与上帝有直接的沟通，即使在得克萨斯州，上帝和不透明的力量之间也没有多大差别。没有任何一个人对事物的整体发展流程有任何了解，这才是最重要的。

得益于生物学的研究背景，作家马特·里德利拿出了更有力的论据。人类和动物之间的区别在于是否具备协作、参与经营、提出意见、相互配合的能力。合作能带来爆炸性的利益，即数学上所说的超叠加功能：一加一超过二，一加一加一远远超过三。这是纯粹非线性的爆炸性利益——下面我们将详细说明它是如何从炼金石中受益的。最重要的是，这是一个有关不可预测性和"黑天鹅"事件影响的论点：由于你无法预测合作，也不能指导合作，因而你无法看到世界的发展方向。你所能做的就是创造一种有利于合作的环境，为繁荣奠定基础。

值得注意的是，如果用阿尔加惹尔的观点多做一些哲学性的探讨，我们可以看到宗教是如何降低我们对人类理论和代理人的依赖的——从这个意义上说，亚当·斯密与阿尔加惹尔的观点重合了。因为对亚当·斯密来说，看不见的手是指市场，而对阿尔加惹尔来说看不见的手就是上帝。人们可能很难理解，从历史来看，怀疑论者大多是对专业知识持怀疑态度，而不是对诸如上帝等抽象主体表示怀疑，而且所有伟大的怀疑论者大都信仰宗教，或至少是亲宗教的（赞成其他人信仰宗教）。

公司目的论

我在商学院读书的时候，很少去听所谓的战略规划的讲座。因为这是必修课程，我偶尔会去上课，但我根本不想听老师说了什么，甚至连书也不买。学生们有个共识，我们知道那是胡言乱语。我通过玩弄复杂的逻辑游戏迷惑了教授，从而通过了管理学的必修课，而且我认为仅参加必要的课程就行了，多上一门课都是对自己智商的亵渎。

公司都热衷于制订战略计划。它们需要花钱来弄明白自己究竟该走向何方。然而,没有证据表明,战略规划起到了作用——否定其作用的证据倒有很多。管理学者威廉·斯塔巴克已经发表了多篇论文来反驳规划的有效性——规划使公司无视选择权,因为它的行动方针已经过于僵化以至于无法把握稍纵即逝的机遇了。

几乎所有管理理论,从泰勒主义到所有的生产力故事,经实证检验后,都被证明是伪科学——与大多数的经济理论类似,它们都经不起验证。马修·斯图尔特是读哲学出身的,但后来成了管理顾问,他在《管理咨询的神话》一书中揭秘了一个令人厌恶的也很可笑的故事。这与银行家在利己目的的驱动下所使用的方法类似。亚伯拉逊和弗里德曼在他们的经典著作《杂乱并非无章》中也揭穿了许多整齐、清晰的目的论方法。事实证明,战略规划只不过是像迷信一样的胡言乱语。

不管是理性的还是机会主义的商业转移现象,下列公司可以告诉我们其中的真相。可口可乐起初是一种医药产品。蒂芙尼珠宝公司是做文具生意起家的。上面的两个例子中,公司的前后业务还算有关联,但看看下面这个例子:制造出第一个导弹制导系统的雷神公司本来是一个冰箱制造商,而创办人之一正是范内瓦·布什,他构建了我们早先看到的目的论科学线性模型。再看更离谱的例子:曾经的顶级手机制造商诺基亚,是从造纸起家的(还做过一段时间的橡胶鞋)。杜邦,现在是一家以特富龙不粘锅、可丽耐台面和耐用的卡夫拉纤维闻名的企业,但它最早其实是一个经营炸药的公司。雅芳化妆品公司,一开始只是一个挨家挨户推销图书的公司。最令人吃惊的是,奥奈达银器本来是搞社区宗教崇拜的,但出于监管合规的要求,它需要以合资公司的名义为掩护。

反"火鸡"问题

现在,让我们看看我所说的事情背后的一些理论——统计报表认识论。下面的讨论将表明,未知的、你看不到的事情在某些情况下可以带来好消息，在另一些情况下则会带来坏消息。在极端斯坦下，情况会变得更加侧重某一边。

再重复一遍（重复是必要的，因为知识分子往往很健忘），将缺乏证明某事的证据错当成存在否定某事的证据，这一简单的观点意味着：对反脆弱的事物而言，好消息从过去的数据中是找不到的，而对于脆弱的事物而言，坏消息倒是很罕见。

想象一下，你带着一本笔记本去墨西哥，希望根据你和你随机遇到的人的交谈推断出该国的人均财富。但可能的情况是，如果样本中没有卡洛斯·斯利姆，你就得不到什么有价值的信息。在100多万墨西哥人中，斯利姆的财富（我估计）比墨西哥底层7 000万~9 000万人的财富加起来还要多。因此，除非你选择5 000万人作为样本，并且将"罕见的事件"纳入其中，否则你就会低估这个国家的财富总量。

还记得之前的图表中那来自试错法的收益吗？当你致力于自由探索时，你会犯很多小错误，承受很多小损失，随后你会偶尔发现一些非常重要的东西。这种方法从外部来看可能令人讨厌——它隐藏了自身的优点，而不是自身的缺陷。

> 在反脆弱性的情况下（正面非对称性，正面"黑天鹅"事件），比如试错法中，样本记录往往会低估长期平均值，隐藏起自身的优点，而不是掩盖自身的缺陷。

回想一下我们的使命"不要成为火鸡"。我们要记住的是，长期受"火鸡"问题影响的人往往会低估不利事件的数量——简单来说，罕见的事件总是罕见的，而且在过去的样本中往往找不到，鉴于罕见事件几乎总是负面事件，我们头脑中呈现的常常是比现实更乐观的画面。但在反"火鸡"问题中，我们看到的恰好是其镜像，是相反的情况。在正面非对称性的情况下，也就是在反脆弱性的情况下，"看不见的"事物是正面的。因

第十五章　失败者撰写的历史

此,"经验证据"往往会忽略正面事件和低估总收益。这也是一个问题。

至于经典的"火鸡"问题,规则如下:

> 在负面对称的脆弱情况("火鸡"问题)下,样本记录往往会低估长期的平均值,它会隐藏其缺陷,而展示其优点。

这样的结果让生活变得更简单。但是,因为标准方法并不考虑非对称性,这使得研究了常规统计数据但却对这一主题没有深入研究的人(只是在社会科学中提出理论或教导学生)会错误地理解"火鸡"问题。我发现了一个简单的规律,即在哈佛大学任教的人对这一问题的理解往往不如出租车司机或不懂得机械式推导方法的人(这是一个简单的启发法,可能是错的,但却有效;我是在哈佛商学院聘用脆弱推手罗伯特·默顿为教师的时候注意到的)。

因此,让我们来看看有多少哈佛商学院教授配得上这个称号。在第一个案例中(忽视正面非对称性的错误),一位叫加里·皮萨诺的哈佛商学院教授写了一本有关生物技术潜能的书,在书中他就犯下了初级的反"火鸡"错误,他没有意识到,在一个损失有限而潜在利益无限的正业中(与银行恰好相反),你看不到的东西可能很重要,但其踪迹却被掩埋在历史数据之中。皮萨诺写道:"尽管一些生物技术公司取得了商业上的成功,整个行业也实现了惊人的增长,但大多数生物技术公司根本没有任何利润。"这可能是正确的,但是据此进行的推断却是错误的,甚至可能是落后的,原因有二,而且由于其后果的严重性,重申一下我的逻辑是有帮助的。首先,在极端斯坦下,"大多数公司"都没有利润——罕见事件占据主导地位,少数公司创造了全部利润。不管他是什么意思,由于存在我们在图12–3中所见的非对称性和可选择性,现在下结论可能为时过早,所以他最好去写一个,伤害较小而且可能让哈佛商学院的学生更感兴趣的主题,比如怎么写一个有说服力的PPT演示文稿,以及日本和法国之间的

| 227 |

管理文化的差异。再说一遍，他那有关生物技术投资的潜在回报微薄的判断可能是正确的，但不能基于他所展示的那些数据来推断。

为什么皮萨诺教授这类人的想法是危险的？重要的并非是它会阻碍生物技术的研究，而是这种错误会遏制经济生活中具有反脆弱性特征（以技术术语来说，"右偏"）的一切事物，它会使人们因偏好"肯定正确"的事物而变得脆弱。

值得注意的是，另一位哈佛大学教授肯尼斯·福鲁特犯了同样的错误，但是所犯错误完全在相反的方向上，也就是负面非对称性。在观察再保险公司（对灾难性事件提供保险保障的公司）时，福鲁特认为他发现了偏差。相比其承担的风险，再保险公司赚了太多的利润，因为灾难发生的频率往往低于模型中所反映的频率。但他忽略了一点，即灾难只会给它们带来负面的影响，而且往往淹没在历史数据中（再次说明，它们极为罕见）。记住"火鸡"问题。要知道，仅仅一个事件——石棉负债，就让劳埃德保险公司完全破产，失去了几代人积累的财富。

我们再来看看这两种截然不同的回报，一种是"左边受限"（损失有限，如泰勒斯的赌注），一种是"右边受限"（收益有限，如保险公司或银行等）。这其中的区别至关重要，因为生活中的大多数情况不是属于第一种就是属于第二种。

失败七次，加上或减去两次

让我暂且停一停，根据本章到目前为止的内容来总结一些规则。（1）寻找可选择性，事实上，根据可选择性对你要从事的业务进行排名；（2）最好选择有开放式的而非封闭式的回报的业务；（3）切勿以商业计划为投资对象，而是以人为投资对象，寻找一个在其职业生涯中能够换6种或7种，甚至更多种工作的人——这是风险投资家马克·安德森运用的方法，以人为投资对象，有助于我们对商业计划书之类的文字叙述产生免疫力，这样做才可以确保提高你的强韧性；（4）不管你的业务是什么，请确保你选择了杠铃策略。

江湖郎中、学者和爱出风头的人

我以一个令人遗憾的笔调来结束本章：我们对帮助我们走到现在的许多人都是忘恩负义的。

我们的生活中交织着我们对凸性自由探索、反脆弱性，以及如何驯服随机性的诸多误解。医学上有一类人被称为经验评判者，或者经验怀疑者、实干家，差不多就是这些称谓，我们无法罗列他们的名字，因为他们并没留下许多作品。他们的研究已经从文化意识中被销毁或隐匿，或者从档案中遗失了，而有关他们的记忆也被历史严重地扭曲了。正统的思想家和理论化的理论家经常写书；凭直觉行事的人往往都是实践工作者，他们大多满足于做令人兴奋的事、赚钱或赔钱，以及在小酒馆里聊天。他们的经验往往被学者们正式化，事实上，写历史的人是那些想要你认为推理可以垄断或近乎垄断知识生产过程的人。

因此，最后要说的一点是有关那些被称为"江湖郎中"的人。有些人确实是江湖郎中，其他人稍好些，一些人根本不是江湖郎中，还有许多人处于是与不是的边缘。很长时间以来，正式医生不得不与众多哗众取宠的家伙、江湖郎中、庸医、巫师和术士，以及各式各样没有行医执照的从业者竞争。有些人是流动行医的，从一个镇子走到另一个镇子，在大型集会上为病人问诊。他们会一边动手术，一边不停地念咒语。

这类人中包括一些医生，他们从来没上过阿拉伯语理性学院，没有在小亚细亚的希腊语世界中成长过，后来也没有进入阿拉伯语学校受过教育。罗马人是反理论的务实一族；而阿拉伯人喜欢所有有关哲学和"科学"的东西，并把此前籍籍无名的亚里士多德推上了神坛。例如，我们对尼科美迪亚的曼诺多图斯的经验怀疑主义学派知之甚少，而对理性主义者盖伦却很熟悉。对阿拉伯人来说，医学是一种学术追求，是建立在亚里士多德的逻辑和盖伦的方法论基础上的，他们憎恶经验。[1]执业医生则是另一类人。

对医疗行业的监管，无疑是出于经济利益的考量，因为来自经验主义者的竞争使正规医疗机构的收入下降。所以，难怪这些非正规行医者都被归为盗贼，我们可以从伊丽莎白女王时期的一篇论文确认这一点。论文的题目很长："简述伦敦实证者被观察到的用于掏空可怜病患钱包的若干手段"。

"江湖郎中"被认为是经验主义者的代名词。"经验主义者"往往依靠试验和经验来确定哪些是正确的。换句话说，通过试错法和自由探索。他们被认为是劣等的——无论从职业、社会地位还是智力层面来说，他们仍然被认为不够"聪明"。

但幸运的是，经验主义者享有广泛的民众支持，也不会被根除。你看不到他们的著作，但他们在医学史上却留下了难以磨灭的印记。

现代化带来了医学的学术化与制度化，从而引发了医源性损伤的初次大爆发，直到最近这种情况才开始扭转。此外，从历史的角度来看，正式的学者并不比那些所谓的江湖郎中更高明，他们只是将欺骗行为掩藏在看似更有说服力的理性之下。他们只是有组织的骗子。我希望能够改变这种局面。

现在，我同意，没有通过学术界审查的大部分执业医生是流氓、江湖郎中、庸医，甚至比这些人更糟。但是，我们不要轻易下错误的结论。形式主义者为保护自己的地盘，一直在玩一种逻辑游戏，即如果非学术类行医者中存在庸医，那么非学术类行医者就都是庸医。他们现在还是这么做的，而事实上，说"不严谨的都是非学术的"（假设你是愚蠢的人，你就会相信这一点）并不意味着"所有非学术的都是不严谨的"。"合法"的医

---

[1] 一个很容易被忽视的问题是，阿拉伯思想偏好抽象思维能力和最理论层面的科学——崇尚极端理性，远离经验主义。

第十五章 失败者撰写的历史

生和其他行医者之间的争论就相当具有启发性，尤其是当你注意到，医生们总是在偷偷地（不情愿地）仿效其他行医者所开发和推广的补救措施和治疗方式。出于经济利益的考虑，医生不得不这样做，他们受益于非正规行医者的集体试错结果。这一过程推动了治疗方法的应用，如今已经融合到正式的医疗中。

现在，读者们，让我们花一分钟的时间对这些人表达一下自己的敬意。想想看，那些推动了历史发展的人却遭到我们忘恩负义的对待，不受我们尊重，甚至我们都不知道他们是英雄。

第十六章
混乱中的秩序

- 下一次街头斗殴发生在哪里？
- 如何摒弃商品化与观光化。
- 聪明的学生（以及相反的学生）。
- 漫游者如同选择权。

让我们继续讨论目的论和无序——这次是在私人生活和个人教育方面。接着是一段自传体短文。

生态与游戏

正如我们在第七章中看到的那个人，他用扑克牌 21 点做了一个常见但错误的类比，我们发现有两个领域存在，一个是游戏领域，牌局就像游戏，事先会明确游戏规则；另一个是生态领域，在这里我们不知道规则，不能孤立地看待变量，就像在现实生活中一样。由于一个领域内的技能无法转移到另一个领域，这促使我对从课堂上学习的任何技能，或者任何以非生态形式掌握的东西普遍心存怀疑，我更相信从街头斗殴和现实生活中学到的东西。

没有任何证据显示下棋有助于增强你在其他方面的推理能力——即使是那些能够与一群人玩盲棋游戏的人，在记忆棋盘之外的东西时，也不会强于普通人。我们接受游戏的领域特定性，但事实上，这些游戏并不是真的为了培养你的生活技能而设计的，将游戏技能转化为生活技能，难免会遭受严重损失。但是，我们发现很难把这个教训运用到从学校所学的技能上，也就是我们很难接受一个关键事实：从课堂上学习的东西只能留在课堂上。更糟糕的是，课堂学习甚至会带来可觉察的危害，一种从未有人讨论过的医源性损伤如下：劳拉·马尔格隆给我看过她的博士生吉特·乌尔姆的一项研究结果，该研究表明儿童在学了算术之后其计算能力会立即下降。当你问孩子 15 根柱子之间有多少间隔时，那些不懂算术的孩子都能琢磨出答案：14 个。而学习了算术的学生则感到困惑，并常常给出错误的答案：15 个。

足球妈妈的观光化

生物学家和知识分子威尔逊曾经被问及，什么是儿童发展的最大障碍；他的回答是足球妈妈。他并没有用普罗克拉斯提斯之床的概念，但他完美地诠释了这个概念。他的理由是，足球妈妈们压抑了儿童的生物自卫本能，以及他们对自然生物的爱。但这个问题的涉及面可能很广；足球妈妈们试图从孩子们的生活中消除试错和反脆弱性，使他们远离生态模式，而将他们改造成按照预设的现实模式（符合足球妈妈的想法）行事的书呆子。就这样，孩子们成了好学生，但也成了书呆子，也就是说，这些孩子就像是计算机，除了计算速度慢了一些。此外，他们完全没有受过任何关于处理模棱两可情况的训练。作为一个经历过战争的人，我不相信结构化的学习，其实我相信的是，一个人只要有一个私人图书馆，并花费时间漫无目的地（但理智地）遨游在我们随机学到的知识中，那他不上学也可以成为一个智者，而不会成为书呆子。如果我们遵循正常的秩序，我们就需要一些随机性、混乱性、冒险性、不确定性、自我发现、非致命的挫折等来让生活变得更有意义，这总好过整日离不开排得满满的日程表和闹钟的、自以为是的、结构化的、虚伪的、低效的首席执行官式的生活。这些人连休息的时间也要仔细算好，分秒必争，就好像他们的生活永远夹杂在各种约会中。现代化的使命，看起来是压榨出生活中的每一滴可变性和随机性（正如我们在第五章所看到的），但结果却具有讽刺意味，因为这只不过徒增了世界的不可预测性，就好像机会女神不管如何都会掌握最后的话语权一样。

只有自学者是自由的。而且，不只是在学习的问题上——那些摒弃按部就班的生活方式的人，也摒弃了观光客般的生活方式。按计划生活就像把随机性放入一个盒子——在超市6号走道金枪鱼罐头旁边的那种盒子——这是一种异化的生活。

如果你想了解当前的现代主义论点是多么乏味苍白（了解你存在的这个世界的优先次序），不妨想想野外的狮子和人工饲养的狮子之间的不同。人工饲养的狮子寿命更长，从技术上说，它们更加富有，生活更有保障，如果这些是你所注重的生活标准的话……

像往常一样，古人，比如塞内加，就洞察到这个问题（以及其间的差别），用他的话来说："我们不是为了生活而学习，只是为了学习而学习。"让我感到震惊的是，这句话竟然被美国许多大学曲解并篡改成自己的座右铭："我们不是为学校学习，而是为人生学习。"

生活中的大部分矛盾就发生在一个人（比如决策者）试图通过弱化和脆弱化来激发理性的时候。

反脆弱性的（杠铃式）教育

有一件事治愈了我的教育后遗症，并让我对标准化教育持怀疑态度。

虽然我拿了学位，但我还是认为自己是一个纯粹的自学者。

我的父亲在黎巴嫩以"聪明学生学生聪明"而著称，这个称号当然是玩了一个文字游戏，因为在阿拉伯语中"聪明学生"就是 taleb nagib，而我父亲的名字则是 Nagib Taleb。当年我的父亲在黎巴嫩高等学校的毕业考试中以

第十六章　混乱中的秩序

最高分名列榜首时，报纸就是这样报道他的。他有幸代表全黎巴嫩的毕业生做毕业致辞，各大报纸都以头版头条宣传他的成绩，并用他的名字做文章，好像是这个名字注定了他的命运——"聪明学生学生聪明已经毕业"。我父亲的学习生涯非常艰难，因为他读的是精英学生读的耶稣会学校。"耶稣会学校的使命是通过每年的层层筛选，培养出能够治理该地的官员。"该校的成就超出了其目标，因为除了造就一批全球法语文凭体系下的最高分之外（即使是在战争年代），该校也培养出了众多世界一流的学生。耶稣会学校还剥夺了小学生的课余时间，也有许多学生自愿退学。你可以想到，有一个全黎巴嫩毕业生代表的父亲，我应该不排斥学校。确实也是如此。但我的父亲自己似乎并不重视学校教育，因为他并未把我送进耶稣会学校——这让我得以摆脱他所经历的一切，也让我在其他领域寻找自我实现的途径。

　　近距离地观察我的父亲让我认识到，一个毕业生代表意味着什么，一个聪明学生意味着什么，大部分的情况下它们都有非常消极的意味。聪明学生一般无法理解，他们的聪明会让他们无视一些东西。当我在交易所工作时，这个念头就一直萦绕着我。在证券交易所时，大部分的时间里我就坐在那里等待事情的发生，这就好像人们在酒吧里闲坐，或黑手党"四处溜达"。我学会了怎样挑选那些在坐着什么也不做的情况下，有能力和别人打成一片的人。我以人们的周旋能力为筛选标准进行选择，好学的人一般不善于与人周旋：他们需要有一个明确的任务。

　　我在10岁时就意识到，好成绩在校外不像在校内那么受欢迎，因为它们会带来一定的副作用。有得必有失。实际上，我的父亲一直在向我暗示好成绩所带来的问题：当时他们班上成绩最差的一个学生（具有讽刺意味的是，刚好是我在沃顿商学院的同学的父亲）结果成了一个白手起家的商人，是迄今为止他们班上最成功的人（他有一个巨大的游艇，上面醒目地刻着他的名字的首字母）；还有一个差生靠从非洲进口木材大赚了一笔，40岁前就退休了，成为一个业余的历史学家（主要研究古地中海的历史），并进入政界。虽然我的父亲似乎并不重视教育，但却重视文化或

| 235 |

金钱——他鼓励我去寻求这两样东西（我最初寻求的是文化）。他总是对学者和商人很感兴趣。

我的想法是在公开市场上展现一丝不苟的态度。这使得我专注于思考一个聪明的"自学者"需要成为怎样的人：一个自学成才的人不同于用填鸭式方法教出来的人，后者用黎巴嫩方言来说就是"填鸭"，他们的知识仅限于课堂教材。我意识到，这两类人之间的区别不在于他们在官方的本科课程学习上的差异，每个人都知道这种差异即使很小，也会被分数放大，他们之间的真实差异实际上存在于课堂之外。

在一个结构化的环境中，有些人可以比别人更聪明——其实学校就有选择性偏见，因为它喜欢在这种环境中反应更快的学生，喜欢搞竞争，但却以牺牲学生在校园外的能力为代价。虽然我还不熟悉健身运动，但我的想法是，那些使用昂贵的现代健身器材来增强力量的人，虽然可以举起很重的杠铃，消耗掉很多卡路里，锻炼出令人艳羡的肌肉，但是他们却无法搬起石头；他们在街头斗殴中会被那些在混乱的环境中磨炼过的人打得头破血流。使用健身器材的人的力量有极端的领域特定性，但他们能发挥作用的领域在健身这个组织化程度极高的框架之外根本不存在。事实上，他们的力量与过分专业化的运动员一样，是畸形发展的结果。我认为，这与那些被选为尖子生，只努力在少数科目上取得高分，而不是按照自己的兴趣爱好发展的人是一样的：只要让他们稍微远离一下他们的研究领域，你就能看到他们是如何丧失信心和一味抗拒的。（就像企业高管之所以被公司选中是因为他们忍受无聊会议的能力，许多人被选为尖子生也是因为他们专注于枯燥教材的能力。）我曾与许多据称专门从事风险和概率研究的经济学家进行讨论：稍微远离他们狭隘的专业领域（但仍在概率的学科范围内），他们就溃不成军了，就好像一个健身老手被职业打手教训了一顿之后哭丧着脸。

再次声明，我不完全是自学成才的，因为我确实获得了学位；不过，我确实是杠铃式自学者，因为我在学校只学极少的必要知识，能通过考试

第十六章 混乱中的秩序

就行，有时偶然也会得高分，或者偶尔得低分。但是，我贪婪地博览群书，我最初是关注人文学科，后来又涉猎数学和科学，现在对历史感兴趣——这些都是课堂外的知识，可以说我是远离健身房的人。我发现，不管我选择什么学科，都可以深入而广泛地阅读，以满足我的好奇心。而且，我可以利用人们后来称为注意缺陷多动障碍（ADHD）的特性，以自然的刺激作为深入学习的主要动力。就像企业要有价值就必须无为而治一样。一旦在看某本书或研究某个课题时感觉无趣，我就会转移到下一个目标，而不是完全放弃阅读——当你只读学校教材时，一旦觉得无趣，你会有一种完全放弃的念头，什么也不想做，或者干脆逃学来让自己摆脱这种沮丧。所以，我的诀窍是，你可以厌倦读一本特定的书，但不要厌倦阅读这个行为。这样，你所阅读并消化的知识才能快速增长。随后，你就会毫不费力地发现，书中自有黄金屋，就像理智但无设定方向的试错研究所能带来的。这与选择权相同，失败了也不要停滞不前，必要时向其他方向摸索，跟随那种广阔的自由感和机会主义的引领，试错就是一种自由。

我承认，在写这篇文章时，我仍在使用试错的方法。避免无趣是唯一值得推荐的模式，否则生活也太不值得过了。

我的父母在贝鲁特最大的书店有一个账号，所以我在那里差不多可以无限量地挑书。图书馆的书与学校教材之间存在很大的差异，因此我意识到，学校简直就是一个阴谋：通过把知识压缩到少数作者写的教材之内，剥夺了人们博览群书的权力。我从13岁左右开始就养成了记录阅读时间的习惯，一周会阅读30~60个小时，这个习惯我已经保持了很长时间。我读了陀思妥耶夫斯基、屠格涅夫、契诃夫、波舒哀主教、司汤达、但丁、普鲁斯特、博尔赫斯、卡尔维诺、塞林、舒尔茨、茨威格（不喜欢）、亨利·米勒、马克思·布洛德、卡夫卡、超现实主义作家尤涅斯库、福克纳、马尔罗（还有其他野外冒险家，如康拉德和梅尔维尔；我读的第一本英文书是《白鲸》）和类似的文学作家的作品，其中很多人的文字非常晦涩，还有黑格尔、叔本华、尼采、马克思、雅斯贝尔斯、胡塞尔、列维-斯特劳斯、列维纳斯、肖勒姆、便雅悯,以及类似的哲学家的作品,因为他们拥有著作不被列入学校课程的崇高地位,而且我坚决不看学校规定的书籍,所以迄今为止我没有读过拉辛、高乃依和其他无聊作家的书。有一年夏季,我决定在20天内读20本左拉的小说,每天读一本,最后我成功地做到了,虽然付出了很大的代价。我还读了马克思所著的书,也许是参加了一个组织促使我开始研究马克思主义。我对黑格尔的了解主要是通过亚历山大·柯热夫的作品间接得到的。

当我18岁决定到美国时,我买了几百本英语书开始了我的阅读生涯(从特罗洛普到伯克、麦考利、吉本、阿娜伊丝·尼恩和其他一些丑闻缠身的畅销书作家),我开始不去上课,并保持每周30~60个小时的阅读时间。

在学校里,我发现只要你用词华丽、优美、确切(虽然有可能仍不足以表达主题),并保持一定的连贯性,那么你写了什么便是次要的问题,因为考官从中看到了你的风格和严谨。而当我十几岁就开始发表文章后,我的父亲就彻底不管我了,他的唯一要求就是"不要被学校开除"。这里又是一个杠铃策略——在学校里只求通过考试,把时间都花在阅读自己感兴趣的书上,不期望从学校里得到任何东西。后来,我因为在一次学生骚乱中袭警而被关进监狱,我的父亲好像是不愿意管我了,让我随心所欲地行事。我二十几岁就赚到了钱,尽管那时候我的祖国正硝烟弥漫,而且当年物质比较匮乏。我的父亲认为我拥有的一切全归功于他,因为是他允许我拓宽知识面,让我与他那种知识背景狭隘的人不同。

当我在沃顿商学院读书时,我发现自己想专注于与概率以及罕见事件相关的工作,我痴迷于概率和随机现象,我还隐约感觉到统计学教授也无法解释的统计学教材里面的某些缺陷——教授们忽略不讲的东西反而吸引了我。我意识到某个地方一定有骗人的东西存在,比如"六西格玛"管理(对非常罕见事件的计量)就被严重错误地计算了,我们找不到他们计算的依据,但是我无法明确表达我的想法,即使表达了这种想法,也有人会用我看不懂的复杂的数学运算来羞辱我。我明确地看到了概率的局限,但

第十六章 混乱中的秩序

却无法用语言表达这个观点。所以,我去书店订购了(当时还没有网络)几乎所有以"概率"或"随机"为标题的书。连续几年,我除了这类书之外什么都不看,不看课堂教材,不看报纸,不看文学书,什么都不看。我躺在床上只看这类书,如果遇到不能马上理解的内容或者感觉有点儿无聊了,我就阅读另一本书。我一直在订购这类书。我渴望深入了解小概率的问题。这真的毫不费力,并且是我的最佳投资——原本的风险竟然变成了我最了解的主题。5年后,我准备好了开启人生的新航程,现在我以研究小概率事件的方方面面为职业重心。如果我是通过接受学校教育了解这一主题的,也就是接受预先设置好的知识包,那么我一定会被洗脑,认为不确定性是某种只能在赌场中看到的东西。来看看一个不是书呆子的人是怎样应用数学的:首先,发现问题;其次,找出适用的数学解决方案(就像人习得语言一样)。而不是在真空中通过研究定理和虚拟的例子去学习,然后,改变现实,让它看起来像那些例题。

20世纪80年代的一天,我与一位取得巨大成功的著名投机商共进晚餐。他一语中地表明:"人们了解的很多东西其实都不值得去了解。"

迄今,我仍然本能地认为,宝贵的知识,也就是你从事某一职业所需了解的知识,一定不在数据库中,所以要尽可能地远离中心。在学校被灌输的东西,我已经忘光了;而自己决定读的东西,我仍然记得很牢。追随自己的爱好来选择阅读的重要意义,莫过于此。

第十七章

胖子托尼与苏格拉底辩论

- 孝与不孝。
- 胖子托尼不喝牛奶。
- 别忘了让诗人解释他们的诗歌。
- 神秘主义的假哲学家。

胖子托尼认为,我们完全有理由处死苏格拉底。

我们将在本章完成叙事、可理解的知识,与更加晦涩、完全由实践者摸索出来的知识之间差异的讨论——表 14–1 中的两栏区分了可叙述与不可叙述的行动。我们有种错误的想法,即认为事情背后总有一个你可以找到的理由,而且我们会很容易理解这些理由。

事实上,在生活中最严重的错误莫过于将不可叙述的事物误认为是愚蠢的东西——这是尼采最终得出的结论。在某种程度上,这种错误酷似火鸡问题:将我们没有看见的东西疑为不存在,这与将缺乏证明某事的证据错当成存在否定某事的证据如出一辙。

自从哲学的黄金时代开始,我们就陷入了绿色木材谬误——我们看到亚里士多德对泰勒斯成功故事的错误诠释。现在,让我们把目光转向最伟大的导师苏格拉底。

《欧蒂弗罗篇》

柏拉图主要通过一个人的口来表达自己的见解，那个人无疑成了历史上最有影响力的哲学家，他就是雅典的苏格拉底——现代意义上的第一位哲学家。苏格拉底没有留下自己的作品，所以我们主要是通过柏拉图和色诺芬来了解他。而且，类似于胖子托尼的情况：亲自指定自己的传记作者，但那位传记作家只顾满足自己的写作计划，因而扭曲了托尼的性格，并加上了自己的见解和观念。所以我敢肯定，柏拉图笔下的苏格拉底深深地烙上了柏拉图的印记，而不是一个真实的苏格拉底。

在柏拉图记录的一次对话（《欧蒂弗罗篇》）中，苏格拉底在法院外等待审判（在这次审判中，苏格拉底最终被判处死刑）时，当时的一位宗教专家兼半个预言家欧蒂弗罗与他攀谈起来。苏格拉底开始解释，关于他被人在法院指控的"活动"（腐蚀青年，介绍新神而抛弃旧神），他不但没有收取费用，还十分乐意向前来聆听的人付酬。

而苏格拉底发现，欧蒂弗罗来法院则是准备指控其父犯了故意杀人罪，这是一个不错的谈话引子。于是苏格拉底开始质疑，指控自己的父亲犯杀人罪是否符合欧蒂弗罗的宗教职责。

苏格拉底使用的技巧是，先从一个论点出发，让谈话者同意一系列的陈述，然后告诉他，他所认同的这些陈述与他最初认同的那个论点并不同，从而使其意识到自己并不清楚这一切。苏格拉底使用这个技巧主要向人们展示了，他们的思考是多么缺乏清晰的逻辑，他们对自己日常运用的概念了解得多么少，以及他们多么需要哲学来帮助他们厘清思路。

《欧蒂弗罗篇》中，欧蒂弗罗用"孝顺"一词开始了与苏格拉底的对话，将他起诉他父亲的行为描述为孝顺的行为，所以给人的印象是，他是出于宗教的孝行才起诉自己的父亲的。但是，对于"孝顺"的概念，欧蒂弗罗不能拿出一个让苏格拉底满意的定义。苏格拉底一直纠缠着这个可怜的家伙，因为他无法对孝顺进行明确的界定。对话继续围绕着更多的定义进行（什么是"道德感"），直到欧蒂弗罗找了一个礼貌的借口跑开。对话结束得很突然，但给读者留下的印象是，这个对话可以一直延续到今天：25 个世纪以后，我们也并未接近最终答案。

让我们来重新开启这段对话。

胖子托尼对话苏格拉底

如果是胖子托尼的话，他会怎么对付那个无情的雅典人的盘问？现在读者们已经熟悉胖子托尼的性格了，作为一个思维实验，让我们看看如果胖子托尼和苏格拉底见面的话，会有一个怎样的对话，当然，我进行了适当的翻译。

显然，这两个人物之间有许多相似之处。两个人都有空闲时间，可以无休止地享受休闲生活，只不过对托尼来说，空闲时间是富有成效的见解带来的结果。两个人都喜欢争论，都在寻求积极的对话（而不是进行看电视或听音乐会这种被动的活动），这是他们娱乐的主要来源。两人都不喜欢写作，苏格拉底排斥写作的原因是，一旦变成文字，这些内容就定型了，不可改变了，而实际上对他来说，答案从来不是最终的和固定的。因此，什么都不应该被记录下来，哪怕只是刻在石头上也不合适。在《欧蒂弗罗篇》中，苏格拉底还吹嘘了一下他的祖先雕刻家戴达罗斯：他的雕刻总是栩栩如生。当你与戴达罗斯的雕像说话，它仿佛会回应你，这与你在纽约大都会艺术博物馆看到的那些雕像可不同。而托尼不喜欢写作则有其他原因，而且也没什么不光彩的：他在布鲁克林贝里奇上高中时，差点儿因为多门功课不及格而退学。

但这两个人的相似之处也仅限于此，不过这对他们之间开展对话来说已经足够了。当然，我们可以想象，当尼罗告诉胖子托尼，面前的这个人就是最伟大的哲学家苏格拉底的时候，托尼一定会有些吃惊。据说苏格拉底的外表看起来可能并不讨人喜欢。苏格拉底一再被描述为大腹便便，四

第十七章　胖子托尼与苏格拉底辩论

肢瘦弱，眼凸鼻塌，面容憔悴，甚至可能有体臭，因为据说他洗澡的次数没有同时代人的那么多。你可以想象胖子托尼一边用手指着苏格拉底，一边嘲讽道："你看，尼罗，你想让我跟这个……谈话。"不过也有可能出现相反的情况，也有传闻称苏格拉底气度不凡，有着一种非凡的自信和平静的心态，会使一些年轻人感觉他"很帅"。

尼罗能够肯定的是，胖子托尼起初会设法接近苏格拉底，通过嗅觉形成对苏格拉底的看法——正如我们所说，胖子托尼根本没有意识到自己有这样的习惯。

现在假设苏格拉底问胖子托尼如何定义孝顺。胖子托尼肯定会不知所云——胖子托尼知道苏格拉底不仅免费与人辩论，还愿意向与他谈话的人付酬，所以胖子托尼会说，一个人不应该与一个准备付钱给他的人争辩。

但是，胖子托尼在生活中的力量来自他从来不会让别人来构建问题的框架。他跟尼罗说过，问题的答案永远根植于问题之中；千万不要直接回答一个对你来说毫无意义的问题。

> 胖子托尼说："你让我界定哪些特征使人有孝顺和不孝的区别。我是不是真的需要回答这个问题，才能行孝道？"
>
> 苏格拉底说："如果你根本不懂'孝顺'的含义，而只是假装知道它的意思，那你怎么能准确地使用这个词呢？"
>
> 胖子托尼说："我是不是必须能用直白野蛮的非希腊英语或纯粹的希腊语来解释这个词，才能证明我知道和明白它的意思？我不知道如何表述它，但我知道它是什么。"

毫无疑问，胖子托尼会进一步牵着雅典的苏格拉底的鼻子走，然后成为构建问题框架的那个人。

> 胖子托尼说："告诉我，老伙计。一个婴儿必须对母亲的乳汁进

行定义才能懂得他需要喝母乳吗？"

苏格拉底说："不，他不需要。"

胖子托尼说（重复柏拉图记录的对话中苏格拉底使用的相同模式）："我亲爱的苏格拉底，狗需要界定他的主人才能忠诚于他吗？"

苏格拉底说（很疑惑有人会问他这个问题）："狗……有本能，它并不思考它的生活，它并不探索它的生活。我们可不是狗。"

胖子托尼说："我同意，我亲爱的苏格拉底，狗有本能，我们不是狗。但是，我们人类难道与其他生物之间的区别那么大，乃至完全被剥夺了引导我们做并不了解的事情的本能吗？我们是不是必须将生活限定在只能用布鲁克林英语回答的事情上？"

还没有等苏格拉底回答（只有傻瓜才等待答案，问题不是为了答案才设计的）。

胖子托尼又说："那么，我的好苏格拉底，为什么你认为我们需要了解事情的定义呢？"

苏格拉底说："我亲爱的巨无霸托尼，我们说话的时候需要知道我们谈论的是什么。哲学的全部理念就是应当寻求反思和理解我们在做什么，探究我们的生活。浑浑噩噩地生活可不值得。"

胖子托尼说："问题是，我可怜的古希腊人，你在扼杀我们知道但不一定能够表达的事情。如果我告诉一个学骑自行车的人，他只要知道骑车背后的理论就行了，那么他骑车时一定会摔下来。你总是通过咄咄逼人地问问题来迷惑和伤害他们。"

然后，胖子托尼带着假笑，得意地看着苏格拉底，非常平静。

胖子托尼说："我亲爱的苏格拉底……你知道他们为什么要把你

第十七章 胖子托尼与苏格拉底辩论

处死吗？那是因为你让人觉得盲目跟随习惯、本能和传统是愚蠢的事。你有时可能是正确的，但是，你可能会让他们对自己一直做得很好的事情感到疑惑。你正在摧毁人们对自己的理解。你拿我们对某些事情的无知来取乐。而且，你没有答案可以给他们。"

定义性知识的优越性

你可以看到，胖子托尼一语击中了哲学的核心，正是因为苏格拉底的影响，今天的哲学提出的主要问题是："什么是存在？""什么是道德？""什么是证明？""什么是科学？""这是什么？""那是什么？"

我们在《欧蒂弗罗篇》中看到的问题，贯穿于柏拉图所写的各种对话中。苏格拉底倾其一生寻求的是对事物本质的界定，他没有关注事物属性的描述，以帮助人们认识事物。

苏格拉底甚至质疑诗人，认为他们对自己作品的了解并不比大众读者更多。柏拉图在《申辩篇》中记录了对苏格拉底的审判，苏格拉底讲述了他是如何仔细盘问诗人却一无所得的："我从他们自己的作品中挑选了一些辞藻华丽的段落，并要求他们解释其中的含义。谈到这一点我几乎很惭愧，但我仍必须说，在场的任何人对于这些诗歌的评论绝对不会比这些诗人逊色。"

对定义性知识的重视导致柏拉图得出了这样的结论：如果你不能认识事物的形式，你就不能说你了解事物，因为任何事物都是以定义来说明的。如果我们不能根据特殊性来界定虔诚，那么就让我们从普遍性开始，因为其中包含了特殊性。换句话说，如果你不能根据地形绘出地图，那么就根据地图造出地形。

我们也要为苏格拉底辩护一下，他的问题带来了一个重大的结果：如果他无法定义某个事物是什么，至少他能确定某个事物不是什么。

| 245 |

误将难以理解当作愚蠢

在胖子托尼之前,当然也有很多先驱对苏格拉底提出过质疑。有些先驱的名字我们并没有听说过,这可能是因为哲学的崇高地位,以及哲学通过基督教和伊斯兰教融入日常实践的方式。这里的"哲学"指的是理论化和概念化的知识,也就是所有我们可以写下来的知识。因为,这个词以前在很大程度上指的是我们今天所称的科学——自然哲学,用理论来说明自然,洞察它的逻辑。

现代世界中,年轻的尼采针对这一点展开了猛烈的攻击,虽然这一切披上了文学辩论的外衣,尼采谈论的是乐观和悲观,其中夹杂着对"西方"、"典型的希腊人"和"德国的灵魂"是什么意思的幻觉。年轻的尼采在20岁的时候就写了他的第一本书《悲剧的诞生》。他研究了"科学密教者"苏格拉底的"使得存在看起来能够理解"的说法。尼采不可思议的文字揭示了我所提出的愚蠢的人的理性主义谬误:

> 或许——因此苏格拉底应该自问——有些事情我不能理解,但这不一定表示我是无知的,也许这是逻辑学家尚未涉猎的一个智慧领域呢?

"有些事情我不理解未必表示我无知",这也许是尼采所在的时代最有力的一句话——我在前言中曾说过与之类似的话,在界定那些将不理解的事物误当作不合理的事物的脆弱推手时。

尼采对苏格拉底所说的真理极为反感,主要原因在于这种对真理的探求很大程度上是为了推广对事物的理解,因为苏格拉底认为,对于恶事,人们不会明知故犯——这个观点在启蒙运动时期影响了无数思想家,比如孔多塞,他们认为,真理是实现善的唯一和充分条件。

而这个观点正是尼采所斥责的:知识是万能的,错误是邪恶的,因此

第十七章 胖子托尼与苏格拉底辩论

科学是一个让人感到乐观的产业。这种科学乐观主义的说法激怒了尼采：这等于是利用推理和知识来为乌托邦效力。人们在讨论尼采时，往往忘记了他所说的那些乐观主义和悲观主义的区别，因为所谓的尼采式悲观主义分散了我们的注意力，使我们没有注意到他想要表达的要点：他所质疑的正是知识的善。

我花了很长的时间才搞清楚尼采在《悲剧的诞生》一书中谈到的核心问题。他看到了两股力量：太阳神阿波罗的精神和酒神狄俄尼索斯的精神。一种是可衡量的、平衡的、理性的，充满了逻辑和自我约束；另一种则是黑暗的、本能的、野性的、未驯服的、难以理解的，源自我们不为人知的另一面。古希腊文化代表了这两者的平衡，直到苏格拉底对欧里庇得斯的影响导致天平在很大程度上倾向于阿波罗，从而扼制了狄俄尼索斯的力量，并导致理性主义过度膨胀。它相当于通过注入激素破坏你身体中自然的化学作用。有太阳神而没有酒神，就像中国人常说的，有阳无阴、阴阳失调。

尼采作为思想家的力量给我带来了更多的惊喜：他琢磨出了反脆弱性。虽然许多人都（错误地）将"创造性破坏"的概念归功于经济学家约瑟夫·熊彼特（怪不得一些深刻的洞见会出自经济学家），正如我们所看到的，更博学的人则将其归功于卡尔·马克思。然而，其实是尼采第一个创造出了这个词来形容狄俄尼索斯的，他称其为"创造性破坏"和"破坏性创造"。尼采确实以自己的方式想出了反脆弱性。

我拜读了两遍尼采的《悲剧的诞生》，第一遍阅读时，我还是一个懵懂的孩子。第二次阅读时，在对随机性做出思考后，我突然意识到，尼采还理解某些他在自己的作品中都没有明确指出的东西：知识的增长，或任何事情的发展，都离不开狄俄尼索斯。由于我们有可选择性，到了某些时候我们可以选择的一些事物就会显现出来。换句话说，它可以是随机自由探索的源泉，而阿波罗则是选择过程中的理性部分。

让我再把大人物塞内加抬出来，他也提到过酒神与太阳神的特性。他

| 247 |

曾在一本著作中将人类的倾向阐述得更为淋漓尽致。如果用神（他称之为"命运"，将它等同于各种成因的相互作用）来表述，他提到了3种象征。首先是葡萄酒酒神黎伯特，其代表喧闹的力量，亦即尼采提到的狄俄尼索斯：赋予生命生生不息的能力；其次是大力士赫拉克勒斯，其代表着力量；再次是墨丘利，其代表（对塞内加同时代的人来说）手工艺、科学和理性（类似于尼采所指的阿波罗的特性）。塞内加的描述比尼采更丰富，他将力量作为另外一个维度纳入进来。

正如我所说的，早前有各种各样的人都对柏拉图和亚里士多德将"哲学"作为理性主义知识的观点进行了批判，不过这些人的名字你不一定能在资料中找到，因为他们大多被遗忘了，或者很少在资料中被提及。为什么这些人会被忘记呢？由于结构化的学习喜欢贫乏死板、容易传授的天真的理性主义，而不喜欢内涵丰富的经验主义，正如我所说的，那些攻击学术思想的人在历史舞台上并没有留下多少声音（我们将看到在医学史上，这一现象是非常显而易见的）。

有一位比尼采更有才能也更开明的古典学者，他就是19世纪法国的思想家欧内斯特·勒南。除了当时常用的希腊和拉丁语，勒南还懂得希伯来语、阿拉姆语（叙利亚）和阿拉伯语。在对阿威罗伊的抨击中，他表达了一个著名的观点，即从定义上说，逻辑排除了细节，而由于真相只存在于细节中，因此，"在寻找道德和政治科学中的真相时"，逻辑只是"无用的工具"。

传统

正如胖子托尼所说，苏格拉底被处死是因为他破坏了在雅典政府眼里无可置疑的东西。事物过于复杂，乃至无法用言语表达，如果什么都要用语言表达出来就磨灭了人性。有人，比如在绿色木材案例中，可能关注的是正确的事情，但我们却不够聪明，没能意识到这个问题。

第十七章　胖子托尼与苏格拉底辩论

　　死亡和牺牲成了很好的营销手段，特别是当一个人在面临命运的审判还能坚持自己的意见时。英雄往往是一个充满知性信心和自尊的人，死亡对他来说微不足道。我们听到的有关苏格拉底的叙述都让他以英雄的姿态出现，这大多归功于他的死亡和他以一种哲学的方式献身。但是，仍有一些古典批评者认为，苏格拉底摧毁了社会的基础——那种由长者传递的，我们可能因不够成熟而没有资格质疑的启发法。

　　我们在第二章提到的罗马思想家老加图就对苏格拉底极为反感。老加图也像胖子托尼那样实事求是，但他比托尼具有更高的公民意识、使命意识、尊重传统的意识和恪守道德的意识。他也对希腊的事物很反感，这从他对哲学家和医生的反感中就可以看出——正如我们将在后面的章节中看到的，这种反感在现代有充分的理由。老加图坚信民主，这使他相信自由和传统规则，害怕暴政，他曾这样评价苏格拉底（普鲁塔克曾引用他的话）："苏格拉底是一个强大的蛊惑者，他想让自己成为国家的主宰，以摧毁习俗，怂恿公民持有与法律和秩序相反的意见。"

　　因此，读者可以看到，古人是如何看待天真的理性主义的：天真的理性主义削弱而非促进了思想，因此只会带来脆弱性。他们了解，一知半解一定有危险。

　　除了古人，其他许多人也在捍卫并邀请我们尊重这种不同的知识。首先是爱尔兰政治家和政治哲学家埃德蒙·伯克，他批驳法国大革命破坏了"长期积淀的集体理性"。他认为，激烈的社会变化可能将我们暴露在不可预见的后果之下，因此他主张在社会体系中进行小规模的试错实验（实际上就是凸性的自由探索），同时对复杂的、传统的启发法保持尊重。此外，还有20世纪的保守主义政治哲学家和历史哲学家迈克尔·奥克肖特，他认为，传统汇总了历史所积淀的集体智慧。持同一思想的还有约瑟夫·德·迈斯特，我们在上文介绍过他的思想。他是一位说法语的保皇党和反启蒙运动思想家，对革命的弊病大胆直言，并认为人有堕落的本性，必须用独裁手段加以压制。

| 249 |

显然，维特根斯坦在现代反脆弱思想家中是数一数二的，他对无法用文字表达的思想有着深刻的洞见。在所有的思想家中，他是最了解绿色木材问题的人，他可能是有史以来第一个对用语言表达意思的能力表示怀疑的人。此外，这个家伙还是一个圣人，他牺牲了自己的生命、友谊、财富、名誉，他的一切的一切，只是为了哲学。

我们可能会认为，弗里德里希·哈耶克将被归入反脆弱性、反理性主义那一类。他是20世纪反社会规划的哲学家和经济学家，反对的理由是定价系统通过交易揭示了社会中隐含的信息，而这些信息是社会规划者无法获得的。但是，哈耶克没有意识到，可选择性可以替代社会规划者。从某种意义上说，他相信人的智慧，但那只是一种分散的或集体的智慧，他并未认识到可以替代智慧的可选择性。

人类学家克洛德·列维–斯特劳斯发现，不识字的人也有他们自己的"具体性科学"，这是一种从事物及其替代物的角度来思考他们所在环境的一种全面的思考方法，这种感性方法的质量并不一定比我们的许多科学方法低，相反的，在许多方面它与我们的方法同样丰富，甚至更丰富。同样，这又是绿色木材谬误。

最后，我们要说说当代政治哲学家和散文家约翰·格雷，他反对人类的傲慢，也反对启蒙运动是万能的这种普遍观点，他将某些思想家归为启蒙运动的保守主义思想家。格雷反复说明，我们所说的科学进步可能只是海市蜃楼。当他与我和作家布赖恩·阿普尔亚德共进午餐时，我预先准备了一些想讨论的话题，并提出了自己的主张。让我感到惊喜的是，这是我一生中最有收获的一次午餐。共同的思想让我们三个人心照不宣地在很多理念问题上达成共识，并开始讨论应用的问题——一些世俗的问题，比如如何用贵金属取代我们目前持有的货币，因为贵金属不是政府所拥有的。格雷曾经在哈耶克办公室的隔壁工作，并告诉我哈耶克是个相当沉闷的人，他缺乏趣味性——因此缺乏可选择性。

第十七章　胖子托尼与苏格拉底辩论

愚蠢的人和不愚蠢的人的区别

让我们回头讨论炼金石。苏格拉底关心的是知识，但胖子托尼不是这样，他根本不知道什么是知识。

对托尼来说，生活中亟须区别的并非真与假，而是谁是愚蠢的人，谁不是。在托尼的眼中，事情总是相对简单的。在现实生活中，正如我们在塞内加的思想和泰勒斯的赌注中所看到的，风险比知识更重要，决策的影响将超越逻辑。教科书中的"知识"忽略了一个方面，即隐性利益的非对称性，就像平均数的概念一样。关注行动的回报，而不是关注世界的结构（或理解"真"与"假"），已在很大程度上在思想史上被忽略了。这非常糟糕。回报，即你发生了什么（从中获益或受害）永远是最重要的事情，而不是事件本身。

哲学家谈论真与假。真正过日子的人谈论报酬、威胁和后果（风险和回报），也就是脆弱性和反脆弱性。有时，哲学家和思想家总是将真理与风险及回报混为一谈。

让我进一步阐释我的观点，真与假（我们所谓的"信仰"）在人类的决策中扮演着糟糕的、辅助性的角色；起主宰作用的是真与假所带来的回报，而这几乎总是非对称的，一个结果会比另一个结果更大，也就是存在积极和消极的非对称性（脆弱性和反脆弱性）。下面，让我进行解释。

脆弱性，而非概率

我们在乘客登机前要进行安检，看他们是否携带了武器。我们是不是认为他们是恐怖分子？这当然是不可能的，因为他们不太可能是恐怖分子（只有极低的概率）。但是，我们还是要对他们进行安检。因为这里存在非对称性。我们感兴趣的是回报和后果，因为如果假定为真（他们是恐怖分子），那么我们得到的回报将会很大，相比之下，安检的成本很低。你认为核反应堆有可能在明年爆炸吗？当然不会。但是，你的防御工作是为了应对这一假定为真的情况，所以你要投资数百万美元采取额外的安全措施，因为我们在核事件面前是相当脆弱的。再举一个例子，你是否认为随便吃药会伤害你？当然不。那你会马上服下这些药吗？不，不，不！

如果你坐下来，用笔记下过去一周所有的决定，或者如果可以的话，记下你一生中所有的决定，那么你就会认识到，几乎所有的决定都具有非对称性的收益，一种情况造成的结果大于另一种。你的决定主要基于脆弱性，而非概率。换句话说，你的决策主要基于脆弱性，而不怎么取决于真/假。

让我们再来讨论一下在现实世界中做决策时，仅判断真/假的不足之处，特别是当涉及概率时。所谓真或假相当于概率的高或低，也即科学家们称为"置信水平"的东西；一个结果的置信水平是95%，意味着该结果错误的概率为5%。那么，这个概念当然不适用，因为它忽视了规模的影响，要知道即使是小概率的极端事件也能带来十分糟糕的结果。如果我告诉你，某些结果的置信水平是95%，你会非常满意。但是，如果我告诉你，这架飞机安全飞行的置信水平为95%，你会如何反应？即使是有99%的置信水平也不行，因为1%的坠机概率将带来可怕的结果（如今，商用飞机的坠机概率为几十万分之一，而且还在降低，正如我们所见，每一个错误都有助于整体安全性的提高）。因此，再说一遍，概率（真/假）在现实世界中并不重要，重要的是事件带来的影响。

你一生中可能做了上亿个决定。你计算过所做决定的概率吗？当然，你在赌场中可能会考虑概率，但在其他情况下则很少这样做。

事件与风险的混淆

这又将我们带回了绿色木材谬误。一个"黑天鹅"事件和它如何影响你——对你的财务状况和情绪的影响，或者它所造成的破坏——并不是

"同一回事儿"。问题的根源在于人们的标准反应。每当我们指出预测者的预测失误，他们的回答通常是"我们需要更精确的计算"，以更好地预测事件、找出概率，而不是更有效地"调整你的风险敞口"，并了解如何摆脱困境。宗教和传统的启发法比天真的伪科学更管用。

第四卷小结

除了医疗实证，本节希望能给那些在历史长河中受到不公正对待的特立独行的"异端"分子、工程师、自由创业者、创新艺术家和反学术的思想家正名。他们中的一些人有很大的勇气——不仅是大胆提出自己想法的勇气，还有接受自己生活在一个他们不明白的世界里的勇气。而且他们乐在其中。

本节的结论认为，你的行动往往比你倾向于相信的更加明智，也更加理性。我在这里所做的只是揭穿了"教鸟儿飞行"这种副现象和"线性模型"，这不需要特别的知识或智慧，只需在进行选择时保持理性。

请记住，没有经验证据表明，如今所宣传的有组织的研究能够带来大学所承诺实现的成就。苏联－哈佛派观念的推动者从不使用可选择性，或二阶效应——他们的叙述中可选择性的缺乏，导致他们对技术科学的作用产生错误的看法。他们需要改写技术的历史了。

接下来会发生什么事？

我上次见到艾莉森·沃尔夫时，我们讨论了有关教育与对教育的学术贡献的错觉这个可怕的问题，常春藤大学已经在新一代亚洲人和美国上流阶层的眼中逐渐被提升到了奢侈品的地位。哈佛大学就像是路易·威登包或卡地亚手表一样。中产阶层的父母背上了沉重的负担，他们不得不把储蓄中越来越大的份额送入这些机构，也就是把他们的钱转移给行政管理人员、房地产开发商、教授,以及其他人。在美国,越来越多的学生贷款自动转移给这些"抽租者"。在某种程度上,这与诈骗没有区别:人们需要一个"名牌"大学来给自己镀金;但是我们知道,集体社会不是靠有组织的教育来推进的,情况正好相反。

沃尔夫要求我写信告诉她我对未来教育的看法——因为我告诉她我在这个问题上的态度还算乐观。我的答案是:骗局永远是脆弱的。哪一个骗局在历史上能够永远持续下去?时间和历史终将揭穿脆弱性的真面目,对此我很有信心。教育是一个持续膨胀而不受外部压力约束的机构,终有一天它会崩溃。

接下来的两卷——第五卷和第六卷,将讲述脆弱性事物的崩溃指日可待的观念。第五卷将展示如何发现脆弱性(以更技术性的方式),并将说明炼金石背后的机制。第六卷则基于这样的概念:时间更容易抹去一些东西,而不是构建一些东西,时间也更容易摧毁脆弱的事物——无论是建筑还是理念。

第五卷

非线性与非线性

ANTIFRAGILE

Things That Gain from Disorder

现在让我们来看看另一段自传体式的文字。查尔斯·达尔文在《物种起源》的历史部分中提到他的想法往前发展的历程，并称："希望大家容许我在这里写下这些个人的思维细节，我之所以要讨论它们是为了表明，我不是草率地做出决定的。"说目前反脆弱性没有准确的词和概念来表达，也没有实际的应用，并不十分确切。我和我的同事对反脆弱早就有一个概念，只是连我们自己也不知道。而且，很久以前我就拥有这个概念了。所以，我人生的大部分时间都在思考同样的问题，有时是刻意的思考，有时是无意的思考。第五卷将探索这一心路历程，以及和反脆弱相关的概念。

阁楼的重要性

在20世纪90年代中期，我悄悄地将我的领带扔进了纽约45大街和公园大道街角的垃圾桶。我决定花几年的时间，把自己锁在阁楼上，我试图把自己内心深处的想法表达出来，构建我所谓的"隐性的非线性"及其影响。

其实我的想法尚未成形，只是一种方法而已，因为我始终无法捕捉更深层次的核心思想。但是，使用这种方法让我写出了近600页的有关管理非线性效应的论文，包括图表和表格。回想一下，我在前言中提到，"非线性"是指反应并不呈一条直线。在本卷中，我会进一步探究它与波动性的关系，很快我们就能弄明白这个问题。我还深入探索了波动性的波动性，以及诸如此类的高阶效应。

在阁楼上的这种孤独的探索，使我写了一本书，名为"动态对冲"，主题是"管理和处理复杂的非线性衍生风险的技术"。这本技术性著作，真的是从头讲起，在写作的过程中，我本能地意识到，文章宗旨远远比我在工作中所用的那些有限的例子重要得多，而我的职业为我开始思考这些问题提供了完美的平台，但我太懒惰，也太传统了，不愿意冒险做进一步探索。这本书至今仍是我最喜欢的作品（在本书之前），我非常怀念在那个寂静的纽约阁楼里度过的两个寒冬，只有照在雪地上的明媚阳光，温暖着我的房间和写作项目。一连多年，我的头脑中就只有那一本书。

在此过程中，我也遇到了一件很有趣的事情。有人误将我的书稿交给4个评审，他们都是学术界的金融经济学家，而不是"金融工程师"（在金融领域运用数学模型进行量化分析的专家）。送审书稿的编辑对这两类专家的区别不是很清楚。有趣的是，这4位学者都退回了我的书稿，但他们给出了4种完全不同的理由，各自的论点完全没有重合。金融从业者和金融工程师对学者们的评论一向不以为然。但让我吃惊的是，如果我错了的话，那么他们应该是以相同的理由拒绝我的。这是反脆弱性在发挥作用。当然，后来出版商意识到了这个错误，并把书提交给量化分析专家评审，最后这本书终于得见天日。

生活中削足适履的典范莫过于简化非线性事物，使之呈现出线性——这种简化扭曲了事实。

当我开始关注与不确定性相关的问题后，我对风险非线性特征的兴趣逐渐减退，因为前者在我看来更需要智慧和哲学思维，就像我们探索随机性的本质，而不是事物对随机事件的反应一样。当然，也可能是因为我搬家了，不住在那个阁楼上了。

但是，一些事件的发生将我第二次带回离群索居的生活。

2008年经济危机爆发后，与记者的接触让我经历了一段地狱般的生活。我突然遭遇去知识化，被抹黑，被拉出我的处所、推到公众面前成为公共商品。当时我还没有意识到，让媒体和公众接受一些概念是多么的难，比如，学者的工作就是忽略不重要的时事，致力于写书而不是写电子邮件，不用抛头露面到处演讲；他有更重要的事情要做，比如早上躺在床上看书，在窗前的写字台上写作，长距离散步（慢慢地走），喝浓咖啡（上午）、甘菊茶（下午）、黎巴嫩葡萄酒（傍晚）和马斯喀特酒（晚饭后），更长时间的散步（慢慢地走），与朋友和家人争论（但不要在早上），睡前阅读（再次），不要为了陌生人以及互联网上没读过你的书和理念的人去反复修改自己的书和想法。

然后，我选择了远离公众生活。当我终于重新控制了我的日程安排和我的大脑，从灵魂深处的伤害中复苏，学会了使用电子邮件过滤器和自动删除功能，并重新翻开生活的新篇章后，命运女神也给我带来了两个新的想法，我突然觉得自己十分愚蠢，因为我意识到，它们一直存在于我的大脑里。

显然，非线性效应分析工具的使用相当普遍。遗憾的是，直到我这个钟情甘菊茶的孤独慢行者开启新生活后的某一天，当我看着一个瓷杯子时，我才意识到，我周围的一切非线性事物都可以用我前一次闭关写作时所想到的同一种测试技术来识别。

我将在接下来的两章中阐述我的发现。

第十八章

一块大石头与一千颗小石子的区别

- 如何用一块石头惩罚人。
- 我的飞机提前降落了（只有一次）。
- 为什么阁楼总是很有用。
- 除非你有一把吉他，否则避免去希思罗国际机场将有重大益处。

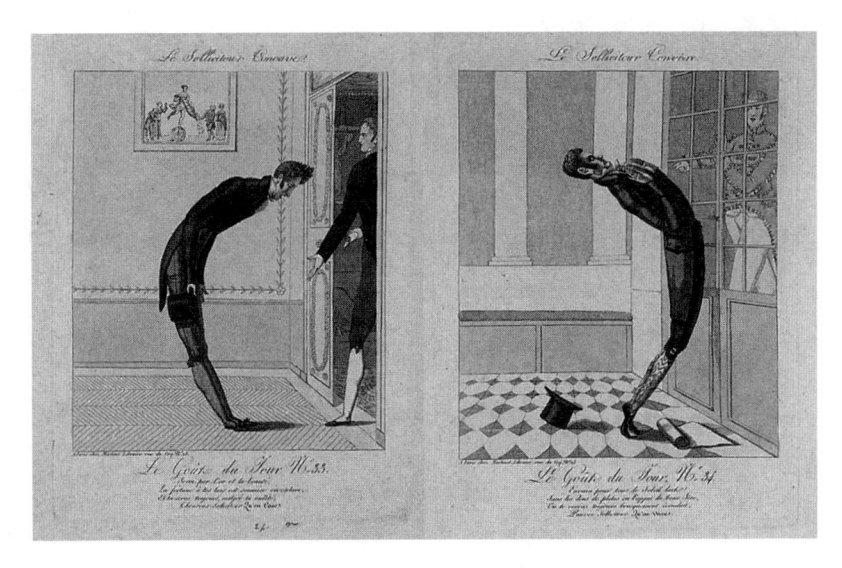

图 18-1　推销员以凹性姿态（左）和凸性姿态（右）敲门

注：这张图呈现了两种非线性形式；如果推销员是"线性"的，他就会挺直身体站立。本章将改良塞内加的非对称性，说明一种姿态（凸性姿态）是如何代表了各种形式的反脆弱性，而另一种姿态（凹性姿态）如何代表了脆弱性，以及通过评估推销员站得有多驼（凸性）或者有多弯（凹性），我们可以轻松识别甚至衡量脆弱性。

在看着瓷杯子时我注意到，它不喜欢波动、变化或行动。它只是想静静地被放置在书房静谧的环境中。意识到脆弱性，是因为我发现瓷杯对影响它的波动性缺乏抵抗力，很容易受伤害，这一发现令我十分尴尬，因为我研究的就是波动性和非线性之间的联系；我知道，这是一个很奇怪的研究领域。所以，让我们从结果开始谈起。

发现脆弱性的简单法则

犹太文学中有一则故事，可能源自早年近东口口相传的民间故事，说的是一位国王对他的儿子大发雷霆，发誓要用大石头压死儿子。可冷静下来后，他意识到自己遇到了麻烦，国王一言九鼎，食言未免有损权威。于是，国王的智囊团想出了一个解决方案。他们把大石头碎成小石子，随后就用这些石子投向国王顽劣的儿子。

1 000块小石子和同等重量的大石头之间的区别，是说明脆弱性源于非线性效应的一个有力例证。再次强调一下，"非线性"是指反应无法直接估计的、不呈直线分布的效应，所以如果你将药的剂量加倍，药效可能大大高于两倍。如果我朝一个人的头上扔了一块重达10磅的石头，它造成的伤害要高于一块5磅重的石头所造成伤害的两倍，更远高于一块1磅重的石头所造成伤害的5倍。道理很简单：如果你画一个坐标，纵轴表示伤害的大小，横轴表示石块的大小，那么这根线一定是曲线，而不是直线。这是非对称性的表现。

其实，我们可以通过简单的方法来识别脆弱性：

> 对于脆弱的事物来说，冲击带来的伤害会随着冲击强度的提高而以更快的速度加剧（直到达到某一水平）。

该示例在图12–1中也展示过。比如，你的车是脆弱的。如果你驾驶

第十八章 一块大石头与一千颗小石子的区别

它以每小时 50 英里的速度撞到墙上,造成的伤害会大于时速 5 英里所造成伤害的 10 倍,也就是说时速 50 英里所造成的危害是时速 5 英里所造成危害的 10 倍以上。

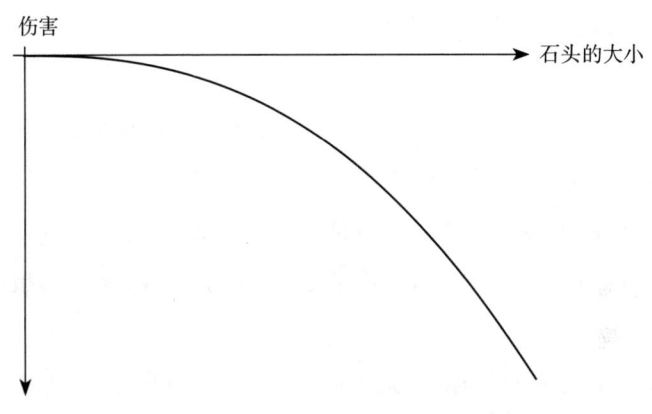

图 18-2 一块大石头与一千颗小石子的区别

注:石头带来的伤害是石头大小的一个函数(在一定限度内)。石头重量每增加一个单位,危害就增加一个单位以上。这里的"非线性"显而易见(伤害曲线是往里弯的,垂直坡度越来越陡)。

再举些其他的例子。一次喝 7 瓶葡萄酒(波尔多),然后在剩下的 6 天里只喝纯净水与柠檬汁的危害,比每天喝一瓶葡萄酒、连喝 7 天(倒在杯子里,每餐喝两杯)更严重。每杯酒带来的伤害都要比前一杯酒的伤害更大,所以你的生理系统对酒精呈现出脆弱性。让一个瓷杯从 1 英尺[①] 高的地方落到地板上的结果,比让它从 1 英寸[②] 高的地方落下所造成伤害的 12 倍还严重。

从一个 30 英尺高的地方跳下的危害是从 3 英尺高的地方跳下所造成危害的 10 倍以上——实际上,30 英尺似乎是自由坠落导致死亡的临界点。

请注意,这是我们在前两章中看到的非对称性的简单扩展,我们曾用塞内加的思想引发了有关非线性的讨论,现在将进一步深入探讨。非对称

---

① 1 英尺 ≈0.305 米。——编者注
② 1 英寸 ≈0.025 米。——编者注

性必然是非线性的。它带来的弊远大于利，原因很简单，其强度提高带来的伤害远比强度等量降低带来的益处要大。

为什么脆弱性是非线性的?

让我来解释一下核心论点——为什么脆弱性一般都是非线性的，而不是线性的？答案是我看到瓷杯时感悟到的。这与生存概率的结构相关：对于一个尚未受到损害的事物（或存活的生物）而言，一块巨石产生的伤害要远大于1 000块小石子，即一件罕见的严重事件的影响将远超较小冲击的累积影响。

如果一个人从0.03英尺的高度往下跳（很小的冲击力）造成的损害与从3英尺的高度跳到地上的损害呈线性关系，那么这个人会因为累积伤害而死亡。其实，我们用简单的计算就可以表明，几个小时内他会因为接触物体，或者在客厅里走来走去而死亡，因为这样的压力因子不计其数，而且它们造成的影响十分可观。如果脆弱性源于线性，那么我们可以马上看到结果，因为它造成的后果不是物体损坏就是人死亡，所以我们完全可以排除这种可能性。那么，接下来我们要思考的就是：脆弱的事物往往当前是完好无缺的，但其受制于非线性影响，而且极端或罕见事件因为大力（或高速）所造成的冲击比微小（或低速）所造成的冲击要少见。

我将这个概念与"黑天鹅"、极端事件相关联。普通事件比极端事件要常见得多。在金融市场中，每天发生的波幅为0.1%的波动数量至少是波幅超过10%的波动数量的10 000倍。地球上每天大约发生8 000次微震，也就是说，每年可能有300万次低于里氏2级的微震，它们是完全无害的。但强度等于或高于里氏6级的地震，就会登上新闻版面了。再以瓷杯等物体为例，它们经历过很多次敲击或碰撞，比如每平方英寸承受1/100磅冲击（这个数据是我随意定的）的次数比每平方英寸遭受100磅冲击的次数多出100万次，所以它不会轻易破碎。相应的，人类也对许多小的偏差，

第十八章　一块大石头与一千颗小石子的区别

或者幅度非常小的震荡的累积效应免疫，这意味着与严重的冲击相比，这些温和的冲击对我们的影响非常小（非线性的小）。

让我再说一次我以前说过的准则：

> 对于脆弱的物体而言，温和冲击的累积效应低于等量的单一严重冲击所造成的单一影响。

这让我看到了一条规律：极端事件对脆弱事物的伤害程度远高于一系列温和事件造成的伤害——再没有其他办法可以界定脆弱事物了。

现在，让我们把这一论点反过来，来考虑一下反脆弱性。反脆弱性也是根植于非线性与非线性反应的。

> 对于反脆弱物体来说，在一定限度内，冲击越强，益处越大（相应的，伤害也更小）。

举一个简单的例子，这是练习举重的人从启发法中得到的。还记得第二章我模拟保镖训练的故事吗？我只关注我可以举起的最大重量。一次举起100磅带来的好处要比分两次、每次举起50磅带来的益处更多，当然，也比一次举1磅、举上100次的益处多。这里的益处是从举重者的角度来说的：提升了体质和肌肉紧实度，使自己看上去更魁梧，更有威慑力，但这与跑马拉松的耐力和能力是否增强无关。增加的50磅重量发挥了更大的作用，因此我们看到的是非线性效应（也就是我们将看到凸性）。每增加1磅就会带来更多的好处，直到接近极限，也即举重运动员所说的"淘汰"线。

现在，只要注意这条简单的曲线所涉及的范围就可以了：它对我们看得见的几乎所有东西都会产生影响，包括医疗错误、政府规模，以及创新等任何与不确定性有关的东西。它有助于建立第二卷中有关规模和集中度的论点背后的技术性支持框架。

何时微笑，何时噘嘴

非线性分为两种：如国王和儿子的例子所展现的凹性效应（曲线向内），或者相反的凸性效应（曲线向外）。当然，也有混合情况，即兼具凹性效应和凸性效应。

图 18-3 和图 18-4 显示了简化的非线性：凸性效应和凹性效应分别像微笑和噘嘴。

图 18-3　两种非线性：凸性效应（左）和凹性效应（右）

图 18-4　微笑

注：这是了解凸性效应和凹性效应的更好方式。曲线外凸看起来像一张笑脸，而曲线内凹则看上去像在噘嘴。凸性（左）是具有反脆弱性的，而凹性（右）是脆弱的（负凸性效应）。

我用"凸性效应"来指代这两种状态以简化我们的用词，即称一个为"正凸性效应"，另一个为"负凸性效应"。

为什么凸性效应和凹性效应具有非对称性呢？简单地说，如果你从一个给定变化中获得的利大于弊，那么你由此绘制的曲线就是凸性的；反之，就是凹性的。图 18-5 从非线性的角度再次表述了非对称性。它也显示了数学的神奇作用，使我们能以同样的方式处理鞑靼牛排、创业精神和

第十八章　一块大石头与一千颗小石子的区别

财务风险：如果在前面画上负号，那么凸性曲线就变成了凹性曲线。比如，胖子托尼从一项交易中获得的收益恰恰与银行或金融机构完全相反：每当银行和金融机构受损，胖子托尼便会赚得盆满钵满。一天的交易结束时，利润和损失就像镜子内外的一对镜像，其一是在另一个前面加上负号。

图 18–5 也说明了为什么凸性效应喜欢波动性。如果你从波动中赚到的钱比你失去的要多，那么你会喜欢更多的波动性。

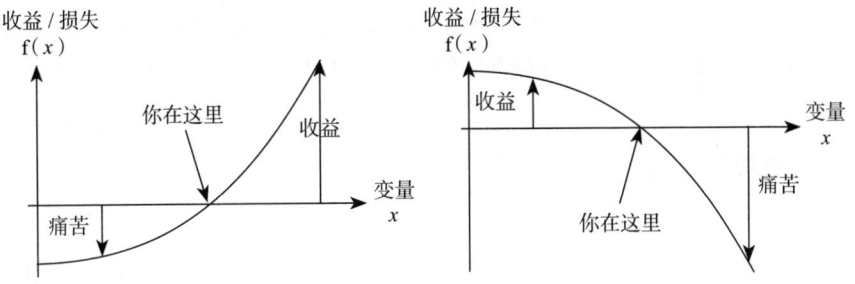

图 18–5　痛苦多于收益，或者收益多于痛苦

注：假设你从"你在这里"这一点开始，在第一种情况下，当变量 x 增加，即在横轴上向右移动，获得的收益（纵轴）将比变量 x 向左移动，即减少相同幅度时所遭受的损失更大。该图说明了正面非对称性（左图）会带来凸性效应，而负面非对称性（右图）会带来凹性效应。再说一遍，当变量在两个方向产生同等幅度的偏差时，凸性效应带来的收益会大于其损失，而凹性效应带来的收益则会小于损失。

为什么凹性会受黑天鹅事件的伤害？

现在让我们来看看这一辈子都萦绕在我脑海中的想法，我从来没有意识到这个想法能以图形的形式如此明确地表达出来。图 18–6 显示了意外事件及其所致伤害的影响。风险的凹性越大，来自意外事件的伤害就越大，而且大得不成比例。因此非常大的偏差会招致一个大得不成比例的影响。

接下来，让我们用这个非常简单的技术来识别三元结构中的脆弱性及其位置。

反脆弱

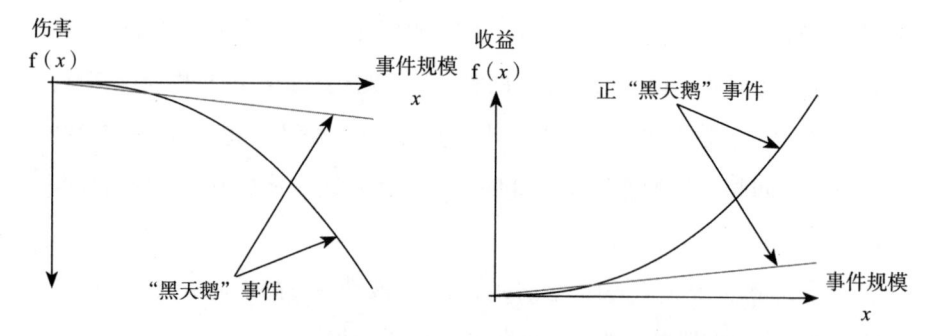

图 18-6　两类风险，一种是线性的，一种是非线性的

注：左图显示的是负凸性，也就是凹性，右图是正凸性。突发事件会对非线性产生不成比例的严重影响。事件越严重，两类风险所致影响的差别就越大。

纽约的交通

让我们把"凸性效应"运用到我们身边的事物上。交通是高度非线性的。如果我要乘白天的航班从纽约飞到伦敦，我需要在早上 5 点左右（是的，我知道）离开我的住处，26 分钟后我便可以到达美国肯尼迪国际机场的英航航站楼。在这个时间段，纽约几乎是一座空城，与平时大不相同。如果我 6 点离开我的住所去赶一班稍晚一点儿的飞机，路上花费的时间几乎与赶乘之前的航班没有什么区别，至多路上的车多了一些。高速公路上再增加一些车也几乎不会对交通产生什么影响，或影响很小。

接着，一件神秘的事情发生了——汽车数量增加 10% 后，花费在路上的时间猛增了 50%（我用的是近似数）。请看凸性效应的作用：道路上的汽车平均数对行车速度来说并不重要。如果前 1 个小时有 9 万辆汽车行驶在路上，下 1 个小时有 11 万辆汽车行驶在路上，那么汽车行驶的速度远比平均每小时有 10 万辆汽车时要慢。请注意，行车时间是负数，我把它当作成本计算，就像费用一样，交通时间增加是一件坏事。

所以，出行成本在高速公路上汽车数量的波动性面前是脆弱的，它不那么依赖平均数。每增加一辆汽车，都会使交通时间增加很多。

第十八章　一块大石头与一千颗小石子的区别

这暗示了当今世界的一个核心问题，也就是那些致力于创建"高效"和"优化"系统的人对非线性反应的误解。例如，欧洲的机场和铁路负荷都很重，因为它们似乎过于高效了。它们以接近最大容量的负荷来运行，导致冗余和闲置容量很小，因此成本很低；但是，只要乘客数量稍微增加，比如由于一个小小的乘客滞留问题导致航班增开5%，机场就会陷入混乱，乃至让怨声载道的旅客在机场过夜，唯一的安慰就是听一些流浪者用吉他演奏法国民歌。

接下来，我们可以看看这个概念在整个经济领域的应用：中央银行可以印钞票，它不停地印，却毫无效果（但中央银行自称这种措施是"安全"的），随后，印钞票的活动"意外"地引发了通货膨胀。许多经济成果都因凸性效应而完全消除——好消息是，我们知道这是如何引发的。可惜的是，政策制定者的工具（和文化）都过度依赖于线性，而忽略了那些隐藏的效果，他们称之为"近似"。但是，当你听到有人谈论"二阶"效应时，你就会明白，凸性效应会导致近似结果根本无法代表现实情况。

图18–7中，我绘制了一条假设性的曲线，代表行车时间对汽车数量的反应。请注意图中曲线是向内弯曲的。

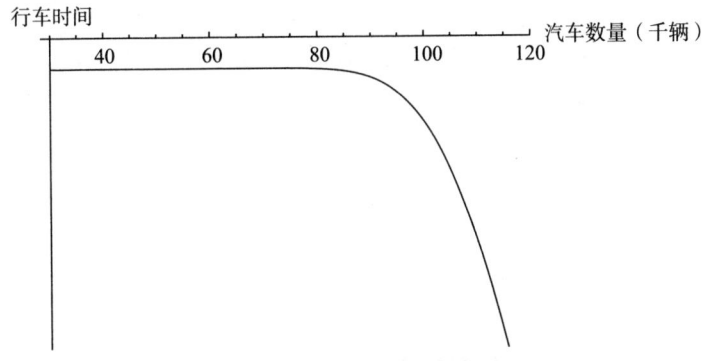

图18–7　行车时间与汽车数量的关系

注：该图显示，我到肯尼迪机场的行车时间在超过某一点之后，对路上的汽车数量呈现非线性反应。行车成本曲线朝内弯曲（形成凹性效应）不是一件好事。

有人打电话给纽约市政府官员

关于凸性效应加上对大偏差的错误预测,是如何影响一个过度优化的系统的,我有一个恰当的例子来说明。这是一个简单的故事,说的是纽约市官员低估了封闭一条路对交通拥堵造成的影响。这个错误是非常普遍的:一些细微的变动就会给超负荷运转的系统(因此也是脆弱的系统)带来严重的后果。

2011年11月一个星期六的晚上,我开车到纽约市与哲学家保罗·博格西恩见面,然后去一个村庄共进晚餐——平常开车40分钟就能到达。具有讽刺意味的是,我与博格西恩见面是为了谈谈我的书——就是你现在看的这本书,尤其是我对系统中冗余功能的理解。我一直提倡在人们的生活中增加冗余元素,我也一直在向他和其他人吹嘘,自从我2007年立下新年决心以来,我从来没有在任何事情上迟到过,哪怕是一分钟(嗯,差不多)。回想一下在第二章我宣传冗余性的积极立场。这样的个人自律迫使我做什么事情都会考虑缓冲时间,我会随身携带一个笔记本,在等待别人的时候记一些名言警句,如今我已经记了满满一本了。这还不算我在书店读书时做的笔记。或者,我也可以利用这些时间坐在咖啡厅里,阅读平时不愿查阅的电子邮件。最妙的是我心里一点儿压力也没有,因为我不用担心迟到。这样的自律的最大好处是,它可以防止我把一天都塞满约会(通常情况下,约会既无用处也不令人愉快)。其实,根据我的另一条自律规定,我一般不预先安排约会(除了听讲座),因为在日历上框定约会日期会让我感觉自己就像一个囚犯,不过这是另外一回事了。

当我于晚上6点左右到达市中心时,交通已经很拥堵了,几乎完全停滞。到了晚上8点,我的车只行驶了几个街区。所以,即使我有"冗余缓冲"也没法让我再保持到那时为止尚未打破的新年决心了。然后,在调试了一番我好久不用的收音机后,我才了解到发生了什么事:纽约市政府批准一家专业电影公司使用第59号街桥,因为政府方面认为在

第十八章　一块大石头与一千颗小石子的区别

星期六这样做不会有问题。但正是这个小小的交通问题最后却因为乘法效应而演变成一场混乱。纽约市政府原本以为只会让交通拥堵几分钟的事情最终升级了两个数量级，堵上几分钟变成了堵上几个小时。简单地说，原因就在于纽约市政府没弄明白非线性关系。

这正是效率的核心问题：此类错误会如滚雪球般，经过数倍放大，而且其效应只往一个方向发展，即错误的方向。

更多就是不同之处

还有一种看待凸性效应的直观方式：考虑规模扩大的特性。如果遭遇某事的风险加倍，那么它导致的伤害是否会大于两倍？如果是的话，那么这一定是脆弱性的情况。否则，你就是强韧的。

安德森已经在他的题为"更多就是不同之处"的论文中恰当地表达了这一点。科学家们研究复杂性时发现的所谓"新兴属性"，就是指增加单元所导致的非线性结果，因为加总的单元越多，其和就变得与各组成部分越不同。只要看看巨石与小石子的区别就知道了：小石子加总起来的重量与巨石差不多，形状也大致相仿，但两者毕竟是不同的。同样，我们在第五章看到，一个城市不是一个村庄的扩大版，一个大公司也不是一个小企业的扩大版。我们也看到了平均斯坦如何因为随机性变化而成了极端斯坦，一个国家如何不是一个大村庄，以及规模和速度带来的改变。所有这些都说明了非线性的作用。

"平衡膳食"

忽略隐性维度（可变性）的另一个例子：如今，苏联－哈佛派的美国卫生部门告诉我们，每天要摄入定量的营养物质（总热量、蛋白质、维生素等），还就每个种类都给出了建议摄入量。每种食品都有一个"每日允许摄入比例"。除了这些建议的依据总体缺乏严谨的实证外，这一公告还有一个草率的地方：坚持要求定期摄取。这些建议营养政策的人都没有认识到，每天"稳定"摄取卡路里和营养成分，确保膳食构成的"平衡"和规律性，与不规律或随机地摄取这些营养（比如一天摄入大量的蛋白质，另一天绝食，第三天又大吃大喝）所产生的效果并不一定相同。

这相当于否认毒物兴奋效应，即偶尔缺乏某些营养，可以产生轻微的压力。很长一段时间以来，没有人尝试探索膳食摄取在时间分布上的可变性——二阶效应——是否与长期的膳食构成同样重要。现在的研究也开始关注起这样一个简单的问题。事实证明，食物来源的变化和生理反应的非线性，对生物系统来说至关重要。在星期一一点儿不吃蛋白质，随后在星期三进行补充会带来不同的——更好的——生理反应，这可能是因为某种营养的缺乏相当于形成了压力，从而激活了促进营养物质（或类似物质）吸收的后续机制。直到最近，几个（相互无关联）的实证研究才发现，科学研究完全忽略了凸性效应，而宗教、古人的启发法和传统则并未忽略这一点。如果说科学家对凸性效应有所了解的话（正如我们所说的领域依赖性，医生就像举重运动员，对剂量变化所带来反应的非线性也多少有点儿了解），那么凸性效应这一概念本身似乎已完全从他们的语言和方法中缺失了。

跑步，而不是步行

再举一个例子，这次说的是从变动中受益的情况，即正凸性效应。以两兄弟卡斯托和波吕丢克斯为例，他们需要到一个地方。卡斯托像散步一样步行了20分钟后到达目的地。波吕丢克斯出发前花了14分钟玩手机，看最新的娱乐新闻，然后用时6分钟跑完了相同路程，与卡斯托同时抵达。

因此，两人在相同的时间内，以相同的平均速度走完了相同的距离。卡斯托是一路散步过来的，相比以百米冲刺的速度奔跑的波吕丢克斯，他不会获得健康的益处和力量的增强，因为健康的益处对速度（在一定程度

第十八章　一块大石头与一千颗小石子的区别

上）呈现凸性。

这种运动的观念是基于人体能从面对锻炼压力所产生的反脆弱性中获益的理念，正如我们看到的，各类运动无不在利用凸性效应。

小的可能是丑陋的，但肯定不那么脆弱

我们经常听到这样的表述："小即是美。"这种理念很有说服力，很有魅力，许多观点在它的基础上提出——但这些观点十之八九充满故事性、浪漫情怀或存在主观色彩。让我们在"脆弱性等于凹性，等于不喜欢随机性"的理论框架下，看看我们该如何衡量"小"的效应。

如何忍痛

当一个人别无选择，不得不采取一些行动，而且是不计成本地采取行动时，忍痛行为就发生了。

你的伴侣要就其德国舞蹈史的博士论文进行答辩，而你需要飞到马尔堡去见证这个重要的时刻，会见家长，并正式订婚。你住在纽约，花400美元买到了一张飞往法兰克福的经济舱机票，你因为买到特价机票而兴奋不已。但是，你需要经伦敦转机。到达纽约的肯尼迪国际机场后，你得知到伦敦的航班被取消了，机场方面给出了由于天气问题造成了旅客滞留的回答。希思罗国际机场的脆弱性由此凸现。你可以赶上到法兰克福的最后一个航班，但现在你需要额外支付4 000美元，这是你买到的特价机票票价的近10倍，而且必须抓紧，因为剩下的票不多了。你暴怒、大声叫骂、责怪自己，虽然父母教你要节俭，不过此时，你还是乖乖地掏出4 000美元。这就是忍痛。

忍痛会因规模加大而恶化。规模大的东西，面对某些错误时容易受到伤害，特别是在可怕的忍痛情绪下。随着规模进一步增大，其代价会非线

性地增加。

要了解规模大小是如何成为一个障碍的,只要想想为什么人们不会养一头大象当宠物就知道了,无论你对这种动物有什么样的感情。如果你的家庭预算增加后确实能负担得起买一头大象,你也真的买了一头大象放在你的后院,只是一旦发生水荒,忍痛效应就产生了,因为你没有选择,只能掏出钱来买水,每多买1加仑①的水,你的成本就更高一些。这是十分脆弱的情况,是规模过大导致负凸性效应的例子。意外的成本在总数中的占比大得惊人。而如果你养的是一条狗或一只猫,那么忍痛效应就不会带来如此高的意想不到的额外成本——其开支在总成本中的占比是非常低的。

尽管我们在商学院都学过"规模经济"的概念,但是在有压力的情况下,规模却会让你受伤害;在艰难的情况下,规模大并非好事。一些经济学家一直在思考,为什么企业合并似乎并未发挥整合优势。合并后的单位规模更大了,因此实力更雄厚了,根据规模经济的理论,它也应该更加"高效"才对。但是,数据表明,企业合并后最好的情况也只是企业收益与以往持平——这种情况我们早在1978年就看到了,当年理查德·罗尔就提出了"傲慢假说",认为公司合并是不理性的行为,因为合并的历史一直不佳。30多年后的今天,最近的数据仍然证实了公司合并的历史不佳,也证实了某些傲慢的经理人似乎忽略了合并交易带来的糟糕的经济状况。规模中有些东西对企业是会产生害处的。

与把大象当宠物饲养的想法一样,大公司必须忍痛承担高昂的成本(相对规模而言)。规模带来的收益是可见的,但风险是隐蔽的,而一些隐蔽的风险似乎给公司带来了脆弱性。

大型动物,如大象、蟒蛇、猛犸象和其他大型动物往往灭绝得更快。除了在资源紧张时会产生忍痛效应外,还存在机械方面的考虑。在外界冲击面前,大型动物比小型动物表现得更脆弱——这是巨石与小石子的区

---

① 1加仑≈3.785升。——编者注

第十八章　一块大石头与一千颗小石子的区别

别。总是走在别人前面的贾里德·戴蒙德在《为什么猫有 9 条命》这篇文章中就悟出了这种脆弱性。如果你将一只猫或一只老鼠从其自身高度数倍的地方抛下，它们通常还能生存。相反，大象则很容易摔断四肢。

魔鬼交易员科维尔和小科维尔

让我们来看一个普通金融领域内的案例，该领域中的参与者都非常擅长犯错误。2008 年 1 月 21 日，法国兴业银行在市场上匆忙抛出近 700 亿美元的股票，进行大规模的"贱卖"。当时市场不是很活跃（称为"疲软"），因为当天是美国的马丁·路德·金纪念日，全球股票市场走势急剧下降，暴跌近 10%。低价出售股票给该银行造成近 60 亿美元的经济损失。它不得不忍痛抛售，别无选择，只能把销售变成低价抛售。因为在上周末，法国兴业银行发现了一件欺诈案。公司一名无耻的后台员工杰洛米·科维尔竟然拿公司的巨资在市场上冒险，并将这些风险敞口从主机系统上隐藏了起来。法国兴业银行别无选择，只能立即出售这些连它都不知道自己拥有的股票。

现在，让我们看看规模带来的脆弱性。如图 18–8 所示，损失是销量的函数。低价抛售价值 700 亿美元的股票导致了 60 亿美元的损失。但如果抛售量是该规模的 1/10，即 70 亿美元，那么该银行不会有任何损失，因为市场将吸收这一数量的股票，不会产生恐慌，甚至都没有人会注意到这一抛售动作。因此，这一情况告诉我们，如果我们没有建立起这么大规模的银行，也没有雇用像流氓交易员科维尔那样的员工，而是建立了 10 个小规模的银行，每家银行都雇用了一个"小科维尔"，并且这 10 个流氓都随机地进行一些流氓交易，那么这 10 家银行的总损失会微乎其微。

在科维尔事件发生的几个星期前，一家法国的商业学校聘请我在布拉格召开的法国兴业银行高管会议上，陈述我对"黑天鹅"风险的看法。在银行家的眼里，我就像混在一年一度前往麦加朝圣的穆斯林中的耶稣

反脆弱

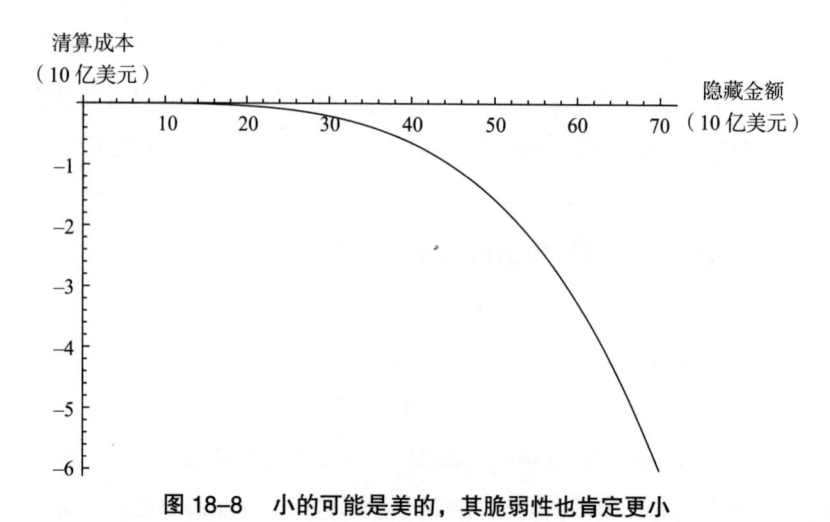

清算成本
（10亿美元）　　　　　　　　　　　　　隐藏金额
　　　10　20　30　40　50　60　70　（10亿美元）
-1
-2
-3
-4
-5
-6

图18-8　小的可能是美的，其脆弱性也肯定更小

注：本图显示交易成本是错误规模的函数：交易成本呈非线性增长，我们从中可以看到超级脆弱性在哪里。

会传教士一样——他们的金融工程师和风险管理人员都非常痛恨我，鉴于他们配备了同声传译设备，我很后悔自己没有坚持说阿拉伯语。我谈的是为什么常用的伪风险管理技术（也就是我所说的，通常用来衡量和预测事件发生概率的方法）从来没有奏效过，以及我们应该如何把重点放在脆弱性和杠铃模式上。在演讲的过程中，我受到了科维尔的老板和他的同事——风险管理部负责人的严厉诘问。我讲完之后，每个人都不理我，好像我是火星人，场上陷入了"谁把这个家伙带来的"的尴尬局面（我是受学校而不是银行邀请来的）。唯一对我友好的人是法国兴业银行的董事长，因为他把我误认成其他人了，并且根本不知道我在讲什么。

我回到纽约后不久，科维尔交易丑闻爆发，读者可以想象我当时的心情。出于法律原因，我不得不保持静默（我确实是这样做的，除了偶尔几次说漏嘴）。

显然，将问题归咎于风险控制不佳、资本主义制度太糟糕，以及法国兴业银行缺乏警觉，根本就是错误的。事实并非如此。原因也不在于我们通常所责怪的"贪婪"问题。事实上，这主要归咎于规模，以及规模所带

第十八章 一块大石头与一千颗小石子的区别

来的脆弱性。

请读者谨记一块巨石和同等重量的许多小石子之间的差异。科维尔的故事很能说明问题,因此我们可以归纳并发现其他领域的同样问题。

在项目管理中,本特·弗林夫伯格根据确凿证据表明,项目规模扩大将带来不良后果,而且项目延误造成的成本在总预算中的占比会增高。但这里有一个值得关注的细节:重要的是项目各部分的规模,而不是整个项目——有些项目可以进行分割,有些项目却不行。桥梁与隧道工程得进行整体规划,因为它们不能被分割成小部分;它们的成本超支比率会随着工程规模的扩大而显著提高。道路修建则不同,它可以分割成小段工程同步进行,没有严重的规模效应,因为项目经理不会犯大错,即使犯错也有调整的机会。小型工程中的错误不会很大,不会因忍痛效应造成严重的成本损失。

规模带来的另一个问题:大公司的错误最终往往会危及邻里。尽管业界宣称建立大型超市连锁店有诸多优势,但我还是提出了反对意见。曾经有一家超大型商店要收购我住所附近的整片社区,这引起一片哗然,因为它将改变社区的人文特色。赞同这一观点的人认为此举能够振兴这一区域,但我提出了以下反对理由:万一该公司倒闭(统计数据表明,大象型公司最终往往会倒闭),我们的社区可能将变成巨大的战区。这是英国高级政策顾问罗翰·席尔瓦和史蒂夫·希尔顿用以支持小商户的论点,也就是"小即是美"的理念。只计算收益而忽略失败的概率是完全错误的。

如何逃出电影院

让我们再举一个例子来说明有关忍痛效应的成本:想象一下人们是如何逃出电影院的。一有人喊"起火啦!"你马上就会发现,可能有十多个人在和你争夺同一个逃生出口。所以,剧院的脆弱性与大小相关,因为逃生的人越多,创伤便越大(这种非对称的伤害就是负凸性效应)。1 000 人在 1 分钟内逃出（或试图逃出）剧场与同样数量的人在半小时内离场是不一样的。不熟悉这种概念的人可能会天真地优化一个地方的规模（比如希思罗国际机场），并忽略在正常情况下顺利运行与在压力情况下混乱运行的区别。

现代经济促使人们追求优越的生活，促使人们修建规模越来越大的剧院，但这些剧院安全出口的数量却极少。如今，在建电影院、剧院和体育场馆时我们不再犯这样的错误了，但我们还会在其他领域，比如自然资源和粮食供应方面犯同样的错误。只要想想，2004—2007 年，小麦的净需求只小幅上升了 1% 左右，小麦的价格却大幅增长了两倍。

瓶颈是所有忍痛效应的源头。

预估与预测

为什么飞机不能提前抵达

让我们像往常一样从运输问题开始讨论，并发散到其他领域。游客（通常）不喜欢不确定性——特别是在他们安排好日程表后。为什么？因为这是一个单向的影响。

我经常搭乘伦敦到纽约的同一航班，飞行时间约 7 个小时，足够看完一本薄书，外加与邻座寒暄几句，再吃一顿有葡萄酒、斯蒂尔顿奶酪和饼干的简餐。我记得有几次航班提前大约 20 分钟到达目的地，但也有几次航班延误了两三个小时才到，我还碰到过延迟了两天多才到达目的地的情况。

因为旅行时间不会真的为负值，因此不确定性往往造成延误，即飞行时间经常意外增加，但几乎从来不会减少。或者，飞机有时可能会提前几分钟到达目的地，但延误的时间却有可能是几个小时，两者明显不对称。任何意外、任何冲击、任何波动都更有可能延长飞行时间。

第十八章 一块大石头与一千颗小石子的区别

这在某种程度上也解释了时间的不可逆性，如果你认为混乱的程度往往会随时间的推移而提高的话。

现在，让我们将这个概念应用于项目。就像飞行中增加不确定性后，航班往往会晚点，而非提前到达一样（这些物理定律是如此普遍，甚至在俄罗斯也不会改变），当项目中增加了不确定性，那么竣工的成本往往会更高，时间也会更长。这适用于许多情况，实际上适用于几乎所有的项目。

我过去对这一问题的解释是，心理偏见是人们低估随机结构的背后原因——项目之所以花费了更长的时间，是因为原来的估计过于乐观。对于这种偏见，也即过度自信，我们不乏证据。决策科学家和商业心理学家对被称为"规划谬误"的概念进行了理论化，他们试图从心理因素的角度解释，项目花费的时间往往会比预期的更长，并且很少提前完成。

但令人困惑的是，在过去的约一个世纪里似乎并不存在这样的低估，虽然我们面对的是同样的人类：他们具有相同的偏见。一个半世纪以前的许多大型项目都是按时完成的，今天我们所看到的许多大型建筑和纪念碑不仅在外观上比现代建筑更宏伟，而且往往是按时竣工，甚至提前竣工的。其中不仅包括帝国大厦（仍然屹立在纽约），还有建于1851年世界博览会之前的伦敦水晶宫，该建筑是维多利亚时期的标志性建筑，是根据一名园丁的想法设计的。举办博览会的伦敦水晶宫从提出概念到盛大开幕只花费了短短9个月的时间。该建筑的外观如同一座巨大的玻璃房，长1 848英尺，宽454英尺；整体结构由铸铁框架组件搭建，所用玻璃也几乎全部产自伯明翰郡斯梅西克地区。

我们往往会忽略一个明显的问题：水晶宫建造项目没有使用电脑，零部件的生产供应商离得不远，加入供应链的企业也不多。此外，当时并没有讲授所谓的"项目管理"之类的知识的商业学校。当时也没有咨询公司。代理问题（我们定义为代理人与客户之间的利益分歧）并不突出。换句话说，这种经济模式比现在的更线性、更简单。而在当今社会，我们看到的更多是非线性,也即非对称性和凸性效应。

随着复杂性的提升、各部分之间相互依存度的提高、全球化的推进,以及被称为"效率"的这种让人们违背规律行事的野蛮概念的出现,"黑天鹅"效应势必增强。对了,咨询师和商学院的出现也加剧了这一趋势。一个地方出现问题就可能导致整个项目停顿——项目最薄弱的一环往往决定了项目的成败(一种负凸性效应)。世界变得越来越难以预测,我们越来越多地依赖于错误的高科技技术,这些技术的相互影响很难估计,更不用说预测了。

信息经济可以说是罪魁祸首。本章前面提到的桥梁和道路工程专家之一本特·弗林夫伯格,就让我们看到了信息经济的另一面。成本超支与工期延误的问题在使用信息技术的情况下会更趋严重,因为项目的成本超支大多源于电脑系统规划的工程——我们最好重点关注这些项目。但是,即使在不太涉及信息技术的项目中,延误现象也很严重。

道理很简单:负凸性效应又一次成为罪魁祸首,这是直接和明显的原因。错误会以非对称的方式影响你,如同我们上文所讲的搭乘飞机旅行一样。

讨论"规划谬论"的心理学家很少真正认识到,这从本质上说并非一种心理问题,或人为错误的问题,而是项目的非线性结构造成的问题。正如时间不能为负,为期3个月的项目不能在零时间或负的时间内完成。因此,在从左到右的时间轴上错误会作用于右端,而不是左端。如果不确定性是线性的,那么我们将看到一些项目提前竣工(就像我们有时会到得很早,有时会很晚)。但事实并非如此。

战争、赤字和赤字

据估计,第一次世界大战实际上只持续了几个月的时间,但它结束时,法国和英国早已负债累累。撇开所有的恐怖、痛苦和破坏不谈,它产生的财务成本至少是最初人们估计的10倍。第二次世界大战也是如此，它加重了英国的债务负担，使其负债累累，而美国则成为英国最大的债权国。

在美国，最好的例子仍然是伊拉克战争，据小布什和他的朋友们预估，战争的花费可能为300亿~600亿美元，而到目前为止，考虑到所有的间接成本，战争花费可能已经剧增到了20 000亿美元以上——间接成本大幅增加，美国社会产生爆炸式的连锁现象，结果只会产生更高成本。又是复杂性加上非对称性（再加上诸如小布什这类人）的作用，引发了错误的爆炸性恶化。

军队的规模过于庞大，成本超支的情况将大到不成比例。

但是战争——以及20多倍的成本计算错误——仅仅说明美国政府低估了爆炸性非线性（凸性效应）的作用，以及为什么政府不配拥有任何财政大权或重大决策权。事实上，政府根本不需要战争就能将我们拖入赤字困境：低估项目成本是造成当代98%的项目超支的痼疾。政府总是在完成项目后告诉我们开支超过了预算。于是，我针对政府制定了一条黄金法则：不准借钱，强制实现财政平衡。

强调"效率"的地方偏偏缺乏效率

我们可以很容易看到脆弱性导致的成本膨胀，甚至凭肉眼即可看见。如今，全球性危机的成本是20世纪80年代危机成本的3倍以上，这还是经通货膨胀调整后的数据。颇有远见的极端事件研究员丹尼尔·扎登韦伯前段时间曾指出，这一效应似乎正在加剧。经济可能变得越来越"高效"，但脆弱性将导致错误的成本更高。

如今的证券交易所是从过去的"公开喊价"行为演变而来的，当时疯狂的交易员们在一个露天市场面对面地用叫喊和咆哮来报价，闭市后则一起去喝酒。而现在的证券交易所用电脑替换了交易员，这带来的看得见的好处微乎其微，却招致了极大的风险。如果说交易员造成的错误还是可控的和分散的，那么计算机系统造成的错误则如脱缰野马——2010年8月，一台电脑的错误导致了整个市场崩溃（"闪电崩盘"）；2012年8月，当本书英文版付诸印刷时，骑士资本集团的电脑系统出现故障，其后果是该集团每分钟损失1 000万美元，总共损失了4.8亿美元。

天真的成本效益分析会带来伤害，这种效应当然也会随着规模的增长而膨胀。例如，在过去，法国专注于发展核能，因为它似乎是"干净"且便宜的。在计算机屏幕上显示的也是"最优"能源。然后，2011年的福岛核泄漏事件敲响了警钟，法国意识到，它还需要额外的安全措施，于是赶紧增加这些措施，而且不惜任何代价。这从某种意义上来说与我前面提到的忍痛效应相仿：他们被迫投资，而不管代价多大。这种额外的安全措施成本高昂，而这些额外的费用并未被纳入他们最初做决定时所做的那种在电脑上看起来很不错的成本效益分析。因此，当决定选择一种燃料来源或另一种燃料来源，或进行类似的比较时，我们没有认识到，模型的误差对一边的影响可能会大于另一边。

污染和地球遭受的伤害

由此，我们可以制定一个简单的生态政策。我们知道化石燃料是以非线性的方式产生危害的，而且这种危害是凹性的（少量的化石燃料没什么危害，但是大举燃烧化石燃料却会对气候产生破坏性影响）。虽然在认识论层面，由于不透明性，我们不一定都相信人为原因造成气候变化的观点，但这并不妨碍我们进行生态保护，我们可以根据这些凸性效应来制定防止污染的风险管理规则。简单地说，就像对待规模的问题一样，分散污染源。10个不同来源所造成污染的总危害比一个污染源带来的等量污染的危害要小。①

---

① 波动性和不确定性是相同的，正如我们在无序家族表中所看到的。因此，要注意不确定性的提高将对脆弱事物造成伤害。

第十八章 一块大石头与一千颗小石子的区别

让我们来看看我们祖先所用的更贴近大自然的机制——调节集中效应。现代人到商店常常会购买相同的商品,比如说金枪鱼、咖啡或茶、大米、意大利干酪、解百纳葡萄酒、橄榄油,以及其他在我们看来不容易替代的商品。现代人所固有的习惯、文化传染的黏性,以及工厂生产的僵化,使得我们过度使用某些特定的商品。这种集中化消费是有害的。比方说,过度消费金枪鱼可能会伤害其他动物,扰乱生态系统,并导致物种的灭绝。这种危害不仅会呈非线性上升,而且一旦发生,便会导致价格不成比例地飙升。

在同一个问题上,我们祖先的做法则不同。珍妮弗·邓恩是一位研究狩猎-采集者的专业研究人员,她考察了记录阿留申人(北美原住民部落)的行为的相关证据,在这方面我们的数据充足,覆盖范围达 5 000 年之久。这些证据显示,他们在狩猎行为上缺乏集中性,总是变换狩猎对象。他们不像现代人那样有顽固而僵化的生活习惯。每当一种资源不足时,他们便会变换资源,就好像在保护生态系统一样。所以,他们懂得凸性效应,或者说,他们的行为表明他们了解凸性效应。

请注意,全球化促进了集中化趋势的蔓延,就好像整个世界成了一个只有狭窄出口的巨大房间,所有人都争相涌向同一个出口,于是便产生了大量伤害。正如当今几乎每一个孩子都读《哈利·波特》,都使用脸书(Facebook)一样,每个富裕起来的人都会参加相同的活动,购买相同的商品:他们喝解百纳葡萄酒,希望去威尼斯和佛罗伦萨旅游,梦想在法国南部购置第二套房产。这使得旅游景点变得不堪重负:7 月时去威尼斯旅游就能体会。

财富的非线性

我们当然可以将当今全球化带来的脆弱性归咎于复杂性的提高,各国的相互关联和文化传播导致经济变量的波动造成比以前更严重的影

| 283 |

响——这是世界向极端斯坦转变的典型现象。但是，这里还有另外一个因素，即财富。财富意味着"更多"，而由于非线性效应，"更多"将带来巨大差异。财富更多会导致我们更容易犯更严重的错误。正如投资上亿美元的项目要比投资 500 万美元的项目更加不可预测，也更可能超支，日渐富裕的世界也因更高的不可预测性和脆弱性饱受困扰。这一切都是增长造成的——在国家层面上需归咎于各国极力追逐的国内生产总值的增长。即使在个人层面，财富也意味着更多的麻烦；我们用于缓解财富带来的并发症的精力可能比追求财富所花费的还要多。

小结

最后我想这样总结本章的内容：不管在什么领域，从瓷杯到组织，到政治制度，再到公司的规模，或机场航班的延误，脆弱性总是隐藏在非线性中。此外，我们的发现可能会被视为我们反对赤字。想想与飞机延误或项目超支完全相反的情况，即可以从不确定性中受益的情况，我们发现的事情呈现出与我们所看到的脆弱的、厌恶随机性的情况截然相反的镜像。

第十九章

炼金石与反炼金石

- 他们告诉你何时会破产。
- 黄金有时就是一种特殊的铅。

在我费了九牛二虎之力把前面章节的概念向你们阐述清楚之后，读者们，现在轮到我放松一下，以技术性的语言来阐述问题了。也就是说，本章将对前面的概念做进一步深化，内容也将更为深奥，已经明白前几章内容的读者可以跳过本章。

如何识别谁将破产

让我们来看一种识别脆弱性（反炼金石）的方法。我们可以通过政府资助的抵押贷款巨擘房利美的故事来说明。这家公司最终轰然倒塌，给美国纳税人造成数千亿美元的损失（具体数字还在计算中）。

2003年的一天，《纽约时报》的一位记者亚历克斯·贝伦森来到我的办公室，他带来了一份有关房利美的秘密风险报告，这是一位内部人士给他的，也是一份直击风险计算方法核心的报告，只有专业人士才能看出其中的端倪——房利美用自己的方法进行风险计算，并向任何需要了解此项情况的人披露信息，无论是公众还是其他人。但是，只有深谙其道的人才能让我们看到该方法的本质，看到风险是如何计算的。

我们阅读了报告，简单地说，某个经济变量的上升将导致巨大的损失，而其下降（朝相反的方向运动）则会带来少量的利润。该变量如果进一步上升将导致更大的额外损失，而进一步下降带来的利润也将更小。这看起来与图18–2中石头的故事别无二致。危害的加剧是显而易见的——事实上是很可怕的。所以，我们立刻看出了房利美的毁灭是不可避免的：它面临的风险显示出严重的凹性效应。就像图18–7中的交通：损失随着一个经济变量的偏离而加剧（我甚至都不需要了解是哪个经济变量偏离了，因为在这么大规模的一个变量面前呈现脆弱性，意味着其在所有参数面前都是脆弱的）。我承认我有点儿情绪化，没有凭借我的大脑去思考，我甚至在了解我看的数据是什么之前就感觉到一阵痛惜。这是所有脆弱性之源，感谢贝伦森，感谢《纽约时报》刊登了我的关注。之后开始有人抹黑我，但这没什么大不了的。因为当时我还将该公司的几个关键人物斥为骗子，但并未引起他们太大的反应。

最关键的是，非线性更容易受到极端事件的影响——没有人对极端事件感兴趣，因为他们普遍对其有抵触心理。

我不停地告诉任何听我说话的人，包括偶然遇到的出租车司机（好吧，几乎是对每个人都说了），我告诉他们房利美公司正"坐在火药桶上"。当然，爆炸不是每天都发生的（就像豆腐渣工程式的桥梁也不是马上就会坍塌的），所以人们始终说我的看法是错误的和毫无根据的（他们的论点大多是该公司的股票还在上涨）。我还推断其他机构，包括几乎所有的银行，也存在同样的问题。在审视了类似机构后，我意识到这个问题非常普遍，我意识到银行系统的彻底崩溃是必然的。我非常肯定自己再也看不下去了，于是我重返市场，对"火鸡"们进行报复。这就像《教父》第三部中的一段台词："正当我以为自己可以置身事外时，他们却把我拉了回来。"

第十九章 炼金石与反炼金石

  有些事情的发生就像早被命运安排好了一样。房利美破产了,一同破产的还有其他一些银行,只是破产所花的时间比预期的长了一点,但这也没什么大不了的。

  在这个故事中,愚蠢的地方在于,我没有看到金融脆弱性和一般脆弱性之间的联系——我也没有使用"脆弱性"一词。也许是因为我没有看到太多瓷杯。但是,多亏了我在阁楼上的写作时光,我对脆弱性与反脆弱性有了衡量标准。

  这一切都可以归结为以下内容:搞清楚我们的错误计算或错误预测总体说来是否弊大于利,以及伤害加剧会导致什么后果。就像国王和他儿子的故事一样,一个10磅重的石头所造成的伤害是5磅重石头所带来伤害的两倍还多。这种伤害加剧的趋势意味着一块大石头最终将砸死人。同样的,大的市场偏差最终也会毁灭一家或多家公司。

  每一次,当我意识到脆弱性直接源于非线性和凸性效应,以及凸性是可衡量的,我都会兴奋不已。检测伤害是否加剧的技术适用于任何需要在不确定条件下做决策的情况,以及风险管理。虽然在医学和技术上这是最有趣的部分,但我们迫切需要将其运用于经济领域。所以,我建议国际货币基金组织(IMF)使用一种脆弱性的度量方式,以取代他们现今明知无效但仍在使用的风险度量方式。大多数风险管理人士都因他们的风险管理模型的糟糕表现(或者说随机表现)而感到失望,但他们不喜欢我以前的立场——不要使用任何模型。他们需要一些替代性的工具。现在,新的风险度量工具出现了。

  因此,这里有一些可以使用的技术,实际上是被我称为脆弱性(和反脆弱性)检测启发法的一种简单启发法,工作原理如下。比方说,你要检测一个小镇是否过度优化了。如果你测量到,当车流量增加10万辆时,行车时间会增长10分钟。但是,如果车流量继续增加10万辆,行车时间会增长30分钟,那么这种加剧恶化的行车时间显示,镇上的车太多了,交通非常脆弱,必须减少车流量以缓解加剧恶化的情况(我再次强调,加剧恶化就是凹性，或者说负凸性效应）。

同样，政府赤字在经济状况的变化面前显现出尤为明显的凹性。比方说，失业率每增加一单位的偏差——尤其是当政府负债时——都会让赤字增量恶化。公司的财务杠杆也有同样的效应：你需要借越来越多的钱，以实现同样的效果。这如同一个庞氏骗局。

脆弱公司的经营杠杆也一样。营业额增加10%带来的利润增加额，低于营业额下降10%带来的利润减少额。

这就是我在宣布备受推崇的房利美正在走向坟墓时直觉上所使用的技术——我们也很容易从中得出一个经验法则。我向国际货币基金组织建议的方法极其简单。事实上，这个方法看起来太简单了，所以"专家"的初步反应就是，这"不足为奇"（这些人以前从来没有发现过这些风险，学者和定量分析师们往往会蔑视他们一看就懂的东西，而且会被他们想出来的理念所激怒）。

基于人们应该利用别人的愚蠢找乐子的黄金原则，我邀请我的朋友拉斐尔·杜尔迪与我合作，一起把这个简单的想法用最深奥的数学推导和（一个专业人士）半天才能弄明白的高深莫测的定理来表达。拉斐尔、布鲁诺·迪皮尔和我在近20年的时间里都在不断地讨论为什么所有事情都涉及风险——真的是所有事情，这个理念站在期权专业人士的制高点上是可以被更严谨和清晰地证明的。拉斐尔和我设法证明了非线性、对波动性的厌恶与脆弱性之间的联系。令人惊讶的是，正如我们已阐述的，如果你能用一些复杂的方式与深奥的定理来表达一个本来简单易懂的想法，即使这些复杂的方程式严格说来并不严谨，人们也会对其非常重视。结果不出所料，人们对我们的理念做出了积极反应，并告诉我们这个简单的检测启发法非常"明智"（说这些话的人，正是本来认为这个方法不足为奇的那些人）。唯一的问题是，数学只是附加上去的。

第十九章 炼金石与反炼金石

正面模型与负面模型的误差

现在,来谈谈我真正的特长所在:模型的误差。

在从事交易业务时,我曾经犯过很多执行上的错误。比如,我本来要买1 000手某只股票,结果第二天发现,我买了2 000手那只股票。如果股价上涨,那么我会得到可观的利润,否则,我将遭受巨大的损失。因此,从长远来看这些错误是中性的,因为它们会对你产生两个方面的影响。它们增加了变数,但不影响你的总体头寸走势。它们不能被片面地认定为好或者坏。而且由于规模不大,这些错误仍可以控制——你进行了很多的小型交易,因此错误也都很小。通常情况下,到了年底,这些错误用业内人士的话说就是被"冲销掉了"。

但是,我们建立的大多数东西却不是这样的,而且错误是和具有脆弱性的事物相关的,其会产生负凸性效应。这一类错误都有一个单向的结果,也就是负的结果。比如航班往往会延迟到达,而非提前到达;战争往往会变得更糟,而不是变得更好。正如我们看到的有关交通的例子,路上的变数(现在称为干扰)往往会增加从南肯辛顿到皮卡迪利广场的行车时间,而不可能缩短这一时间。有些东西,如交通,很少遇到等量的正干扰。

由于这种差错给人们带来的更多是伤害而不是益处,因此,上述片面性会导致我们低估随机性及其带来的危害。即使从长远来看,随机性来源的变化在某个方向上与在另一个方向上一样多,但它带来的危害将远远超过收益。

所以,我们可以通过3个简单的区别来划分事物——这也是三元结构的关键:喜欢干扰(或错误)的事物、对干扰(或错误)持中性态度的事物,以及厌恶干扰(或错误)的事物。到现在为止,我们已经看到,进化的过程是喜欢干扰的;探索发现的过程是喜欢干扰的;一些预测会受到不确定性的伤害;此外,就像驾车出行一样,你总是需要留出一定的缓冲时间。航空公司一般都会考虑到这点，但政府在估算赤字时却对此不做考虑。

这种方法是非常普遍的。我甚至将它用在福岛式计算上，并意识到，它对小概率的计算能力是多么脆弱——事实上，所有的小概率在差错面前都是非常脆弱的，我们所做假设的一个微小变化就可以大幅提高事情的发生概率，使其从百万分之一上升到百分之一。事实上，概率往往都只有实际值的万分之一。

最后，这个方法可以向我们显示，经济模型所用的数学在哪里是假的——或者说，哪些模型是脆弱的，哪些不是脆弱的。只需对假设进行一个小小的变更，然后看看影响有多大，以及这种影响是否会持续加剧。如果影响加剧，就像房利美的案例一样，那么就意味着依赖于该模型的人会在"黑天鹅"效应影响下遭受毁灭之灾。非常容易。我现在可以说的是，经济学与计量经济学课程教授的很多东西，包括公式，都应立即被摒弃，这就解释了为什么经济学在很大程度上是一门骗人的学科。脆弱推手，总是带来脆弱！

如何失去祖母

接下来，我将解释下面的非线性效应：在这种情况下，平均数，也就是一阶效应根本不重要。这是进入炼金石讨论之前的第一步。

常言道：

> 如果一条河的平均深度是 4 英尺，就千万不要过河。

你刚刚被告知，在接下来的两个小时内，你祖母所在地的平均温度非常宜人，约为 26 摄氏度。很棒，你想，26 摄氏度对老人来说很适宜。由于你读过商学院，所以你是一个关注"大局"的人物了，这个摘要信息对你来说是再合适不过了。

但我们还有第二组数据。事实证明，你的祖母第一个小时处于零下8摄氏度的环境中，而在第二个小时处于60摄氏度的环境中，平均温度则是非常理想的地中海式温度，也就是26摄氏度。因此，这样看来最后你肯定会失去你的祖母，你需要为她举办一个葬礼，而且你还有可能继承她的遗产。

显然，温度相对于26摄氏度的偏离程度越高，伤害就越大。正如你所看到的，第二组数据，也就是有关温度变化的信息，要比第一组数据更重要。如果一个人在变化面前是脆弱的，那么平均数的概念就是没有意义的——温度的偏差远比平均温度重要。你的祖母对温度的变化和天气的波动是脆弱的。让我们将第二组数据称为二阶效应，或者更确切地说，叫作凸性效应。

平均数的概念可以是良好的简化信息，也可以是削足适履的典型。有关平均温度为21摄氏度的信息其实并没有简化你祖母的处境。这是一条被塞入普罗克拉斯提斯之床的信息，也是科学模型常犯的错误，因为模型从本质上来说就是现实的简化。但是，你总不会想让这种简化歪曲真实情况，以致带来伤害吧。

图19–1显示了祖母的健康在温度变化面前的脆弱性。如果我用纵轴计量健康，用横轴计量温度，那么我会得到一个向内弯曲的曲线——一个"凹"型，或者说负凸性效应。

如果祖母的反应是"线性"的（呈直线，而非曲线），那么26摄氏度以下的温度带来的伤害会被温度升高后带来的好处所抵消。但事实是，祖母的健康程度一定会有个最高值，因为她的健康状况不可能随着温度的升高一直改善下去。

在我们接下来讲述更一般的属性之前，先记住以上这些信息。就祖母的健康对温度的反应来说：（1）其反应是非线性的（不是一条直线，不是"线性"的）；（2）曲线过度向内弯曲；（3）反应越是非线性，平均数的相关性就越低，围绕平均值保持稳定的重要性就越高。

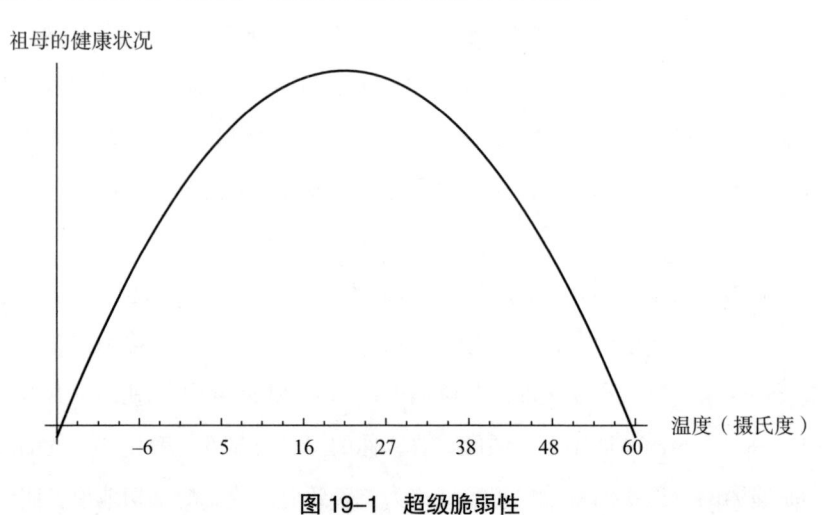

图 19-1　超级脆弱性

注：健康作为温度的函数所呈现的曲线是向内弯曲的。零下 8 摄氏度和 60 摄氏度的结合对你祖母健康状况的影响比始终维持在 26 摄氏度要糟糕得多。事实上，平均温度为 26 摄氏度的几乎任何温度组合都比始终维持在 26 摄氏度要糟糕。该图显示了凹性效应或者负凸性效应，即曲线向内弯曲。

现在来谈炼金石

许多中世纪的人一心想寻找炼金石。我们有必要记住，化学一词是从炼金术而来的。炼金术的本质就是从物质中寻找化学力量，炼金师主要致力于通过嬗变法将金属变成黄金，从而创造价值。炼金术的重要力量来自炼金石，许多人为之着迷，包括阿尔伯特·马格纳斯、艾萨克·牛顿、罗杰·培根等学者和一些并非学者的伟大思想家，比如帕拉塞尔苏斯等。

嬗变法被称为最伟大的作品，不容小觑。我真的相信我将讨论的这个操作（基于可选择性的一些属性）是最接近炼金石的本质的。

以下注意事项能使我们了解：

第十九章 炼金石与反炼金石

（1）混为一谈问题（误将石油价格上涨归因为地缘政治，或者误将赢钱的赌博归功于良好的预测，而不是收益和可选择性的凸性效应）的严重程度。

（2）为什么任何具有可选择性的事物都具有长期优势，以及如何来衡量它。

（3）以上两点合并：混为一谈和可选择性。

回想一下我们在第十八章中讨论的交通问题，第一个小时有9万辆汽车，后一个小时有11万辆车，虽然平均每个小时是10万辆车，但交通压力将不断加大。另外，假设在两个小时内，每小时都有10万辆车通过，那么交通将保持畅通，行车时间也不会很长。

汽车数量是某种东西，也是一个变量；交通时间是该变量的函数，而函数的行为与变量的行为，正如我们所说的，"不是一回事"。在这里我们可以看到，由于非线性，某个变量的函数与某个变量的行为会有很大差别。

（1）非线性越强，变量的函数与变量本身的行为差异就越大。如果交通是线性的，那么先是9万辆车，然后是11万辆车，与始终是10万辆车这两种情况下的交通时间不会有什么区别。

（2）变量越不稳定，即不确定性越强，则函数与变量本身的区别就越大。让我们再想想平均汽车数量的问题。函数（交通时间）更取决于围绕平均数的波动性。如果车流量分布均匀，则交通情况就会缓解。对于相同的平均值，你可能更喜欢一直保持10万辆车的情况，而先是8万辆车，然后是12万辆车的情况将比先是9万辆车，后是11万辆车的交通情况更糟。

（3）如果该函数呈现凸性（反脆弱性），那么变量函数的平均值将比变量平均值的函数要高。这就是炼金石，如果函数是凹性的（脆弱性），那么情况则相反。

| 293 |

让我们来看一个例子，假设我们讨论的函数是平方函数（数字乘以本身）。这是一个凸函数。拿一个传统的骰子（六面），掷到几点，你的回报就是几点，也就是你获得的收入与骰子显示的数字相等——掷到1点，那么你的收入就是1，掷到2点，你的收入就是2，最高的收入是6，如果你能掷到6点的话。那么预期（平均）收益的平方就是 [（1+2+3+4+5+6）÷6]^2 = 3.5^2，即 12.25。因此，收入平均值的函数等于 12.25。

但是函数的平均值的计算方法如下：拿每种收益的平方和 1^2+2^2+3^2+4^2+5^2+6^2 除以 6，就得到了函数的平均值 15.17。

所以，既然平方函数是凸函数，那么收益平方的平均值就比平均收益的平方要大。在这里，15.17 和 12.25 之差就是我所说的反脆弱性的隐性利益——这里有 24% 的差异。

这里面有两个偏见：一个是基本的凸性效应导致人们误将某样东西的平均数（这里是 3.5）的特点，和某样东西的凸函数平均数（这里是 15.17）混为一谈；第二个偏见比较复杂，是误将函数的平均数当作平均数的函数，这里是指误将 15.17 当作 12.25，后者代表可选择性。

如果我们的收益是线性的，那么我们在 50% 以上的时间内都不能犯错，而如果我们的收益是凸性的，我们不能犯错的时间就要少得多。反脆弱性的隐性利益在于，你犯的错可以多于随机性错误，而且你最后仍能得到出色的业绩。这里少不了可选择性的力量——变量的函数是凸性的，所以你可以在犯错的情况下仍有不错的收益——不确定性越高越好。

这就解释了我说过的话，你可以愚蠢，但只要具有反脆弱性，你的表现仍然会很好。

这个隐性的"凸性偏见"源于一个叫作詹森不等式的数学属性。这恰恰是有关创新的论述中被忽略的一个概念。如果你忽略了凸性偏见，那么你就忽略了让这个非线性的世界运转的一个重要因素。然而，这一概念确实被我们忽略了，这是事实，很抱歉。

如何化金为土：反炼金石

让我们看看相同的例子，只不过这次是平方根函数（与平方函数恰好相反，它是凹性的，但其凹性要小于平方函数的凸性）。

预期（平均）收益的平方根是 $\sqrt{(1+2+3+4+5+6)\div 6}$，等于 $\sqrt{3.5}$，约 1.87。也就是说平均值的函数约等于 1.87。

但是，函数的平均值的计算方法如下。取每种收益的平方根之和除以 6，$(\sqrt{1}+\sqrt{2}+\sqrt{3}+\sqrt{4}+\sqrt{5}+\sqrt{6})\div 6$，这就是收益平方根的平均值，也就是说该函数的平均值等于 1.80。

两者的差额就是所谓的"负凸性偏见"（或者，如果你是一个挑剔的人，我们也可称其为"凹性偏见"）。脆弱性的隐性伤害是，你的预测需要比随机预测的结果好得多，你得知道你要往哪里去，才能抵消负面影响。

让我总结一下我的论点：如果你拥有有利的非对称性，或正凸性（选择权是特例），从长远来看，你会做得相当不错，在不确定的情况下表现优于平均水平。不确定性越强，可选择性的作用越大，你的表现就越好。这个属性对人生来说非常重要。

第六卷

否定法

ANTIFRAGILE

Things That Gain from Disorder

还记得吗？曾经我们并未给"蓝色"命名，但仍然生活得很好——在很长一段时间里，我们从文化角度来说是色盲。在第一章我们生造了"反脆弱性"一词，在那之前我们也从未对这一概念进行命名，但是各类系统在没有人为干预的情况下都能有效地依赖它。世界上有很多东西都没有名称，无法直接描述，无法用人类的语言捕捉，或用我们狭隘的思想理念来理解，但我们知道它们。几乎我们身边所有重要的东西都很难用语言来形容——事实上，越强大的事物，越是难以用语言进行描述。

但是，如果我们不能准确地表达某个事物，我们至少可以描述它不是什么——这是一种间接而非直接的表达。"否定法"所关注的就是无法直接用语言描述的事物，该词源自希腊语 apophasis（通过否定而得知）。在神学领域，最初否定法正是人们为了避免直接描述事物而衍生出来的，这主要是为了遵从神学传统，尤其是东正教传统。否定法并不试图表达神是什么——这些都留给了具有科学主义思维的当代思想家和哲学家。它只是表明上帝不是什么，通过排除法来向目标推进。这个想法主要与神秘神学家"亚略巴古的伪狄奥尼修斯"有关，他是近东的一位隐士，名叫狄奥尼修斯，他写的《神秘神学》论文博大精深，但在很长一段时间里，人们却将他与雅典最高法官狄奥尼修斯相混淆，后者是在听了使徒保罗的布道后皈依基督教。这也是那位神学家名字前被冠以"伪"的由来。

新柏拉图主义者都是柏拉图思想的追随者，他们关注的主要是柏拉图思想的形式，即那种具有独特的自我存在的抽象事物。伪狄奥尼修斯是新柏拉图主义者普罗克洛斯的学生，而普罗克洛斯则是西里阿努（另一个叙利亚柏拉图主义者）的学生。普罗克洛斯被人提及最多的就是他反复强调的一个比喻，即雕像都是通过做减法一步步削减冗余而成型的。我经常读到用以下这个杜撰的双关语表达的该理念的较新版本。教皇问及米开朗琪罗，他成为天才的奥秘是什么，尤其是他如何雕刻出了大卫雕像这个被视为所有杰作中的杰作的雕像。米开朗琪罗的回答是："这很简单。我只是剔除了所有不属于大卫的部分。"

由此，读者可能认识到杠铃模式背后的逻辑：有必要先清除脆弱性。

骗子在哪里？

回想一下，干预主义者专注于正向行动——也就是放手去做。就像正向的定义一样，有所作为受到我们的原始心灵的尊重和赞美，从而引导出天真的政府干预行动，结果带来了灾难，继而引发人们对天真的政府干预的广泛抨击。然而，不作为或放弃做某些事情，却很少被纳入考虑或成为我们使命的一部分。表 7-1 显示，这种效应广泛地存在于从医药行业到商业的许多领域。

我一生都在使用一个简单但非常有用的启发法：骗子是可以识别出来的，他们都会给你正向的意见，而且只有正向的建议，他们会利用我们对所谓秘籍的轻信和热衷，听他们一说，我们顿时会觉得某件事再明白不过了，后来，在你忘了它们时，那样的感觉也随风而逝。只要看看那些教你"如何做"的书吧，这些书常常以"___ 的十大秘籍"为题（你可以在横线上填上致富、减肥、交友、创新、当选、健美、寻偶、经营孤儿院等）。然而实际上，人们是通过负向方法寻求成功的，这也是进化过程的选择：下棋高手通常通过不输棋而取胜；人们通过避免破产而致富（尤其是当别人破产时）；宗教大多制定了许多禁忌；生活的经验主要是关于我们应该避开什么事。只要采取一小部分措施，你便能有效面对大部分风险。

此外，在大多数充满高度随机性的情况下，人们无法真正判断一个成功的人是否确实有能力，或者一个有能力的人是否能够成功，此时我们很容易被随机性欺骗，但我们几乎总是能够预测到相反的情况，即一个完全没有能力的人终将失败。

减法知识

谈到知识时,上述规律同样适用。对知识最大、最有力的贡献在于消除我们认为错误的东西,即采用减法认识论。

在生活中,我们通过拒绝受骗来提高反脆弱性。在《神秘神学》中,伪狄奥尼修斯并没有使用这些确切的字眼,没有讨论反证,也没有形成很清晰的想法,但在我看来,他琢磨出了减法认识论和知识的非对称性。我把对抽象形式的偏爱,那种让我们无视现实的混乱,并导致"黑天鹅"效应的理论形态和共性称为"柏拉图主义"。我意识到世界存在非对称性。如果把柏拉图思想以相反方式呈现,如负共性,我会真心相信柏拉图主义。

因此,我主张的认识论的核心宗旨如下:我们对错误的事情的了解远胜于正确的事情,或者就脆弱/强韧的分类来说,负向知识(什么是错的,什么不起作用)在错误面前比正向知识(什么是正确的,什么起作用)更强韧。鉴于我们今天所知的知识可能被证实是错误的,但是我们今天认为是错误的知识则不可能变得正确,至少不那么容易,因此,我们通过减法获得的知识远远比通过加法获得的知识多。如果我发现了一只黑天鹅(注意是真的天鹅),我就可以肯定地说"天鹅都是白色的"这一论断是错误的。但是,即使我从来没有见过一只黑天鹅,我也不可以说上述论断是正确的。再说一遍:一个小小的例外便可以推翻一个论断,因此,虽然我们不能确定某个事物就是什么,但证伪总是比证实更容易找到依据。

在我们这个时代,该想法往往与哲学家卡尔·波普尔联系在一起,我还一度误以为波普尔就是这一理念的创造者(尽管他是另一个更有说服力的想法的提出者,即人们从根本上说无法预测历史的发展过程)。后来我发现,这一理念可以追溯到很久远的时代,它是东地中海后古典主义时期医学怀疑经验主义学派的核心理念之一。19世纪的法国学者重新发现了这些作品,由此将这一理念传播开来。证伪的力量在我们推进硬科学发展的过程中,并不罕见。

正如你所见,我们可以将此与正向(加法)和反向(减法)的一般知识架构联系起来:负向知识更为强大。但它并非十全十美。波普尔就遭到哲学家的批评,他的证伪法被抨击过于严苛、明确、黑白分明。我们没有办法一口咬定,因为不可能弄清楚试验没能产生预期的结果是因为工具出错、运气不佳,还是科学家造假，以此"证伪"理论。比如说，你看见了一只黑天鹅，这肯定能推翻所有天鹅都是白色的论断。但是，如果你已经喝了不少黎巴嫩葡萄酒，或因为上网时间太长而产生幻觉了呢？如果这是一个漆黑的夜晚，所有的天鹅这时看起来都是灰色的呢？但是，让我们这么说吧，在一般情况下，失败（和证伪）比成功和证实能带来更多信息，这就是为什么我说反向知识"更强韧"。

现在，在开始写这部分的内容之前，我花了一些时间梳理波普尔的所有作品，我想知道为什么这么一个热衷于证伪法的伟大思想家却根本没有意识到反脆弱性的理念。在波普尔的著作《历史决定论的贫困》中，他提出了预测的局限性，书中提到我们要对未来情况做出可接受的描述是多么的不可能。但他忽略了一点，如果让一个无能的外科医生给大脑动手术，那么你可以很有把握地预测，这将造成严重的伤害，甚至是病人的死亡。然而，这种对未来的减法描述与其证伪理念，是完全一致的。他对理论证伪的目的就在于打破对该理论原有用途的设想。

在政治领域，一个好的体制就是有助于社会淘汰坏人的体制，它不必考虑做什么事或者由谁执政。因为一个坏人造成的伤害可能大于一群好人所做出的集体努力。乔恩·埃尔斯特更进一步，他最近写了一本书，书名相当生动，叫作"防止恶作剧"，该书对负向行动的阐述基于边沁的理论："立法者的工作限于防止一切有碍他们（议会成员）的自由和智慧发展的事件发生。"

如我们预期的那样，通过负向知识获取成功是古典智慧的一部分。对阿拉伯学者兼宗教领袖阿里·本·阿比－塔利卜来说，与一个无知的人保持距离相当于与一个聪明的人为伍。

最后，让我们来看看史蒂夫·乔布斯说过的一个现代化的版本："人们认为关注某事意味着赞同你所关注的事。但其实并非如此。这意味着你要对上百个其他的好主意说不。你必须要仔细挑选。实际上，我对自己未曾做过的事情与对自己已经做过的事情同样感到自豪。创新就是对 1 000 个理念说不。"

再谈杠铃模式

减法知识也是一种杠铃模式。更重要的是，它是凸性的。了解什么是错的会给你带来强韧性，不了解则带来脆弱性和投机性，但不必因此而害怕，你要设法确保自己在错误的情况下也不会受到伤害。

现在，让我们谈谈在"少即是多"的理念中否定法的应用。

少即是多

决策过程中，"少即是多"的想法可以追溯到斯佩诺斯·马克瑞戴克斯、罗宾·道斯、丹·戈尔茨坦和捷尔德·盖格瑞泽，他们各自在不同的情况下发现，简单的预测和推断法要比复杂的方法好得多。他们的简单经验法则当然并不完美，但他们也从不以完美为目标；秉持理性的谦逊，放弃复杂的目标，便可以产生强大的效果。戈尔茨坦和盖格瑞泽两人创造了"快而俭"的启发法，以帮助人们在时间、知识和计算能力都有限的情况下做出正确的决定。

我意识到，"少即是多"启发法在两个方面与我的发现不谋而合。其一是极端效应。在有些领域，罕见的事件（我再说一次，它们或好或坏）起到了不成比例的重要作用，但我们却往往会忽视它们，因此，关注如何利用此类罕见事件或如何避免其发生将大大地改变我们的风险值。如果只需担心"黑天鹅"风险的话，生活要轻松很多。

"少即是多"已被证明是相当容易发现和应用的，其在错误和变化面前具有"强韧性"。也许大部分问题都不可能有一个容易识别的原因，但往往会有一个简单的解决方案（不是所有问题，但这已经够好了），这样的解决办法是可以立即识别的，有时直接就能看出，而不用复杂的分析与十分脆弱、容易出错、追根溯源的复杂办法。

有些人还知道 80/20 法则，该理念是维尔弗雷多·帕累托在一个世纪前发现并推导出来的：在意大利，20% 的人拥有 80% 的土地，或者说，80% 的土地为 20% 的人所掌握。而在这 20% 的人中，20%（总样本人口的 4%）又拥有其中约 80% 的土地（总样本土地的 64%）。最后，我们看到，不到 1% 的人口拥有样本土地总量的约 50%。这就描述了赢家通吃的极端斯坦效应。这些效应非常普遍，存在于从财富分配到每个作者的图书销量等各个方面。

很少有人知道，我们在许多事情上正逐渐从 80/20 变成更为不均衡的 99/1，比如，99% 的互联网流量都是不到 1% 的网站创造的，99% 的图书销量是不到 1%

的作者贡献的……我就不再举更多例子给你添堵了。当今几乎所有东西都有赢家通吃的效应，包括伤害和收益的来源。因此，正如我将说明的，对系统进行1%的改善可以降低99%的脆弱性（或增加反脆弱性），只需几个步骤，很少的几个步骤，并且往往是以较低的成本，就能使事情变得更好、更安全。

例如，少数无家可归的人会耗费国家财政中相当大的一部分，这让我们很容易看出从什么地方着手可以节省开支。公司中的少数员工会导致最多的问题，败坏整体风气，或者说，公司的大多数问题是少数员工导致的，因此辞退这些员工是很好的解决方案。少数客户为公司带来了大部分的收入。对我的诽谤中有95%都来自三个固执的人，他们都代表着相同的失败原型（我估计其中一人写了近10万字来抨击我——他需要写越来越多的文字，并在我的作品和个性中找到越来越多值得批评的东西，才能实现相同的效果）。当涉及医疗保健时，伊齐基尔·伊曼纽尔指出，1/2的患者花费了不到3%的医疗费用，而10%的重患者却花费了总医疗费用的64%。本特·弗林夫伯格（第十八章）谈"黑天鹅"管理理念时指出，公司成本超支主要归咎于大型技术项目，这意味着，我们需要做的不是无休止地讨论和撰写复杂的论文。

正如俗语所说，只要倒出你鞋子里的小石子就可以了。

在一些领域，比如房地产领域，问题和解决方法被简明扼要地归纳为一个启发法，或者说一个经验法则，即寻找3个最重要的特征：选址，选址，还是选址，其他的问题被认为无足轻重。这句话当然不太正确或者说并不总是正确，但它显示出了我们需要关注的核心问题。

然而，人们却认为自己需要更多的数据来"解决问题"。我曾经在美国国会公开反对一个为危机预测项目融资的议案。相关人员无视一个矛盾的现实，即我们从未有过比现在更多的数据，但我们的预测能力却比以往任何时候都弱。更多的数据，如过马路时注意周围人眼睛的颜色可能会让你无视路上的大货车。当你过马路时，你应该去掉数据，把注意力从其他任何东西转移到最根本的威胁上。正如保罗·瓦莱里曾经写过的："人们得忽略多少东西才能让自己有效地行动。"

有说服力和自信的学科，例如物理学科，往往很少使用统计数据来支持本学科的论点，而政治学和经济学虽然从来没有产生过值得一提的东西，却充斥着复杂的统计和统计"证据"（你知道，一旦你揭开面纱，证据就不是证据了）。科学上的这种情况与侦探小说相类似，不在场证据最多的人结果往往是有罪的。你也不需要收集很多数据来批驳经济学充斥着统计数据的大量论文："黑天鹅"事件和"尾部"事件（这些事件是不可预测的）主宰着社会经济世界的简单论点，已足以驳斥统计数据的效用了。

我们还可以从以下实验中找到少即是多的证据。克里斯托弗·查布利斯和丹尼尔·西蒙斯在他们的著作《看不见的大猩猩》中写道，在看一场篮球直播比赛时，如果过于关注细节，比如计算传球数，那么人们可能会完全无视一只步入球场中央的大猩猩。

我发现，我一直凭直觉在使用"少即是多"的理念，将其作为决策的一种辅助手段（而不是把一系列的优点和缺点并列呈现在电脑屏幕上去做对比）。举例来说，如果你做某事（如选择一位医生或兽医，雇用一个园丁或雇员，与一个人结婚，或者去旅行）的理由超过一个，那就不要做。这并不意味着一个原因比两个原因更好，只是说，如果你通过努力想出一个以上的原因，你实际上正在试图说服自己做一些事情。必须做的决定（在错误面前是强韧的）不需要一个以上的原因。同样，法国军队也有一个常用的启发法，他们拒绝以一个以上的理由请假，比如祖母去世、染上感冒病毒，以及被野猪咬伤。如果有人以一个以上的论点来攻击一本书或一个理念，你就能知道这不是真的，没有人会说："他是一个罪犯，他杀死了很多人，他的餐桌礼仪不好，而且有口臭，驾驶技术也非常糟糕。"

我经常关注我所说的柏格森剃刀法则："一个哲学家应以一个理念，而非多个理念扬名。"（这个理念不一定源于柏格森，但确实非常有效。）法国散文家和诗人保罗·瓦莱里曾经问爱因斯坦，他是否会拿着一个笔记本，随时记下自己的想法。"我从来没有想法。"爱因斯坦回答道（但其实他只是没有无足轻重的想法）。因此，让我们记住这个规律：如果某人的简历很长，请直接忽略他。在一次会议上，朋友邀请我与一位成就卓著、广受欢迎的人共进午餐，他的简历显示"他几乎做完了别人两三辈子才能做完的事情"，我选择婉拒，宁可与学员和舞台工程师同坐一桌。同样，当有人告诉我，一个人写了300篇学术论文，获得了22个荣誉博士学位，却没有任何值得称道的贡献或个人观念时，我会对这种人敬而远之。

第二十章

时间与脆弱性

> - 预言与知识一样,是减法,而非加法。
> - 林迪效应,或旧的事物是如何战胜新的事物,特别是在技术方面,不管加利福尼亚的人会怎么说。
> - 预测者不是一个值得推荐和让人自愿投身的职业。

反脆弱性意味着旧的事物要胜过新的事物,而且是远胜新的事物,这可能与我们的直觉不符。不管某些东西看起来多么符合你的想法,它的叙述多么好或多么坏,时间更了解它的脆弱性,并会在必要时毁掉它。在这里,我要揭示一种现代病,它与干预主义有关,被称为新事物狂热征,它带来了脆弱性,但我认为这可能是可以治愈的,只要你有足够的耐心。

能生存下来的事物必然是满足了一些(通常是隐性的)目的的,时间能够看到这些目的,但我们的眼睛和逻辑思维能力却无法捕捉它们。在本章的内容中,我们将使用脆弱性的概念作为预测的核心驱动力。

回想一下基本的非对称性:具有反脆弱性的事物受益于波动和混乱,而脆弱的事物会因此受伤害。但是,时间与混乱是一样的。

从西蒙尼德斯到詹森

为了练习脆弱性和反脆弱性之间的区别使用,我们来扮演先知的角色，了解一下为什么预测者并非一个很好的职业选择，除非你的脸皮够厚，有很好的朋友圈子，很少上网，有一个藏有一整套古老谚语书的书架，如果可能的话，还能够从预言中获取个人利益。我们从预言的历史记录中看出：在被证明正确之前，你会遭到唾骂；在被证明正确之后，你会遭到一段时间的仇视；或者更糟的是，由于追溯失真，你的想法会显得"不足为奇"。胖子托尼专心求利的做法，远比求名更具说服力。这种情况一直延续到现代：20世纪持有错误观念的知识分子仍然是时髦的偶像，他们的书仍在书店货架上销售，而那些看清问题所在的知识分子，比如政治哲学家雷蒙·阿隆，则在被人肯定见解正确之前和之后受尽冷落。

现在闭上眼睛，试着想象你的未来环境，例如5年、10年，或25年后的环境。在很多情况下，你的想象力会把新的东西注入其中，这就是我们所说的创新、改进、尖端技术和其他庸俗与陈腐的商业术语。我们将看到，这些常见的关于创新的概念不只是在美学上令人厌恶，从经验和哲学上来说也只是一些无稽之谈。

为什么？很多情况下，你的想象力会为当前的世界添加一些东西。很抱歉，我会在本章告诉你，这种方法完全是落后的方法：根据脆弱性和反脆弱性的概念，严格来说，正确的想象就是从未来中排除或削减不属于未来的东西，即采用否定法。脆弱的事物终将破碎；幸运的是，我们可以很容易地分辨出哪些东西是脆弱的。正"黑天鹅"比负"黑天鹅"更不可预测。

公元前6世纪，古希腊诗人西蒙尼德斯说过："时间有撕碎一切的锋利牙齿。"这或许开创了西方文学感叹岁月无情的传统。我可以追溯大量优雅的古典主义表现文学，从古罗马诗人奥维德（"时间吞噬一切"）到同样诗意的20世纪俄裔法国女诗人爱尔莎·特丽奥莱（"时间燃尽了，却没有留下任何灰烬"）。当然，谈这些难免让我们诗兴大发，所以我现在正哼唱着一首根据法文诗改编的歌曲，歌曲名为"时间流逝"，歌中唱道："时间是多么善于消除一切，甚至悲伤的记忆。"（虽然它并未提到，在这个过程中时间也会消除我们。）现在，由于已经认识了凸性效应，我们可以运用一点儿科学方法来自己分类，判断哪些东西应该会被无情的时间迅速吞噬。脆弱的事物终将破碎，幸运的是，我们能够搞清楚什么是脆弱的。甚至我们认为具有反脆弱性的事物也终将破碎，只是那在很长一段时间以后才会发生（酒的年头越久越醇，但也仅限于一定程度；如果你把它放在一个火山口，那么情况就不是这样了）。

前一段第一句引述的西蒙尼德斯的诗句，还有下一句："连最坚固的东西也不例外。"所以，西蒙尼德斯其实对强韧性已经有了一个粗略的实用性理解，即最牢固的东西更难被时间吞噬，因此也将是最后一个被吞噬的。当然，他没有想到的是某种东西具有反脆弱性，因此永远不会被吞噬。

现在，我坚持认为，通过否定法进行预测是唯一有效的方法：用其他方法来预测不可能不在某些地方遭遇"火鸡"问题，特别是在今天我们生活的复杂环境中。我不是说不会出现新的技术——某种新事物肯定会在一段时间内十分风靡。当然，脆弱的事物都会被其他东西替代。但是，这个"其他东西"是不可预测的。你心目中的那项技术，不会是成功的技术，无论你认为它多么恰当和适合——恕我直言，这只是你的一厢情愿而已。

回想一下，最脆弱的就是建立在可预测性基础上的预测，换句话说，那些低估"黑天鹅"事件的人终将被淘汰。

可以肯定的是，易于遭遇"黑天鹅"事件的事物最终将被历史所吞噬，因为时间将提升该事件的发生概率，从这个意义上来说，长期预测要比短期预测更可靠，这是一个有趣的明显矛盾。但换一种思路，一般预测（不涉及当前已确认为脆弱的事物）的准确度则随时间而降低；由于存在非线性，时间越长，准确性下降得越快。你对计算机工厂的销售量或者大宗商品供应商的利润所做出的10年期预测的错误率，是一年期预测错误率的上千倍。

学习做减法

想想在过去的一个半世纪里所做的未来预测，就像儒勒·凡尔纳、赫伯特·乔治·威尔斯、乔治·奥威尔在文学小说中所表达的，或者像部分科学家或未来学家曾经说过的，但如今已经被人遗忘的一些对未来的叙述。值得注意的是，目前似乎主宰着世界的工具，如互联网，或者更为普通的事物，如第四卷提到的装在旅行箱上的轮子，却完全未能从这些预测中寻到踪影，但忽略这些并非其主要的错误所在。问题在于，几乎所有想象出来的事情都从来没有发生过，除了一些被宣传过度的故事（如亚历山大港的希罗发明蒸汽机的故事，或者达·芬奇发明装甲车的故事）。我们的世界看起来与他们的世界太接近了，比他们想象或希望想象的更接近。但我们往往无视这样一个事实——我们一直在预测一个高度科技化的未来，似乎没有纠偏机制可以让我们认识到这一点。

这里可能存在一个选择性偏见：那些致力于描述未来的人往往会患上新事物狂热征（不治之症），一切只是因为他们喜欢现代化。

今晚，我将在饭馆约见朋友（这个小酒馆的历史至少有25个世纪）。我会徒步去那里，穿的鞋子与5 300年前奥地利阿尔卑斯山冰川中发现的木乃伊穿的鞋子几乎没有区别。在餐厅里，我使用银器，这是源于美索不达米亚的技术产物，堪称"尖端技术应用"，因为它帮助我有效地"对付"面前的羊腿——把它切开而不会烫伤手指。我会喝点酒，这种饮料已经被人饮用了至少6 000年。酒会被倒入玻璃杯中，我的黎巴嫩同胞声称玻璃杯是腓尼基祖先发明的，如果你不同意这一说法，我们也可以说玻璃物体被当作装饰品出售至少有2 900年的历史了。吃完主菜，我将享用一个"较为年轻的技术产物"——手工奶酪，相对于那些制造工艺几个世纪不变的老技术产物而言，这项新技术产物的价格却更高。

如果有人在1950年预测这样一个小聚会，他想象中的东西将大为不同。所以，感谢上帝，我不会穿着用闪亮的合成纤维制成的太空服，吃着

第二十章 时间与脆弱性

营养优化药片，通过屏幕与我的晚餐伙伴交流。事实上，我的伙伴还会对着我的脸喷出通过空气传播的细菌，因为他们没有生活在银河系某个偏远的人类殖民地。食品烹饪还是会沿用一种非常古老的技术（火），以及一些自罗马时代就没有很大变化的厨房用具和器械（除了其所用的一些金属的材质）。我会坐在一个（至少）有 3 000 年历史的家具上，它俗称椅子（如果有任何区别的话，那就是它远不如埃及祖先的椅子那么华丽精致）。我也不会坐着会飞的摩托车去饭馆。我会徒步走过去，如果快要迟到了，我会乘坐一辆出租车赶过去，这也是出现一个世纪之久的技术了，开车的很可能是一位移民——而一个世纪前，巴黎街头就常常可以看到移民（多为俄罗斯贵族）驾驶代步马车，这与如今柏林和斯德哥尔摩（伊拉克人和库尔德难民）、华盛顿特区（埃塞俄比亚的博士后学生）、洛杉矶（喜欢音乐的亚美尼亚人）和纽约（各国移民）的情形一样。

戴维·艾杰敦表明，21 世纪初，我们生产的自行车数量是汽车数量的两倍半，而且大部分的技术资源都被用在维护现有设备或改进旧技术

图 20-1 庞贝古城中发现的炊具与当今（装备精良的）厨房中的用具几乎没有差别

| 311 |

上（请注意，这不是中国才有的现象，西方各大城市都在积极努力地成为"自行车友好城市"）。还有，一个最为重要，但被人们讨论次数最少的技术产物莫过于避孕套了。具有讽刺意味的是，它看起来最不像一项技术产物，它经历过许多有意义的改进，目的主要是让它越来越不引人注意。

所以，最重要的错误在于：当被要求想象未来时，我们倾向于拿当下作为基准，然后加入新的技术和产品，以及其他我们认为合理的事物，尽管这只是在过去的发展格局上进行生硬的添加和篡改以杜撰出一个未来。我们还根据自己对当下状况乌托邦式的幻想来描画未来的社会，这在很大程度上是受自己的意愿推动的——除了少数被称为灾难预言者的人，实际上未来世界中主要栖息着人类的欲望。所以，我们倾向于将未来过度技术化，并低估将轮子装在旅行箱上这类似乎毫无技术含量的事情，而此类发明在下一个世纪仍可能被众人忽略。

我还要谈谈人们无视过度技术化的现象。离开金融界之后，我开始参加一些时尚的研讨会，参加会议的人员是尚未致富和已经富足的技术人员以及新兴的技术知识分子。最初，我很高兴看到他们都不戴领带，因为生活在一群整日戴着领带、衣冠楚楚、面目可憎的银行家中间，我误以为不戴领带的人一定不是徒有其表的人。然而，这个看似丰富多彩，用各种光鲜的电脑形象和花哨的动画渲染的会议却令人失望。我知道我不属于这里。我并不只是不赞同他们这种对未来做加法的方式（不是从命运中减去脆弱性，而是增加脆弱性），也不是因为他们固执的新事物狂热征导致他们无视其他的机会。我花了不少时间才认识到这个原因：他们极其欠缺优雅。技术思想家往往有一种"工程思维"——不太客气地说，他们有自闭症倾向。虽然他们通常不戴领带，却显示出书呆子的所有气质——主要是缺乏魅力，对事物而非人感兴趣导致他们往往忽视自己的外表。他们喜欢精确，却牺牲了实用性，而且他们通常缺乏文学素养。

这种缺乏文学素养的情况，实际上是对未来缺乏判断力的一个标志，因为它通常伴随着对历史的贬低，这是无条件求新的副产品。除了科幻小

第二十章 时间与脆弱性

说这一孤立而狭窄的领域，文学大多关乎过去。我们不会通过中世纪的教科书来学习物理学或生物学，但我们还是会读荷马、柏拉图，或者相对现代的莎士比亚的作品。我们说到雕塑的时候不得不提及菲狄亚斯、米开朗琪罗，或伟大的卡诺瓦。这些都存在于过去，而不是未来。只需踏进博物馆，你内在的审美思维就与这些古人相通了。无论是有意识还是无意识，你往往都会学习并尊重历史知识，即使你未必赞同。而过去的历史，如果妥善处理，正如我们将在下一节看到的，能比现在更好地预测未来。要了解未来，你并不需要技术自闭症患者们所用的术语，也不必痴迷于"尖端技术"，以及诸如此类的东西。你只需要做以下工作：对过去保留一些尊重，对历史记录保留一些好奇，对老人的智慧保留一丝渴求，并掌握"启发法"的概念，这些不成文的经验法则对生存起到了决定性作用。换句话说，你将被迫重视能世代流传、能幸存下来的东西。

最理想的技术

但是，通过自我削减的方式，技术便可以消除不良技术带来的影响。

技术的巅峰状态，往往是在我们看不到它的时候。我相信，当一项技术取代了有害的、不自然的、不友好的，最重要的是天生脆弱的旧技术时，它就给我们带来了最大的效益。许多留存到今天的应用都成功地打破了现代化，特别是 20 世纪的实利主义的有害影响：徒有其表、高高在上的人占据了大型跨国官僚企业；孤立的家庭和电视机形成单向关系，人们居住在远离市区的、出行需靠汽车的社区里，人际关系变得更加孤立；国家占据主导地位，特别是建立了边境管制的军国主义的集权化国家；强大媒体对思想和文化的破坏性专政；骗人的经济管理机构对经济思想的出版和传播的严格控制；大公司企图控制已受到互联网威胁的市场；被网络摧毁的看似强大的企业，等等。现在，你再也不必在听到"按 1 为英语"后，在系统中排队等着一位粗鲁的接线员帮你预订塞浦路斯的蜜月行程了。在许多方面，虽然仍不自然，但互联网还是消除了我们身边一些更不自然的元素。例如，消除了纸质文件，与纸质化办公的时代相比官僚主义这个现代化产物日渐式微。如果有一点点运气，计算机病毒会清除所有的记录，帮助人们摆脱他们过去的错误。

即使是现在，我们也正在用技术来扭转技术。还记得我说过，我走进餐厅穿的鞋与前古典主义时期人们在阿尔卑斯山发现的木乃伊所穿的鞋子没有多大的区别。制鞋行业花了几十年开展"工艺设计"，希望制造出完美的步行鞋和跑步鞋，该行业通过各种形式的"支持"机制和材料为鞋子增加减震气垫，现在却开始向我们出售让脚摆脱束缚、回归光脚感受的鞋子了——希望鞋子不要那么显眼，它们的功能只是保护我们的脚免受伤害，而不是指示我们该怎么走路（那曾经是我们对鞋子使命的现代主义诠释）。从某种程度上说，我们买到的是古代狩猎采集者脚上的老茧硬皮，我们可以穿着它在大自然中漫步，然后在重新回到文明社会时脱下它。穿这种鞋走在大自然中，就好像在三维世界里又唤醒了一个新的维度。而普通鞋子则感觉像脚的石膏铸模，把我们与环境分离开来。此外，新型的鞋子也不失优雅：它的技术在鞋底上，而不是在鞋面上，鞋底可以既结实又很薄，从而使脚可以贴地行走，就好像赤脚走路一样——我发现我最好的一双鞋是在巴西买到的意大利款式的鹿皮鞋，我既可以穿着它在石头路上跑步，又可以穿着它去餐厅吃午饭。

其实，也许这些制鞋公司应该只卖给我们增强型防水袜（这正是阿尔卑斯山的古人所穿的），但这可能不会给它们带来很多利润。

平板电脑（特别是 iPad）的一大用途是，它允许我们回归巴比伦人和腓尼基人的写作方式——在平板上写东西（最初古人就是在石板上记事的）。现在，人们可以通过手写，或更准确地说，通过手指书写的方式来进行记录——用手写可要比通过键盘等介质进行记录舒服得多。我的梦想是，终有一天可以通过手写的方式记录所有事，就像现代化之前几乎每一位作家做的那样。

因此，技术的自然特性，可能就是被自身所替代。

接下来，我要说明为什么未来大多存在于过去之中。

越活越年轻：林迪效应

现在让我们来谈谈更具技术性的内容，此时我们有必要做一个区分，即将会自然消亡的（如人类、单个事物）与不会自然消亡的（可能永生的）事物区分开来。不会自然消亡的事物不像有机体那样受到不可避免的到期日的约束。会自然消亡的事物通常是一个物体，而不会自然消亡的事物在本质上富含信息。单独的一辆汽车是会自然消亡的，但是汽车作为一项技术已经存在了约一个世纪（而且，我们推测应该还能存在一个世纪）。人类会死亡，但他们的基因代码则不一定会消亡。图书本身是容易腐烂的，比如某个版本的《圣经·旧约》，但其内容不会消亡，因为它们可以在另一本书中得到表达。

让我先用黎巴嫩方言来表达我的想法。当你看到一个年轻人和一个老人，你可以自信地判断，年轻人的剩余寿命一定比老人的更长。但对于不会自然消亡的事物，比如一门技术，情况就不同了。我们可以看到两种可能性：要么两者预计都有同样长的剩余寿命（其概率分布的情况被称为指数分布），或者老技术的预期剩余寿命要比新技术的更长，与它们的当前相对寿命成正比。也就是说，如果老技术已存活了 80 年，而新技术存活了 10 年，那么老技术的预期剩余寿命将是新技术的 8 倍。

现在，根据事物属于哪一类，我做出以下提议（基于伟大的伯努瓦·曼德布罗特对林迪效应的诠释）：

> 对于会自然消亡的事物，生命每增加一天，其预期寿命就会缩短一些。而对于不会自然消亡的事物，生命每增加一天，则可能意味着更长的预期剩余寿命。

表 20-1 不同领域的"老"事物和"新"事物比较

相对预期剩余寿命	领域	概率分布
新事物的预期剩余寿命比老事物的更长	会自然消亡的：人类和其他动物的寿命	高斯分布（或接近于高斯分布，属于同一类别的分布）
新事物与老事物的预期剩余寿命相等	不会自然消亡的：物种的寿命	指数分布
林迪效应：老事物的预期剩余寿命比新事物的更长，与它们的当前年龄成正比	不会自然消亡的：知识性产品的寿命，类属的寿命	幂律分布

因此，一项技术存活的时间越久，其预期剩余寿命就越长。让我来说明一下这个观点（人们第一次总是很难理解它）。比如，我已知的唯一信息是，一位男士已经40岁了，我想预测他能活多久。我可以用保险公司所用的那种精算表，看看经年龄调整后的预期剩余寿命，该表预测他还能存活44年。明年，当他41岁时（或同样，我也可以以同样的方式来精算另一个当前41岁的人的预期寿命），他还能存活43年的时间。因此，每过一年，他的预期剩余寿命将缩短大约一年（实际上，比一年要少，因此，如果出生时的预期寿命是80岁，那么当他到80岁时，他的预期剩余寿命不会是零，而是还有10年左右）。

不会自然消亡的事物，情况则相反。为了方便理解，我在这里将数据简化一下。如果一本书已经出版发行了40年，我预计它可以再发行40年。但是，主要区别在于，如果它又存活了10年，那么预计它会再发行50年。简单地说，作为一项规律，它告诉你为什么已经存在了很长时间的事物不会像人类那样"老化"，而是会越来越"年轻"。每过一年，只要该事物没有灭绝，它的预期剩余寿命就会翻番。这也是强韧性的一个指标。一个物体的强韧性与它的当前寿命成正比！

物理学家理查德·哥特应用了似乎完全不同的推理来说明：我们以任何随机选择的方式观察到的事物可能既不处于其生命的开端，也不处于其生命的尾声，而最有可能处于生命的中间。有人批评他的论点相当不完

第二十章 时间与脆弱性

整,但他在检验其论点时也验证了我刚才提到的问题,即一个事物的未来预期寿命与它过去的寿命成正比。哥特在某一天(1993 年 5 月 17 日)列了一张百老汇的演出表,并预测,上演档期最长的那出戏剧将经久不衰,反之亦然。他的预测被证明有 95% 的准确度。孩提时期,他就参观过大金字塔(5 700 年的历史)和柏林墙(12 年的历史),并正确地猜到,前者会比后者留存的时间更长。

事物预期寿命的相对比例无须明确检验,这是"赢家通吃"效应在寿命方面的直接显现。

当我提出这个想法时,通常会犯两个错误——人们很难掌握概率的概念,尤其是当他们上网时间过长时(他们并非沉迷于互联网,而是人类天生就不容易理解概率)。第一个错误常见于我们目前认为是低效和垂死技术之类的事物的反例,例如固定信号塔、印刷报纸和装着纸质报税收据的柜子。很多新事物狂热征患者会被我的这些论点激怒。但我的论点不是针对所有技术,而是针对技术的寿命,这只是从概率导出的平均数而已。如果我知道一个 40 岁的人患上了致命的胰腺癌,我将不再使用无条件的保险表来估计他的寿命,认为他还能像同龄的健康人那样再存活 44 年的观点是错误的。同样的,某些人(技术专家)认为我的观点是在暗示,目前还不到 20 年历史的互联网将只剩下 20 年的寿命——但我的观点实质上是针对平均而非所有情况。但总体来说,一项技术的历史越长,不但它的预期存活时间更长,而且对这一论点的肯定性也将更强。

请记住以下原则:我不是说所有的技术都不会老化过时,只是说,那些容易过时的技术,实际上已经被宣判了死刑。

第二个错误是相信采用了"年轻"的技术,你行动起来就可以像"年轻人"一样。这揭示了一种逻辑错误和心理偏见。它歪曲了一代代人不断贡献所累积的力量,使人产生一种幻觉,即新一代的贡献要远胜老一代——而事实上,从统计数据来说,"年轻"的技术几乎毫无作为。许多人都犯了这个错误,但最严重的当数最近我看到的一个愤怒的"未来派"咨

| 317 |

询师，他指责那些还在采用"老古董"技术的人（他其实比我的年纪还大，像大多数我知道的技术迷一样，看起来病恹恹的，他有着典型的梨形身材，下巴和脖子之间看不到明显过渡）。我不明白为什么一个人喜欢历史悠久的东西，就会表现得像"老古董"。这么说的话，我的行为举止在喜欢古典文化（"更老的"）的时候就要比在喜欢"更年轻"的中世纪题材的时候更像"老古董"。这种说法是错误的，就好像说人吃牛肉就会变成牛一样。它实际上是一个比吃什么变什么的推论更糟糕的谬论：技术很大程度上是一种信息，而不是一个实体，它不会像人类一样发生肌体的老化。比如轮子是不可能经历退化的，从这个意义上来说，它是不会变成"老古董"的。

给特定人群的行为贴上"年轻"或"年老"的标签，是一种更危险的做法。如果大家不看网络上那种高调宣传的、精心包装的18分钟的宣传片，而是关注生活中十几岁和二十几岁的青年人（他们手中也许掌握着通向未来的钥匙），你们就会换种思考方式。许多进步都来自年轻人，因为他们有相对不受系统束缚的自由与采取行动的勇气，而年长者则多囿于生活而失去了这些品质。但是，年轻人提出的想法大多都是脆弱的，不是因为他们年轻，而是因为大多数未经历练的想法往往是脆弱的。当然，很多人之所以吹嘘"未来主义"理念是因为宣传过去的理念赚不了那么多钱，新技术当然比较容易振奋人心。

我收到一封来自苏黎世的保罗·杜兰的有趣的信，他想知道，如果我们不知道21世纪需要哪些技能的话，我们又如何能教给孩子21世纪的生存技能呢——实际上，他想到了被卡尔·波普尔称为历史主义错误的重大问题的优雅的应用。我的回答是，让孩子们多读经典著作。未来包含在过去之中。其实有一个阿拉伯谚语就是这么说的：没有过去的人就没有未来。

一些心理偏差

接下来，我要提出一个受随机性效应愚弄的应用。信息有一个讨厌的特性：它会将失败隐藏起来。很多人在听到有人炒股致富，在街对面买了一套豪宅的成功故事后，会被吸引进入金融市场——但实际上，有关失败的信息都被掩藏起来了，我们没有听到它们，所以受投资者的误导而高估了成功概率。这一规律同样适用于小说的写作：我们没有看到过绝版的精彩小说，我们只是认为，销量高的小说写得都好（不管你怎么理解），那么写得好的小说也一定销量高。实际上，我们混淆了必要条件和因果关系：因为所有幸存的技术都有一些明显的优点，这促使我们相信，所有能带来明显好处的技术都将留存下来。我会把那些深奥难懂、有助于生存的特性留到后面的章节进行讨论。但在这里，请关注导致人们相信某些技术的"威力"及其主宰世界能力的心理偏见。

另一种导致我们过分宣扬某种技术的心理偏见，来自我们只关注动态而非静态的事实。最典型的例子莫过于这种偏见在有关财富问题上的反映，这是由心理学家丹尼尔·卡尼曼和阿莫斯·特韦尔斯基发现的。（他们发现，人类的大脑喜欢最轻松的方式，并会因此陷入一些误区。他们开创了一种对人们的偏见进行分类和绘图的模式，以反映人们对随机结果的认知和在不确定情况下做决策的感受。）你对某人说"你损失了 10 000 美元"，会比你告诉他"你的投资组合的价值原本是 785 000 美元，而现在是 775 000 美元"更让他心烦。我们的大脑偏好走捷径，局部的变化总是比全局更容易被大脑注意（和存储），需要的内存空间也更小。这种心理启发法（通常，我们自己也意识不到它的运作），即以变化取代整体的错误是相当普遍的，甚至很容易被观察到。

首先，我们对变化的注意，远远多过重要但不变的事物。我们对水的依赖要超过对手机的依赖，但因为水不会改变而手机一直在变，因此，我们很容易将手机发挥的作用想象得比它们的实际作用更大。其次，因为新的一代人更积极地开发技术，我们注意到他们尝试了更多的东西，但我们忽略了这些技术的应用通常并不长久。大部分"创新"是失败的，就像大多数图书都滞销一样，但这不应妨碍人们去尝试。

新事物狂热征和跑步机效应

比如说,你开着你买了两年的日本汽车在高速公路上行驶,并被一辆看上去明显不同的同一品牌最新款汽车超过。那辆车看起来明显更好。它的保险杠稍微大一些,尾灯也更宽一些。这些外观上的细节变化(或许还有一些隐藏的技术改进)并不显著,除此之外,这辆车看起来跟你的车是一样的,单就外形来看,你就是感觉它更好。你看着那辆车的尾灯想,你也应该换辆车了。在卖掉自己的汽车后,还得多支付约 1/3 的钱——所有这些都是因为这些小小的变化(主要是外观上的)。但换汽车与换电脑相比,成本还算小——一台旧电脑的回收价值微乎其微。

比如说你用的是苹果电脑。这是一个星期前你刚刚买的一台新款电脑。在飞机上,坐在你旁边的人从他的手提包里掏出了一台旧电脑。它虽然与你的电脑同属一个系列,但看起来感觉更差些——机身较厚,屏幕清晰度也不够。但是,你忘记了当年你也曾买过一台同一型号的电脑,你因此还兴奋了好一阵子。

手机也是一样,你会看不起那些携带笨重的老款手机的人。但就在几年前,你还认为它们又小又光鲜呢。

所以,在这么多技术驱动型的现代化事物的包围下(包括滑雪板、汽车、计算机以及计算机程序),我们似乎更关注不同版本之间的区别而非共性。我们甚至会迅速厌倦我们所拥有的东西,并不断寻找升级版。之后,期待另一个"改进版"的新产品。这种购买新产品,最终又对其失去新鲜感(尤其是与更新的东西比较时),并期待购买更新款产品的冲动被称为"跑步机效应"。读者可以看到,这与前一节提到的人们更容易注意变化的心理偏见的诱因是一样的:我们会关注变化,并对没有变化的某些事物和某类商品感到不满。丹尼尔·卡尼曼和他的同事在研究被他们称为享乐体验的心理时,对跑步机效应进行了调查。人们在获得一个新的物品后,开始会感觉兴奋,随后又会迅速恢复常态。所以,当你进行"升级"

第二十章 时间与脆弱性

后,你会对技术的变化感觉非常满意。随后,你会很快习惯这一变化,并开始寻找新事物。

但我们对古典艺术、老式家具——总之不归于技术一类的事物,似乎就没有这种跑步机效应。比如,你在同一间屋子里挂了一幅油画,还摆了一台平板电视。这幅油画绘于近一个世纪以前,呈现的是经典的佛兰德风景:佛兰德阴暗的天空、雄伟的树木,以及平凡但宁静的乡村景色。我敢肯定,你不会急于对你的油画升级换代,但你的平板电视机却有可能很快被你捐献给某个爱肾基金会的地方分会。

我们的饮食也是如此,想想看我们还在尝试仿效 19 世纪的晚餐习俗。因此,世界上至少有一个领域并不是我们力求处处优化的。

我写这本书时一开始是用手写方式,用的是一支陪伴我多年的钢笔。我并不计较我的笔的新旧程度。它们中好多支都非常古老,少说也有好几十年的历史了,其中一支(最好的)我用了至少 30 年。我也不在乎纸张的微小变化。我喜欢使用克莱枫丹品牌的纸张和笔记本,它们从我童年时期起就没有大的变化——如果说有什么变化的话,那就是它们的品质下降了。

但是,当我要将草稿转录成电子文档时,我就开始担心我的苹果电脑可能不是最好的工具。我不知从哪里听说,新版电脑的待机时间更长,因此我打算不久后,在我产生购买冲动时对我的电脑升级换代。

注意,我们在技术领域和现实生活领域对事物的看法呈现出奇怪的差异。每当我搭乘飞机,坐在一个用电子阅读器阅读企业家常读的垃圾文章的企业家旁边时,企业家总是忍住不拿他的电子阅读器与我阅读的纸质图书进行比较,并对我的书嗤之以鼻。据说,电子阅读器的"效率更高",它承载的是书的内容,是企业家称为信息的东西,而且携带更方便,他可以在他的设备里下载能装满一个图书馆的书籍,还可以"优化"利用他打高尔夫球的空闲时间。我从来没有听任何人说过电子阅读器和实体书的重大区别,比如气味、质地、尺寸(书是三维的)、颜色、翻页的能力、与

| 321 |

电脑屏幕相比的手感,以及导致我们的阅读感受莫名不同的隐性特征。讨论的重点往往是两者的共性(这个奇妙的设备多么像一本书)。然而,当他将他的电子阅读器与其他电子阅读器比较时,他却会睁大眼睛盯住那些微小的差异。正如黎巴嫩人与叙利亚人相遇时,他们会关注各自的地中海东部方言的细微差异,但是当黎巴嫩人与意大利人相遇时,他们都会关注彼此的相似性。

有一种启发法可以帮助我们对这些物品归类。首先是电子开关。任何东西,只要上面带有"开"和"关"的按钮,空乘人员就会对我大叫,让我关掉。这种东西必然属于某一类(但反之则不然,因为许多没有开关按钮的物品也深受新事物狂热者喜爱)。对于这些物品,我会关注它们的差异,加上新事物狂热征。但是,让我们看看艺术品(属于另一类)与工业产品的区别。艺术品都会被创作者注入自己的感情,而且容易让人满足——我们不会像看待电子产品那样,带有一种感觉不尽完美、有待改进的挑剔心理。

此外,技术性的东西往往都很脆弱。我们对艺术家的作品很少产生跑步机效应,这些东西都带有一定的反脆弱性——比如,我脚上这双手工制作的鞋子得耗费鞋匠好几个月的时间才能制作完成,而带"开关按钮"的物品往往没有这种补偿性的反脆弱性。

但是对于有些东西,我们倒是希望多一点儿脆弱性,这就引出了我们对建筑的讨论。

建筑和不可逆转的新事物狂热征

有一些建筑师之间的进化战争,逐渐演变成了一种复杂的新事物狂热征。现代主义建筑与功能主义建筑的一个问题是,其实体不够脆弱、不易打破,因此,这些建筑物就只能矗立在那里,折磨着我们的感官——你没法预测它们什么时候会最终消失。

第二十章 时间与脆弱性

顺便说一句，城市规划显示出了自上而下效应的核心特点：自上而下通常是不可逆的，所以错误往往根深蒂固，而自下而上则是逐步渐进的，创造和破坏同步进行，虽然创造的步伐会稍微快一些。

此外，无论是城市或是楼房，只要是以自然的方式发展的，就都具有分形的特征。就像一切生物和有机体一样，如肺或树木，它们以自我引导的形式生长，同时驯服了随机性。什么是分形？回忆一下我们在第三章讲的曼德布罗特的洞见："分形"既需要杂乱的延伸扩展，也需要自相似性（曼德布罗特喜欢用"自仿性"的概念），如树木会生出很多枝条，每个枝条看起来都像一棵小树，枝条上又生出更小的枝条，看起来仍与整体相仿，就像稍加修饰但仍识别得出的整体。这些分形基于嵌套模式重复的规律，产生了某种丰富的细节。分形需要一些杂乱的表象，但是你会有一些方法来识别其杂乱背后的规律。大自然中的一切从本质上来看都是分形结构——杂乱、富含细节，但是遵循一定的模式。相比而言，有序则属于我们在学校学习的欧几里得几何：简化了形状，但失去了丰富的内涵。

可惜的是，当代建筑都是有序的，虽然有时它们会显得怪异。但是，自上而下进行的创造通常都是死板的（不具有分形结构），看上去死气沉沉。

有时候，现代主义会拐弯走上自然主义之路，然后停在那条路上。建于20世纪初的巴塞罗那高迪建筑就是从大自然和其他丰富的建筑形式（巴洛克式和摩尔式建筑）中汲取灵感而建造的。我曾参观过那里的一个房租管制公寓，感觉就像进了一个修缮过的洞穴，它充满了丰富、杂乱的细节。我甚至相信，我前世就是住在这样的环境中的。丰富的细节却能促进内心的平静，这是非常微妙的事。可惜的是，高迪的概念后来除了催生非自然和幼稚的现代主义建筑雏形外，并未继续发展；此后，现代主义结构趋向于光滑有序，完全脱离了分形结构的无序。

我写作时喜欢面朝树木，并且，如果可能的话，尽量看向长着野生蕨类植物的无人管理的花园。但是，棱角分明的白色墙壁却让我感觉紧张。自第二次世界大战以来建造的几乎所有东西，都有一种不自然的有序结构。

对于一些人来说，这些建筑物造成的危害不仅限于审美层面——许多罗马尼亚人就对独裁者尼古拉·齐奥塞斯库破坏传统村庄，代之以现代高楼的做法极为不满。新事物狂热征和独裁成为一个爆炸性的组合。在法国，一些人将移民骚乱归咎于住房工程中的现代建筑。正如记者克里斯托弗·考德威尔对现代这种不自然的生活状况的描述："勒·柯布西耶将房屋称为'居住的机器'。我们现在看到，法国的住房项目已经成了疏离人际关系的机器。"

简·雅各布斯是纽约的城市活动家，以其英雄般的政治风范力抗建筑和城市规划层面的新事物狂热征。痴迷于现代化城市梦想的是罗伯特·摩西，他改善纽约的方式是将大片住宅夷为平地，然后修建大型公路和高速公路，这种方式严重破坏了自然秩序，造成的罪孽甚至超过奥斯曼。我们在第七章中看到，奥斯曼在19世纪拆除了巴黎周边的一整块地区，以腾出空间修建"格兰大道"。雅各布斯反对一切高层建筑，因为它们扭曲了城市生活的体验，城市生活原本应该是在大街小巷中品味的。此外，雅各布斯还反对罗伯特·摩西修建那么多公路，因为这种交通引擎会吸干城市的生命——对她来说，城市应该致力于为行人服务。我们又一次看到了机器和有机体的二分法：对雅各布斯来说，城市是一个有机体，但对摩西来说，城市则是一台需要改良的机器。事实上，摩西还计划将西村夷为平地；多亏了雅各布斯的四处请愿和不懈的反对，这一地区——曼哈顿最漂亮的一片地区——才得以完好无损地保留下来。有人可能想给摩西正名，因为不是所有他主张的项目都是邪恶的，有些可能给人带来了益处，比如有了高速公路后，对中产阶层来说去公园和海滩就容易多了。

回想一下我们对自治市特点的讨论，这些自治市并没有变得更大，因为规模越大，问题会变得越抽象，而抽象不是人性可以妥善管理的。同样的原则也适用于城市生活：社区就像村庄，需要保持村庄的特征。

第二十章　时间与脆弱性

最近，我在伦敦遇上了一次交通堵塞，你会听到有人说，这种行驶速度相当于一个半世纪前的速度，或者更慢。我花了将近两个小时的时间才从伦敦的一头到达另一头。当我堵在路上，跟（波兰）司机似乎无话可谈时，我也在想奥斯曼是否真的是不正确的，如果伦敦也有奥斯曼之流把大批社区夷为平地，拓宽道路来疏导交通，这个城市是否会变得更好。直到我突然意识到，实际上，与其他城市相比，伦敦交通如此繁忙，是因为人们想住在这里，而且对他们来说，住在这里的益处超过成本。伦敦超过 1/3 的居民都是在外国出生的，而且，除了移民，地球上最富有的一群人最初也是在伦敦市中心的临时住所里发迹的。缺少街道，缺少占主导地位的政府可能正是这个城市的魅力之一。没有人会在巴西利亚购买临时住所，因为这个城市是从无到有，从地图上竖立起来的，完全自上而下的城市。

我也查阅了如今巴黎最昂贵的街区（如第六郡或圣路易斯），它们都是 19 世纪翻新工程中被遗漏的地区。

最后，我认为下文是对目的论设计的最好反驳。建筑物自诞生后常常会出现变化，就好像它们需要缓慢地进化以与周围变化的环境相契合：它们会改变颜色、形状、窗户和特征。斯图尔特·布兰德在他的书《建筑物如何进行学习》中登出了照片，显示建筑是怎样随时间而改变的，就好像它们需要蜕变成识别不出的形状——奇怪的是，这些建筑自兴建之时，就从未考虑未来改变的可选择性。

落地窗

我提出的对建筑现代主义的怀疑不是无条件的。虽然大部分建筑元素都带来了不自然的压力，但是某些元素还是有所改善的。例如，在乡村的环境中，落地窗能让人们最大限度地接触大自然——在这里，技术再次呈隐性状态。过去，窗户的大小需根据散热方面的考虑来决定，因为窗户隔热性能差，热量会迅速从窗户散掉。但是，今天的材料使我们摆脱了这样的限制。此外，为应对大革命后开征的门窗税的情况，许多法国建筑的窗户数量非常少。

穿起来无拘无束的鞋让我们能够感受到地面，如奥斯瓦尔德·斯宾格勒所说，现代科技可以使我们扭转文明从植物走向石头（也就是从分形走向欧几里得数学）的这一趋势。我们现在正从光滑有序的石头回归丰富的分形和自然。曼德布罗特在一扇俯瞰树林的窗前写道："我是那么渴望分形的唯美，其他的选择都是不可想象的。"现代技术使我们能够与大自然融合，不只是一扇小窗户，面向郁郁葱葱的茂密森林的一整面墙都可以是透明的。

公制度量

国家追求新鲜事物的一个实例是：公制度量运动，也就是使用公制来取代"古老"的度量，理由是为了提高效率——这样做"理由充分"。这一逻辑可能无可挑剔（当然，直到有一个更好的、不那么幼稚的逻辑取而代之，就像我在这里想尝试的一样）。让我们来看看，在这个问题上理性主义和经验主义之间的差异。

沃里克·凯恩斯与简·雅各布斯很相似，他在法庭上据理力争，为英国市场上的农民们争取继续以磅为单位销售香蕉和类似商品的权力，因为他们拒绝使用更"理性"的公斤。公制度量诞生于法国大革命，是乌托邦式情绪的产物，这其中包括把冬季的月份名称改为雪月、雨月、风月，以描述性的方式说明天气，还有将一周改为 10 天，以及类似的天真想法。幸运的是，改变时间的计划失败了。然而，虽然几经周折，公制度量还是被广为推行，但在美国和英国，旧制度量的地位仍然难以撼动。1832 年，在希腊独立 12 年后，法国作家埃德蒙德访问了希腊，他记录了农民们如何饱受公制度量的折磨，因为这对他们来说太不自然了，因而他们继续

第二十章　时间与脆弱性

坚持使用奥斯曼帝国时代的度量标准。[同样的，由于对阿拉伯字母实行"现代化"，读起来像词语一样容易记忆的闪语词序（ABJAD，HAWWAZ）被排成逻辑顺序（A-B-T-TH），结果导致阿拉伯人背诵字母的能力大大降低。]

但很少有人意识到，自然形成的度量体系背后自然有其逻辑：我们使用的英尺、英里、磅、英寸、弗隆、英石等计量单位都是古人直觉的产物，我们使用它们只需付出最低的认知努力。而且，所有文化中都有一些类似的度量方法，即用实物去衡量每天遇到的事物。比如，公尺无法与任何实物匹配，但英尺却有相匹配的东西。我可以轻易地想象"30英尺"的长度。再看英里，该词源于拉丁文 *miliapassum*，意思是走1 000步。同样的，1英石（14磅）与什么相对应呢……当然，是石头。1英寸对应的是一个拇指的长度。1弗隆的距离是人们一口气可以冲刺的距离。1磅源于 libra，就是你能想象的双手可以捧得住的重量。回想一下我们在第十二章说的泰勒斯的故事，我们用到了舍客勒这一度量单位：在闪米特人–迦南人的语言中，这个词的意思是"重量"，其具有实体方面的内涵，与磅类似。这些单位出现在我们祖先的生活中绝非偶然——而数字系统本身与我们的10根手指也存在对应关系。

当我写这些文字时，毫无疑问，一些每天晚餐吃200克煮熟的肉类和喝200厘升的红酒（这是有益于其身体健康的最适当的量）的人，正在计划促使"效率"更高的公制度量深入其成员国的乡村。

把科学变成新闻

因此，我们可以把脆弱性和强韧性的标准应用到信息的处理方面——这种情况与技术类似，脆弱的东西就是经不起时间考验的东西。所以，最好的过滤性启发法，就是看图书和科学论文的流传年数。刚出版一年的图书通常是不值得一读的（它具有"流芳百世"的质量的概率非常低），不管炒作得多么厉害，或者它们看上去多么"惊世骇俗"。所以在选择读什么书时，我以林迪效应为指导：已经流传10年的书将再流传10年；流传了2 000年的书还将流传更长时间，以此类推。许多人认识到了这一点，但并未将其应用到学术工作中；学术工作的许多现代实践，与新闻工作没有多少区别（除了偶尔的原创作品）。学术工作因为有寻求关注的倾向，所以很容易受制于林迪效应：想想看，数以百万计的论文不管在出版时如何大肆宣传，本质上也只是噪声。

判断科研成果或新的"创新"是否真的是突破，问题在于我们需要去看相关观念的所有层面——而且仍有一些迷惑需留待时间去解决。很多人像老鹰般盯着癌症的研究成果，我却喜欢引述下列事实：曾有段时间，犹大·福克曼的研究工作令大家兴奋不已。福克曼认为，人们可以通过抑制血液供应治愈癌症（肿瘤需要营养，而且往往会制造新的血管，就是所谓的新生血管）。这个想法表面上看起来无可挑剔，但大约15年时间之后，我们得到的唯一显著成果是找到了缓和黄斑变性的方案，这与癌症完全无关。

同样，看似无趣而可被忽视的结果，在10年之后却可能被证明是行业的突破。

所以，时间可作为噪声的清洁剂，把所有言过其实的作品都扔进垃圾桶。有些组织甚至把此类科学生产变成了廉价的观赏性竞技运动，比如评选出直肠肿瘤领域或诸如此类的子学科下的"十大热门论文"。

用"科学家"取代上文中所说的"科学成果"，我们也常常会看到相同的新事物狂热征。对"40岁以下"的明日之星科学家的授奖简直是种病态行为，这种病蔓延到了经济学、数学、金融学等领域。数学领域比较特别，因为其成果的价值是可以马上看到的，所以对该领域我就不做批评了。但对于我很熟悉的领域，比如文学、金融、经济等领域，我则非常肯定，向40岁以下的人授奖恰恰是其价值最好的反向指标（这很像交易员们屡试不爽的经验：出现在杂志的封面或者被《从优秀到卓越》等书誉为

第二十章　时间与脆弱性

"最佳"的公司往往最终业绩不如预期，做空它们的股票一定会让你赚得盆满钵满）。设置这些奖项最糟糕的后果是，将没有获奖的人置于不利地位，从而将这些领域降级成为竞技场。

如果我们要设奖的话，就应该为"流传百年以上"的成果设奖：人类花了140年来验证朱利·荷纽的贡献，后者发现了可选择性，并从数学的角度将其绘制了出来，同时他还发现了我们所称的炼金石。但是，他的作品多年来一直默默无闻。

现在，只要看看你高中和大学时感兴趣的基础教材——任何学科都可以，你就会同意我所说的科学领域充满噪声的观点。随机翻开一个章节，看看其中的观点如今是否仍然重要。哪些观念有点儿枯燥，但仍然具备现实意义，或者非但不枯燥，还很重要。它们可能是著名的1215年《大宪章》（英国历史）、恺撒的《高卢战记》（罗马历史）、对斯多葛学派的历史介绍（哲学）、量子力学概论（物理），或猫与狗的基因树（生物学）。

现在，请尝试找到5年前有关某一受关注主题的随便一场会议的会议记录。你可能会发现，它与5年前的新闻没有多大区别，甚至可能更无趣。因此，从统计上来看，出席一个会议可能与买一张彩票一样浪费时间，且回报很小。一篇论文在5年后仍然重要且有趣的概率不超过万分之一。由此可见科学的脆弱性！

与一名高中老师或者不成功的大学教授的谈话，可能也比最新的学术论文更有价值，而且这种谈话会较少地遭到新事物狂热征的侵蚀。我最酣畅的一次哲学交流是与一位法国的公立中学教师进行的，他热爱哲学，但没有兴趣靠写论文投身这个行业（在法国，他们在高中的最后一年教哲学）。不管在哪个领域，业余爱好者往往都是最优秀的，如果你能够接触到他们的话。与业余爱好者不同，职场专业人士奢谈知识就好像妓女奢谈爱情。

当然，你可能会幸运地在一些地方遇到一些有真才实学的人，但总体来说，在最好的情况下，与学者谈话就像与管道工谈话一样，有时候情况更糟,他们就像喜欢聊娱乐新闻的看门人:他们所聊的话题不外乎一些无聊的人(其他学者)和其他琐事。当然,顶尖科学家的谈话有时会令人着迷,这些人积累了渊博的知识,对他们来说,谈论某个相关话题游刃有余,因为这些主题与他们的整个研究领域密切地联系在一起。但是,这些人在这个世界上已经太罕见了。

我想用以下故事来结束本章。我的一个学生(他偏偏是学经济学专业的)问我应该根据什么原则来选择可读的书。"尽量不要读过去 20 年里出版的书,除了不是写过去 50 年内历史的历史书。"我脱口而出,而且颇有些不耐烦,因为我最讨厌这样的问题:"你读过的最好的书是什么"或"你能否列出十佳图书"。我心目中的"十佳图书"的书名在每个夏末都会改变。另外,我一直在推荐丹尼尔·卡尼曼的书,因为他的著作很大程度上是其 34~40 年之前的研究心血经过精心筛选和现代修订后的呈现。我的建议似乎是不切实际的,但是,经过一段时间,这位学生形成了一种阅读亚当·斯密、马克思和哈耶克等人原著的习惯,因为他相信这些书即使到他 80 岁的时候也会时常被引用。他告诉我,在定下这个图书选择规则后,他意识到他的同龄人读的往往都是最新但很快就会过时的书。

应该会消失的东西

2010 年,《经济学人》杂志邀请我参加一个专栏的写作,主题是想象 2036 年的世界。由于《经济学人》杂志知道我一向拒绝预测未来(从《黑天鹅》一书中得出的结论),因此他们的意图是把我当作反方作者,让我驳斥那些数不清的想象性预测,以实现对立观点的"平衡",因此,他们满心认为,我会像平时那样生气、不屑和气急败坏地进行驳斥。

结果,两个小时的散步之后,我一气呵成地写了一系列的预测,并将文稿发给编辑,他们着实吃了一惊。他们可能首先想到的是,我跟他们玩了一个恶作剧，或者某个人误收了他们的邮件，于是冒充我写了回信。在概述了脆弱性和非对称性（在错误面前呈凹性）后，我解释说，我预测未来还可以看到靠着一整面墙的书架、被称为电话的装置、手工业者的崛起等等。我的预测是基于这样的理念：大多数存活了 25 年的技术应该还能再存活 25 年——再次声明，我指的是大多数，不是全部。但脆弱的事物将消失，或者被削弱。现在，让我们看看什么是脆弱的。大的、优化的、过度依赖于技术的东西。脆弱的事物过度依赖于所谓的科学方法，而不是经时间验证的启发法。今天的大型公司到那时应该都消失了，因为它们将规模视为自己的实力，结果却被规模所误：规模之所以是公司的敌人，是因为它会导致公司在 "黑天鹅" 面前呈现不相称的脆弱性。城邦制国家和小型公司更容易在未来幸存，甚至茁壮成长。集权制国家、印发货币的央行，以及那些被称为经济部门的机构，名义上可能仍然存在，但它们的权力将被严重侵蚀。换句话说，我们在三元结构图 "脆弱类" 一栏中所看到的东西将消失——取而代之的是其他脆弱的事物。

先知与现在

针对事物的弱点提出警告（减法式预言），更接近于传统意义上先知发挥的作用：警告，而不一定是预测，并在人们拒绝接受的情况下预测灾难的发生。

先知的传统工作，至少在地中海东部地区，并不是展望未来，而是谈论现在。先知会告诉人们该怎么做，或者在我看来，更可靠的方法是告诉人们不该做什么。在近东的一神论传统中，无论是犹太教、基督教还是伊斯兰教的先知们，其主要工作是避免会众放弃唯一真神，而加入崇拜偶像的异教徒行列，以致引来灾难。先知是与唯一真神有着直接沟通，或者至少可以领会神的旨意的人——更重要的是，他要对他的教徒发出警告。闪米特人的先知，称为 **Nevi** 或 **nebi**（希伯来原文），在发音上与阿拉姆语和阿拉伯语在发音上的细微差别相同，主要是指能与上帝沟通并传达上帝旨意的人——'nab'在阿拉伯语中的意思是"新闻"（其最初的闪语词根nabu在阿卡迪亚的意思是"召唤"）。早先被翻译成希腊文时为pro-phetes，意思是"代言人"，这在伊斯兰教中被保留了下来，因为先知穆罕默德就有双重角色，一是代言人，一是信使。代言人和信使角色之间还有一些细小的等级差别。单纯做预测工作的人仅限于占卜者，或者会运用占卜术的各类人等，比如《古兰经》和《圣经·旧约》中不受人喜爱的"占星家"。迦南人的神学和各种探索未来的方法同样混乱，但先知仅指与唯一真神打交道的人。

在地中海东部地区，先知并不是让大家特别羡慕的人。正如我在本章开头所说，他们很难受人欢迎：耶稣在提到以利亚的命运时（以利亚警告会众不得敬拜巴力神，但具有讽刺意味的是，他又不得不到敬拜巴力神的西顿寻找慰藉）宣称：没人能在自己的土地上成为先知。而且先知的使命并不一定是人们自愿承担的。想想耶利米充满了悲叹的生活（《旧约·耶利米哀歌》），耶利米有关灾难和监禁（及其原因）的令人不快的警告，使他不那么受人欢迎，可以说他恰好是"棒打信使"和"真相带来仇恨"的体现。耶利米遭到了殴打、惩罚、迫害，并成为无数阴谋（其中涉及他自己的兄弟）的受害者。在一些杜撰的故事中，他甚至最后在埃及被人用石头砸死。

在闪米特北方，在希腊的传统文化中，我们发现了同样的信息，那些对现实发出警告的人，以及那些能够理解别人所不理解的事情的人，遭受了同样的惩罚。例如卡珊德拉，当神殿的蛇清理了她的耳朵后，她开始听到一些特别的信息，获得了预言的天赋，同时却背负着不被人相信的诅咒。提瑞西阿斯因为泄露了诸神的秘密而失明，并变身为女人——但作为弥补，雅典娜舔了他的耳朵，使他听得懂鸟儿歌声中的秘密。

回想一下我们在第二章提到的，我们无法从过去的行为中学习的现象。学习时缺乏递归思维，也就是缺乏二阶思维的问题是：如果那些传递一些从长远来看有价值信息的人在过去的历史中受到迫害，人们就会预期，应存在一个纠错机制，使聪明的人最终从这类历史经验中吸取教训，而传递信息的那个人也终将得以正名。但是，事实并不是这样。

缺乏递归思维的情况不只出现在预言中，也出现在其他的人类活动中：如果你认为别人没想到的某个新创意，也就是我们常说的"创新"，行得通而且会有很好的效果，那么你会预期别人也能够接受它，不用考虑太多别人的看法就能眼睛雪亮地捕捉到新创意。被视为"原创"的东西，往往是根据当时是新的但如今已经不新的东西设计的，因此对许多科学家来说，成为"爱因斯坦"就意味着要解决一个与爱因斯坦解决的问题相类似的问题，但实际上，当年爱因斯坦解决的也根本不是标准问题。成为物理学领域的爱因斯坦这个理念本身，也不具有原创性。我在风险管理领域发现过类似的错误，因为科学家们总试图以标准的方式创新。数量金融学界的人只是将过去伤害过他们的事件认作高风险事件（鉴于他们对"证据"的关注），而没有意识到，在这些事件发生之前，也完全没有先例和衡量标准。我个人曾努力劝他们摆脱固有的思维，以二阶思维模式来考虑问题，但是我没能说服他们——我也曾努力让他们认识脆弱性的概念，但同样没有成功。

恩培多克勒的狗

在亚里士多德的《大伦理学》一书中，有一则有关苏格拉底之前的哲学家恩培多克勒的可能是杜撰出来的故事。有人问恩培多克勒，为什么狗总是喜欢睡在同一块瓷砖上，恩培多克勒回答道，这条狗和这块瓷砖之间应该有一些相似性（其实这个故事甚至可能被杜撰了两次，因为我们也不知道《大伦理学》是否就是亚里士多德本人写的）。

想想狗和瓷砖之间的匹配性。这是一种自然的、生物的、可解释的或不可解释的匹配性，由于长期循环出现而得到了肯定，并取代了理性主义。回过头来看看历史事实就知道了。

这便让我能够对本章所做的关于先知的讨论下一个结论。

我认为，那些人类的技术，如幸存下来的写作和阅读技术，就像瓷砖之于狗，是自然的朋友之间的匹配，因为它们对应着我们内心深处的一些东西。只有经得住时间考验的东西，才是属于我们永远需要的东西。

每当我听到有人试图将一本书和一个电子阅读器做比较，或者试图比较某种古老的东西和某种新技术时，各类"意见"就冒出来了，仿佛现实只关心意见和叙述一样。其实，我们的世界中深藏着秘密，只有通过实践才能发现它们，而意见或分析是无法全面捕捉这些秘密的。

当然，秘密只有随时间的流逝才会逐渐为人所知，谢天谢地，它只能等待时间来发现。

什么是没有意义的

让我们再深入了解一下恩培多克勒的狗这则故事：如果某个东西对你来说没有任何意义（比如宗教——如果你是一个无神论者的话，或者某些不合理的古老习惯或做法），如果这个东西已经存在了很长一段时间，那么，不管你认为它合理还是不合理，你都可以预期它还会存在更长的时间，比那些预言它会死亡的人存活的时间更长。

第二十一章

医疗、凸性和不透明

- 他们所说的无证据。
- 医疗让人更脆弱，然后又试图救人。
- 牛顿定律或证据？

医学史主要是有关行动与思考之间的对话，以及如何在不透明的情况下做决策的故事，而且这些内容大多有据可查。在中世纪的地中海地区，迈蒙尼德、阿维森纳、阿哈威，以及诸如胡乃因·伊本·易斯哈格等叙利亚医生都身兼哲学家和医生两种身份。医生在中世纪犹太人世界里被称为哈基姆，意思是"聪明人"或"智慧的执行者"，是哲学家或拉比的近义词（hkm 这一词根在闪语中是"智慧"的意思）。甚至在更早的年代，也有一群深受希腊文化熏陶的人活跃在医学和哲学实践的中间领域——伟大的怀疑论者和哲学家塞克斯都·恩披里柯本人就是怀疑经验主义学派的医生。经验基础医疗的先行者尼科米底亚的曼诺多图斯也是如此，稍后我们会对他们做更多阐述。这些思想家的作品，或者说留存至今的作品，对我们中那些不相信夸夸其谈的人来说，也是令人耳目一新的。

本章中我们要说一些简单的内容，例如简单的决策法则和启发法。当然，我们要采用否定法（剔除不自然的）；我们只寻求能够带来非常大的健康收益（比方说，救人一命），或者收益明显超过其潜在危害的医疗技术，如毫无疑问必须动的手术或必须服的救命药物（青霉素）。这与政府干预是一样的。这是泰勒斯模式而非亚里士多德模式，即根据收益而非知识来做决策。因为在这些情况下，医学具有正向的非对称性（凸性效应），其结果不太可能产生脆弱性。否则，在某种药物、流程，或营养和生活方式带来的收益很小的情况下，比如那些仅照顾到舒适性的情况，我们可能就会受骗（将我们置于凸性效应的错误一面）。其实，我和拉斐尔·杜尔迪在我们有关风险检测技术论文（第十九章）中所开发的定理有一个意外的收益，即建立起以下事物之间的联系：风险或剂量反应的非线性与潜在的脆弱性或反脆弱性。

我还将问题扩展到了认识论的层面，并制定规则来界定什么才算得上证据：半杯水究竟应被视为半空的还是半满的，有些情况下，我们关注的是证据的缺乏，而在另外一些情况下，我们关注的是证据。在某些情况下，我们有确凿证据，在其他情况下，则完全没有证据——这取决于风险状况。以吸烟为例，在某个阶段，吸烟被认为能带来一些小收益，比如快感，甚至健康（确实，人们曾认为这是一个好东西）。它的危害是几十年之后才被发现的。然而，如果当时有人对吸烟表示质疑，他听到的将是千篇一律的幼稚而学术化的伪专家式回应："你有证据表明吸烟有害吗？"（这与"有没有证据表明污染有害"等回应如出一辙。）像往常一样，解决这个问题的办法很简单，拓展一下否定法和胖子托尼的"别当愚蠢的人"法则：非自然的东西需要证明其利益，但自然的事物则不需要——根据我们早先阐述的统计原理，大自然比人类更少让我们上当。在一个复杂的领域，只有时间——很长的时间——才能成为证据。

对于任何决定，未知事物对一种事物的影响总是大大超过另一种事物。

这种"你有证据吗"的谬论是将存在证明无害的证据与缺乏证据证明有害混为一谈，与我们将 NED（缺乏证据证明存在某种疾病）曲解为有证据证明不存在某种疾病的情况相类似，与将缺乏证明某事存在的证据视为存在证明某事不存在的证据相类似。这种错误往往会影响受过教育的聪明人,就好像教育使人们更倾向于以证实思维做出反应,因而更容易陷入简单的逻辑误区。

回想一下,在非线性情况下,简单的"有害"或"有益"的陈述都会失灵:关键在于剂量。

如何在急诊室中辩论

有一次散步的时候,我的鼻子受伤了。当然,这是出于培养反脆弱性的考虑。我试图走在坑洼不平的路面上,以此作为我进行反脆弱性训练的一部分,这部分是受洛克·勒·克勒的影响,他笃信自然运动的益处。这种运动是令人振奋的,当我将这种自然地表与人行道和公司办公室的地面相比时,我觉得世界更丰富、更分形了,而后者给我的感觉更像监狱。遗憾的是,我携带的东西可没有那么古老,我带了一部手机,它可不管我是否在散步,就蛮横地响了起来。

在急诊室,医生和工作人员坚持认为应该"冰敷"我的鼻子,也就是在鼻子上贴一个冰敷贴。在忍受痛苦时,我突然意识到,我的肿痛并不是跌倒直接造成的。这是我自己的身体对伤害做出的反应。在我看来,压制大自然所设定的反应简直就是对它的亵渎,除非我们有充分的理由这么做,并以恰当的实证检验来说明人类可以做得更好;举证是人类的责任。所以,我含糊不清地问急诊室医生,他是否有任何统计证据来证明冰敷我的鼻子有益,还是说,这只是一种天真的干预方式。

医生的回答是:"你的鼻子肿得有克利夫兰那么大了,你现在感兴趣的竟然是……数字?"我记得我从他语焉不详的回复中听出,他没有答案。

实际上,他确实没有答案,因为一碰到电脑,我就可以确认,没有令人信服的实证证据表明冰敷有利于消肿。至少,对于并不威胁病人生命的肿胀情况，冰敷很少奏效，至于威胁到病人生命的肿胀，冰敷显然也没有用。医生的头脑中充斥着纯粹骗人的理性主义，只有不够聪明的人才会相信这些理论，此外，他们还推崇干预主义，这种需要"做些事情"的理念的缺点我们相当清楚，那就是会对尚未观测到的事物进行诋毁。这种缺陷不仅限于我们对肿胀的控制：这种凭空捏造的做法困扰着整个医学史，当然，还有其他很多实践领域。研究人员保罗·米尔和罗宾·道斯开创了对"临床"和精算（统计）知识之间的冲突进行分类收录的传统，通过这种方式，我们可以检查有多少被专业人士和临床医生当真的事情实际上并不准确，也并不符合实证证据。问题是，这些研究人员并不清楚谁应该承担提供实证证据的责任（天真或伪经验主义和严格的经验主义之间的差异）——事实上，医生有责任告诉我们为什么退烧是好的，为什么在展开一天的活动之前吃早餐是有益健康的（没有任何证据），或为什么给患者放血是最好的选择（他们已经停止这样做了）。有时候，我发现，当他们防御性地说"我是一个医生"或者反问"你是医生吗"的时候，他们自己对治疗也没有什么把握。更糟糕的是，有时另类医疗领域的人会写信给我表示同情和支持，我还不得不去邮局取他们的信，在此我申明：本书的方法是正统、严谨、科学的，对另类医疗明确表示不赞成。

医疗护理的隐性成本主要在于拒绝承认反脆弱性，但其危害可能并不限于医疗方面，还有我们所说的"文明病"，它源于人们力求过安逸的生活，但结果却损害了身体健康，因为安逸本身就会使人脆弱。本章剩下的内容将关注具有隐性负凸性效应（收益小、损失大）的具体医学案例，并对医源性损伤的概念进行重构，与我提出的脆弱性和非线性概念关联起来。

医源性损伤的首要原则：经验主义

医源性损伤的首要原则是：我们不需要找到证明受到伤害的证据，才

第二十一章 医疗、凸性和不透明

能宣称某种药物或者不自然的肯定法疗是危险的。回想一下我先前对"火鸡"问题的评论，危害在于未来，而不是狭义上的过去。换句话说，我们需要经验主义，而非天真的经验主义。

我们已经看过了有关吸烟的论点。现在考虑一下吃人造脂肪，也就是反式脂肪的冒险历程。人类不知怎么学会了制造脂肪产品，在这个伟大的科学主义时代，人类确信他们可以做得比大自然更好。不是与大自然一样好，而是更好。化学家认为，他们能生产一种从各个方面来看都要优于猪油或黄油的脂肪替代品。首先，它更方便，人工合成的产品，如人造黄油，放在冰箱里很长时间仍能保持柔软，所以你无须边听收音机边等待它融化，你可以把它从冰箱取出后立即涂在面包上。其次，它是经济的，因为合成脂肪是从蔬菜中提取的。最后，也是最糟糕的是，反式脂肪被认为是更有益健康的。它得到了非常广泛的使用，出于某种原因，在一直食用动物脂肪几亿年之后，人们突然开始变得怕吃脂肪了（特别是一些所谓的"饱和脂肪"）。今天，反式脂肪被广泛禁用，因为它危及生命，是造成心脏疾病和心血管疾病的元凶之一。

再举一个例子说明这种致命的、骗人的（使人脆弱的）理性主义，让我们来看看沙利度胺的故事。这种药物本来是用于减轻孕吐的，结果却造成了畸形儿。另一种被称为己烯雌酚的药物则会不知不觉地损伤胎儿，导致女婴成年后容易患上妇科癌症。

这两个错误已经非常明显，因为在这两种情况下，益处似乎是显而易见且直接的，虽然这种益处很小，而伤害则会滞后多年显现，至少得3/4个世代后才会出现。那么，下一个要讨论的问题就是举证责任，因为你很容易想象，那些捍卫这些治疗方式的人会立即提出异议："塔勒布先生，你的陈述有何证据呢？"

现在我们可以看清其中的模式了：从成本效益的角度来看，医源性损伤通常源于一种危险的情况，即其中的益处很小，但可见，而成本非常大，但滞后和隐性。当然，潜在成本远远超过了累积收益。

医源性损伤的第二原则：非线性反应

医源性损伤的第二原则是：它是非线性的。我们不应该让基本上健康的人去冒险；但是，那些被认为处于危险之中的人，则应该冒更大的风险。

为什么我们需要集中精力治疗更严重的疾病，而非无关紧要的小病？让我们看看这个显示非线性（凸性效应）的例子。如果你患有轻度高血压，也就是血压稍微高于"正常血压"，则你从某种药物中受益的概率接近5.6%（18人中只有一人能从治疗中受益）。但是，当血压被认为处于"很高"或"严重"的范围时，服药的受益概率分别为26%和72%（从治疗中获益的人分别约占1/4和2/3）。因此，治疗的益处相对症状呈现凸性（根据病症的严重性，服药的益处会不成比例地上升，即加速上升）。但想想，医源性损伤对哪类病症都应该是恒定的！在你病得很重的情况下，服药的益处比医源性损伤要大，而在症状轻微时，其益处则相对较小。这意味着，我们需要重点关注重病症的情况，而忽略——我说的是真的忽略——病情并不严重的情况。

这里的论点是基于有条件生存概率的结构，这与我们在证明对瓷杯的损害为什么必须是非线性的结构相类似。想想看，即使面对少数的条件变化，大自然也必须通过无数次自然选择和自由探索才能为我们找到生路。在当下我们可以获得的12万种药物中，我很难通过正向描述法确定一种能使健康人士的身体状况"更健康"的药品（如果有人告诉我有这样一种药，我会怀疑它会引发尚未发现的副作用）。每过一段时间，我们就会推出一种提高机体性能的药物，比如类固醇，但最后发现这只不过是金融界人士早就知道的事情："成熟"市场中没有免费的午餐，看似免费的午餐背后必定隐藏着风险。当你认为你已经找到了免费的午餐，比如说，类固醇或反式脂肪这种看似没有明显缺点且有益健康的食品时，那么很有可能它们在什么地方已经挖了一个陷阱。其实，在我做交易员的时候，我们把

第二十一章 医疗、凸性和不透明

这种交易叫作"愚蠢的交易"。

我们始终找不到能让我们在健康的状况下无条件地增强体质（或无条件变强壮）的药品，原因很简单，从统计数据来看，大自然本应该可以找到这种神奇的药丸。但是，鉴于某种疾病是罕见的，而且人病得越重，大自然越不可能自己找到解决方案。所以说，偏离正常值3个单位的情况会比正常情况罕见300多倍，偏离正常值5个单位的情况则比正常情况罕见100万倍以上！

医学界还没有为医源性损伤的非线性收益建模，或许他们口头上这么做了，但我至今未在任何一篇正式的论文中见过，因而这也未被纳入进行概率调整时所用的决策方法（在下一节我们将看到，极少有人使用凸性偏见）。甚至医学界对风险进行的似乎也是线性推导，而这种方式会导致低估和高估伤害的程度——一篇关于辐射效应的论文写道："目前，使用中的标准模型应用的是线性度量，其将高剂量辐射致癌的论断推广到低剂量电离辐射的情况。"此外，制药公司迫于财务压力必须寻找疾病并满足安全分析师的要求。它们一直千方百计地在健康和更健康的人中寻找疾病，游说监管机构对病症重新分类，它们调整了销售技巧，怂恿医生过度开药。所以现在，如果你的血压处于"正常范围"的上端，你就不再是"血压正常"，而是"高血压前期"了，即使你还未出现任何症状。如果重新分类能带来更健康的生活方式，让我们通过强韧的否定法变得更为健康，那么重新分类也无可厚非——但是他们这样做的目的背后，通常是为了增加用药。

我并不是对药品的功能和肩负的使命持消极态度，实际上，我只是反对这种商业模式：即使从自身的利益考虑，它们也应该关注重症疾病，而不是对病症进行重新分类或唆使医生开药。事实上，医药企业对医生起的是干预作用。

让我们换一种方法来看，受到医源性损伤的是病人，而非治疗本身。如果病人濒死，那么所有投机性治疗方法都是值得鼓励的，什么都可以尝

| 341 |

试。反过来，如果病人几近健康，那么大自然才是真正的医生。

医疗中的詹森不等式

炼金石说明了风险的波动性比风险的平均值更重要——两者的区别就是"凸性偏见"。如果你对某种事物具有反脆弱性（具有凸性），那么最好它是随机分布的，而不是定期供应的。

我发现很少有医学论文将凸性效应应用于医疗问题，尽管在生物学里，非线性反应无处不在。（我已经很宽容了，其实，我发现只有一篇论文在一处明确应用了詹森不等式——多亏了我的朋友埃里克·布里斯——这也是唯一正确应用该不等式的论文，所以，在听到我对结果非线性的阐释后，回应"我们都知道……"的只是庸医而已。）

值得注意的是，凸性效应在选择权、创新、任何具有凸性的事物上，都以完全相同的方式运作。让我们将其应用到……我们的肺部。

以下内容具有技术性，不感兴趣的读者可以跳过。

患有各种肺部疾病，包括患急性呼吸窘迫综合征的人，都曾被迫戴上呼吸器。因为人们相信，最好保持恒定的压力和换气量——稳定性似乎总是不会出错的。但是，患者的反应却与压力呈现非线性关系（起初显示凸性效应，压力超过一定值后则呈现凹性效应），患者在这种规律性下反而痛苦不堪。此外，患有严重肺部疾病的患者不能长时间承受高压——但同时，他们又需要很大的换气量。布鲁斯特和他的同事想出了一种不定时分配高压、其他时间里则保持低压的方法，这使他们能够在平均压力不变的情况下给患者提供更多的换气量，从而降低患者的死亡率。这样做的一个额外好处是，偶然的压力增强有助于打开萎缩的肺泡。其实，我们的心肺在健康时就是这样工作的：空气流量始终是变化的，夹杂有"噪声"，从来都不是稳定的。人类对肺部压力有反脆弱性，而这直接源于肺部的非线性反应，正如我们所见，在一定剂量范围内，一切具有凸性的事物都有反脆弱性。布鲁斯特的论文通过了实证验证，但其实在这个案例中，连实证都是不必要的：你不需要实证数据来证明，一加一等于二，或者概率相加等于100%。

营养分析师们似乎并未探讨过随机摄入卡路里和稳定摄取营养之间的区别，这个问题我们放到下一章再进行讨论。

做"实证研究"却不使用凸性偏见等非线性效应模型，就好像不直接使用牛顿的方程式，而对每一个从树上掉下来的苹果进行分类，并将这一行为称为"实证研究"一样。

埋藏证据

现在，让我们了解一些历史背景。医药误导了人们这么长时间的原因是，它的成功被大肆地宣传，而它的错误则被隐藏了起来——就像被埋藏在历史坟墓中的许多其他有趣的故事一样。

我无法抗拒以下对干预性偏见（产生负凸性效应）的阐述。20世纪四五十年代，许多儿童和青少年接受了放射线治疗法，以治疗痤疮、胸腺肿大、扁桃体发炎等。除了甲状腺肿大和其他晚期并发症，接受这种放射性治疗的病人中约有7%的人在20~40年后患上甲状腺癌。但是，让我们不要急着摒弃辐射，如果它是来自大自然的话。我们对一定剂量的辐射水平（也就是自然的辐射水平）必定是有反脆弱性的。这种小剂量的辐射甚至可以防止来自更大剂量辐射的伤害和癌症，因为我们的身体会对辐射产生某种免疫力。谈到辐射我突然想到，几乎没有人知道，为什么过去几千年来我们人类的皮肤一直暴露于阳光下，现如今却突然需要防晒了，是不是因为大气发生变化了，晒太阳变得对我们有害了呢？还是因为如今人类生存的环境与皮肤的色素不相匹配了，或者更确切地说，是防晒产品的制造商需要赚取利润呢？

没完没了的"火鸡"现象

在天真的理性主义驱动下,试图战胜自然的企图数不胜数。这些人总是意图以一阶学习方式来"改善"周围事物,也就是禁止使用会造成伤害的药物或疗程,但没有人意识到,我们可能会在其他地方再犯同样的错误。

以他汀类药物为例。他汀类药物通常用于降低血液中的胆固醇,但是这里面存在非对称性,而且是很严重的非对称性。我们需要连续5年治疗50个高风险患者,才能避免发生单一的心血管疾病。他汀类药物可能会损害不是病得很重的人,对这些人来说,服药的益处很少或完全不存在。短期内,我们无法得到其隐藏危害的证据(我们需要很多年才能收集到证据,就像前文提到的吸烟的案例),此外,如今主张定期服用这些药物的说法,往往存在一些统计错觉,或者统计操纵(制药公司所使用的实验似乎总是在利用非线性,并将重症患者与症状较轻的患者混为一谈,除此之外它们还假定健康人的公制"胆固醇"等于100%)。他汀类药物没能应用医源性损伤的第一条原则(看不见的伤害),此外,它们确实降低了胆固醇,但作为一个人,你的目标不是降低某一个指标,以便得到一个可以通过学校测试的分数,你是为了更健康。此外,现在还不能确定,人们力求降低的这些指标究竟是不是某种疾病的根源或者反映——就像给婴儿塞一个奶嘴能让他停止哭闹,但不会清除他闹情绪的根源。由于法律的复杂性,以降低某个指标为目的的药物损害尤其大。医生总会有开出这些药物的诱因,因为万一患者心脏病发作,他会因玩忽职守遭到起诉;但相反的错误却不会遭到惩罚,因为副作用往往不被视为这种药物所造成的。

天真的干预问题混合着干预偏见,也会出现在癌症检测的过程中:人们明显偏向于赞成治疗,即使它带来了更多的伤害,因为法律制度往往赞成干预。

外科手术。历史学家指出,在很长一段时间内,外科手术的历史记录要好于药物，这是对可见结果进行必要的严谨检验后证明的。考虑一下，当你给受了严重创伤的患者进行手术，比如取出子弹或将内脏推回原位时，医源性损伤就降低了；手术的弊小于利，因此呈现正凸性效应。与一般的药物干预不同，很难说大自然会在这方面做得更好。外科医生曾经是蓝领工作者，或者更接近于手工业者而离高科技较远，因此他们并不认为自己有责任去追求理论。

内科医生和外科医生这两种职业在专业性和社会性上都保持着相互独立，前者是艺术，后者是科学，因此一种是基于理论的，确切地说，是基于人类的一般理论的，而另一种则是一门基于经验启发法的手艺。外科医生的主要责任是应对紧急情况。在英国、法国和意大利的一些城市，外科医生行会往往与理发师行会并在一起。因此，苏联-哈佛派的外科手术曾长期受结果可视性的制约——你是骗不了你的眼睛的。由于很长一段时间里，人们动手术时不用麻醉剂，因此他们不需要过多的理由来解释为什么他们选择"无为"而宁愿顺其自然。

但是，由于出现了麻醉剂，如今手术的障碍要小得多——外科医生现在也需要读医学院了，不过学习的理论少于中世纪的巴黎大学或博洛尼亚大学。相较之下，在过去，放血是外科医生没有任何反诱因就会执行的少数手术之一。比如，近代通过背部手术来治疗坐骨神经痛的做法通常是无效的，甚至还会带来损害。有证据表明，6年后，这样的手术平均来看相当于什么都没做，所以背部手术给我们带来了一定的潜在损失，因为每种手术都可能带来风险，比如麻醉会对脑部造成损伤、医疗失误（医生伤及脊髓），或感染医院细菌。然而，腰椎间盘融合手术等脊柱手术如今仍被普遍实施，这主要是因为它对医生来说非常有利可图。

抗生素。每当你服用抗生素时，你就相当于在一定程度上帮助细菌突变。同时，服用抗生素还会损伤你的免疫系统。你改变了身体对细菌的反脆弱性。解决方案当然是只在用药益处很大时才服用抗生素。卫生或过度的卫生，也有相同的效果，特别是在人们每次接触外界后都用化学物品来清洁双手的情况下。

我们可以列举很多得到验证的和潜在的医源性损伤的惨痛例子（对危重病人之外的患者来说弊大于利，不管这样的弊端是否已被验证）：消炎药伟克适造成的副作用是延后引发心脏问题；抗抑郁药（在不必要情况下的使用）；减肥手术（取代了超重糖尿病患者的饥饿疗法）；可的松；用消毒剂清洁产品可能导致自身的免疫性疾病；激素替代疗法；子宫切除术；不是绝对必要的剖宫产；给婴儿装耳管；前脑叶白质切除术；补铁；对大米和小麦进行漂白，这被视为进步；防晒霜，可能会造成某种伤害；卫生（过分卫生，会因拒绝毒物兴奋效应，即我们自身的反脆弱性，而使你变得脆弱）；我们摄取益生菌，因为我们不再吃足量的"脏东西"了；来苏水等消毒剂杀死了那么多"细菌"，使得儿童发育中的免疫系统被剥夺了必要的锻炼机会；口腔卫生，我不知道用沾满化学物质的牙刷刷牙是否主要是为了给牙膏行业制造利润——牙刷是普通之物，而使用牙膏可能只是为了对抗我们消耗的非自然产品，如淀粉、糖、高果糖玉米糖浆，说到这，高果糖玉米糖浆也是新事物狂热征的产物，是由喜爱技术的尼克松政府赞助开发的，到头来不仅要补贴玉米种植户，也给消费者造成了伤害；II 型糖尿病患者的胰岛素注射治疗是基于这样一种假设，即糖尿病的危害来自血糖，而非胰岛素抗性（或别的与它相关的东西）；豆浆；地中海居民和亚裔喝的牛奶；海洛因，我们可以想见的最危险的上瘾毒品，其发展成为吗啡替代品用作止咳药，不会有吗啡的成瘾副作用；精神病治疗，特别是儿童精神病治疗——但对它的危险性我想我不需要再说了……就此打住。

再强调一遍，我这里的陈述都是以风险管理为基础的：如果一个人的病情十分严重，就无须担心医源性损伤了。只有边际案例才会有危险。

我到目前讨论的情况都是很容易理解的，但有些应用却更为微妙。例如，与我们最初感觉的"合理性"相反，目前还没有明确的证据表明，无糖的甜味饮料会因不含卡路里而帮助你减肥。但整整 30 年之后，我们才开始提出质疑。不知道为什么,那些建议喝这些饮料的人都认为,根据物理定律(对热力学的幼稚的阐释),我们发胖的原因就是摄入了过多的卡路里,这个理由足以说明问题,无须再做进一步的分析了。当然,这个理由在热力学上确实没错,就像简单机器会对能源有所反应,却没有回馈,比如燃油汽车。但是,这个理由在食品方面不成立,因为食物不仅是一种能源来源,它也传达了有关环境(如压力)的信息。摄入食物与人的活动相结合,会刺激激素分泌(或类似的传达信息的东西),导致你渴望消耗能量(因此渴望吃其他食物),或改变身体燃烧能量的方式,不管它是需要保存脂肪还是燃烧肌肉,反之亦然。复杂的系统有反馈回路,因此你"燃烧"什么取决于你消耗了什么,以及你是如何消耗的。

大自然的不透明逻辑

在写这些段落的时候,生物学家克莱格·文特尔正致力于创造人造生命。他进行了实验,并在一篇题为"创造化学合成基因组控制的细菌细胞"的著名论文中进行了阐述。我对克莱格·文特尔非常尊重,我认为他是这个世界上最聪明的人,而且是一个完全意义上的"实干家",但给容易犯错的人类这样的权力,无异于给小孩一捆炸药。

如果我没有理解错的话,对于神造论支持者来说,这应该是对上帝的一种侮辱;但是,对进化论支持者来说,这无疑也是对进化的一种侮辱;对于像我和我的同事这样的怀疑主义者来说,这是对人类智慧的一种侮辱,是所有"黑天鹅"风险的起源。

请允许我在这里用一段文字再强调一下我的论点,以使其更清晰。进化是靠无定向的、凸性的自由探索或试错来推进的,因此本质上是强韧的,因为它能从连续的、重复的、细小的、局部的错误中获得潜在的随机收益,而人们开展的自上而下的科研过程却完全相反:这是一种伴有负凸性效应的干预,即暴露于大量的潜在错误中而只能获得一些很小的收益。人类理解复杂系统（生物、经济、气候）的风险记录一向少得可怜，再加上回顾时对事实的歪曲（我们只能在损害发生后理解风险，但接下来却继续犯错误），现在没有证据可以让我相信，我们的风险管理能力增强了。在上述特殊案例中，由于错误的可扩大性，你面对的是最不可预测的随机性。

简单地说，人类不应该玩火自焚（比如去研究原子弹、金融衍生品，或者创造生命的工具）。

有罪还是无罪

让我换个角度阐述上文中的最后一点。如果大自然中有什么事情你不理解，那么它在超乎你理解能力的更深层面上一定是合理的。所以，自然生物有其自身的逻辑，远远优于我们所能推导的逻辑。就像法律上的二分法：无罪推定（在被证明有罪之前，我们是无罪的），与有罪推定（在被证明无罪之前，我们是有罪的）。让我这样表述我的准则：大自然的行为背后有其严密的逻辑，直到你能够证明事情并非如此；人类和科学的行为有其缺陷，直到你能够证明并非如此。

让我们暂时先别提证据这一话题。如果你想谈论"统计显著性"，那么地球上没有什么比大自然更接近"统计显著性"了。我们从大自然的发展史，以及从纯粹的统计学角度梳理一下大自然从"黑天鹅"事件中幸存下来的大量事例，就能看出这一点。因此，要推翻大自然，我们需要拿出令人信服的充足证据，而不是像一般那样反过来做。可是，从统计上看，打败自然十分艰难——正如我在第七章讨论拖延时所写的，当涉及道德而不是涉及风险管理时，我们很容易陷入自然主义谬误。

请允许我再次驳斥以"证据"的名义，侵犯逻辑的严重性。我不是开玩笑：当我质疑某种不自然的治疗方法，比如冰敷时（读者在前文已经看到，我质疑是因为这种方式缺乏严格的实证和风险管理），我被反问："你有证据吗？"这让我极为震惊。过去，许多人都被反问："你有证据表明

第二十一章 医疗、凸性和不透明

反式脂肪是有害的吗？"他们被要求出示证据，但这显然是不可能的，因为这个危害要过几十年才能显现。这样诘问的人往往都是聪明人，甚至是医生。因此，如果（目前）地球的居住者想要做出违背自然的事情，那么他们也必须出示这样做可行的证据，如果他们能做到的话。

一切不稳定或易碎的物品，都很有可能被打碎。此外，大自然各组成部分之间的互动会以合理的方式进行调节，以使整个系统永续生存。因此，这个磨合了千百万年的机制所诞生的，一定是强韧性、反脆弱性和局部脆弱性的奇妙结合，局部的牺牲是为了让整个自然更好地运作。我们牺牲自己是为了让基因留存，就好像用我们的脆弱换取了它们的生存。我们会衰老，但是在我们的肉体之外，基因会永远年轻，而且越来越适应新的环境。小规模的破碎永远存在，这往往是为了规避影响广泛的大规模灾难。

生物学的无罪辩护：现象学

我已经解释过，现象学比理论更强有力，可以帮助我们制定更严格的政策。让我在此详细说明。

我在巴塞罗那一间健身房健身时，旁边恰好有一位咨询公司的高级合伙人，这种职业的本质就是编造一些叙述和天真的理性主义建议。像很多减肥的人一样，那个人对其减肥过程也津津乐道——谈论减肥的理论总是比坚持减肥要容易。那个人告诉我，他不相信推崇低碳水化合物的阿特金斯或杜坎减肥法，直到他听说了"胰岛素"的运作机制，并被说服开始进行这种减肥疗程。然后，他减了30磅——我们看到，在采取任何行动之前，他需要等待某个理论来说服自己。尽管早有实证证据表明，有人通过不吃碳水化合物，但不改变其总的食物摄入量（只改变食物组成）的方法减了100磅！我与该咨询师的想法完全相反，我认为这种"胰岛素"理论只是一个脆弱的理论，但现象，即实证效果，却是真的。让我介绍一下后经典主义时期的怀疑经验主义。

我们天生容易受理论的愚弄，但理论诞生又消亡，而经验却总能经受时间的考验。解释总是在变，在历史发展的过程中不断地变化（原因在于因果的不透明性和原因的隐蔽性），因而人们慢慢地养成了一种无明确理论支持就不能形成观点的习惯；但经验却能保持不变。

正如我们在第七章看到的，被物理学家称为过程的现象就是一种实证表现。以下面这个循证陈述为例，如果你正在锻炼肌肉，那么你就可以吃得更多，而不会让更多脂肪囤积在腹部，也就是说，你可以大快朵颐而无须购买新的皮带。在过去，对此进行理性化解释的理论是："你的新陈代谢加快了，因为肌肉运动会燃烧卡路里。"而如今我会听到："你将对胰岛素更敏感，也不容易储存脂肪。"胰岛素理论，其实应该说是伪胰岛素理论；新陈代谢理论，确切地说应该是伪新陈代谢理论；未来可能会出现另一种理论和另一种物质，但实际上效用仍将保持不变。

下面这句话也是一样：举重能增加肌肉量。过去人们常说，举重会造成"肌肉微撕裂"，肌肉愈合后会增大，而今天，一些人讨论的则是激素信号或基因机制，明天他们还将讨论别的东西。但效应永远存在。

当涉及叙述时，大脑似乎是理论家加骗子的最后一个阵地。把某种神经加进某个领域，突然之间人们就会对它肃然起敬，认为它变得更有说服力，因为这给了人们因果关系更强的错觉——但是大脑太复杂了，它是人类解剖学上最复杂的部分，也是最容易受到欺骗性因果关系影响的部分。克里斯托弗·查布利斯和丹尼尔·西蒙斯让我关注到我一直在寻找的证据：任何理论只要在大脑回路中找到依据，就似乎更加"科学"、更有说服力，即使它只是随机性地与心理、神经等相关。

但是，这种因果关系深深扎根于以传统方式缔造的传统医学中。阿维森纳在他的《医学规范》中写道："我们必须知道健康和疾病的原因，如果我们要使医学成为科学的话。"

我写的是与健康有关的事情，但我不想依靠超过最低要求的生物学知识（不是在理论意义上）来阐述健康，我相信我的强项就在这里。我只是

第二十一章 医疗、凸性和不透明

想尽可能少地了解生物学，以便让我不会无视经验的规律性。

因此，适合一个企业的运作模式应该是在理论的变化面前保持强韧性的模式（让我再说一遍，我对大自然的顺从完全是以统计和风险管理为基础的，即仍然基于脆弱性的概念）。医生兼医学作家詹姆斯·勒法努曾表明，我们对生物过程理解的增强伴随着药品开发的减少，就好像理性主义理论蒙蔽了我们的双眼，成为某种障碍。

换句话说，生物学中也存在绿色木材问题！

现在，让我们来谈谈古代和中世纪的医学历史。传统上，从医者通常被分成3种：理性主义者（基于预设的理论，需要全面理解事物的存在原因）、怀疑经验主义者（拒绝理论），以及方法论者（他们相互传授一些简单的医学启发法，完全不理会理论，并且寻找更加务实的方法，成为经验主义者）。虽然他们之间的差异可能因分类而显得过分夸大，但是我们还是可以看出，这3种从医者并不是完全不同的，他们的起点不同，这取决于他们最看重什么：有的以理论为起点，其他的则以证据为起点。

自古以来，3种人之间的紧张关系一直存在——而我自己则坚决地站在维护经验主义者的阵营中。经验主义作为一个哲学学派在古代晚期已经被埋没了，我一直在试图让一些经验主义者的思想焕发新的活力，比如克诺索斯的埃奈西德穆、老底嘉的安提阿哥、尼克米迪亚的曼诺多图斯、塔尔苏斯的希罗多德，当然还有塞克斯都·恩披里柯。经验主义者在面对与过去看到的不完全相同，哪怕是几近相同的情况时也会坚称"我不知道"。方法论者在比较类似情况时不会如此苛刻，但也会非常谨慎。

古人更刻薄

医源性损伤的问题古已有之，一直以来，医生们都是人们的笑柄。

马提亚尔在他的讽刺短诗中，让我们看到了他那个时代人们对医疗专家问题的看法，"我认为迪奥鲁斯是一名医生，不是看护——但在他看来,两者好像没什么不同",或者"我本来没感觉不舒服,斯马奇,但现在(在你服侍之后)就感觉生病了"。

在希腊语中,pharmakon这个词是很模糊的,因为它可能指代"毒药",也可能指代"治疗",而且其还被阿拉伯医生哈威用作双关语,以警告医生不要造成医源性损伤。

当一个人将正面结果归功于自己的技术,将失败归咎于运气时,归属问题便产生了。早在公元前4世纪,尼古克里就声称,医生总是在成功时急于邀功,在失败时责怪客观条件或者找一些外部原因。约24个世纪后的心理学家重新发现了这一规律,并认为这一现象普遍存在于股票经纪人、医生和公司管理人员身上。

我还听过一则古老的逸事:奄奄一息的皇帝哈德良不断地呼喊说,是他的医生杀害了他。

蒙田是古典智慧的集大成者,他的《随笔集》中充满了奇闻逸事:有人问一位古代斯巴达人,为什么他能活这么久。这个人回答是"忽略医药"。蒙田也觉察到了代理问题,或者说,为什么医生最不关心的就是你的身体健康:"古希腊的讽刺作家曾说,没有医生会因朋友的身体健康而感到开心,就像没有士兵会因城市久无战事而高兴。"

如何开药给一半的人吃

可以回想一下,我们说过一个私人医生会怎样置你于死地。

我们从祖母的故事中看到,我们的逻辑推理(但直觉式行动不是这样)很难区分平均数与我们观察到的其他更丰富的特性。

有一次,我在朋友的乡间别墅参加一个午餐会,有人拿出了一个手持式血压测量工具。我经不住诱惑,就测量了一下动脉血压,竟然略高于平均值。参加午餐会的人中刚好有一位医生,他为人非常友好和善,他马上掏出一张纸,给我开了一些降压药——我随后把这张纸扔进垃圾桶了。后来，我买了同样的测量工具，并发现，我的血压要比平均值低得多（也就是说健康状况更好了），只是偶尔会蹿升。总之，血压会呈现一些波动性，就像生活中的一切。

这个随机变异往往被误认为新信息，从而导致我们出手干预。让我们做一个假想实验，不需要假设血压和健康之间有任何联系。此外，假设"正常"血压是某个既定的已知值。以一群健康人为样本，假如由于随机性，这些人在1/2时间里的血压将高于正常值，而另外1/2的时间里，其血压低于正常值。因此，去医院就诊的话，他们遭遇血压"高于正常值"的警报的概率约为50%。如果医生在患者血压高于正常值的日子里主动给他们开药，那么一半的人将处于服药的状态。请注意，我们可以很肯定地说，他们的预期寿命会因不必要的治疗而缩短。当然，我在这里简化了情况；精明的医生都能够意识到测量值的易变性，并在情况不严重的时候不开药（虽然他们很容易落入陷阱，而且并不是所有的医生都很精明）。但是，这个假想实验可以显示，经常看医生，尤其是在疾病并不危及生命，或并未给你带来不适的情况下——就像你频繁查看信息一样——是有害的。这个例子也向我们展示了第七章所说的例子，即由于对噪声的反应过度，私人医生最终导致病人一命呜呼。

这可能比你想象的更严重：医学似乎很难理解样本的正常波动，有时，它很难区分"统计显著性"和"显著性"之间的区别。某种疾病可能会稍微缩短你的寿命，但是却显示出"很高的统计显著性"，导致人们产生恐慌情绪，而实际上所有这些研究可能只是在说，它们以"显著的统计边际"证明，在某些情况下，比如说1%的情况下，患者有可能受到伤害。换句话说：效用的大小、效果的重要性不是根据所谓的"统计显著性"来定的，这种东西往往会欺骗专家。我们需要看的是病症轻重，也就是血压与正常值相比高出多少，这可能会影响你的预期剩余寿命，以及所导致结果的严重性。

为什么这件事很严重？如果你认为统计学家真的理解现实生活中

（"大世界"，而非教科书中的"小世界"）复杂环境下的"统计显著性"，那我要揭示一些让你吃惊的事实。卡尼曼和特韦尔斯基指出，统计人员在现实生活中也会犯错误，忘记他们是统计学家（我提醒读者，思考总是需要付出努力的）。我的同事丹尼尔·戈尔茨坦和我针对数量金融工程师做了一些研究，发现他们中绝大多数人不明白他们在几乎每一个方程式中都会用到的一些基本概念，如"方差"或"标准差"的实际影响。最近，埃姆雷·索耶尔和罗宾·贺加斯开展的一次成功的研究表明，计量经济领域中的许多专家，在把他们制造的数据应用到实践中时会犯一些严重的错误——他们的方程式是正确的，但他们在现实应用中却犯了严重错误。他们几乎总是低估随机性和结果中的不确定性，而且我们还只是在谈论统计学家所犯的诠释错误，尚未谈及统计数据使用者，如社会科学家和医生所犯的诠释错误。

可惜的是，所有这些偏差都会使人们采取干预行动，而不是放弃行动。

此外，我们现在知道，厌恶脂肪的热潮和标榜"不含脂肪"的口号，其实都源于一个初级错误，即我们误读了一个回归结果：当某个效应是两个变量共同作用的结果（在这里就是碳水化合物和脂肪）时，人们有时却会只将结果归因于其中一个。肥胖其实是脂肪和碳水化合物共同作用的结果，但许多人却错误地将问题归咎于脂肪，而不是碳水化合物。此外，揭示了统计数据误读现象的伟大的统计学家戴维·弗里德曼与其合著者非常有说服力地指出，大家执着地认为盐和血压之间存在的关联，其实这根本没有统计学依据。这种关联或许在高血压人群中可以看到，但这更像是例外而非常规情况。

医学中的"严谨数学"

我们可能会嘲笑社会科学中隐藏在虚构数字背后的骗局，但你可能也会好奇，为什么在医学领域没有发生这种事？

实际上，糟糕的观点（和隐藏的观点）显示，数学在医学领域也愚弄了我们。人们付出了很多已被人遗忘的努力，企图将医药数学化。曾有一段时间，医药还从物理科学中衍生出解释模式。乔瓦尼·博雷利在《运动的动物》一书中，就将人体比喻成有生命的机器——因此，我们可以应用线性物理的规律。

让我重申一次，我并不是反对理性化的习得话语，只要它在错误面前不是脆弱的即可；我是第一个和最后一个哲学家–概率论者与决策者的混合体，而且我永远不会将哲学家–概率论者与决策者分离开来，所以我始终是混合体，无论是早上我喝古老的咖啡饮品的时候，中午我和朋友共进午餐的时候，还是晚上我随手拿本书上床睡觉的时候。我反对的是天真的理性化、虚假的习得话语、深陷绿色木材问题的论述——仅仅着眼于已知的，而忽略未知的。同样，在衡量未知的重要性问题上，我也不反对运用数学。实际上，本章及下一章的论点都基于概率数学，但这不是数学的理性主义应用，而且在很大程度上能帮助我们检验，有关疾病的严重性和治疗强度的两种陈述之间是否存在公然的矛盾。另外，在社会科学中运用数学无异于采用干预主义。那些在工作中天天使用数学的人，除了在有用的地方使用数学，也倾向于在每个地方使用它。

使用这种较为复杂的理性主义的唯一条件是：相信自己并不拥有完整的信息，而且行为也要符合这一点——要更成熟，你必须接受你并非无所不知的事实。

下一步

本章介绍了凸性效应的概念和医疗领域的举证责任，以及对医源性损伤的风险评估。接下来，我们要看凸性效应的更多应用，并将否定法视为生活的严谨方法。

第二十二章

活得长寿，但不要太长

- 星期三和星期五，加上东正教四月斋。
- 根据尼采和其他人的说法，如何获得永生。
- 或者，为什么以及何时你会考虑，不求活得更久。

预期寿命和凸性

每当你质疑医疗领域的某些方面，或者无条件的技术"进步"时，总有人马上诡辩道："我们可比前几代人活得时间更长。"需要注意的是，有些人还提出了一些更愚蠢的论点，认为主张回归自然就意味着回到"茹毛饮血"、寿命极短的时代，却没有意识到这相当于说，吃新鲜食品而非罐装食品即意味着摒弃文明、法治和人文主义。因此，有关预期寿命的论点有很多微妙的差别。

人类预期寿命的增加是许多因素结合的后果：卫生、青霉素、犯罪率的降低，以及挽救生命的手术的出现，当然，也归功于一些医学执业者对危重病患生命的拯救。我们活的时间更长，这是由于那些患了致命疾病、病情严重的患者能从医药和治疗中受益，因为此时的医源性损伤非常低。正如我们所看到的，这属于凸性效应的情况。所以，如果因为医疗能帮助我们活得更长，我们就推断说所有的医疗护理都能使我们的寿命更长，那

第二十二章　活得长寿，但不要太长

是严重的错误。

此外，考虑到"进步"的净效果，我们需要从医疗带来的收益中扣除文明病带来的成本（原始社会没有心血管疾病、癌症、龋齿、经济理论、酒吧音乐和其他现代疾病）；肺癌治疗的进步需要与吸烟的效果相抵消。从研究论文中我们可以估计，医疗实践也许确实使人类的平均寿命延长了几年，但是，这在很大程度上仍然取决于病情的严重性（癌症医生的预先干预肯定对可治愈的癌症病患产生了积极的作用，但是私人医生的干预却明显带来了副作用）。我们需要考虑到医源性损伤（也可以说医疗）在很多情况下（凹性效应的情况，这种情况我们很容易看到）减短了预期寿命的令人遗憾的事实。我们还收集到一些医院罢工期间的数据，在罢工期间医院只做几台手术（为最危急的患者），其他可推迟的手术则一律被推迟。我们发现，在这些情况下，患者的预期寿命延长了，或者至少没有缩短，当然这取决于你站在辩论的哪一方。此外，更重要的是，许多能被推迟的手术后来在医院恢复正常工作后都被取消了——这些证据足以说明大自然的工作被一些医生"抹黑"了。

另一个受随机性愚弄导致的错误是，直到20世纪之前，人类出生时的预期寿命都只有30岁，所以我们就认为，那时候的人只能活30年。要知道，寿命的分布是极不平衡的，许多人在出生和童年时期就夭折了。有条件的预期寿命其实是很长的——只要想想，古代人往往都是死于外伤就知道了。也许，法律的执行对人类寿命延长的贡献比医生还大——可以说，寿命的增长与其说源于科学的进步，还不如说源于社会的进步。

作为一个案例研究，让我们来看看乳房X光检查。现已证明，让超过40岁的妇女每年做一次乳房X光检查，并不能增长其预期剩余寿命（这已经是最好的情况了，这种检查甚至有可能导致她们的寿命缩短）。虽然在接受过乳房X光检查的女性中，乳腺癌导致的死亡率下降了，但其他原因造成的死亡率显著提升。我们可以从中发现简单可测的医源性损伤。医生只要看到肿瘤，就会不可避免地想要做些会带来伤害的事情，如手术、放疗、化疗，或同时进行，也就是说，医生会进行比肿瘤更有害的干预。心生恐慌的医生和病人很容易跨越一个平衡点：对不致命的肿瘤进行治疗会缩短病人的生命，因为化疗是有害的。我们对癌症的恐惧已经到了疑神疑鬼的地步，但回顾一下逻辑链，我们可以看到一种错误的逻辑，这被称为"肯定后件"谬误，即"以果证因"。即便所有那些因癌症早逝的人得的都是恶性肿瘤，那也并不意味着所有恶性肿瘤都会致人死亡。同样的，聪明的人也不会根据"所有克里特人都是骗子"的条件来推断说，所有骗子都是克里特人，或根据所有银行家都很腐败的条件推断出，所有腐败的人都是银行家。只有在极端情况下，大自然才会允许我们打破这种逻辑，做出"肯定前件"的决策，以帮助我们生存，过度反应可以让我们的祖先在他们的生存环境中受益。

对类似乳房 X 光检查问题的误解引发了政治家的过度反应（这是我主张通过下放重要的决策权，以使社会免受立法者的愚蠢影响的另一个原因）。希拉里·克林顿就是这样一名不开化的政治家，她竟然声称，批评乳房 X 光检查的实用性无异于杀害妇女。

我们可以将乳房 X 光检查的问题推广到无条件的实验室测试中，以发现偏离正常的值，并采取措施"治愈"它们。

减法使你的寿命增长

现在，在仔细查看了我的朋友斯佩诺斯·马克瑞戴克斯的数据后，我做出以下推测。斯佩诺斯是一位统计学家和决策科学家，我们在前几章介绍过他，他是第一个发现统计预测方法具有缺陷的人。我们估计，削减一定金额的医疗开支（将削减范围限于并非迫切需要进行的外科手术和治疗上）有助于延长大多数富裕国家人民，尤其是美国人的寿命。为什么？让我们进行一个简单的基本凸性分析，简单地考察有条件的医源性损伤：对轻度患者进行治疗的错误会将他们置于凹性状况。现在看起来，好像我们非常清楚该如何去做。只要将最严重的病情设为医疗干预的门槛即可，因为在这种情况下，医源性损伤的影响是非常小的。我们甚至应该提高这方面的开支，而减少非必要手术的支出，这可能会使情况变得更好。

换句话说，我们应该向后推理，即从医源性损伤出发来考虑选用何种治疗方法，而不是背道而驰。只要有可能，就用人类的反脆弱性来替代医生。但是，在其他情况下，则不要抗拒积极的治疗。

让我们来看看否定法的另一种应用：花更少的钱但活得更长，这是一种减法策略。我们看到，医源性损伤源自干预偏见；肯定法，或者想要"做些什么"的倾向，导致了我们上述的所有问题。在此还是让我们应用否定法：消除某些东西可能是非常有效的行动（在实证上也更严格）。

为什么？消除一些没有经过进化历练的事物有助于降低"黑天鹅"这种极端事件的发生概率，同时使人类有机会得到改进。如果人们能够改进，我们可以相当确信，它将在很大程度上消除看不见的副作用。

因此，在医学领域应用否定法会带来许多隐性收益，比如，劝人不要吸烟似乎是过去60年中最大的医学贡献。德吕恩·布奇在《医药的真相》一书中写道："吸烟的害处大致相当于战后发展起来的每一种医学干预所带来的益处的总和……戒烟带来的好处大于治愈每一种可能的癌症所带来的利益。"

像往常一样，古人也有智慧之言。正如昆图斯·恩纽斯写道："好，主要是因为缺乏坏的缘故。"

同样，幸福最好用否定的概念来阐释，非线性在此也适用。现代的幸福研究人员（他们通常看起来很不幸福）往往都是从心理学家转行成为经济学家（或反过来），当他们给我们讲幸福学时，就好像我们知道幸福是什么，知道它是不是我们应该追求的东西一样。而且他们讲这些时，并不会使用非线性和凸性效应。事实上，他们应该教我们了解什么是不幸福（我这么推测是因为那些讲授幸福学的人看上去并不幸福，而那些教授不幸福的人看上去却很幸福），让我们对不幸福了解得更多，"追求幸福"并不等于"避免不幸福"。我们每个人肯定都知道，是哪些原因让我们不快乐（例如，出版社的编辑、通勤、异味、疼痛、在等候室里看到的某本杂志等），也知道我们应该如何去做。

让我们探究一下古老的智慧。普罗提诺写道："有时候缺乏营养会让机体恢复。"古代人很相信洁净身体的必要性（洁净的一种方式是，往往造成伤害但也经常有益的放血）。萨勒诺医学院的养生法则是：愉悦的心情、充足的休息，以及适当缺乏营养。

有一则关于蓬波尼乌斯·阿提库斯的故事，他是西塞罗的亲戚和书信的收信人，这则故事似乎是杜撰的，但还是很有趣。蓬波尼乌斯由于身患绝症而非常痛苦，他试图通过绝食结束自己的生命和痛苦，最后却痊愈了。根据蒙田的记录，蓬波尼乌斯恢复了健康。尽管我知道这个故事可能是杜撰的，但我还是要用它举例，原因很简单，从科学的角度来看，延长人类寿命的唯一方式就是限制卡路里摄入量，我们在实验室动物身上似乎已经证实了这一方式对疾病治疗和寿命延长的效用。但是，正如我们将在下一节中所见的，这种限制不必是永久性的，只要我们偶然节食（当然有点儿痛苦）即可。

我们知道，在许多情况下我们可以通过为糖尿病患者制定非常严格的饥饿式疗法，来刺激他们的肌体系统，从而治愈糖尿病——事实上，我们很久以前就经由启发法推导出了这一治疗机制，因为西伯利亚早就有使用饥饿疗法的机构和疗养院了。此外，有资料表明，英国40%的癌症通过否定法就可以消除（只要想想阻止人们吸烟的益处就知道了）。

还有人证明，很多人因摒弃祖先的生存环境中不存在的食物而受益：比如糖和其他以不自然的形式存在的碳水化合物、小麦制品（患有腹腔疾病的人尤其不适合吃，但实际上几乎所有人都不能适应这一人类食谱中的新成员）、牛奶和其他奶制品（非北欧血统的人没有乳糖耐受性）、苏打水（包括无糖型和普通型）、葡萄酒（亚洲血统的人在历史上不太接触葡萄酒）、维生素药片、食品添加剂、头痛药和其他止痛药。对止痛药的依赖鼓励人们不再使用试错法来寻找头痛的根源,原因可能是缺乏睡眠、颈脖肌肉僵硬,或者压力过大。止痛药纵容人们以削足适履的方式毁灭自己。但实际上要解决这些问题并不难,只要扔掉医生给你开的药物,或者最好是远离医生,正如老奥利弗·温德尔·霍姆斯所说的:"把所有药物都倒进大海对人类会更好,只是鱼类要遭殃了。"我的父亲是一位肿瘤科医生(他也做了些人类学研究),他就是根据这样的信条把我抚养大的(虽然在实践上没有完全遵从,但他经常把这些话挂在嘴边)。

而我呢,我抵制任何在古地中海地区找不到的水果(我这里只代表"我"自己的立场,以显示我并未将我的观点狭隘地推广给其他人)。我拒绝任何没有古希腊或希伯来文名称的水果,如杧果、木瓜,甚至橘子。橘子在后中世纪相当于糖果,它们在古地中海地区并不存在。很显然,葡萄牙人在果阿邦或其他地方发现了甜柑橘树,之后便开始培育越来越甜的果子,就像现代的糖果公司那样。即使对于在商店看到的苹果,我们也得留心:原本苹果不是很甜的,是水果公司培育出了这么甜的苹果——记忆中,我童年时代黎凡特地区的苹果都带点酸涩的味道,脆脆的,而且比美国各大商店中有光泽的、据说能够让你远离医生的苹果小得多。

至于饮料,我的原则是不喝少于1 000年历史的饮料——因为人体对古老饮料的适应性已经过测试。我只喝酒、水和咖啡,不喝软饮料。也许最可能带有欺骗性的有毒饮料就是我们让可怜无辜的人们在早餐桌上喝的橙汁了,但同时我们却通过营销手段说服他们这是"健康的"。(除了因为早年我们祖先吃的水果没有那么甜,还因为他们从来不会在摄取碳水化合物的同时摄入大量的纤维。吃一个橘子或苹果,在生物学上与喝橘子汁或苹果汁并不等效。)从这个例子我得出一个规律,被称为"健康"食品的东西一般都不健康,就像"社交"网络阻碍了人类的正常社交,"知识"经济也往往是无知的一样。

我还想补充一点,根据我自己的经验,在消除了一些恼人的刺激物后,我的健康状况实现了一次飞跃:这些刺激来自出版社编辑、早报(只要提到诸如托马斯·弗里德曼、保罗·克鲁格曼等脆弱推手，我心头就会涌上一股无名之火）、老板、通勤、空调（不过供暖装置不在此列）、电视节目、纪录片制片人发来的电子邮件、经济预测、股市消息、健身房的"力量训练"器械，等等。

金钱的医源性损伤

我们追求财富的方式完全将反脆弱性拒于千里之外，只要看看吃着火腿加奶酪的法式面包的建筑工人要比享用米其林三星级餐厅套餐的商人看上去更快乐，你就会明白了。努力工作之后，食物似乎美味得多。罗马人有一个奇怪的财富观：任何有"软化"或"镇静"功能的东西都被视为不良事物。说罗马人颓废是有点儿夸张，历史总是喜欢夸张的故事；其实罗马人不喜欢舒适的生活，因为了解它的副作用。闪米特人也一样，他们分裂为城市居民和沙漠部落，城市居民对他们的文化源头始终抱有挥之不去的怀旧情，而沙漠文化则充满了诗意、骑士精神、冥想、粗犷的故事、简朴，以及对城市舒适生活的抗拒，因为后者往往与身体和道德的堕落、流言蜚语和颓废的精神相关。城里人重返沙漠以求心灵的净化，就像基督在朱迪亚沙漠苦熬40日，或圣马克在埃及沙漠中开启了禁欲主义的传统。曾经有段时间，黎凡特地区流行起了修道生活，也许最令人印象深刻的就是在叙利亚北部的一根圆柱上坐了40年的圣西蒙。阿拉伯人也保留了这个传统，舍弃财物，前往寂静、贫瘠、空旷的地方。当然，还有强制禁食，这个稍后再谈。

需要注意的是，医源性损伤是富裕和复杂，而非贫困和单纯造成的结果，而且是知识不完全的产物，而非完全无知带来的恶果。因此，这种抛弃所有走进沙漠的想法，是一种相当有效的否定法式减法策略。很少有人认为，钱也有它自己的医源性损伤，某些人失去财富只会让他们的生活更简单。所以说，只要做得正确，生活贫困一点儿也并非完全没有益处。我们需要现代文明中的很多元素,比如法律制度和急诊室手术。但想一想,我们如何从减法的视角,通过否定法来变得强韧,变得更好:不要防晒霜,不要墨镜(如果你的眼睛是棕色的话),不要空调,不要橘子汁(它们只是水而已)、不要光滑的地面,不要软饮料,不要复杂的药丸,不要嘈杂的音乐,不要电梯,不要榨汁机,不要……我还是打住吧。

我的朋友阿特·德·凡尼极力实践古人的生活风格,他如今70多岁了,身体依然很健朗(远比年轻30岁的人更健康),看看他的照片,再看看那些梨状体形的亿万富翁——鲁珀特·默多克、沃伦·巴菲特,或其他同年龄段的人士,我总是禁不住冒出一些想法。如果真正的财富是高枕无忧、问心无愧、相互感恩、远离嫉妒、胃口良好、肌肉强健、精力充沛、经常开怀大笑、从不独自用餐、用不上健康课程、适当的体力劳动(或有些爱好)、良好的排便、不用开会、偶尔来点儿惊喜,那么做减法(消除了医源性损伤)将更有效。

宗教和天真的干预主义

宗教有它的无形目的,超越缺乏想象力的科学主义和科学至上的认同——事实上,宗教的目的之一就是保护我们免受科学主义的伤害。我们看到,许多坟墓上的铭文记述了人们在求医未成、求神成功了之后,为他们崇拜的神建造喷泉甚至庙宇的故事。事实上,我们很少看到宗教在约束干预偏见及其医源性损伤方面给我们带来的积极意义:在很多情况下(病情轻微),任何使你远离医生、选择无为策略(因此给予大自然发挥作用的机会)的事情都是有益的。所以,在病情轻微的情况下去教会(或阿波罗神庙)肯定是有帮助的,这里的病情轻微是指没有重大创伤,只是有些小恙,因为在这些情况下(也就是在负凸性效应的情况下),医源性损伤的风险要高于治疗带来的益处。我们在庙宇中看到很多诸如"阿波罗救了我,我的医生试图杀了我"之类的铭文,这通常都表明病人希望将自己的财富捐赠给寺庙。

在我看来，在人性深处，我们知道什么时候需要寻求宗教的安慰，什么时候需要回到科学思维上来。[1]

如果今天是星期三，那么我必须吃素

有时候，研讨会的主办单位为了准备晚餐，会提前寄给我一张表格，询问我的饮食要求。有些甚至要提前半年确认。过去，我的回答一般是，我拒绝食用猫、狗、鼠和人类（特别是经济学家）。今天，随着我个人的进化，我真的需要弄清楚那天是星期几，从而决定我当天是应该吃素，还是吃大牛排。怎么决定呢？只要看看希腊东正教的日历就行了，它会显示哪些天需要禁食。这会让一般的会议组织者感到迷惑，不知道应该将我分到"原始阵营"还是"素食阵营"（"原始阵营"的人们都是肉食动物，他们认为古代狩猎-采集者的饮食结构多肉、多动物脂肪，所以他们也要效法，而素食者则不吃动物制品，甚至不吃黄油）。我们在下文将进一步阐述，除偶然情况外，为什么上述两种分类都犯了天真的理性主义错误（除了宗教或精神方面的原因）。

我相信宗教的启发法，并盲目地接受其所有规则（作为一名希腊东正教教徒，我偶尔也会禁食一次，因为这实际上也是游戏的一部分）。宗教的作用之一就是驯服过于丰盛的生活所带来的医源性损伤——禁食会让你放下你饭来张口的权利意识。但还有更微妙的地方。

凸性效应和随机营养

回想一下，我们在讨论肺部呼吸器时提到的詹森不等式的实践影响：

---

[1] 我试图避免讨论宗教的心灵慰藉效应。

第二十二章 活得长寿，但不要太长

不规律在某些领域是有其益处的，规律性有时也有其危害。在詹森不等式适用的地方，不规律反而可能是一剂良药。

也许我们最需要的是随机性地少吃几餐，或至少避免稳定的饮食。我们可以在两个地方发现忽视非线性的错误，一是在摄取食物的成分方面，二是在食物摄取的频率方面。

摄取食物的成分方面的问题如下所述。人类被认为是杂食性动物，与非杂食性哺乳类动物，如牛、大象（草食动物）和狮子（吃猎物，一般是食草动物）不同。但是，这种杂食性能力的发展是为了适应多元化的、充满意外和无序的环境，以及不同的食品供应来源，而非杂食性能力则是为了适应非常稳定的栖息地环境，这里没有突变，也没有更复杂环境中的更多出路。所以，功能的多样化一定是为了应对环境的多样性与结构的多样性。

请注意人体构造的微妙之处：牛和其他草食动物在食物摄取上的随机性比狮子要小得多；它们稳定地进食，但需要付出更大的努力来代谢所有这些营养成分，因此它们每天要花费好几个小时吃东西，更不要说站在那里吃草是多么无聊了。狮子则不同，它需要依靠更多的运气，它的捕食成功率并不高，只有不到20%，但是一旦捕食到猎物，它便能快速而轻易地摄入它的猎物通过艰苦和枯燥的进食工作所积累的所有营养成分。因此，我们可以从环境的随机结构中总结出以下原则：当我们吃素时，我们就需要稳定地摄取食物；当我们吃肉时，我们可以更随机地进食。因此，从统计上说，我们也应该随机消耗蛋白质。

所以，如果你认为我们需要"均衡"的营养组合，同时马上假定我们每餐都需要这样的均衡，而不是连续几餐才取得均衡，那么你的想法是错误的。假设我们需要一定量的营养，比如说一定量的碳水化合物、蛋白质和脂肪，那么，每餐都摄取这些营养，比如经典牛排、沙拉和新鲜的水果，与在连续的几餐中分别摄入这些营养的效果存在很大区别。

为什么？因为匮乏会形成一种压力源——我们都知道系统先遭受压

力后又得到充分恢复，会产生什么结果。这里我们又看到了凸性效应的作用：在一天之内 3 次摄入蛋白质，每次剂量相当于平时的一日剂量，接下来两天则不摄取任何蛋白质，这种进食方法在生物上的效用绝不等价于每日"稳定"摄取适量的蛋白质，如果我们的代谢反应是非线性的话。事实上，这样做应该有一定的好处——至少我们的生理构造是适应这种方式的。

我推测，事实上，不仅仅是推测：我有足够的理由相信（我有非线性的影响和大自然的逻辑做后盾，还有实证证据的支持），我们对食物的摄入和成分的随机性是有反脆弱性的——至少在某个范围，或者某些日子是这样的。

对凸性偏见的一个公然否定，就是所谓的克里特岛（地中海）饮食理论，这类饮食引发美国开明阶层开始改变自己的饮食习惯：远离牛排和土豆，而青睐烤鱼搭配沙拉和羊奶酪。但是这个理论公然不顾凸性偏见，说法如下：有人看到克里特人大多很长寿，于是对他们的饮食进行了归类，然后推断——这可真够幼稚的——他们更长寿是得益于他们吃的食物种类不同。可能这是真的，但发挥了主导作用的二阶效应（食物摄取的多样性）却被机械的研究人员忽略了。事实上，人们过了很久才注意到，希腊东正教要求每年进行多达 200 天的禁食（根据当地文化的严苛程度而定），而且都是艰苦的斋戒。

是的，艰苦的斋戒，就像我现在所感受到的那样。我写这些文字时正值东正教四旬期，在这 40 天内，我们几乎不可以吃任何动物制品和甜食，一些非常虔诚的教徒甚至连橄榄油也不碰。禁食有几个层级，我一般以中等严格的层级为准，这段时间的生活是很不容易的，这也是禁食的目的。我刚在黎巴嫩北部地区度过了漫长的周末，这里是我们家祖辈生活的村庄，位于希腊东正教教区一个被称为库拉河谷的地方。这里传统的"素斋"可谓登峰造极，具有极大的想象空间：黎凡特的羔羊肉饼是用植物和豆子代替肉类做成的，肉丸是用未发酵的棕色小丸子在扁豆汤内做成的。

第二十二章 活得长寿，但不要太长

值得注意的是，虽然禁止吃鱼，但大多数时候，贝壳类食物还是允许食用的，这可能是因为这类食品不被认为是奢侈品。日常饮食中某些营养元素的缺乏，在日后可以大量地补回来。我会在我能够吃鱼的日子里，补偿我这些天因少吃鱼而缺少的被研究人员（目前）称为蛋白质的东西，当然我也会在复活节狼吞虎咽地吃羊肉，随后再大量食用高脂红肉。现在，我就非常渴望在胖子托尼经常光顾的餐厅吃上一块牛排，而且毫无疑问要超大份的。

这就是禁食的压力所带来的反脆弱性，它使我们所渴望的食物品尝起来更美味，也能使我们的肌体系统产生更多的快感。禁食后进食的感觉与吃喝过量的感觉完全相反。①

如何吃掉自己

我很好奇，为什么人们认同锻炼的压力对身体有益，但却无法推此及彼地认识到，一定的食物匮乏也会产生相同的效果。在我写这本书时，科学家们正在探索偶尔不吃部分或全部食物所带来的影响。不管如何，有证据显示，我们在约束的压力下只会变得更加体力充沛和健康。

我们可以看一下生物学研究，不是为了从理性主义的角度进行总结或使用，而是为了验证人类对饥饿的反应：人体机制会因食物匮乏而被激活。我们曾对一群人做过实验，显示出饥饿——或者说某类食物匮乏——会对人类产生积极的作用。研究人员可以通过细胞自噬机制对此进行理性化解释，当外部资源匮乏时，你的细胞将开始自噬，或者分解蛋白质，重新合成氨基酸，为构建其他细胞提供原料。一些研究人员（目前）认为，自噬带来的"吸尘器"效应就是长寿的关键——但我关于大自然的想法与他们无关：我将在下文进一步表明，偶尔的饥饿会给健康带来益

---

① 过度丰盛带来的主要疾病常为食欲不振（生物学家目前称为受体钝化）；塞内加说过："对一个生病的人来说，蜂蜜的口味会更好。"

| 367 |

处,但仅此而已。

我们对饥饿的反应(也就是我们的反脆弱性)被低估了。我们一直在告诉人们,吃一顿丰盛的早餐才足以支持他们应对一整天的操劳。这对于无视实证的现代营养学家来说可不是新理论了——比如在司汤达的不朽著作《红与黑》中,我就看到了这样一段对话,主人公于连被告知"今天的活儿很重,要干到很晚,所以,让我们好好吃这第一顿午餐来增强体力吧"(当时法语将早餐称为"第一顿午餐")。首先,将谷物和其他类似食材作为早餐主食的想法正逐渐被证明有害于人类健康,我不知道为什么过了这么长的时间才有人意识到,这种非自然的想法需要进行测试;其次,测试表明,这种方式是有害的,或者吃早餐并不能带来什么好处,除非你在吃早餐前已经辛苦工作过。

让我们记住,我们最早可不是从送餐员手上获取食物的,在大自然中,我们必须费些力气才能弄到吃的。狮子要靠狩猎才有食物,它们可不是为了取乐而去狩猎的。因此,在人们还没有辛苦工作之前就供应食物,无异于迷惑了他们的身体信号系统。我们有充分的证据表明,间歇性(只能间歇性)地剥夺食物可以对许多肌体功能产生有益的影响——比如瓦尔特·隆戈注意到,集中营的囚犯们在食物限制的第一阶段反而很少生病,进一步限食才会导致他们的崩溃。瓦尔特·隆戈做了实验后发现,老鼠在饥饿的初始阶段能承受高剂量的化疗。科学家们也常常说,饥饿会导致基因对一种被称为蛋白质的基因进行编码,从而带来延年益寿等功效。人类的反脆弱性往往会在饥饿的压力下通过某些基因的升级显现出来。

再次强调,宗教的斋戒仪式比你表面上看到的更有深度。实际上,这些斋戒仪式是将非线性带入我们的饮食,从而与生物的特性相匹配。

剥夺步行

天真的理性主义还有另一个危害来源。正如长久以来,人们都在试图缩短自己的睡眠时间，因为它在世俗的逻辑里似乎毫无作用；很多人认为步行也是无用的，所以他们更愿意使用机械运输（汽车和自行车等），并在健身房里进行锻炼。而当他们步行时，他们却要做那种臭名昭著的"快步行走"运动，有时还要在胳膊上负重。他们并没有意识到，出于一些他们尚不清楚的原因，以没有压力的速度轻松地行走是很有益的——或者，我推测，对人类是必要的，就像睡眠一样必要，可是到了现代化的某个时点，由于无法合理化，所以人们试着将它缩减。现在，且不论轻松步行是否与睡眠一样必要，但因为在汽车出现之前，我们的祖先在大多数时间里都是步行（以及睡觉）的，因此我决定在一些医学杂志也开始接受这些想法并提出医学杂志推荐者们口中的"证据"之前，按古人的逻辑行事。

我想永生

我听到的都是如何活得更长久、更富有，当然，还有拥有更多的电子产品。自古以来，人们相信降临到我们身上最糟糕的事情就是死亡，我们并不是这么认为的第一代人。但对于古人来说，最坏的结果不是死亡，而是死得不光彩，甚至只是平庸地死去。对一个典型的英雄来说，在养老院的床上奄奄一息，只有一个粗鲁的护士照顾你和一堆管子从你的鼻孔插进、拉出，显然不是什么有吸引力的终极生活目标。

当然，我们也有一种现代化的错觉，即我们应该尽可能长地活下去。在这样的想法中，好像我们每个人都是终极产品。"我"作为一个个体的存在可以追溯到启蒙运动时期。但是，这个概念是脆弱的。

在此之前，我们是现在的群体和未来子孙的一部分。现在和未来的群体都会利用个体的脆弱性来强化自身。人们勇于牺牲、寻求殉道、为集体献身，并因这样的做法而感到自豪；他们的努力是为了造福子孙后代。

可悲的是，当我写这些文字时，我们的经济体系却导致子孙后代不得不背负沉重的公共政府债务，以及资源的枯竭和环境的灾害，以满足安全分析师和银行机构的要求（再一次看到，我们无法将脆弱性与道德问题分开）。

正如我在第四章所述，虽然基因是具有反脆弱性的，因为它本身就是信息，但基因的载体却是脆弱的，而且需要维持这种脆弱性，以使基因变得更强。我们活着就是为了产生信息或改善信息。尼采说过一个拉丁双关语——子女和书籍，这两类信息都是可以世世代代流传的。

刚才，我还在读约翰·格雷的精彩著作《不朽委员会》，书中谈到了在后宗教时代，人们尝试利用科学来实现永生的故事。我对笃信人类永生潜力的"少见"的思想家，如雷·库日韦尔所做的努力深感厌恶——就像任何一个古人一样。请注意，如果我要找到一个"反我"，即地球上与我的想法和生活风格截然相反的人，那么非雷·库日韦尔莫属了，他不只是患上了新事物狂热征。我建议从人们的饮食（生活）中剔除令人不快的元素，而他却致力于加入这些元素，比如一天要吃200粒药丸。除此之外，这些尝试永生的努力还激起了我深深的道德方面的反感。

这种袭上心头的深深厌恶，与我看到一个82岁的阔老头身边环绕着一群20多岁的"辣妹"情妇（通常是俄罗斯人或乌克兰人）时的感觉是一样的。我在地球上不是为了永生，不是为了苟活。在第四章我们说过，系统的反脆弱性来自其组成部分的死亡——而我只是被称为人类的这个更大体系的一部分。我来到这个世界是为了最后能够为集体利益，为繁衍后代（为他们今后的生活做好准备，并为他们提供生活所需的给养），或最终为了书籍而像英雄那样死去——说到底，我的信息，也就是我的基因或我的反脆弱性，才是应该寻求永生的东西，而不是我。

最后，我会释然地说再见，在圣塞格鲁斯墓地举办一个体面的葬礼，就像法国人说的，腾出空间给其他人吧。

第七卷

脆弱性与反脆弱性的伦理

ANTIFRAGILE

Things That Gain from Disorder

现在让我们谈谈道德问题。由于不透明性和新发现的复杂性，人们可以隐藏风险、伤害他人，同时逍遥法外。医源性损伤往往带来滞后和无形的后果。我们很难看到其中的因果关系，因而也很难理解到底发生了什么事。

在这种认知的局限性下，只有切身利害才能真正缓和脆弱性。近 3 700 年前，《汉穆拉比法典》就提供了一个简单的解决方案。该解决方案在近代却越来越多地遭到抛弃，因为我们染上了新事物狂热征，摒弃了对古代简单解决方案的欣赏。现在，我们需要了解一下这一解决方案为何可以历久弥新。

第二十三章

切身利害：反脆弱性和牺牲他人的可选择性

- 让空谈变廉价。
- 看看战利品。
- 公司的随机怜悯行为？
- 预测和反预测。

本章我们将要讨论，在只有部分人受益而其他人会受害的情况下，我们会陷入什么样的境地。

现代化的最严重的问题在于，脆弱性和反脆弱性从一个方向另一方向的恶意转移，也就是说，只有一方受益，而另一方却（不知不觉地）受害。随着伦理与法律的逐渐割裂，这种情况日益严重。其实这种情况以前就存在，但在当今尤为严重——现代化将其很好地掩藏了起来。

这当然是一种代理问题。

代理问题当然是一种非对称性。

我们正面临着一种根本性的变化。想想比较古老的社会，也就是那些幸存下来的社会。我们和那些社会中的成员之间的主要区别就是英雄感的消失；尊重（以及权力）逐渐远离了那些为他人背负风险的人。因为英雄主义与代理问题正好完全相反，它是指有人选择为他人承担对自己不利的状况（冒生命危险，或伤害自己，或者在较温和的情况下吃一点儿亏）。而我们目前的情况刚好相反：权力似乎转移到银行家、企业高管（不是创业者）和政治家手上，这些人从社会中窃取了免费选择权。

英雄主义并不只关乎暴乱和战争。让我们来看一个与代理问题相反的例子：孩提时代，我就对一位老奶奶从车轮下舍身救下一个孩子的故事印象深刻。我觉得没有比为了拯救他人而献身更光荣的事情了。

换句话说，这就是所谓的牺牲。"牺牲"这个词与神圣一词相关，属于圣洁的境界，区别于世俗的世界。

在传统社会中，一个人所能获得的尊敬与他（或她，人们对女人在这方面的期待更大或大得多）的价值取决于其愿意为他人承受损失的多少。最英勇无畏的人将在社会中占据最高层级：骑士、将军、指挥官。即使是黑手党头目也承认，这样的层级结构使他们最容易受到竞争对手的重击和政府的严惩。这同样适用于圣人，他们放弃和贡献了他们的生命以造福他人，比如帮助弱者、贫困者和无依无靠的人。

表 23-1 列出了另一个三元结构：一类人不付任何成本，但能从其他人身上获益；一类人既不从别人那里受益，也不伤害他人；最后一类人则愿意为了别人而受到伤害、做出牺牲。

表 23-1 伦理与基本非对称性

没有切身利害	有切身利害	为了他人的利益而投入成本，或者言行一致
（保留有利因素，将不利因素转嫁给他人，以他人的利益为代价获得隐性选择权）	（自己承担损失，自己承担风险）	（替别人或者为了共同价值观而承担损失）
官僚	市民	圣人、骑士、勇士、战士
信口雌黄	只做不说	要么不说，说则一言九鼎
咨询师、诡辩家	商人、正业人士	先知、哲学家（前现代意义上的）
企业	手工业者	艺术家、某些手工业者
公司高管（虚有其表）	创业家	创业家/创新者
理论家、数据收集者、观察性研究者	实验室和现场实验	自行其是的科学家
集权制政府	城邦制政府	自治市政府
编辑	作家	伟大的作家

第二十三章　切身利害：反脆弱性和牺牲他人的可选择性

（续表）

没有切身利害	有切身利害	为了他人的利益而投入成本，或者言行一致
做"分析"和预测的记者	投机者	愿意冒险去努力揭发（强大的机制或公司的）骗局的记者
政治家	活动家	反叛者、异议者、革命者
银行家	交易员	（他们不会参与庸俗的商业活动）
脆弱推手约瑟夫·斯蒂格利茨博士	胖子托尼	尼罗·图利普
风险贩卖者		纳税人（并不情愿在游戏中投入灵魂，但他们是受害者）

让我跟随自己的心绪，从最右边的第三列开始讲，也就是讨论英雄和勇士。事实上，社会的强韧性，甚至反脆弱性，都有赖于这些人：我们之所以今天还能生活在这个世界上，就是因为某些人在某个阶段为我们承担了风险。但是，勇气和英雄主义并不等于盲目的冒险，也绝不等同于鲁莽。我们知道，确实有些人因为无视风险、低估失败的概率而表现出一种伪勇敢。我们有充分的证据表明，这些伪勇敢的人在真正的风险面前会表现得异常懦弱或者过度反应；这和勇敢恰好相反。对斯多葛学派的人来说，审慎是勇气（战胜自己冲动的勇气）的固有要素，普布里亚斯·塞勒斯有一句格言——当然，除了他还能有谁呢——"审慎被视为普遍意义上的勇气。"

英雄主义随着文明而进化，从黩武时代发展到现在。最初，在古典主义时期之前，荷马式的英雄主要需具备搏杀的勇气，因为当时的一切都需要依靠搏斗来争取。在古典主义时期之后，对伟大的古斯巴达国王阿格西劳斯来说，真正的幸福是在战争中牺牲，很少或者没有任何东西可以与之相比。但是对于阿格西劳斯来说，勇气已经从纯粹的武术竞技演变成更宏大的东西。我们常常在忘我的行为中看到勇气，比如一个人准备为了他人和集体的利益牺牲自己，这是利他主义的一种表现。

最后，诞生了一种新形式的勇气，即柏拉图笔下的苏格拉底式勇气，

| 377 |

这已经成为最高形式的荣誉，也是现代人对勇气的定义：勇敢地站起来支持一个想法，并在激动的状态中享受死亡，只因为获得了为真相而死的权利或站起来维护自己价值观的权利。在历史上，没有人比为维护自己的观点而公开提出反对意见，乃至付出自己生命的两位思想家更有威望了，这两位思想家都来自地中海东部：一个是希腊人，另一个是闪米特人。

当我们听到幸福是根据经济或其他微不足道的物质条件来定义时，应该停下来思考一下。你可以想象，每次听到有人宣扬与英雄主义毫无关系的"中产阶层价值观"时，我就觉得极其厌烦。得益于全球化和互联网，这个所谓的"中产阶层价值观"已经传递到了英国航空能够轻松抵达的任何一个地区，原本被高贵的阶层所深恶痛绝的东西如今却被大肆推崇：为银行或烟草公司"卖力工作"；勤奋地阅读报纸；服从大多数（但不是所有）的交通规则；被某种企业结构束缚；一味听从老板的意见（因为工作记录都由人力资源部门保存）；遵守法律；依赖股市投资；去热带地区度假；住在郊区（以抵押贷款购房），养着一条非常漂亮的狗，星期六的晚上品酒消遣。取得一些成功的人便能跻身年度亿万富翁排行榜，期待在他们的化肥销售额遭到来自中国的竞争对手的挑战之前，能在榜上多逗留一段时间。他们将被称为英雄，而不是幸运儿。此外，如果说成功是随机获得的，那么有意识的英雄主义行为就不是随机的。自称"合乎道德的"中产阶层可能会为烟草公司工作——多亏他们高明的诡辩，这样做也能自称道德。

每当我在华盛顿特区，离星巴克咖啡馆或购物商场几步之遥的地方看到一个坐在电脑后面的书呆子入迷地玩着电脑游戏，模拟摧毁一个遥远地方的一整座营区，随后又跑到健身房去"锻炼"（并将自己的文化与骑士或武士文化相提并论），我就更为人类的未来忧心忡忡。技术助长了怯懦……这些都是相互关联的：社会之所以变得脆弱，是因为存在一些没有骨气的政治家、一些害怕民意的逃避者，以及只会编故事的记者，这些人导致了爆炸性赤字和代理问题的进一步复杂化，只因为他们希望粉饰短期

第二十三章 切身利害：反脆弱性和牺牲他人的可选择性

内的业绩。

这里我还要提出一个免责声明。表 23-1 并不意味着那些心口合一的人必然是正确的，或者说为捍卫自己的观念而死就一定意味着这个人是有利于我们其他人的：许多怀着救世情怀的空想主义者也造成了相当多的伤害。此外，悲壮的死亡也并非必不可少：很多人坚持在日常生活的点点滴滴中与邪恶做斗争，但这并没有让他们看上去像英雄；他们甚至更多地感受到社会的忘恩负义，而更亲善媒体的伪英雄，却在社会上受到热捧，殊不知，这类人是不可能流芳百世的。

有的人只能被称为半个人，不是说他没有观点，而是说他不敢为之冒险。

伟大的史学家保罗·海恩在最近的研究中表明，有人说古代的角斗士是被迫成为角斗士的，这简直是一个天大的迷思。其实，他们大多数是自愿成为角斗士的，目的是获得成为英雄的机会，他们愿意冒着生命危险去赢得一场战斗，即使失败，也要在世人面前，彰显自己是如何荣耀地死去的，毫无畏惧——当一个角斗士战败时，观看的人群将决定他是否应该被饶恕。观众们并不喜欢非志愿者，因为他们没有将灵魂投入决斗。

关于勇气，我学到的最宝贵的一课，是来自我的父亲——孩提时代，我就非常钦佩我父亲的学问，但并未对他过分崇拜，因为学问本身并不能使你成为一个真正的男子汉。我的父亲有着强大的自尊心，他要求别人尊重他。黎巴嫩战争期间，他曾经受过一个在道口盘查的民兵的侮辱。他拒绝服从对方的指令，民兵对他不敬的态度使他非常生气。当父亲开车离开后，一名枪手对着他的背部开了一枪。在他的余生中，这颗子弹就一直留在他的胸部，所以每次进入机场候机楼时，他都必须携带 X 光片。这为我设置了非常高的门槛：除非努力进取，否则尊严将一文不值。

我从这种古老的文化中学到的就是气度的概念（亚里士多德伦理学中的一个术语），一种庄严感，它后来被基督教中叫作"谦逊"的价值观所取代。在罗马语中它没有对应的词；在阿拉伯语中，它被称为不妄自菲薄。如果你勇于承担风险，有尊严地面对自己的命运，那么你做什么都不会贬低自己所做的事情；如果你不承担风险，那么你做什么都不会使自己伟大。如果你承担风险，那么，那些不承担风险的人带给你的侮辱只不过如同牲畜的吠叫：你不可能因为狗朝着你狂吠而感觉受到了侮辱。

汉穆拉比

现在让我们来看看表 23-1 中的各项元素，并将（不利与有利因素之间）基础的非对称性融入我们今天要讲的主题：伦理。只有商学院教授和类似的一些脆弱推手才会割裂强韧性和增长，而我们绝不会将脆弱性和道德分开讨论。

有些人以牺牲他人的利益为代价获得了选择权或可选择性，而后者还不自知。

转嫁脆弱性造成的影响变得越来越强烈，因为现代化使越来越多的人出现在了最左栏——成为反英雄式人物。许多职业和工作（大多伴随着现代化而诞生）受到影响，变得更具反脆弱性，但是以让我们陷入脆弱性为代价——比如享有终身职位的政府雇员、学术研究人员和记者（不戳破神话的那种）、医疗机构、大型医药公司等等。现在，我们怎么解决这个问题呢？像往常一样，我们总是能从古人身上借鉴经验。

《汉穆拉比法典》距今已有 3 800 年的历史了，其认识到有必要重建脆弱性的非称性，其中有一段话是这么写的：

> 如果一个建筑师建造了一所房子，那么，如果房子倒塌了，并导致屋主死亡，则造房子的建筑师应被处死。如果导致屋主的儿子死亡，那么建筑师的儿子应该偿命。如果造成屋主的奴隶死亡，那么建筑师应该赔偿屋主一个同等价值的奴隶。

第二十三章 切身利害：反脆弱性和牺牲他人的可选择性

看起来，3 800年前的法律比我们今天的法律还要先进。这个法典的整体思想是，建筑师对房屋的情况要比安全检查人员了解得更多，尤其是在地基存在看不见的问题方面——所以，最佳的风险管理规则就是让建筑师自己控制风险，因为，如果房子在建好后倒塌，那么地基是隐藏风险的最佳地点。汉穆拉比和他的顾问们非常了解小概率风险的特征。

很明显，该法典的目的不是进行回溯性惩罚，而是从一开始就设定反诱因，防止一个人在履行其职责的过程中伤害到别人，从而挽救他人的生命。

当涉及小概率的极端事件，也就是"黑天鹅"事件时，这些非对称性尤为严重，因为这些事件非常容易被误解，而它们的风险也是最容易隐藏的。

胖子托尼有两个启发法。

第一，千万不要登上没有飞行员的飞机。

第二，确保飞机上还有一个副驾驶。

第一个启发法解决的是奖励和惩罚之间的非对称性，或个体之间脆弱性的转移。拉尔夫·纳德有一条简单的准则：对战争投赞成票的人需至少有一个后代（子辈或孙辈）参加战斗。罗马人要求工程师必须在他们建造的桥下待上一段时间——这一要求真应该应用到当今的金融工程师身上。英国的做法更进一步，甚至要求工程师的家人与工程师一起在建成后的桥梁下待一段时间。

对我来说，每一个决策者都应该"在游戏中投注"，如果依赖他的信息或意见的人可能受到伤害的话（不要出现这样一种情况，即促成入侵伊拉克恶行的人自己却毫发无损）。此外，任何进行预测或经济分析的人都应该拿出东西作为赌注，因为别人的利益有赖于这些预测的准确性（再说一遍，应该责成进行预测的人承担风险；因为对我们来说，这比其他任何形式的人造污染都更有害）。

我们可以从胖子托尼的启发法中推导出大量的启发法，尤其是如何减少预测系统的弱点。只要预测者在游戏中没有投注，即不涉及其切身利益，那么对他人来说这个游戏就是危险的，就像没有工程师睡在现场的核电站。

第二条启发法是说我们需要建立冗余、安全边际，避免优化，以减轻甚至消除我们的风险敏感度中的非对称性。

本章的其余部分将介绍一些综合征，当然，还有一些古老的补救办法。

空谈者的免费选择权

第一卷结尾称，我们需要把创业者和风险承担者置于金字塔的顶端，而不管他们"失败"与否，除非他们在承担个人风险时还将他人置于风险之中；学者、空谈者和政客则都应该被置于金字塔的底端。但问题是，现在社会做的事正好相反：赋予空谈者免费的选择权。

对尼罗来说，胖子托尼从冲向逃生出口的愚蠢的人身上牟利，这相当不妥。从他人的不幸中受益——不管这些人是多么可憎——绝非高尚的生活态度。但是，托尼承担了一定的风险，而且一旦结果不利也会招致伤害。胖子托尼没有代理问题，这使得他这样做合情合理。因为如果情况相反将带来更糟糕的问题：有些人只会空谈、预言、纠结于理论。

事实上，投机性的冒险不仅应该被容许，还应该被强制要求。不承担风险就不要发表意见，当然，没有人在承担风险时不期望得到回报。如果胖子托尼有自己的意见，那么出于道德上的原因，他就需要承担相应的风险。正如他们在森赫斯特所说的，如果你有自己的看法，你就必须这样做。否则，你就不会持有真正的意见。如果你看到某个人并不为自己的观点承担任何风险，那么请将他归入一个特殊阶层，也许得比普通公民还低一层。评论家的地位也应低于普通公民。毕竟，普通公民至少还得面对发表观点所带来的不利因素。

所以，与知识分子和评论员这种高高在上、高枕无忧的社会群体的整

第二十三章　切身利害：反脆弱性和牺牲他人的可选择性

体观念相反，我在这里要说的是，如果你只是信口雌黄，言行不一，不承担受损失的风险，不在游戏中下注，不拿自己的任何利益冒险，那么就是极不道德的。如果你表达的意见可能伤害到别人（依赖于这些意见的人），但你自己却不用承担任何责任，这公平吗？

但是，这是信息时代。转嫁脆弱性的影响可能贯穿整个历史，只是如今由于现代化带来的相互依赖性的增强，这种影响变得更为严重了。如今的知识分子远比以前更为强大和危险。所谓的"知识世界"会导致知识和行动的分离（同一个人不是既懂得知识又知道行动），并导致社会的脆弱性。怎么会这样？

在过去，负起责任的人才享有特权——除了少数知识分子，他们服务于封建领主，或在某些情况下，为国家效力。如果你想成为一个封建领主，那么遇到事情你就是第一个赴死的。想要打仗，那你得先上战场。让我们不要忘记美国《宪法》所说的：总统即三军总司令。恺撒、亚历山大、汉尼拔都亲自上战场——据李维所说，汉尼拔总是第一个冲入战区，最后一个撤出。乔治·华盛顿也亲自上战场，不像罗纳德·里根和小布什，他们只会一边玩游戏，一边谋划如何威胁他人的生命。即使是拿破仑也要亲自承担风险，他现身战场的威慑力相当于增派一支2.5万人的军队。丘吉尔也表现出令人赞叹的战斗勇气。他们全身心地投入，为各自的信仰而战；你所处的位置决定了你必须冒的风险。

请注意，在传统社会，那些承担风险的人即使失败了，也比那些无须面对风险的人拥有更高的地位。

预测系统这种极端愚蠢的事物再度让我情绪激动。比起启蒙运动时期之前，我们可能有更多的社会正义，但也出现了比以往更多的可选择性的转移——一种明显的退步。请允许我解释一下。这种伪知识必然会转向空谈。学者、顾问和记者的话在涉及预测时，可能只是空话而已，不能兑现，也没有确凿证据。文字总有这样的特性，其不是最正确的，却是最迷人的——或者说，那些能拿出最冠冕堂皇的说辞的人才会获胜。

我们在前面提到，虽然政治哲学家雷蒙·阿隆的预测能力不凡，他说的话听起来却索然无味，而那些错误百出的预言家却活得很精彩。阿隆的生活平淡无奇：尽管他有先知般的洞见，但他生活得像一个税务会计师，而他的敌人，比方说，让－保罗·萨特却过着奢华的生活，尽管每次预测几乎都会出错，甚至还以一种极其懦弱的方式容忍了德军的占领。懦弱的萨特看上去风度翩翩、令人着迷，而且他的书一直流传至今（请不要将他归为伏尔泰学派，他根本不是伏尔泰学派的一员）。

在达沃斯，我一看到脆弱推手记者托马斯·弗里德曼就深感厌恶，正是他那篇颇有影响力的报纸专栏文章煽动引发了伊拉克战争，而他并未因此付出任何代价。真正让我感觉不舒服的原因可能不仅是我看见了一个我认为非常邪恶和有害的人，我只是因自己看到了错误却无能为力而感到难过，这是一种生理反应。以巴力神的名义，这是有罪的，有罪是我无法容忍的。古地中海道德观中还有一个核心要素：对普布里亚斯·塞勒斯来说，不阻止犯罪的人便是帮凶。（我在前言中也说过我自己的一个类似观点，在此我需要重复一下：如果你看到欺诈现象却隐瞒不报，那么你也是一个骗子。）

托马斯·弗里德曼对 2003 年美国入侵伊拉克的战争负有一定责任，但是他不仅没有因此受到惩罚，还继续为《纽约时报》写专栏，混淆无辜者的视听。托马斯·弗里德曼得到并保留了有利因素，却让别人遭受了不利因素。一个有论点的作家可以比连环杀人犯伤害更多人。我用他来举例，是因为这个问题从本质上说是他在一个复杂系统内推广了对医源性损伤的误解。他提出了"地球是平的"这一理念，却没意识到，全球化带来了脆弱性，导致了更多的极端事件，而且需要大量的冗余来确保其有效运行。美国入侵伊拉克也犯了同样的错误：在这样一个复杂的系统里，结果的可预测性是非常低的，所以从认识论上说，入侵伊拉克是极不负责任的做法。

大自然和我们祖先的系统都是建立在惩罚措施之上的：任何人都没

第二十三章　切身利害：反脆弱性和牺牲他人的可选择性

有永恒的免费选择权。如果有人蒙着眼睛驾驶校车，因而发生意外，他要么就以古老的方式退出基因库，或者，出于某种原因，他并未在事故中受到伤害，那么他将受到足够的惩罚，并被禁止开车载人。但问题是，记者托马斯·弗里德曼仍然在开车。对社会造成伤害的舆论制造者并未受到惩罚，这是一种非常糟糕的教训。2008 年的危机之后，奥巴马政府充斥着蒙着眼睛开车的人，造成医源性损伤的人还得到了升迁。

事后预测

言语很危险：事后预测者总是在事情发生后对其进行解释（因为他们的工作就是空谈），好让自己看上去总是比预测者聪明。

由于事后扭曲，有些人当然没有事先看到事件来临，却记得他们想过那件事产生的影响，而且会设法说服自己，是他们预测到了这些事件，随后还要说服别人相信这一点。每个事件发生后，事后预测者的人数总是多于真正的预测者。比如人们每次洗澡时都会产生一个想法，但没有得出合乎逻辑的结论，鉴于很多人都会洗很多次澡，比如每天两次（如果还包括健身后或与情妇交欢后洗澡的话），那么他们将会拥有一个巨大的想法库。他们不会记得他们过去在无数次沐浴中产生的想法，要么是噪声，要么与观察到的现状相矛盾——但由于人类渴望自我一致性，他们将保留曾经想过的、与他们认知的现状相符的那些要素。

所以，那些骄傲、夸夸其谈的舆论制造者将最终赢得辩论，因为他们是写文章的人，而由于阅读他们写的文章而陷入麻烦的愚蠢的人，以后还会再次阅读这些文章以寻求未来的指导，然后再次惹上麻烦。

过去是流动性的，充斥着选择偏见和不断修正的记忆。愚蠢的人有一个核心特征，那就是他们永远不会知道，他们之所以容易上当是因为他们的思维局限。（即便如此，人们还是震惊于以下事实：即便勉强算是预测到 2007—2008 年脆弱性危机的预测者，也比随机预测到这次危机的人少得多。)

> 非对称性(事后预测者的反脆弱性):事后预测者可以采用过滤式选择法来挑选他们的意见为人接受的例子,并将失误的预测抛入历史的垃圾堆。这是一个免费选择权,对他们来说是这样;我们却必须为它付出代价。

由于脆弱推手有选择权,所以他们个人具有反脆弱性,波动通常对他们有利:波动性越强,他们越显得聪明。

但是,一个人究竟是不是愚蠢的人,只要看看实际记录和行动就知道了。行动是对称性的,不允许过滤式选择,因此消除了免费选择权。当你看到某人行动的实际历史记录,而不是他在事件发生后发表的想法,事情就一目了然了。选择权消失了。现实消除了不确定性、不精确性、模糊性,以及让我们显得更聪明的心理偏见。错误的代价是昂贵的,它不再是免费的,但是做对则能带来实际的回报。当然,我们还可以做其他测试来评估生活的组成部分:通过人们自己的投资来判断其决策。你会发现,很多人声称已经预测到了金融体系的崩溃,但其投资组合中却不乏金融公司。事实上,他们无须像胖子托尼和尼罗那样从事件中"获利",以显示他们不是愚蠢的人,他们只要避免不受这些事件的伤害,就已足够。

> 我希望预测者每犯一次预测错误,就在身上留下一条明显的疤痕,而不是将错误带来的成本分摊给整个社会。

你不能只是坐在那里抱怨世界。你需要主动迎接挑战,战胜困难。托尼坚持要尼罗定期看看实际的战利品(比如银行账单),这是很正确的。这些获利,正如我们所说的,与财务价值没什么关系,也与购买力无关,只是象征性的价值。我们在第九章中看到,恺撒不惜代价地将成为战俘的高卢叛乱领导人韦森盖托里克斯带到罗马游行。无形的胜利是没有任何价

第二十三章 切身利害：反脆弱性和牺牲他人的可选择性

值的。

讲得唾沫横飞的人出头了。纵观历史，从来没有像现在这样，只说不做的人越来越多，并发挥着更大的作用。这是现代主义和分工的产物。

记得我说过，美国的实力在于承担风险并庇护冒险者（正确的冒险，比如高失败率的泰勒斯式冒险，具有长期可选择性的冒险）。但是很抱歉，我们正在不断远离这个模式。

斯蒂格利茨综合征

有一件事比托马斯·弗里德曼的问题更为严重，这个人的话是某个行动的导火索，但他自己对此却完全不负责任。

我称这种现象为"斯蒂格利茨综合征"，名称来自一位所谓的"睿智的"学术经济学家约瑟夫·斯蒂格利茨。下面，我们来分析一下这种现象。

还记得第19章中的脆弱性检测，以及我对房利美最终厄运的固执己见吗？幸运的是，我为我的观点在这场游戏中下注了，虽然遭到了诋毁。2008年，毫无疑问，房利美破产了，我再说一遍，这导致美国纳税人损失了数千亿美元——整体来看，含有相似风险的金融体系遭受了重创。整个银行系统也面临类似的风险。

但是，大约在同一时期，约瑟夫·斯蒂格利茨与他的两名同事——奥斯泽格兄弟（彼得·奥斯泽格和乔纳森·奥斯泽格），也在观察房利美。他们在一份报告中评估说："根据历史经验，对政府来说，政府支持企业债券的潜在债务违约风险实际为零。"① 据说，他们还进行了情景模拟，但没有看到明显问题。他们还表示，违约概率被认为"小到难以检测出来"。正是这样的观点，对我来说，也只有这样的观点（知识分子的傲慢加上自

---

① 这里的政府支持企业就是指房利美和房地美，它们都在这次危机中破产了。

认为了解罕见事件的错觉）造成了经济中罕见事件风险的积累。这正是我努力对抗的"黑天鹅"问题，是我们都应该规避的福岛问题。

但更经典的是，2010年，斯蒂格利茨以"我早就告诉过你们"的姿态写了一本书，书中声称，他已经"预测"到了2007—2008年爆发的经济危机。

看看社会赋予斯蒂格利茨及其同事们的这种异常的反脆弱性。事实证明，斯蒂格利茨不仅不是危机的预测者（以我的标准来看），反而是导致这些事件、导致小概率风险不断累积的部分原因所在，但他竟然丝毫没有觉察到这一点！一个学者从不记得他自己的意见，因为他无须对此承担任何风险。

从本质上说，当人们拥有这种能让他们在期刊上发表论文，却降低了人们的风险意识的奇怪技能时，他们就变得十分危险了。因此，造成问题的经济学家可以在危机后进行事后风险预测，继而扮演理论家，对事件的来龙去脉进行分析。难怪我们会有更大的危机。

我的核心观点是：如果斯蒂格利茨像商人一样，让自己的切身利益与自己的预测挂钩，那么他将血本无归、一无所有。或者，如果他在大自然中，那么他的基因会因此灭绝——对概率产生这种误解的人终将从我们的基因库中被淘汰。让我觉得恶心的是，政府却还雇用了他的一个合著者。

我其实并不情愿用斯蒂格利茨的名字来命名这种综合征，因为我觉得他已经是最聪明的经济学家了，就理论化的知识来看，他已经非常优秀了，只是他对系统的脆弱性没有认识。而且斯蒂格利茨代表了经济界对小概率事件有害且错误的理解。这是一种严重的疾病，它解释了为什么经济学家会将我们带入万劫不复之地。

斯蒂格利茨综合征对应于一种过滤式选择，这是最糟糕的，因为一个人犯了过错却不知道他在做什么。在这种情况下，这个人不仅不能识别危险，还会促使危险发生，事后他还要让自己以及其他人相信相反的事情，即他预测到了危险，并警告人们要防范风险。这相当于将卓越的分析能力、无视脆弱性、选择性记忆，以及缺乏切身利益集于一身。

斯蒂格利茨综合征＝（可能出发点是善意的）脆弱推手＋事后过滤式选择

我们还可以看到其他一些因为缺乏惩戒而产生的教训。但斯蒂格利茨综合征是最严重的一种纯纸上谈兵式的学者综合征（除非他们心口合一）。比如，许多学者在一篇论文中提出一种观点，在另一篇论文中又提出另一种观点，却没有因为第一篇论文中的错误观点而遭受惩罚，好像他的论点只需贯穿于一篇论文，而无须在不同的论文间保持一致。当然，这无可厚非，因为人总是要发展的，会推翻早年的一些想法，但如果是这样，早先的这些"成果"就应该停止传播，并被新的观点替代，就像用新的修订版取代之前的版本一样。但是现在，惩罚的缺失使得他们获得了反脆弱性，而社会却为他们的错误付出了代价。此外，我不怀疑斯蒂格利茨的诚意，或者说不尽如人意的诚意：我相信他真的认为他预测到了金融危机，所以让我重述一遍这个问题：人们拥有惩罚豁免权带来的问题是，他们能以过滤式选择的方式从他们过去许多自相矛盾的言论中挑选一种，最终说服自己相信自己才智过人，并成为在达沃斯经济论坛上大放厥词的嘉宾。

我们都知道庸医和蛇油推销者会带来医源性损伤，但此类人多少有些自知之明，被捉住后大多老实认罪。可是，这个世界上还有一种更为恶劣的医源性损伤是由专家造成的，他们依仗自己备受推崇的地位在事后声称，他们早就对伤害发出过警告。由于这些人并不知道是他们自己造成了医源性损伤，因此他们还用医源性损伤来医治医源性损伤。然后，局面便一发不可收拾。

最后，我看到，解决伦理问题的方案其实正是解决斯蒂格利茨综合征的良策，这个方案就是：

不要询问任何人的意见、预测或建议。只要问他们的投资组合中有什么或者没有什么就行。

此外，我们现在知道，许多无辜的退休人员就是因为一些无能的评级机构而受到伤害的——无能似乎还不足以形容这些机构。相当多的次级抵押贷款都是被"AAA"评级粉饰过的有毒垃圾。要知道，AAA级意味着安全性接近于政府债券。无辜的人们就这样被误导着将自己的储蓄投了进来——此外，监管者还要强迫投资经理使用评级机构的评估。但是，评级机构却受到了保护：它们发布评级就像媒体一样高调，却丝毫不负有媒体揭露欺诈行为的那种崇高使命。他们受益于保护言论自由的《美国宪法第一修正案》。言论自由是美国人根深蒂固的习惯，对此我毫无异议。我只是想卑微地建议：人们可以说任何他们想说的话，但是他们的投资组合得与之相符。而且，当然，监管机构不应该充当脆弱推手，认可他们的预测方法，因此认可他们的垃圾科学。

心理学家捷尔德·盖格瑞泽有一条简单的启发法。不要问医生你该做什么，而是问医生，如果他处于你的情况下，他会做什么。你会很惊讶地看到其中的差异。

频率的问题，或如何辩论才会失利

回想一下，胖子托尼只希望"大赚一笔"，而非"证明自己正确"，其中的要点是有统计区别的。让我们暂时重新回到泰勒斯和亚里士多德的区别上，看一下观点的演变。频率，即一个人有多少次是正确的，其实在现实世界中无关紧要，但这一点只有实践者而非空谈者才能明白。从表面上来看，正确的频率确实非常重要，但这只关乎表面问题，通常说来，脆弱性带来的有利因素很少（有时没有），而反脆弱性几乎不会带来任何不利因素。也就是说，在脆弱性的情况下，一个人捡了芝麻，却丢了西瓜，而

第二十三章　切身利害：反脆弱性和牺牲他人的可选择性

在反脆弱性的情况下则是丢了芝麻，得到了西瓜。因此，在反脆弱性的情况下，你可能在很长时间内反复失败，但不会遭到很大的损失，只要碰巧做对一次就可以大赚，而在脆弱性的情况下，一次损失就可能让人一蹶不振。

因此，如果你投注赌金融机构的投资组合会亏损，那么，你在2008年的毁灭性灾难到来之前，可能会损失一些小钱，就像尼罗和托尼一样。（请再次注意，站到脆弱性的对立面会使你更具反脆弱性。）你错了许多年，只对了一两次，但你损失很小，获利却很大，所以你会比反其道而行之的人成功得多（实际上，那种方式只会让他们破产）。你会像泰勒斯那样赚很多钱，因为赌脆弱性的崩溃会给你带来反脆弱性。但是，仅仅是口头上"预测"到了事件发生的人，往往会被记者认为"错了很多年""大多数时间都是错误的"。

如果我们数一下舆论制造者的"正确"和"错误"，我们会发现，正误比例并不重要，因为我们需要看最终结果。鉴于我们不可能马上看到结果，因此我们现在处于进退两难的境地。

让我们再以创业家为例。创业家常常是错的，会犯很多错误。但他们是凸性的。所以，重要的是成功后能获得什么回报。

让我重新梳理一遍。现实世界中的决策，也就是放手去做，属于泰勒斯式做法，而用言辞去做预测，则是亚里士多德式做法。正如我们在第十二章讨论的，决策的一面带来的后果远大于另一面——尽管我们没有证据表明某人是恐怖分子，但是我们还是要查看他们是否携带了武器；我们不认为水是有毒的，但我们还是要避免贸然去喝不明来源的水；对狭隘地采纳亚里士多德逻辑的人来说，这样的行为看上去非常荒谬。用托尼的话来说，愚蠢的人总是力图证明自己正确，而聪明人则力图赚钱。或者：

> 愚蠢的人总是力图赢得辩论，而聪明人则寻求获利。

再换句话说：辩论失利未尝不是一件好事。

错误的理由，正确的决定

从更广的范围来看，比如在大自然中，意见和预测根本无关紧要，生存才是最重要的。

让我们来看一个进化论的观点。这似乎是一个最不起眼的、有利于由个体实干家（亚当·斯密所说的"冒险者"，而非中央规划者和官僚机器）驱动的自由企业和社会的论点了。我们看到，官僚（不论是在政府还是大公司中）往往置身于这样一种奖惩系统中，它基于叙述、言论、他人意见，以及工作评估和同行审核，也就是我们所说的营销。这是亚里士多德式的做法。然而，生物界是靠生存，而不是意见和"我曾预言""我曾告诉过你"等发展的。进化不喜欢"证实谬误"这种社会特有的通病。

经济界也应该如此，但是经济机构搅乱了一切，让愚蠢的人也有机会发展壮大——它们通过纾困和中央集权阻止了进化。需要注意的是，从长远来看，社会和经济往往会以意外、突变和跳跃这些恶劣的方式完成进化。

我们前面提到卡尔·波普尔的进化认识论观点；由于不是一个决策者，因此他误以为思想必须依靠相互竞争来实现进化，错误较少的思想则在任何时代都能存活下来。他忽略了一点，那就是存活下来的不是思想，而是有着正确思想的人，或者建立了正确启发法的社会；不管观点对错，引导人们做了正确事情的人或团体才能幸存。卡尔·波普尔忽略了泰勒斯效应，事实上，没有害处的错误想法也能生存。建立了错误的启发法，但是在犯错时伤害很小的人也能生存。即使是"不理智"的行为，如果无害，也可能是好的行为。

让我举一个例子来说明，一个错误的观念是怎样有助于生存的。在

第二十三章 切身利害：反脆弱性和牺牲他人的可选择性

你看来，下面哪种做法比较危险：把一只熊误认为是一块石头，还是把一块石头误认为是一只熊？人类不太会犯第一个错误，我们的直觉会让我们对发生概率最小的危害做出过度反应，并对某一类错误的形态信以为真——那些看到像熊的石头而做出过度反应的人具有生存优势，而那些犯相反的错误的人则将被基因库淘汰。

我们的使命就是，让我们不要信口雌黄。

古人和斯蒂格利茨综合征

让我们来看看古人是如何很好地理解斯蒂格利茨综合征，以及相关综合征的。事实上，他们有相当复杂的机制来应对代理问题，无论是个人还是集体（隐藏在集体背后的循环效应）。之前，我曾提到罗马人会要求工程师在他们自己修建的桥梁下待一段时间。照此看来，他们很可能会让斯蒂格利茨和欧尔萨格睡在房利美这座桥梁之下，并退出基因库（这样他们就不会再伤害我们了）。

罗马人针对今天很少有人想到的情况，甚至有着更强有力的启发法，有效地解决了博弈论问题。罗马士兵们都被迫签订了战斗誓约，承诺在兵败的情况下接受惩罚——这是军人和军队之间阐明了有利和不利因素的协议。

假设你我在丛林中遭遇了一头小豹子或其他野生动物。通过联手抗击，我们可能会战胜它——但是，我们每个人单独作战一定是无法取胜的。现在，如果你选择逃跑，那么你需要做的就是跑得比我快，你无须跑得比动物更快。因此，对那个跑得最快的人来说，最优选择就是逃跑，而跑得最快的人是最懦弱的，另一个人则成为动物的美餐。

罗马人通过称作"十选一"的方法，来打消士兵做懦夫并伤害他人的动机。如果一个军团兵败，而且被怀疑是懦弱造成的，那么10%的士兵和指挥官就会被处死，通常是由随机抽签决定的。"十选一"的方法就是

| 393 |

10个人中处死一个，该词在现代语言中已经没有这个意思了。"十选一"（或者类似的数）是一个神奇的数字：处死的人超过10%会削弱军队的力量；而处死的人太少，则无法消除懦弱的现象。

这个机制一定对懦弱行为起到了很好的威慑作用，因为我们并不常看到这一处罚的执行。

英国人也用过一个类似的机制。海军上将约翰·拜恩被军事法庭判处死刑，因为他被发现未能"尽最大努力"在1757年梅诺卡岛之战后防止梅诺卡落入法国人之手。

烧毁船只，背水一战

利用一个人内心的代理问题，可以超越对称性：不给战士任何选择，看看他们能有多大的反脆弱性。

公元711年4月29日，指挥官塔里克率领一小支阿拉伯军队从摩洛哥穿越直布罗陀海峡进入西班牙。登陆后，塔里克放火烧掉了船只。然后，他发表了著名的演说，在我的学生时代，每一小学生都会背这篇演说，意思如下："你的身后是海，你的面前是敌人。你们知道敌我悬殊之大。你所能依靠的就只有手中的剑和心中的勇气。"

塔里克和他的军队就这样控制了西班牙。类似的故事贯穿着整个历史，从800年后征服墨西哥的科尔特斯到800年前锡拉库萨的统治者阿加索克利斯——具有讽刺意味的是，科尔特斯是向南进发的，路线正好与塔里克的方向相反，他是登陆非洲与迦太基人作战的。

所以，千万不要把你的敌人逼到死路上。

诗可以杀死你

问一个通晓多国语言，包括阿拉伯语的人，谁是世界上最杰出的诗

第二十三章 切身利害：反脆弱性和牺牲他人的可选择性

人——不管哪种语言——我想他很有可能认为这个人是生活在大约1 000年前的阿姆塔纳比；阿姆塔纳比的诗作对读者（听者）而言简直有一种催眠的效果，只有普希金在俄语读者中的魅力能与之相媲美。问题是阿姆塔纳比很清楚这一点，他的名字的字面意思就是"他认为自己是一个先知"，这或许是他过于自我膨胀的体现。要了解他有多么高调，我们不妨读读他的一首诗，这首诗说的是他的诗歌如此强大，"即使盲人也可以阅读""聋人也可以听到"。但话又说回来，阿姆塔纳比是真正的行动者，是难得一遇的、全情投入的、愿为诗歌献身的诗人。

就在刚才那首自负的诗中，阿姆塔纳比通过对语言魔力的精彩展现宣称，自己不仅是一位光芒四射、家喻户晓的伟大诗人（这一点我认为他说得没错）——他懂得"马、晚上、沙漠、笔、书"，而且他的勇气甚至赢得了狮子的尊重，除此之外，他还始终践行言行一致的原则。

可以说，诗歌让他付出了生命的代价。因为阿姆塔纳比在他的一首诗中诋毁了一个沙漠部落（当然，这是他的典型性格），因而遭到追杀，并在他旅行的途中被对方找到了。阿姆塔纳比寡不敌众，他做了理性选择，赶紧逃跑，这本没有什么可耻的，但是他的同伴开始在他的身后吟诵起"马、晚上……"结果，阿姆塔纳比转过身来，对抗追杀他的部落族人，从容赴死。就这样，1 000年以后，我们仍记得阿姆塔纳比是为了避免因逃跑而辱没自己名誉从容赴死的诗人，当我们背诵他的诗时，我们知道他践行了自己的诺言。

我在童年时期特别崇拜法国冒险家和作家安德烈·马尔罗。他的著作充满了他自己的冒险经历：马尔罗没毕业就辍学了，但他博览群书，20多岁时就远赴亚洲探险。西班牙内战期间，他成为一名活跃的飞行员，第二次世界大战期间又成为法国地下抵抗组织的活跃成员之一。他后来变得有点儿喜欢言过其实，总是夸大他与某位伟人或政治家会面的事。他简直无法忍受一个知识分子当作家的想法。他与海明威不同，后者塑造的都是虚拟人物，而他写的都是真事。而且他从来不愿意谈论琐碎的事。马尔罗的传记作家写道，当其他作家在讨论版权和版税时，他总是会将话题转移至神学（据称，他说21世纪要么是宗教兴盛的世纪，要么是宗教绝迹的世纪）。马尔罗去世的日子，是我最悲伤的时刻。

绝缘问题

我们的系统并不激励研究人员成为马尔罗。据称，伟大的怀疑论者休谟会将令他怀疑或感到焦虑的事情锁进哲学的柜子里，然后去爱丁堡与朋友聚会（虽然他对聚会的态度是非常……爱丁堡式的）。哲学家迈尔斯·布恩耶特将这个问题命名为"绝缘问题"，尤其是针对某些在一个领域感到怀疑，在另一个领域却不怀疑的人。他举了一个哲学家的例子，此人对时间的真实性感到很疑惑，但是他还是申请了科研经费，在次年的休假期间研究时间的哲学问题，而毫不怀疑次年终将到来的现实。对布恩耶特来说，哲学家"能将他普通的一阶判断与他的哲学思维隔离开来"。对不起，布恩耶特教授，我同意，哲学是唯一不需要与现实连接起来的领域（还有一个临近领域，纯数学）。不过如果是这样的话，不如把它当作一种室内游戏，给它重新取个名字……

同样，捷尔德·盖格瑞泽公布了哈里·马科维茨的一个更为严重的绝缘问题。后者开创了所谓的"投资组合选择"法，并因此获得瑞典中央银行奖（被称为"诺贝尔经济学奖"），就像默顿和斯蒂格利茨等其他脆弱推手一样。我有一段时间称它为骗人的噱头，因为它除了学术认可外不具备任何效用，只会招致灾难。当然，脆弱推手马科维茨教授并未将他的方法应用于自己的投资组合，他不得不依赖更成熟的（更易于实施的）出租车司机所用的方法，与曼德布罗特和我提倡的方法更接近。

我相信，迫使研究人员尽可能咽下自己所酿的苦酒可以解决一个严重的问题。让我们用以下这个简单的启发法——声称自己的想法可用于现实世界的科研人员，是否确实将他的想法应用到了日常生活中？如果是这样,那就不要小瞧他。如果不是,那就不要理他。(如果这个人做的是纯数学或神学研究,或教诗歌的,那就没有问题,但如果他从事的是实用性研究,那就要警惕了。)

这让我们不得不提到第 10 章与塞内加形成鲜明对比的特里法特式虚假行为,也就是实干者相对于空谈者。记得吗?当有人让特里法特把他的方法应用于现实生活中时,他说:"这回可是来真格的!"我当时还说过,风险需要你用行动而不是用空谈去解决。

同样的,当我遇到一个研究幸福学的学者,我也应用了这种方法来评估他,即忽略他写了什么,而关注他做了什么。他的观点是,赚钱超过 5 万美元的人再多赚一点儿也不会给他带来任何幸福感——他赚的钱是大学教授的两倍,因此从他的逻辑推断,他不用再拼命多赚钱了。而根据他发布在"引用频率很高的论文"中的那些"实验",他的论点表面看上去也非常可信——虽然我对"幸福"的概念,以及对现代社会"寻求幸福"的那种世俗的诠释并不特别感兴趣。所以,我像一个白痴一样相信了他的话。但大约一年以后,我听说他马不停蹄到处演讲赚钱。这对我来说,是比他的论文被引用成千上万次更充分的证据。

香槟式社会主义

这是绝缘问题的另一个典型案例。有时一个人的"言论"与其生活的隔离是显而易见的:一些人希望其他人过某种生活,但是自己却并不喜欢这种生活。

千万不要听信一个从来不放弃自己财富或者从不践行他希望别人追求的生活方式的"左翼"人士。法国人所说的"鱼子酱式左派",或者是被盎格鲁-撒克逊人称为香槟式社会主义者的人就是那些崇尚社会主义,有时甚至是共产主义意识形态,或一些倡导节俭的政治制度,但却公开过着奢靡生活的人。他们往往靠继承下来的丰厚财产过活,从没有意识到这其中的矛盾之处——他们自己的生活方式正是他们希望别人避免的。这与追逐女色的教皇，比如约翰十二世或波吉亚没什么区别。真正的矛盾有时会达到荒诞不经的地步，比如法国总统弗朗索瓦·密特朗在就任社会党第一书记时，其就职典礼被弄得简直像法国君主盛大的加冕仪式。更具有讽刺意味的是，他的死对头——保守党的戴高乐将军，却过着一种旧式的简朴生活，连袜子都是他的妻子帮他缝补的。

我亲眼看到过更糟糕的情况。我以前遇到过一个客户，一个似乎很有社会使命感的富裕人士，他试图说服我为一位提倡提高税收的选举候选人捐款。出于道德考虑，我拒绝了。但我认为那个人堪称英雄，因为如果那位候选人胜出，那么他自己税赋的增加额也将相当可观。但是一年后，我发现该客户因为卷入一宗巨大的逃税案而接受调查。原来他只是希望其他人能缴付更多的税款。

过去几年里，我与活动家拉尔夫·纳德建立了友谊，并在他的身上看到了与上文所说的截然不同的特质。他除了表现出惊人的个人勇气和对诋毁完全漠视外，还堪称言行一致的典范。就像圣人一样心口合一，可以说他是一个凡世的圣人。

心口合一

有一类人摆脱了官僚 – 记者式的"谈论"：他们不仅说到做到，还心口合一。

想想看先知们。预言是对信念的承诺，仅此而已。先知不是第一个产生某个想法的人，他是第一个相信这个想法的人，而且始终相信。

第 20 章讨论了预言（正确的预言用的是做减法的方法）和认知脆弱性。但是，有切身利害（并接受不利结果），是区分真正的思想家和事后"谈论"者的关键，后者能从回溯中获益，但离到达预言家的级别还有一步之遥。因此，正如我所说，如果在经济危机之前，许多人都产生过你在

第二十三章　切身利害：反脆弱性和牺牲他人的可选择性

洗澡时产生过的斯蒂格利茨式想法，即想到过危机发生的可能性与合理性，但是又拿不出像他们在危机发生后拿出的那么多证据，那么他们就称不上是预言家。这里涉及承诺问题，或哲学家所称的信念承诺，这是一种对信念的保证，在胖子托尼和尼罗眼里，这需要转化为行动。Doxa 在希腊语中的意思是"信念"，但与"知识"（认知）不同，它需要的不仅仅是口头上的承诺。要了解这一点，只要想想在希腊东正教中它带有赞颂的意义，你就明白了。

顺便说一句，这个概念也适用于各种形式的思想和理论：理论背后的主要人物、所谓的理论创始人，应该是一个相信这个理论、以之为信念，并愿意以昂贵的代价承诺秉持这一信念、确保其自然得出结论的人；而不一定是在喝甜酒时第一个提出这一概念的人。

只有真正相信的人，才能避免最终自相矛盾，并且陷入事后预测的错误。

选择权、反脆弱性与社会公平

股市展开了有史以来规模最大的反脆弱性转移，原因在于这场游戏中恶性的不对称式投注。我这里说的不是投资，而是目前的体系，将投资包装成"上市公司"的股票，允许经理人在这个系统中耍花招，当然，他们还能比真正的冒险者，也就是创业家们赢得更多的威望。

代理问题的典型案例就是雇用职业经理人来管理一个不属于他的企业，与企业主自己经营企业并不相同，在前一种情况下，除了企业主，职业经理人无须向任何人汇报数据，出了问题也不必担责任。职业经理人在企业中享受绩效激励，却没有惩罚措施——这一点大众并不是很清楚，他们一直以为，经理人得到了恰当的"激励"。不知道为什么，这些经理人都被储户和投资者赋予了免费选择权。而我最担心的就是不由企业主自己经营的企业中的经理人问题。

当我写这本书时，美国股市已经导致退休人员在过去12年里损失超过3万亿美元，相比他们把钱留在政府货币市场基金里而言——我这只是保守估计，实际上两者的差距甚至更大。而在股市中持有不少股份的职业经理人，得益于股票期权的非对称性，赚取了近4 000亿美元。他们就像泰勒斯，牺牲了可怜的储户，自己却大赚一笔。更离谱的是银行业的命运：银行的损失已经远远超过了它们有史以来赚到的利润，但它们的经理人却领取着数十亿美元的薪酬——损失由纳税人背负，好处却落入银行家的口袋。旨在矫正问题的政策最后却伤害了无辜的人，而银行家们则在圣特罗佩的游艇上喝着夏季葡萄酒。

这种非对称性是显而易见的：波动性有利于经理人，因为他们获得了结果的积极面——收益。我想说的是（唉，几乎所有人都忽略了），他们注定能从波动性中获益，而且波动性越强，越有利于这种非对称性。因此，他们是反脆弱性的。

要了解反脆弱性是如何转移的，我们可以看两种情境，在这两种情境下，股市波动的平均水平不变，但路径不同。

路径1：股市上涨了50%，然后回跌，抵消了之前的所有收益。

路径2：股市保持横盘。

很明显，在路径1的情况下，波动比较大，对经理人来说更有利可图，他们可以兑现他们的股票期权。因此，股市走势越陡，越有利于经理人。

当然，社会群体——这里指退休人士——则只能获得结果的另一面，即损失，因为他们的资金都流入了银行及银行家的口袋。退休人员的损失大于收益。社会群体弥补了银行家的损失，却没有从后者那里得到任何回报。如果你不将这种反脆弱性的转移视为盗窃行为，那你的脑子肯定有问题。

更糟糕的是，整个体系被称为以"激励"机制为基础，而且是与资本主义相适应的——在该机制下，管理者的利益与股东的利益保持一致。这

第二十三章 切身利害：反脆弱性和牺牲他人的可选择性

是什么样的激励？只有有利因素，没有不利因素，因此根本没有反诱因。

罗伯特·鲁宾的免费选择权

美国财政部前部长罗伯特·鲁宾大约10年内从花旗银行赚到了1.2亿美元的奖金。该机构的风险被隐藏起来，财务报告数据显得非常好……直到它们露出真面目（典型的"火鸡"问题）。花旗银行崩溃了，但鲁宾的钱还是留在了他的口袋里——由于政府接管了银行债务以帮助银行重建，因此实际上是纳税人在对鲁宾进行追溯性偿付。这种偿付方式非常普遍，成千上万的高管都享受到了。

这就像一个建筑师明知地基有风险，还隐瞒风险，自己兑现了大额支票后离开，同时由于受到复杂的法律制度的保护，他对之后楼房的坍塌不负一点儿责任。

有人建议执行"收回条款"，以此作为一项补救措施，也就是在发生后续失败的情况下，责令当事人偿还过去获得的奖金。具体操作如下：经理人不能立即兑现他们的奖金，他们只能在3~5年之后，在不造成任何损失的情况下兑现。但是，这并不能解决问题：经理人仍享有净收益，没有净损失。任何时候，他们自己的净财产都没有受到威胁。因此，该系统仍然包含很大程度的可选择性和脆弱性的转移。

这同样适用于管理养老金的基金经理，他们也不会遭遇任何不利因素。

但是在历史上，银行家们曾经受到《汉穆拉比法典》式的约束。西班牙加泰罗尼亚的传统做法，是在银行门前砍下银行家的头（银行家们通常会在失败不可避免之际选择跳楼自杀，但至少有一名银行家是被行刑的，这个人是弗朗西斯科·卡斯特罗，于1360年落得这样的下场）。在现代，只有黑手党执行这类做法，以消除免费选择权。1980年，"梵蒂冈银行家"、意大利安保信银行的首席执行官罗伯托·卡尔维在该银行破产后，跑到伦敦避难，随后死在那里。最初被认为是自杀，就好像意大利不再是一个结束自己生命这种戏剧化行为发生的好地方。但最新的证据表明，他的死亡并不是自杀，而是黑手党因他亏损了他们的钱而给他的惩罚。拉斯韦加斯的创业先锋巴格西·西格尔也有同样的命运，他因对黑手党投资的赌场经营不善而遭到谋杀。

在一些国家，如巴西，即使在今天，顶级银行家也要无条件地以自己的资产来承担经营责任。

哪一个亚当·斯密？

许多支持大公司的"右翼"研究人员，常常喜欢援引亚当·斯密这位著名的"资本主义"守护神的话——其实亚当·斯密并未讲过"资本主义"这个词——他们从来不读亚当·斯密的著作，或者他们仅选择性地利用他的著作为自己服务——如果亚当·斯密地下有知，一定不会同意自己的理念以这些方式呈现。

在《国富论》第四卷，亚当·斯密对只赋予某些人利益但不令其承担损失的想法，持非常谨慎的态度，并对股份制有限责任公司表示了质疑（现代有限责任公司的前身）。他没有领悟到反脆弱性转移的概念，但已经很接近了。而且他（差不多）觉察到了将企业交予别人打理，相当于飞机上缺少飞行员所带来的风险管理缺陷：

> 怎么促使经理人在管理他人的钱财而非自己的钱财时，尽心尽力呢？相信公司的董事都想过这个问题，但是，你却不能指望这些董事像私营合伙制公司中的创始人监控自己的合作伙伴那样，以一种焦虑与警惕的心态监控职业经理人。

此外，亚当·斯密甚至怀疑它们的经济表现，他写道："从事外贸业务的股份制公司在竞争中很少能够打败私营公司。"

第二十三章　切身利害：反脆弱性和牺牲他人的可选择性

让我阐述得更清晰些：无论是在"资本主义"体制，还是你希望的任何经济体制下，你所需要做的就是将三元结构中最左栏的人数保持在最低水平。没有人意识到苏联体制的中心问题是，它把每个负责经济生活的人都置于极其脆弱的左栏。

反脆弱性与大公司的伦理

你有没有注意到，大公司总是卖给你垃圾饮料，而手工业者卖的多为奶酪和葡萄酒。反脆弱性往往从小的公司转移给最大的公司——直至后者倒闭。

商业世界的问题在于，它只能通过加法（肯定法），而不是减法（否定法）来运转：医药公司不会从你降低糖分摄取的行动中受益，健身俱乐部运动器械的制造商不会从你搬运石头和在岩石上行走（不带手机）的决定中获益；股票经纪人不会因你将资金投入你眼见为实的投资物上（比如你表弟的餐厅或你家附近的一栋公寓楼）而获益；所有这些公司都必须制造"收入增长"，以符合坐在纽约办公室里的那些思维迟钝——或者在最好的情况下——思维略显迟钝的 MBA 分析师的分析。当然，他们最终会自取灭亡，但这是另一个话题。

现在让我们看看可口可乐、百事可乐等公司，我相信读者在读这本书的时候，这些公司应该仍然存在——但这是非常不幸的。这些公司做的是什么生意？卖糖水，或者说，卖糖水替代品，这是给你的身体输入令生物系统紊乱的东西，会导致糖尿病，并让一些生产商在生产代偿性药物的过程中赚得盆满钵满。大企业向你出售自来水肯定赚不到钱，生产葡萄酒也赚不到钱（葡萄酒似乎是证明手工业经济优越性的最好证据）。但它们会用一些愚弄消费者的庞大营销工具和一些宣传口号，或者诸如此类的东西来包装美化自己的产品。我不知道为什么我们用以反对烟草公司的理由，却不适用于所有其他试图向我们兜售不利于我们身体的商品的大公司。

| 403 |

历史学家尼尔·弗格森和我曾在纽约公共图书馆的一个活动中，与百事可乐的主席有过一次口舌之战。这是有关反脆弱性的一次很大的教训，因为弗格森和我都不关心她是谁（我甚至都不想劳神知道她的名字）。作家是具有反脆弱性的。我们两个人都完全没做准备（甚至连一张纸的演讲稿都没有），然后她就带着一群助理人员出现了，从他们打印出来的厚厚的资料可以判断，他们大概对我们进行了彻底的研究，甚至包括我们的鞋码（我在演讲者休息室里看到一名助理正在研读一份带有我丑陋照片的资料，那张照片是在我痴迷于骨骼问题并开始进行举重练习之前拍的）。我们可以说任何想说的话，不会有任何损失，但她却必须坚守自己公司的路线，以免安全分析师发布糟糕的报告，导致公司股价在年终分红之前下跌2美元30美分。此外，根据我与公司高管打交道的经历，从他们愿意花费数千小时出席沉闷的会议或者阅读糟糕的备忘录就可以看出，他们不太可能表现得多么聪明。他们不是创业家，只是演员而已，并且是华而不实的演员（商学院更像是表演学校）。有些真正聪明或者自由的人在这种机制下可能早就崩溃了。所以，弗格森马上洞察到了她的软肋，并立即攻其要害：她挂在嘴上的说辞是她雇用了60万名员工，极大地促进了社会就业。弗格森立即做出反驳，揭露了她的宣传实质——事实上，这原本是马克思和恩格斯提出的——大型官僚机构仅凭借自己的"大雇主"身份就控制了国家，并通过牺牲小企业的利益从这种环境中攫取利益。所以，雇用了60万员工的公司就可以被允许破坏公民的健康而不受惩罚，并从纾困保护中获益（就像某些美国的汽车公司），而理发师或出租车司机则不享受这种惩罚豁免权。这样真的公平吗？

我由此突然想到了一条规律：除了毒贩之外，小公司和手工业者卖给我们的往往是健康食品，那些似乎是自然的和我们自发性需要的东西（制造者对他们的产品都抱有问心无愧的自豪）；大型公司（包括制药巨头）可能做的却是批发医源性损伤的生意，赚走我们的钱，还给我们带来伤害，可由于有一大帮说客，它们劫持了这个国家的舆论。此外，任何需要

第二十三章 切身利害：反脆弱性和牺牲他人的可选择性

营销的东西似乎都带有副作用。你当然需要广告公司来说服人们相信，可乐能给他们带来"幸福"——这招还真的很管用。

当然，也有例外：我们看到有着手工业者的灵魂，甚至艺术家灵魂的企业。罗翰·席尔瓦曾提到，史蒂夫·乔布斯甚至希望苹果产品的内部构造看起来也和外表一样美观，虽然这部分客户看不见。只有真正的手工业者才会这样做——有自尊的木匠会觉得内外做工不同的橱柜简直就是赝品。这又是冗余的一种形式，具有审美和伦理方面的回报。但是，在这个被高调宣传的、实质上却被完全误解的所谓高效的企业全球经济中，史蒂夫·乔布斯是一个罕见的例外。

手工业者、市场营销和交付最便宜的产品

我们来谈谈手工业者的另一个属性。通过广告和市场营销宣传的东西中，没有我特别喜欢的，比如奶酪、酒、肉类、鸡蛋、西红柿、罗勒叶、苹果、餐厅、理发店、艺术、图书、酒店、鞋、衬衫、眼镜、裤子（我的父亲和我在贝鲁特已经使用了三代亚美尼亚的裁缝了）、橄榄、橄榄油等。这个规律也同样适用于城市、博物馆、艺术品、小说、音乐、绘画、雕塑（我曾经痴迷古文物和罗马头像）。这些东西在某种意义上说都经过了"营销"，通过营销让人们意识到它们的存在，但是我不会听了营销宣传便马上去使用这些产品，我更相信口碑这种强有力的自然宣传方式。实际上，这也是唯一的过滤器。

那种根据给定规格提供最廉价产品的机制，渗透到了你在货架上看到的任何东西中。当公司卖给你它们称之为奶酪的东西时，它们有充分的动机为你提供制作成本最低的一块橡胶，里面含有适当的成分，所以还是可以称之为奶酪，它们还会做足功夫研究如何欺骗你的味蕾。其实，它们不仅有这种动机，在结构上也注定极其善于生产符合给定规格的最廉价的产品。商业书籍也是一样：出版商和作者都想抓住你的注意力，把他们可以

找到的最易过时的新闻信息凑成一本勉强可以称之为书的东西。这就是优化在最大化（形象和包装）或最小化（成本和努力）等方面的作用。

我上面说过，软饮料公司的营销目的是为了最大限度地迷惑消费者。但凡需要大力度营销的产品，不是劣质产品就是邪恶产品。把某个事物吹嘘得比实际上好得多是很不道德的。你可以让其他人知道一个产品的存在，比如说一个新的肚皮舞腰带，但我不知道为什么人们没有意识到，从定义上说，需要营销的东西一定是劣质的，否则就无须为它做广告。

营销是一种糟糕的方式，而我则依靠我的自然主义和生态本能进行选择。比方说，你在乘船游览的过程中碰到一个人。如果他开始吹嘘自己的成就，告诉你他有多么富有、魅力过人、才华出众、富有名望、肌肉发达、教育良好、行事高效，还有其他优点，你会怎么做？你肯定会跑掉（或把他介绍给另一个爱说话的人，借机摆脱他们两人）。事实上，如果由其他人（最好不是他的母亲）来夸赞他或许效果更好，如果他个人谦逊一些也不会让人反感。

其实我说得并不过分。我写这本书时，无意中听到一个绅士在英航班机上与乘务人员的谈话（一开始谈的是是否喜欢在咖啡中加奶精和糖），不到两秒钟他就向乘务人员提及自己是诺贝尔医学奖和"生物学"奖得主，还是某个著名的皇家学院的院长。乘务员不知道诺贝尔奖是什么，但仍表现得很有礼貌，所以他不停地重复着"诺贝尔奖"，希望能让她明白。我转过身，认出了他，他马上像泄了气的皮球。常言道，服务员面前难做伟人。超越了传达信息目的的营销，是不安全的。

我们都认为，常常自吹自擂的人多么令人反感。那么公司呢？我们为什么不反感那些宣传自己有多么伟大的公司？这种冒犯我们感官的行为，往往分为三个层级。

第一级，轻度冒犯：公司无耻地进行自我宣传，如英航班机上的那个家伙，这只会伤害它们自己。第二级，更严重的冒犯：公司试图给自己戴上最荣耀的光环，隐藏起它们产品的缺陷——仍然没什么害处，因为我们

第二十三章 切身利害：反脆弱性和牺牲他人的可选择性

往往能预料到这一点，并仍然依赖于其他用户的意见。第三级，更严重的冒犯：公司试图利用我们的认知偏见和我们的无意识联想为它们卖的产品营造出一种假象，这是非常隐蔽的。比如说，它呈现出一位牛仔在夕阳下悠闲地抽着香烟的充满诗意的画面，迫使你将特定产品与一些浪漫时刻联系起来，其实从逻辑上讲，这两者根本没可能联系到一起。你寻求的是一个浪漫时刻，而你得到的却可能是癌症。

看来，公司制度正推动企业逐步进入第三个层级。资本主义问题的核心在于——再说一遍，不要再拿亚当·斯密说事了——企业的问题与个人的问题不同。一个公司没有自然伦理，它只服从于资产负债表。问题是，它的唯一使命是符合证券分析师的标准，而后者本身也多为江湖骗子。

（上市）公司不会感到羞耻。而人类则会受制于一些生理的、自然的道德约束。

公司不会觉得遗憾。

公司不会有荣誉感，虽然其宣传文案中往往会提到"自豪感"。

公司也不愿意慷慨付出，它只接受利己的行为。试想一个出于好意单方面取消应收账款的公司，会发生什么？但是，这在人类社会中却是行得通的，我们会随机看到人与人之间，有时甚至是与陌生人之间的慷慨行为。

所有这些缺陷都是缺乏切身利害的结果（无论是文化，还是生物系统）——这种非对称性会损人利己。

现在，这样的系统应该趋于崩溃。事实也确实如此。俗话说，你无法愚弄太多人太长的时间。但问题是，这样一个系统的崩溃对职业经理人来说不会有太大影响，因为代理问题，他们的目标只是自己的个人现金流。

总而言之，企业是如此脆弱，长期来看，它终将不堪代理问题的重负而轰然倒塌，与此同时，经理人却能大口吃肉，却只给纳税人留点骨头。如果不是因为强大的游说机器，企业早就崩溃了：它们劫持了这个国家来帮助它们为消费者的消化系统注入含糖饮料。在美国，大型企业控制着一些国会议员。这样的做法牺牲了我们的利益，推迟了公司的死亡。

阿拉伯的劳伦斯或迈耶·兰斯基

最后，如果你不得不在流氓的承诺和公务员的承诺之间做出选择，那就选择前者吧。任何时候，机构都是没有荣誉感的，个人才会有荣誉感。

在第一次世界大战期间，劳伦斯，绰号阿拉伯的劳伦斯，与阿拉伯的沙漠部落达成协议，后者同意帮助英国抵抗奥斯曼帝国，劳伦斯则承诺回报给他们一个阿拉伯国家。由于沙漠部落也没有更好的选择，因此他们兑现了自己的承诺。但是殊不知，法国和英国政府在1916年签订了一个秘密协议《赛克斯－皮科协定》，瓜分阿拉伯地区。战争结束后，劳伦斯回到英国，据说他倍感挫折，当然，仅此而已。但它留给我们一个很好的教训：永远不要相信一个没有自由的人所说的话。

另一方面，流氓的最大资产就是"一言九鼎"。据说，"与著名流氓迈耶·兰斯基握个手，价值比一大群律师共同撰写的最缜密的合同还要高"。事实上，他把西西里黑手党持有的资产和负债都记在了脑子里，还有他们的银行账户，没有留下一笔账户记录，留下的只有他的荣誉。

作为一名交易员，我从来不放心与机构"代表"做交易：场内交易员都会受他们的债券约束，在我超过20年的漫长职业生涯中，我从没见过一个自雇交易员不守信用的。

只有荣誉感才能促进商业的发展。任何商业都是如此。

下一步

我们看到，由于对反脆弱性（以及非对称性和凸性）的误解，某些阶层的人会使用隐性选择权来损害集体的利益，却不会让别人意识到。我们也看到了解决方案在于强制他们付出切身利益。下一步，我们将看看另一种形式的可选择性：人们如何以过滤式选择法挑选某些道德规范来使自己的行为合理化。或者他们如何利用公职来满足个人的贪欲。

第二十四章

给职业戴上伦理光环

- 奴隶们是如何夺权的。
- 清除懦弱。
- 这山望着那山高。

人类历史上，从未出现过以下这种严重的冲突。假设法学博士约翰·史密斯先生受聘担任华盛顿特区烟草行业的说客。我们知道这一行业干的是以营利为目的的杀人勾当（如果通过禁烟来禁止该行业的存在，那么一切通过医学来解决的问题将成为一个注释，由此我们可以看到减法的威力）。问史密斯的亲戚（或朋友），他们为什么可以容忍这件事，而不是排斥他或责备他，或在下一个家庭葬礼上无视他。答案很可能是"每个人都需要谋生"——因为他们害怕某一天，也会落入同样的境地。

我们需要测试箭头的方向（使用我们在讨论教鸟儿飞行的时候所用的相同逻辑）：

道德（信念）→职业

或者：

职业 →道德（信念）

在胖子托尼与苏格拉底辩论之前，尼罗很好奇第一轮交锋会是怎样的情景。毕竟他们俩相隔了25个世纪。找出我们的实体环境中最让苏格拉底吃惊的元素，可不是一件容易的事情。胖子托尼对尼罗的历史知识并不看好，却还是问了这个问题，尼罗的投机性答案是："可能是奴隶的消失。"

"这些人从来没有自己做过哪怕是很小的一件家务事。因此，你可以想象苏格拉底小腹凸出，双腿细长，正想着仆人在哪里。"

"但是，尼罗·图利普，我们周围仍然有奴隶呀，"胖子托尼脱口而出，"他们往往戴着称为领带的玩意儿，来显示自己和别人不一样。"

尼罗说："聪明的先生，有些戴领带的人是非常有钱的，甚至比你还有钱。"

托尼说："尼罗，你真愚蠢。不要被金钱所愚弄，这些只是数字而已。自由是一种精神状态。"

富有但不独立

有一种现象被称为跑步机效应，与我们在第20章中看到的新事物狂热征情况类似：为了停留在同一个地方，你需要赚越来越多的钱。贪婪是具有反脆弱性的，但贪婪的受害者则不然。

再回到相信财富使人更加独立的愚蠢问题上。我们不需要更多的证据，只要看看现在发生的事情就可以了：回顾历史，我们从未有过像今天这样丰富的物质生活。我们也从未像现在这样负债那么多（对古典主义学者来说，负债的人是不自由的，是被奴役的）。"经济增长"也不过如此。

在地方的层面，看起来好像我们通常要在一定的环境中建立人脉，因此就像在跑步机上跑步。当你越做越好，你搬迁到康涅狄格州的格林尼治去住，隔壁有一栋价值2 000万美元的豪宅，主人肯花100万美元开生日派对，相比之下你就是一个穷人。你越来越多地依赖于你的工作，尤其是当你的邻居在华尔街获得了一大笔由纳税人支付的巨额奖金时。

这类人就像希腊神话中的坦塔罗斯，受制于一个永恒的惩罚：他站在果树下的一潭水边，每当他试图摘下树上的果子，树就移开，每当他试着掬水喝，水就退去。

现代人就处于这样一种永恒的折磨中，而罗马人则规避了这种社会跑步机效应：他们的社交生活很大部分发生在领主和权势地位较低的门客之间，后者受前者的慷慨庇护，与前者同桌吃饭，并在遇到麻烦的时候依靠前者的帮助。那时没有公益事业，也并没有教会来分发善款：一切都是靠个人自发行动开展的（我前面提到过的塞内加所写的书中谈的就是人在这种情况下的个人义务）。领主们与其他有权势的领主很少来往，就像黑手党教父除了自己的组织成员也不太与其他黑手党教父交往。在很大程度上，这也是我的祖父和曾祖父的生活方式，因为他们是当地的地主和乡绅；权力伴随着保护圈子内亲属的责任。乡下的地主须时不时"开门迎客"，免费让人们尽情吃喝，分享自己的财富果实。另外，宫廷生活则导致了腐败——来自各地的贵族在那种奢华面前变得卑微；他将面对穿着更加华丽、观点更为睿智的人，这种压力让他抬不起头来。在都市里失去地位的人，在乡下却能保有身份。

你不可能信任一个站在跑步机上的人。

专业人士和集体

人经过一个阶段的知识灌输后，便可以迅速成为一种职业的奴隶，甚至他对任何问题的观点都变得以利己为目的，从而对集体来说不再可靠。这是希腊人对专业人士有意见的原因所在。

我的第一份工作是为华尔街的一家公司干活。上班几个月之后，总经理就召集我们并对我们说，公司需要为某些政客的竞选活动捐款，"建议"我们捐出占我们收入一定比例的资金。这些政治家们被誉为"好人"。所谓"好人"，是指他们的观点有利于投资银行的业务，他们会推动保护该行业的立法。要是我曾经这么做了，我从道德层面上就再也没有资格表达"为公众服务"的政治意见了。

在一个争论了几个世纪的故事中，雅典人迪玛德斯谴责一个卖殡葬用品的人，理由是他只能从死人身上获利。蒙田重新讲述了塞内加在他的书中所提出的观点，称如果这样的话，我们就有义务谴责每一种职业。因为商人要靠年轻人的挥霍，农夫要靠昂贵的粮食，建筑师要靠建筑物倒塌，律师和司法人员则靠诉讼和人们之间的争斗才能获益，医生不会因他人健康（甚至他的朋友们的健康）而高兴，士兵不希望他的国家和平，等等。而且，更糟糕的是，如果我们能够进入人的内心世界，窥探到他的真实想法和动机，我们会看到他的意愿和希望几乎总是寄托在牺牲他人的利益上。

但是，蒙田（和塞内加）又有点儿矫枉过正，过于推崇利己思想，而忽略了一些非常核心的东西。他们显然认识到，经济生活并不一定依赖于利他动机，而且集体的运作方式不同于个人。考虑到塞内加和蒙田分别比亚当·斯密早1 800年和300年，因此我们应该佩服他们的思想，即对不诚信之人的憎恶。自亚当·斯密以来，我们已经知道，集体不要求个人的仁慈，因为自私是成长的驱动力。但是，这并不会使人们认为，个人有关集体的所有思考都是不可靠的。因为在一个集体中，个人与他人的利益是密切相关的。

除了切身利益的问题，蒙田和塞内加还忽略了一个问题，他们认为个人可以划清与公共事务的界限。他们忽略了代理问题，虽然这个问题自古以来就一直存在（《汉穆拉比法典》中的黄金法则就是用以解决这一问题的），但并非他们意识中的一部分。

这里的重点不是说靠某个职业谋生，从本质上说就是有罪的，相反，这里的问题是，当人们处理公共事务与涉及其他人的事宜时，他们自然而然就变得可疑了。根据亚里士多德的定义，自由人就是一个可以自由发表意见的人——这是能够自由支配时间的副产品。

从这个意义来上说，自由只是真心诚意表达政治意见的问题。

第二十四章 给职业戴上伦理光环

希腊人把世界分成3种职业——手工业者、武士和农民。后两类人从事战争与耕种，称得上绅士，主要是因为他们不谋私利，不与集体利益相冲突。但是，雅典人鄙视手工业者，也就是那些躲在暗室里制作物品的工匠——通常都是坐着干活。在希腊将军色诺芬看来，这种工作将导致工匠的体质退化、意志衰弱，剥夺了他们关心朋友和城邦的时间。狭隘的工艺将人困于制造车间，令其只关心自己的福利；而战争和耕种则赋予人更广阔的视野，令人们更关心他们的朋友和城邦。色诺芬认为，农业是其他一切技能的生母和养母。（古人没有企业，如果色诺芬活到今天，他会将这种不信任从手工业者转移到企业员工身上。）

阿拉伯文和希伯来文中有一句古话："自由之手就是度量之尺。"但是，自由的定义还未能被人理解：谁有自主意见，谁就是自由的。

在梅特涅看来，人文始于贵族阶层；在亚里士多德看来也是一样，但形式不一样，在20世纪英国人崛起之前，人文始于闲散的自由人。并不是说不用工作，只是意味着不依赖工作来获得个人和情感认同，当然，梅特涅认为工作是可做可不做的，更像是一种爱好。在某种程度上，你的职业无法像你的其他特征，比如你的出身（但也可能是别的什么）那样能够对你进行有效界定，正是对金钱不在意的态度让米利都的泰勒斯能够度量自己的诚意。对于斯巴达人来说，人文完全关乎勇气。而对于胖子托尼来说，人文始于"自主"层面。

自主的思想在我们这位肥胖的朋友眼中，要比在我们思想前辈的眼中民主得多。它只意味着你是自己意见的所有者。它与财富、出生、智慧、长相、鞋码无关，而与个人勇气相关。

换句话说，对胖子托尼来说，这是对自由人的一个非常具体的定义：自由人不会被强迫做他本不愿意做的事情。

考虑一下，从雅典到布鲁克林之间对自由的认识差距：如果对希腊人来说，只有能自由支配自己时间的人才会有自由的观点，那么对胖子托尼和尼罗来说，只有有勇气的人才敢于自由地发表意见。人的懦弱是天生的，不是后天养成的。不管你给他们多少独立性，不管他们多富有，他们始终都是懦弱的。

让我们看看抽象的现代主义集权制国家和地方政府之间的另一个差异。无论是在一个古代的城邦制国家，还是一个现代化的市镇，羞耻感都是对违反道德行为的惩罚——这增强了对称性。放逐和流亡，或者更糟糕的，被人排斥都是严重的处罚——人们不太愿意搬迁，也把背井离乡视为可怕的灾难。而在较大的组织，如庞大的集权制国家里，由于缺乏面对面交往的机会，社会的道德根基缺失，羞耻感不再有道德层面的约束能力。因此，我们亟须重建这种根基。

除了耻辱，还有在一定环境中的友谊、社交，也就是成为兴趣和集体不同的某个群体中的一员，等等。伯罗奔尼撒战争中的英雄克里昂，就倡导人们在处理公共事务时应铁面无私，不讲交情——由此，他付出了代价，遭到了一些历史学家的辱骂。

一个简单但比较过激的解决方案是：任何从事公共服务的人，不应随后从任何商业活动中赚取比薪水最高的公务员的收入更多的钱。这就像是自愿给自己设定上限（有利于阻止人们利用公职作为临时信用凭证，然后去华尔街赚取数百万美元）。否则，神职人员都想挤进政府。

正如克里昂因他的行动遭到谩骂，在现代世界中，那些做了正确事情的人却遭遇了反代理问题：你为公众服务，却因此遭到诋毁和骚扰。活动家和倡导者拉尔夫·纳德就遭到了众多诽谤和斥责，很多诽谤都来自汽车行业。

道德与法律

我一直为没有及早地揭穿下面这个骗局而颇感惭愧。（正如我所说的，如果你看到欺诈……）让我们暂且称之为艾伦·布林德问题。

故事发生在达沃斯论坛会议茶歇时的一次私人闲聊期间。我记得闲聊

第二十四章 给职业戴上伦理光环

的话题本来是关于如何拯救世界不受道德风险和代理问题的伤害。但谈话被美国联邦储备银行的一位前副主席艾伦·布林德打断了，他试图向我推销一种特殊的投资产品，可以合法蒙骗纳税人。这种产品可以帮助高净值投资者规避有关存款保险额度的规定（当时的限额为10万美元），从而受益于近乎无限额的存款保障。它的操作方式是，投资者存入任何金额的资金，布林德教授的公司会将其分割为较小的金额并投资到银行，从而规避了存款保险限额的规定；这些账户看起来都像单独的账户，但实际上获得全额保险。换句话说，这将使超级富豪们通过骗取政府资助的免费存款保险来欺骗纳税人。是的，欺骗纳税人，而且是以合法的手段。还有，是在享有内部人优势的前政府官员的帮助之下。

我脱口而出："这不是很不道德吗？"我得到的回应是"这是完全合法的"，接着，他又补充了一句更罪恶的话，"我们的员工中有很多曾经是监管官员"。他的话意味着：（1）合法的就是道德的；（2）前监管官员比普通公民更有优势。

很长一段时间，也就是两三年后，我才对这件事做出反应，对此进行公开谴责。布林德肯定不是背离我的道德理念的最糟糕的案例，他之所以激怒我可能出于两个原因，一是他以前的公职身份，二是达沃斯论坛是为了拯救世界不受邪恶力量的影响（我当时还向他陈述了有关银行家如何牺牲纳税人的利益来冒险的观点）。但我们在这里看到的，是人们如何利用公职从公众身上合法获利。

告诉我你是否理解了这个问题的本质：受雇于公民，理论上应该代表公民最佳利益的前主管官员和公务员，可以利用他们的专业知识和在工作中积累的人脉，在加入私营企业（律师事务所等）之后从系统的缺陷中牟利。

进一步想想吧：法律规定越复杂，社会网络越官僚，就有越多深谙系统漏洞和缺陷的主管官员从中受益，因为他们的主管优势将是其专业知识的凸性函数。这是一种特权，是以牺牲别人为代价获得的非对称性。（请注意，这种特权正在整个经济中蔓延；丰田汽车公司就曾聘请前美国主管官员，利用他们的"专业知识"来处理汽车缺陷调查案。）

现在到了第二阶段——情况变得更糟。布林德和哥伦比亚大学商学院院长合写了一篇专栏文章，反对政府提高个人存款保险额度。显而易见，这篇文章的意思是，公众不应该享有布林德的客户所享受的无限保额。

对此，我有几句评论。

首先，法律规定越复杂，业内人士越容易找到套利的机会。这里，我们又可以看出启发法的优势。2 300页的法规在我看来抵不上几条《汉穆拉比法典》。厚厚的法规对前主管官员来说简直就是一座金矿，他们有足够的动机赞成复杂的法律法规。我们再次看到，内部人是"少即是多"原则的敌人。

其次，在一个复杂的系统中，法律法规的字面意思与实质意思之间的差异很难让人辨识。也就是说，技术性的、复杂的、非线性的环境比只涉及少数变量的线性环境更容易受人操纵。法律和道德之间的缺口，同样如此。

再次，在非洲国家，政府官员会明目张胆地受贿。在美国，如果被业界看好，那么政府官员往往会得到银行的承诺，比如在退休后到银行挂职，一年获得500万美元的薪水，这种受贿的方式很隐蔽，从不会对外界公开。而针对这些行为的法规往往都是轻描淡写。

关于艾伦·布林德问题，最让我感到不安的是那些听到我谈论此事的人的反应：人们认为，一位前任官员利用以前的职位为自己"牟利"是很自然的事——哪怕是牺牲我们的利益。谁不喜欢赚钱呢？这就是他们的观点。

拿诡辩当作可选择性

你总是可以找到一个论点或合乎道德的理由在事后捍卫你的观点。

这种观点非常靠不住，为了避免过滤式选择，你应该在行动之前，而不是行动之后提出合乎道德的准则。你要防止牵强附会地用你编造的故事为你的行为辩护——很长一段时间以来，"诡辩"这种就决策中的细微差别进行争论的艺术做的就是此事，即想方设法地为你所做的决定辩解。

让我先界定一下欺诈性意见。很简单，就是一个既得利益者将自己的利益泛化为公共利益。比如，理发师宣称理发是为"人类的健康"着想，或一个枪支游说团体声称持有枪支"对美国人民有利"，他们提出的意见只是为了其本人的利益，但他们却将自己粉饰成了集体的利益而呼吁。换句话说，看看他们是不是在表 23–1 的左栏？同样的，艾伦·布林德写文章反对普遍提高存款保险金额，不是因为他的公司将失去生意，而是出于公共利益的考虑。

但其实，我们有一个很容易实施的启发法来判断他们的真实意图，问一个简单的问题即可。有一次我在塞浦路斯参加一个研讨会的晚宴，另一个演讲嘉宾是来自一所美国大学的塞浦路斯教授，他的专业是石化工程，他慷慨激昂地斥责气候活动家尼古拉斯·斯特恩勋爵。斯特恩是与会嘉宾，但他缺席了晚宴。我不知道事情的来龙去脉，但我能看到这里显然发生了"缺乏证明某事存在的证据"与"证明某事不存在的证据"混为一谈的现象，于是我为了素未谋面的斯特恩开始与这位石化工程师争辩起来。石化工程师说，我们没有证据表明，化石燃料对地球造成了危害，但是他在语义上做了转换，这使得他的话等于说，我们有证据表明化石燃料没有危害。他说斯特恩推荐的保险是无用的，这促使我马上跳起来质问他，他自己是不是也曾为并未发生过的事件投保了车险、医疗险和其他保险。我开始向他阐述我的想法，比如我们正在做一些对地球来说前所未有的事情，举证责任应该由那些打破了自然生态系统的人来承担，大自然比他知道得更多，而不是更少，还有其他一些源自本书的想法。但是，这就像与辩护律师对话一样——他们只会诡辩，却丝毫没有接近真相。

然后，一个启发法浮现在我的脑海里。我偷偷地问坐在我旁边的主持人，这个人从他的论点中是否能获得任何利益：结果我发现，这位石化工程师与石油公司深有渊源，他是这些公司的顾问、投资者和咨询师。我立刻失去了与他说话的兴趣，也不想费神与他在别人面前辩论——他的话毫无价值，只是胡言乱语而已。

请注意这与切身利害观点的关系。如果某人有一个观点，比如说银行系统非常脆弱，应该会崩溃，我希望他能根据他的观点进行投资，这样，在他的听众受损时，他也会受损——这就像一个表明他不是信口雌黄的信用凭证。但如果是有关集体福利的一般性陈述，则不需要这样的投资。这就是否定法。

我刚才呈现的是合乎道德的可选择性机制，根据这一机制，人们应该依据自己的信念采取行动，而不是根据行动选择自己的信念。表24–1比较了各种职业与道德的反差。

表24–1 职业与行动比较

机会主义者（以道德感粉饰其职业）	从不玩伪道德游戏
淘金者	妓女
钻营关系网之人	社会活动家
妥协	不妥协
"来帮助你的"人	博学者、艺术爱好者和业余爱好者
商人、专业人士（古典主义时期）	地主（古典主义时期）
员工	手工业者
研究院或大学的学者、领取研究经费的研究人员	镜片制造者、大学或中学的哲学老师、独立学者

这里存在一个反布林德问题，即所谓的"不利证据"的问题。你应该更重视提供不利于自己的证据的证人和意见。提倡饥饿疗法和通过否定法治疗糖尿病的大型制药公司的药剂师或高管，要比支持大量吃药的药剂师或高管可信得多。

大数据与研究者的选择权

本节有点儿技术性，不感兴趣的读者可以跳过本节，不会有任何损失。可选择性无处不在，有一种过滤式选择破坏了整个科研精神，让丰富的数据变得对知识生产极其有害。更多的数据意味着更多的信息，这句话并没有错，但是也意味着更多的虚假信息。我们发现，越来越少的论文会再版重印，许多教科书，比如心理学课本，早就需要重新修订了。至于经济学，还是别提它了。你很难信任许多统计导向的科学——尤其是当研究人员承受压力，必须为了自己的职业发表论文时。然而，这一切却打着"推动知识进步"的旗号。

回想一下副现象的概念，这是现实生活和图书馆之间的区别。与那些看到真实事件的发展过程，以观察现实生活的一般顺序看历史的人相比，从图书馆的角度看历史的人一定会看到更多具有欺骗性的关系。他会被更多的副现象所欺骗，其中之一便是多余数据而非真实信号带来的直接结果。

我们在第七章讨论了噪声的产生。在这里，它构成了另一个严重问题，因为研究员与银行家一样，也是有选择权的。研究者得到利益，而真理却蒙受损失。研究人员手里的免费选择权在于他能够挑选任何能够证实其观点，或展现出良好结果的统计数据，而抛弃其余部分。一旦他获得了他认为正确的结果，他就有权选择停止研究。此外，他还能找到统计关系——欺骗性的东西浮出了表面。数据有一个特定属性：在大型数据集内，大的偏差很大程度上源于噪声而非信息（或信号）。

以下两种医学研究是有区别的：（1）观察性研究，研究人员主要在他的电脑上观察统计关系；（2）双盲队列实验，以模拟现实生活的方式来挖掘信息。

前者，也就是在计算机上进行观察，会产生各种各样的结果，而根据约翰·约安尼季斯的计算，十有八九的结果是虚假的——但这些观察性研究却频频见诸报纸和一些科学期刊。值得庆幸的是，这些研究并未被美国食品及药品监督管理局（FDA）接受，因为该机构的科学家深谙研究内幕。我和积极反对虚假统计数据的斯坦·杨，在《新英格兰医学杂志》上看到一篇声称其统计数据具有显著性的研究，而这些结果在我们看来其实随机性很强。我们致信该杂志表达我们的意见，结果却石沉大海。

图24-1显示了一些潜在的虚假统计关系的数量正在不断激增。我们的想法如下所示：如果我有一组200个随机变量，彼此完全无关，但在统计运算中几乎不可能找不出某种高度相关的关系，比如相关度达30%的情况，但是，这完全是虚假的。我们有技术来控制这种过滤式选择（其中一种方法被称为邦费罗尼校正法），但即使用了这种方式也没法抓住那些弄虚作假的人，就像监管机构无法阻止内部人欺诈一样。这就解释了为什么在破译人类基因组约12年之后，我们也没有发现多少具有统计显著性的东西。我不是说数据中没有信息：但问题是，这如同大海捞针。

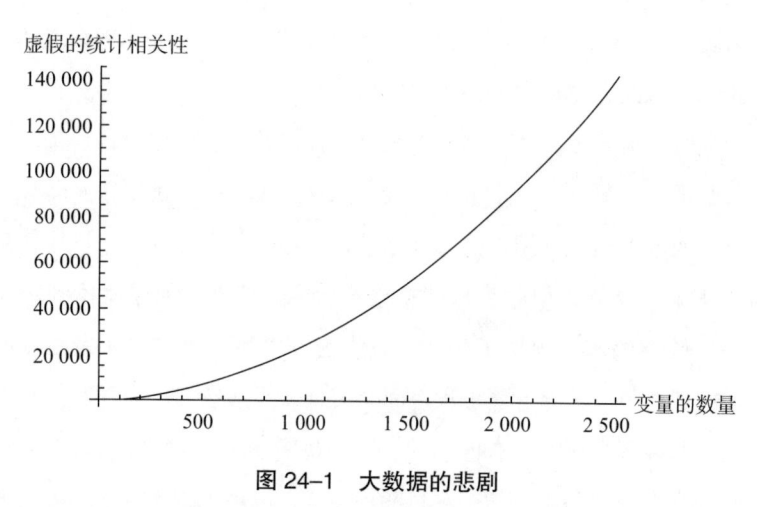

图 24-1 大数据的悲剧

注：变量越多，"老练"的研究员手中的显著相关性越多。虚假相关性的增长比信息增长得更快，数据因而呈现出非线性（凸性）。

即使实验也可能因偏见而受影响：研究人员有动机选择那些与其寻求的观点相符合的实验结果，而隐藏失败的结果。研究人员还可以在得到实验结果后拟定一个假说，再将假说套用在行为上。不过，这个偏见的影响要比前者稍小。

受数据愚弄的效应如今愈演愈烈。有一个被称为"大数据"的讨厌现象，研究者们将过滤式选择用到了大数据中。现代化提供了太多的变量（但每个变量的信息却太少），而虚假统计关系的数量增长要比真实信息快得多，因为噪声是凸性的而信号是凹性的。

我们将越来越多地看到，数据只能真正提供以否定法界定的知识——它可以有效地用于揭穿，而非确认某种观点。

遗憾的是，我们很难得到资金支持来重制和驳斥现有的研究。即使能找到融资，也很难找到敢做的人：重制研究成果不会让任何人成为英雄。因此，我们会因对实证结果（除了那些以否定法界定的知识）不信任却又无计可施而寸步难行。回到我说过的业余爱好者和悠闲喝茶的英国牧师的浪漫想法上：专业研究员往往相互竞争以"找到"统计关系。而科学绝非一种竞争，它不可以用排名来表现——我们可以看到这样一种系统最终将如何崩溃。知识必定不能容忍代理问题的存在。

集体的专制

集体而非个体犯错是有组织的知识的标志，也是反对此类知识的最好论据。我们常常听到人们以"因为大家都在做"或"别人就是这么做的"来为自己辩护。这可不是小事：在一个人的情况下，如果感觉做某事很傻，人们就不会去做，但是在一群人的情况下，他们却会参与这样的傻事。而这正是学术界亵渎科学的原因所在。

有一次，一位美国马萨诸塞州大学的博士生克里斯·S.来告诉我，他相信我有关"长尾"的观点，以及我对当前风险管理方法的质疑，但是，这些无法帮助他获得一个学术职位。"每个人教的和论文中所用的，是另一套理论。"他说。另一位学生解释说，他希望在一所好大学中谋职，这样他就可以挣钱养家糊口，但他以专家证人的身份做证说：他们不会相信我的强韧性风险管理的观点，因为"每个人都使用那些教科书"。同样，我曾受邀到一所大学教标准风险管理法，对这种在我看来纯粹是江湖骗术的东西，我拒绝了。作为一个教授，我的责任是以牺牲社会帮助学生找到工作，还是履行我的公民义务？嗯，如果是前者，那么这些经济学院和商业学校就犯了严重的伦理错误。因为这些有害的理论已经广泛渗透到了生活中，这就是经济中充满了明显的谬论——经科学验证的谬论——却还没崩溃的原因。回想一下，教授们在教你那些摧毁了金融系统的内容后却不受惩罚，致使欺诈得以延续。各个科系都需要教学生某些知识，以便让他们获得就业机会，即使教的都是无用的知识——这让我们被困在一个无限恶性循环的系统中，大家都知道这些材料是错误的，但没有人有足够的自由或足够的勇气来对此做些什么。

问题在于，在这个世界上最可以使用"其他人都这么认为"作为论点的最后一个地方是科学：科学应该让论点本身站得住脚，被经验或数学证明为错误的论点就是毫无疑问地错了，即使有100个"专家"或3万亿条反对意见来支持它也没有用。而且，用"其他人"来支持自己的论点其实意味着这个人或组成"其他人"的整体很无用。

但好消息是，我相信，一个有勇气的人能击败一个由懦夫组成的团体。

在这里，我需要再次申明，我们需要回顾历史来寻找解决方案。历史非常清楚责任分散的问题，古人认为随大流做恶事，以及为迎合众人做伪证都是无可置疑的罪行。

在结束第七卷之前，我有一个想法。每当我听到有人说"我是道德的"，我就不由得紧张起来。每当我听到谈道德的课程，我就更加紧张。我想要的只是消除可选择性，消除以牺牲他人利益来获取反脆弱性的行为。这个简单的方法就是否定法。其余的顺其自然就可以了。

结　语

就像往常结束一段旅程一样，我在一家餐馆的桌子上看着整部书稿。有一位带有闪米特文化背景的人让我解释一下，为什么我的书通篇只有一个主旨。这一次是一个叫沙伊·皮尔佩尔的人，他是一位概率论者，20年来我与他每每见面就要做一番平心静气的促膝长谈，从不闲聊。现在，已经很少能找到这样有足够的知识和自信直击事物本质，而非吹毛求疵的人了。

就我的前一本书，他的一位同胞曾问过我同样的问题。那时我还得好好地想一下才答得出来。而这一次，我却不费吹灰之力就有了答案。

很显然，沙伊自己在提问的同时就已经概括出了答案。实际上他认为，所有真实的想法都可以提炼成一个核心问题，而某些具体领域内的绝大多数人因为专业分工和虚有其表而完全忽略了这一问题。一切宗教律法都可以归结为一条黄金法则的细化、应用和诠释，即"己所不欲勿施于人"。这就是我们看到的《汉穆拉比法典》背后的逻辑。这里的黄金法则是真正的精华，而不是普罗克拉斯提斯之床。核心论点从来都不只是理论概括，它更像一台引擎。

沙伊挖掘到了核心：一切都会从波动性中获得收益或遭受损失。脆弱性就是波动性和不确定性带来的损失。放在桌子上的玻璃杯是很怕波动性的。

在加缪的小说《鼠疫》中，有一个人物花了大半辈子为他的小说寻找一句完美的开篇句。一旦他找到了这句话，那么余下的部分就如泉水般从泉眼里汩汩而出。而读者要理解和读懂第一句话，则必须看完整本书。

我看了一眼手稿，平静中带点儿兴奋。书中的每一个句子都是本书核心思想的推导、应用或解释。一些细节和延伸出来的内容可能有悖常理且描述详尽，尤其是当涉及在不透明的情况下做决策时，但最终一切都源于本书的主旨。

我们请读者做同样的事。环顾四周，看看你的生活、环境中的事物、你与他人的关系、其他的实体。为简单起见，你可以在书中的任何地方，用混乱集群中的其他文字取代波动，让内容更加清楚，实际上这没有必要——在正式表述时，它们都是符号而已。时间是具有波动性的。教育，从塑造性格和个性、获取真正知识的意义上说，是喜欢无序的；贴标签式的教育和教育者则对无序深恶痛绝。有些事情会因为错误而失败，有些则不会。一些理论会土崩瓦解，而其他理论则不会。创新恰恰是从不确定性中获益的东西；而有的人还会坐等不确定性，并用它作为原料，就像我们的猎人祖先。

普罗米修斯偏爱无序，而埃庇米修斯则憎恶无序。我们可以根据无序的风险和对这个风险的偏好，将人们及其经验的质量加以区分：斯巴达士兵不同于博客作者，冒险家不同于文字编辑，腓尼基商人不同于语法教师，海盗不同于探戈教师。

每一件非线性的东西，不是凸性，就是凹性，或两者兼具，这取决于压力源的强度。我们看到凸性与对波动性的偏好之间的联系。所以，所有事物都在一定程度上喜欢或讨厌波动性，每一样东西都是如此。

结　语

多亏了凸性或加速和高阶效应，我们才可以识别什么东西喜欢波动性，因为凸性是偏好无序的反应。由于能够识别凸性，我们才建立了抗"黑天鹅"系统。了解了伤害的凸性与大自然自由探索的逻辑，我们就可以就哪方面我们面对着不透明性，我们可能会犯哪些错误等做出决定。伦理在很大程度上是关于被窃取的凸性和可选择性的。

以更加技术性的语言来说，我们可能永远不会了解 x，但我们可以考虑 x 的风险，用杠铃模式来解决问题；即使 x 仍然大大超出我们的理解，我们也可以控制 x 的函数，也就是 $f(x)$。我们可以不断地改变 $f(x)$，直到我们用一种机制让我们对其感到放心。这种机制就是凸性转换，是杠铃模式的一个比较时髦的名字。

这个主旨梗概也告诉你，脆弱性在何处取代了真相，为什么我们会对孩子撒谎，为什么人类在被称为现代化的这个大事业上会不必要地超前。

分散式随机性（相对于集中式）是必要的，而非可有可无的：所有大的事物都憎恶波动性。所有快的事物也一样。大且快的事物是面目可憎的。现代的事物往往都不喜欢波动性。

本书提出的三元结构向我们指出，这个世界不希望我们了解它，它的魅力就来自于我们无法真正了解它，在这样的世界中生活，我们应该做些什么呢？

玻璃杯是死的东西，活的东西才喜欢波动性。验证你是否活着的最好方式，就是查验你是否喜欢变化。请记住，如果不觉得饥饿，山珍野味也会味同嚼蜡；如果没有辛勤付出，得到的结果将毫无意义；同样，没有经历过伤痛，便不懂得欢乐；没有经历过磨难，信念就不会坚固；被剥夺了个人风险，合乎道德的生活自然也没有意义。

最后，再次感谢读者阅读本书。

后　记
从复活到复活

一切都是主动脉瘤造成的。

尼罗在黎凡特参加希腊爱神阿多尼斯去世一周年的纪念活动和重生庆典。这是一个哀悼的季节，常常听到妇女的哀号，随后则是欢庆复活的典礼。尼罗看着大自然从温和的地中海冬天中醒来，当山上融化的雪水充盈着江河溪流，河面便常常泛起微红，那是腓尼基的神被野猪咬伤后流下的血。

年复一年，大自然就在生物从复活走向复活的过程中不断演进。

这时候，托尼的司机打来电话。司机的名字也叫托尼，被称为托尼司机，他假装自己是一个保镖（实际上从体格上看，他更像受托尼保护的人）。尼罗从来不喜欢他，对他总是有种莫名的不信任，所以听到托尼去世的消息时，尼罗有点儿不知所措。拿着电话沉默时，他觉得自己有点同情司机托尼。

尼罗被指定为托尼遗嘱的执行人，这使他一开始非常紧张。他感到莫名其妙的恐惧，因为他感觉托尼的智慧会在某个地方露出巨大的破绽。但是结果尼罗发现，没什么大事，那是完美无瑕的遗产，当然也没有债务，分配得相当保守而且公平。有一些钱被周到地留给了一个女人，可能是一个妓女，托尼对她有些反脆弱性的迷恋，当然另一个事实是，她比托尼的妻子年长，吸引力也不及后者。所以，没什么大不了的事。

除了死后的恶作剧。托尼遗赠给尼罗共计 2 000 万美元，由他自由支配在……一项秘密任务上，当然很高尚，但很秘密。而且，很模糊很危险。这是尼罗从托尼那里得到的最好的恭维：他信任尼罗能够洞悉他的心思。

而尼罗确实做到了。